# nuevo PRISMA

## Curso de español para extranjeros

## LIBRO DEL PROFESOR

NIVEL

B2

Paula Cerdeira

María José Gelabert

Edinumen

Con EXTENSIÓN DIGITAL

**ELEteca**
**un espacio en constante actualización**

Extensión digital de ***Nuevo Prisma, nivel B2***:
consulta nuestra **ELEteca**, en la que puedes encontrar, con descarga gratuita, materiales que complementan este curso.
**www.edinumen.es/eleteca**



La Extensión digital para el **alumno** contiene, entre otros materiales, prácticas interactivas de consolidación de contenidos, quizz de repaso y todos aquellos recursos de apoyo al alumno en su proceso de aprendizaje.

**Recursos del alumno:**
**Código de acceso**
*Localiza el código de acceso en el*
**Libro del alumno**

**Material ELEteca:**

- **Apéndice sobre léxico:**
  © Paula Cerdeira y María José Gelabert
- **El componente estratégico en el aprendizaje de ELE:**
  © María José Gelabert
- **El aprendizaje cooperativo en el aula de ELE:**
  © María José Gelabert
- **Las emociones en la clase de ELE:**
  © Rafael Bisquerra

**ISBN Libro del profesor:** 978-84-9848-642-1
**Depósito Legal:** M-27173-2016
Impreso en España
*Printed in Spain*

La Extensión digital para el **profesor** contiene, entre otros materiales, claves, transcripciones, material fotocopiable y material proyectable, así como diversos contenidos de apoyo a la labor docente.

**Extensión digital**
**Código de acceso**

En el futuro, podrás encontrar nuevas actividades. **Visita la ELEteca**

**Coordinación pedagógica:**
María José Gelabert

**Coordinación editorial:**
Mar Menéndez

**Edición:**
Mar Menéndez

**Diseño de cubierta:**
Juanjo López

**Diseño y maquetación:**
Ana María Gil, Juanjo López y Sara Serrano

**Fotografías:**
Shutterstock.com
Foto de Joaquín Sabina, ficha 35: Featureflash Photo Agency / Shutterstock.com
Foto de Antonio Banderas, ficha 35: criben / Shutterstock.com

**Impresión:**
Gráficas Glodami. Madrid

**Editorial Edinumen**
José Celestino Mutis, 4. 28028 - Madrid
Teléfono: 91 308 51 42
Fax: 91 319 93 09
e-mail: edinumen@edinumen.es
www.edinumen.es

# INTRODUCCIÓN

nuevo PRISMA es un método de español estructurado en 6 niveles: A1, A2, B1, B2, C1 y C2, según los requerimientos del *Marco común europeo de referencia* (MCER) y del *Plan Curricular del Instituto Cervantes. Niveles de referencia para el español* (PCIC).

nuevo PRISMA está elaborado bajo una metodología de enfoque comunicativo, orientado a la acción y centrado en el estudiante, con el fin de utilizar la lengua para comunicarse y poder actuar de manera competente, considerando al estudiante como un agente social que deberá realizar tareas en diversos contextos socioculturales.

El objetivo general de nuevo PRISMA es ofrecer al estudiante un material para que pueda desarrollar tanto las competencias generales como las competencias comunicativas, con el fin de realizar las actividades de lengua apropiadas para llevar a cabo las tareas que deba efectuar y proporcionarle los conocimientos necesarios para desenvolverse en un ambiente hispano en el que convergen diferentes culturas.

El proceso de aprendizaje está relacionado con los conocimientos que se establecen entre el estudiante, su grupo de compañeros y el profesor. nuevo PRISMA tiene en cuenta estos recursos cognitivos de los estudiantes e introduce actividades específicas para procesar información a partir de la percepción, el conocimiento adquirido (experiencia) y las características subjetivas que permiten valorar esa información.

nuevo PRISMA también comprende una serie de técnicas y estrategias de aprendizaje y comunicación que contribuirán a que el estudiante reflexione sobre su aprendizaje y a que su comunicación sea cada vez más eficaz, siendo capaz de cubrir sus necesidades de comprensión y expresión y de superar sus deficiencias en cualquiera de las áreas de competencia comunicativa, ya sean de tipo lingüístico, discursivo o sociocultural.

nuevo PRISMA ofrece una serie de actividades enmarcadas dentro del enfoque del aprendizaje cooperativo. Actividades diseñadas con el fin de desarrollar el trabajo en equipo, que permite la colaboración de todos y cada uno de sus miembros en la consecución de las tareas, atendiendo a la diversidad de los estudiantes. Se fomenta así una enseñanza más reflexiva, basada en las habilidades propias, de manera que ayude a mejorar el nivel de conocimientos de cada aprendiz, a aumentar sus capacidades comunicativas y a aumentar el número de interacciones en clase. El aprendizaje cooperativo es, además, una estrategia que promueve la participación colaborativa entre los estudiantes en el desarrollo afectivo, cognitivo y social.

Con todo ello, nuevo PRISMA • Nivel B2, siguiendo las indicaciones del MCER, pretende formar usuarios independientes que serán capaces de:

- Hablar con fluidez, precisión y eficacia sobre una amplia serie de temas generales, académicos, profesionales o de ocio, marcando con claridad la relación entre las ideas.
- Comunicarse espontáneamente adoptando un nivel de formalidad adecuado a las circunstancias.
- Comprender las ideas principales de conferencias, charlas e informes, y otras formas de presentación académica y profesional lingüísticamente complejas.
- Escribir descripciones claras y detalladas de hechos y experiencias reales o imaginarias en textos claros y estructurados, marcando la relación entre las ideas y siguiendo las normas establecidas del género literario elegido.
- Escribir una reseña de una película, de un libro o de una obra de teatro.
- Comprender cualquier tipo de habla, tanto conversaciones cara a cara como discursos retransmitidos, sobre temas habituales o no, de la vida personal, social, académica o profesional.
- Tener capacidad lingüística para negociar la solución de conflictos, como pueden ser reclamar, pedir responsabilidad económica por daños y perjuicios, etc., utilizando un lenguaje persuasivo.
- Desenvolverse bien en la mayoría de las transacciones que pueden surgir mientras viaja, organiza el viaje o el alojamiento, o trata con las autoridades competentes durante un viaje al extranjero.
- Tomar la iniciativa en una entrevista y desarrollar sus ideas, obteniendo ayuda del entrevistador si la necesita.

nuevo PRISMA • Nivel B2 **PROFESOR**, se ofrece en papel y en soporte digital (ELEteca) de manera que se pueda actualizar y complementar siempre que sea necesario. Este material digital es proyectable e imprimible y aparece referenciado en el libro en el momento adecuado mediante una serie de símbolos gráficos o iconos. El libro del profesor ha sido diseñado como una guía fácil e intuitiva que permitirá al profesor localizar de manera inmediata y completa toda la información y el material complementario de cada actividad del libro del alumno y preparar así sus clases de manera rápida y eficaz.

A continuación podrá encontrar:

- la descripción general del libro en papel;
- la descripción general del material digital disponible en la ELEteca;
- el indice general del libro y su correspondencia con el material digital;
- los índices pormenorizados del material digital.

El libro en papel incluye:

- **guía visual** de las páginas del libro del alumno que se están tratando;
- **referencias cruzadas** al material disponible en la ELEteca;
- **sugerencias de explotación** y **dinámicas de las actividades** del libro del alumno;
- **sugerencias de explotación de las dinámicas** de las **fichas** y **proyecciones** complementarias de cada unidad;
- **soluciones** de las actividades;
- **transcripciones**.

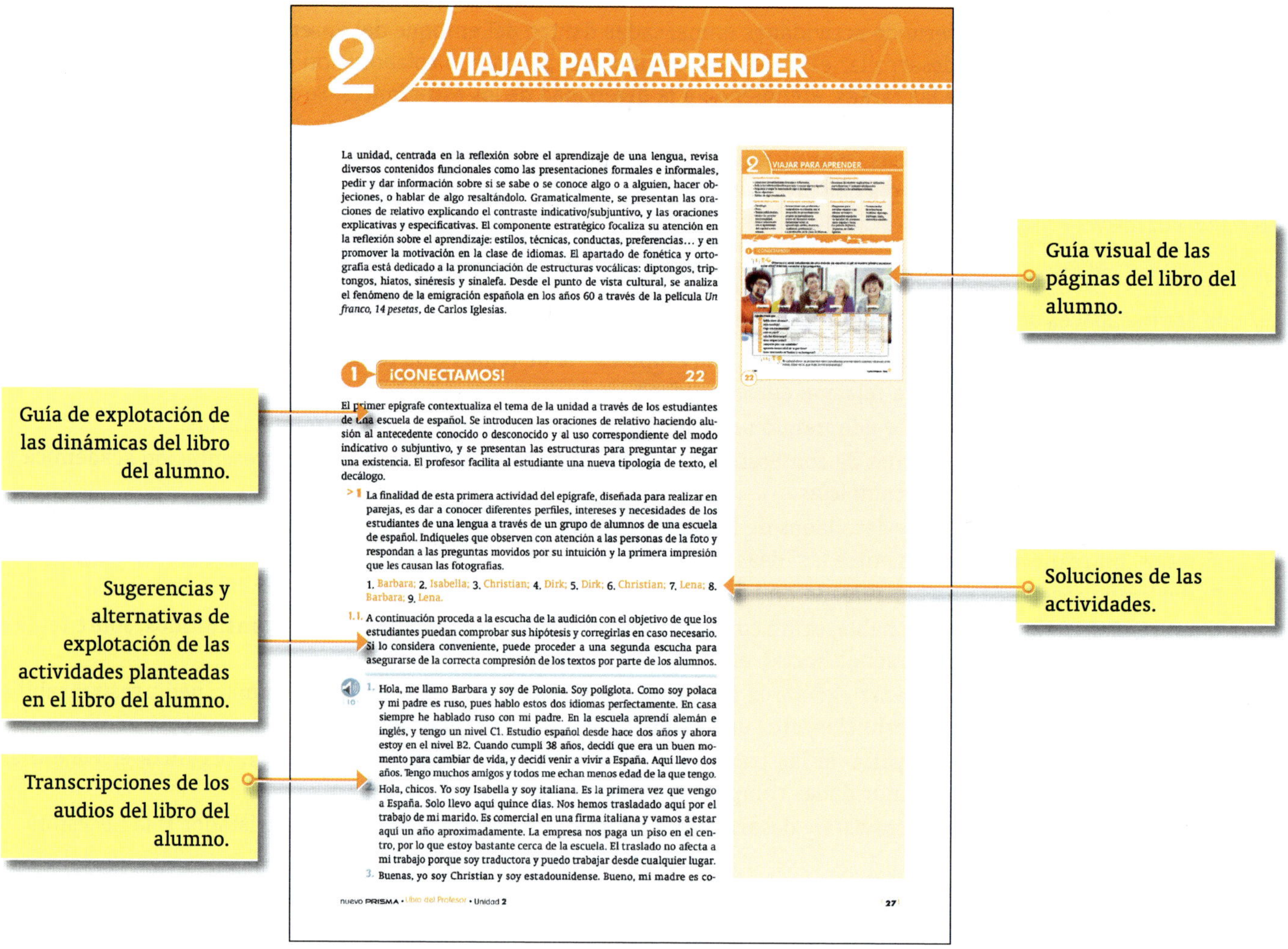


2 VIAJAR PARA APRENDER

La unidad, centrada en la reflexión sobre el aprendizaje de una lengua, revisa diversos contenidos funcionales como las presentaciones formales e informales, pedir y dar información sobre si se sabe o se conoce algo o a alguien, hacer objeciones, o hablar de algo resaltándolo. Gramaticalmente, se presentan las oraciones de relativo explicando el contraste indicativo/subjuntivo, y las oraciones explicativas y especificativas. El componente estratégico focaliza su atención en la reflexión sobre el aprendizaje: estilos, técnicas, conductas, preferencias... y en promover la motivación en la clase de idiomas. El apartado de fonética y ortografía está dedicado a la pronunciación de estructuras vocálicas: diptongos, triptongos, hiatos, sinéresis y sinalefa. Desde el punto de vista cultural, se analiza el fenómeno de la emigración española en los años 60 a través de la película *Un franco, 14 pesetas*, de Carlos Iglesias.

1 ¡CONECTAMOS! 22

El primer epígrafe contextualiza el tema de la unidad a través de los estudiantes de una escuela de español. Se introducen las oraciones de relativo haciendo alusión al antecedente conocido o desconocido y al uso correspondiente del modo indicativo o subjuntivo, y se presentan las estructuras para preguntar y negar una existencia. El profesor facilita al estudiante una nueva tipología de texto, el decálogo.

> 1 La finalidad de esta primera actividad del epígrafe, diseñada para realizar en parejas, es dar a conocer diferentes perfiles, intereses y necesidades de los estudiantes de una lengua a través de un grupo de alumnos de una escuela de español. Indíqueles que observen con atención a las personas de la foto y respondan a las preguntas movidos por su intuición y la primera impresión que les causan las fotografías.

1. Barbara; 2. Isabella; 3. Christian; 4. Dirk; 5. Dirk; 6. Christian; 7. Lena; 8. Barbara; 9. Lena.

1.1. A continuación proceda a la escucha de la audición con el objetivo de que los estudiantes puedan comprobar sus hipótesis y corregirlas en caso necesario. Si lo considera conveniente, puede proceder a una segunda escucha para asegurarse de la correcta compresión de los textos por parte de los alumnos.

10

1. Hola, me llamo Barbara y soy de Polonia. Soy políglota. Como soy polaca y mi padre es ruso, pues hablo estos dos idiomas perfectamente. En casa siempre he hablado ruso con mi padre. En la escuela aprendí alemán e inglés, y tengo un nivel C1. Estudio español desde hace dos años y ahora estoy en el nivel B2. Cuando cumplí 38 años, decidí que era un buen momento para cambiar de vida, y decidí venir a vivir a España. Aquí llevo dos años. Tengo muchos amigos y todos me echan menos edad de la que tengo.
2. Hola, chicos. Yo soy Isabella y soy italiana. Es la primera vez que vengo a España. Solo llevo aquí quince días. Nos hemos trasladado aquí por el trabajo de mi marido. Es comercial en una firma italiana y vamos a estar aquí un año aproximadamente. La empresa nos paga un piso en el centro, por lo que estoy bastante cerca de la escuela. El traslado no afecta a mi trabajo porque soy traductora y puedo trabajar desde cualquier lugar.
3. Buenas, yo soy Christian y soy estadounidense. Bueno, mi madre es co-

nuevo PRISMA • Libro del Profesor • Unidad 2 27

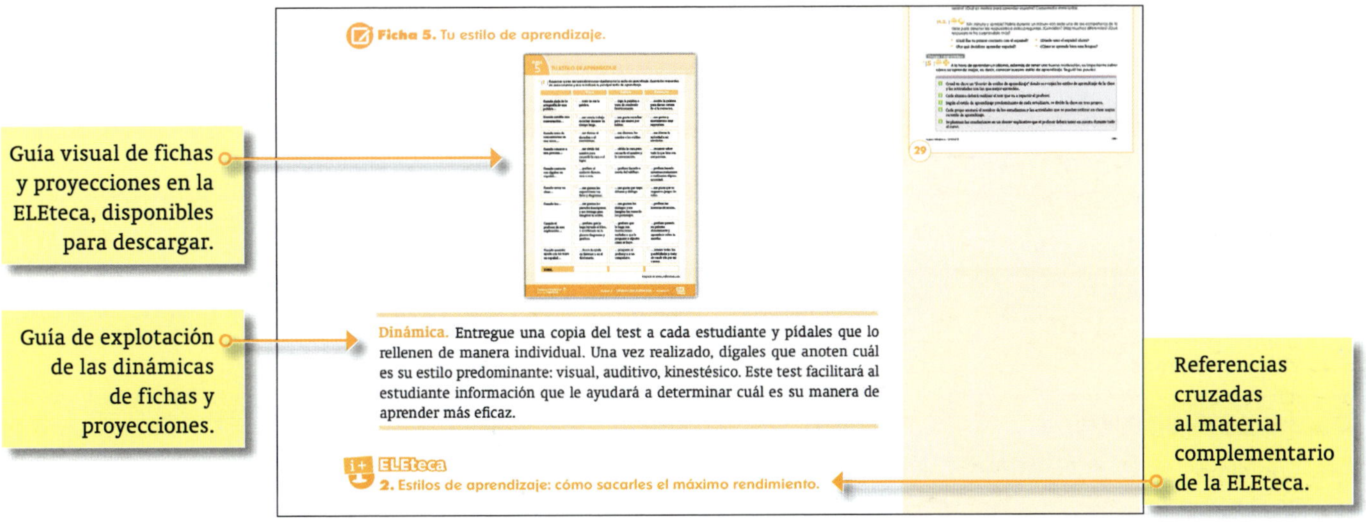


La **ELEteca** incluye:

- **fichas** y **proyecciones**, como **material didáctico complementario** para reforzar o ampliar los contenidos después de un epígrafe o actividad;
- **información sociocultural y lingüística extra**, útil tanto para el profesor como para el estudiante;
- **12 fichas** sobre léxico, una por unidad, en las que, mediante la realización de diferentes actividades con las que se practican distintas destrezas, se amplían algunos contenidos léxicos tratados en la unidad. Estas fichas van acompañadas del solucionario y las transcripciones correspondientes;
- **guía didáctica** para el profesor sobre **el aprendizaje cooperativo (AC) en clase de ELE**.
- **guía didáctica** para el profesor sobre **el componente estratégico en el aprendizaje de ELE**;
- **guía didáctica** para el profesor sobre **la educación emocional y aprendizaje de segundas lenguas (2L)**;
- **claves** de las actividades del libro del alumno para proyectar o imprimir;
- **transcripciones** de los audios de libro del alumno para proyectar o imprimir.

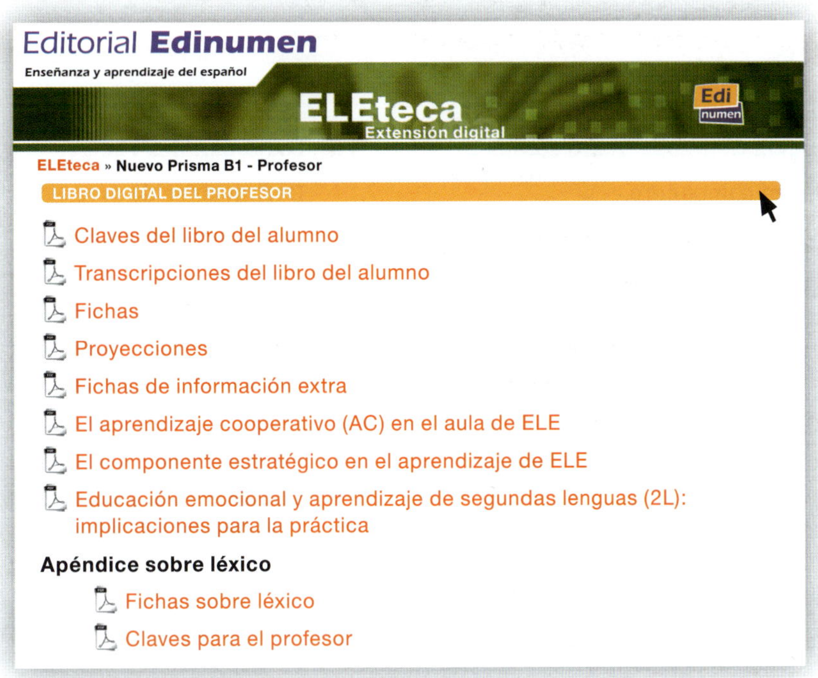

# ÍNDICE GENERAL



# ÍNDICE DEL MATERIAL DIGITAL

## FICHAS

1. El pretérito perfecto de subjuntivo (Repaso).
2. *El capullo*, de David Generoso. Texto completo.
3. Decálogo del buen compañero.
4. Conéct@te.
5. Tu estilo de aprendizaje.
6. Adjetivos para describir el carácter.
7. *Hijos de un mismo dios*, Macaco.
8. Propuesta de canciones.
9. Entrevista a Viengsay Valdés. Transcripción.
10. Pasos para un estilo de vida saludable.
11. Transcripción del audio 20.
12. ¿Qué me aconsejas?
13. El método Pilates.
14. Verbos de cambio y léxico asociado.
15. Los españoles vuelven a ser emigrantes.
16. Definiciones de arte.
17. La vida de Frida Kahlo.
18. La problemática de la profesión de fotógrafo.
19. *Ser*/*estar* + adjetivo.
20. Barrios de Malasaña (Madrid) y Palermo (Buenos Aires).
21. Practiquísimo.
22. San Sebastián y Monterrey, dos de las ciudades más felices del mundo.
23. El cine en el aprendizaje de una lengua extranjera.
24. Transcripción del audio 46.

## FICHAS

25. Otras transformaciones en el discurso referido.
26. Biografía de Jean-Claude Romand.
27. Crítica de la película *El secreto de sus ojos*.
28. Si por un instante...
29. *No dudaría*, de Antonio Flores
30. Foro. Recuerdos con sentido.
31. La historia de Mercedes.
32. Tres restaurantes españoles.
33. Algunos avances tecnológicos que cambiarán el mundo.
34. ¿Adicción a la tecnología?
35. Joaquín Sabina vive aislado en un mundo de otro siglo.
36. El eneagrama.
37. Titulares.
38. Recursos que favorecen la pragmática.

## PROYECCIONES

1. Usos del subjuntivo (Repaso).
2. El aeropuerto.
3. Expresar hipótesis.
4. Opinar y valorar.
5. Esquemas entonativos básicos del español.
6. Oraciones de relativo.
7. Los relativos.
8. Cartel de la película *Un franco, 14 pesetas*.
9. Somos lo que escuchamos.
10. Partes de un texto argumentativo y su orden.
11. Audio 16. El problema de la descarga ilegal de música.
12. Textos de las actividades 2 y 2.1.
13. Pedir y dar consejos.
14. Correlación de tiempos verbales en las oraciones subordinadas de subjuntivo.
15. *Instagram, la aplicación que cambió nuestras vidas*. Texto ordenado.
16. Perífrasis aspectuales.
17. Verbos de cambio.
18. Oraciones pasivas de proceso y resultado.
19. *El Guernica* de Pablo Picasso.
20. Fotografías (1).
21. Fotografías (2).
22. "He llegado, he subido todos los peldaños...".
23. *Fotuitgrafías*.
24. Hacer comparaciones.
25. Usos de *como/como si/ni que*.
26. Otros verbos con preposición.
27. Discurso referido o estilo indirecto.
28. Notas de Francesca.
29. Pretérito pluscuamperfecto de subjuntivo.
30. Oraciones condicionales reales e irreales en presente y futuro.
31. Conectores condicionales
32. Oraciones condicionales irreales en el pasado.
33. Estructuras para expresar sentimientos, gustos y emociones.
34. Tres restaurantes.
35. Oraciones finales.
36. Gerundio circunstancial.
37. Argumentar para convencer.
38. Oraciones y conectores concesivos.
39. Portada de *El eneagrama*, de Andrea Vargas.
40. Colocaciones: relaciones típicas entre las palabras.
41. Oraciones temporales.
42. Restar fuerza a la propia opinión.

## INFORMACIÓN EXTRA

1. La central nuclear de Cofrentes.
2. Estilos de aprendizaje: cómo sacarles el máximo rendimiento.
3. El Programa Erasmus.
4. Carlos Iglesias, actor y director español.
5. Ficha técnica de la película *Un franco, 14 pesetas*.
6. España en los años 60: el fenómeno de la emigración.
7. Musicoterapia y *danzaterapia*.
8. David Bisbal y Pablo Alborán.
9. Macaco.
10. Viengsay Valdés.
11. Mandalas, reiki, reflexología, aromaterapia, yoga y meditación.
12. El sistema público de salud español.
13. Medicina alternativa y complementaria.
14. Nicolás Guillén, Gustavo Adolfo Bécquer, Juan Ramón Jiménez y Federico García Lorca.
15. Instagram.
16. Facebook y Twitter.
17. Nuevos modelos de familia.
18. La EGB (Educación General Básica).
19. Arturo Pérez-Reverte.
20. Algunas características de la población inmigrante en España.
21. Eduardo Chillida, Diego Rivera y Pedro Luis Raota.
22. El museo Guggenheim de Bilbao.
23. Frida Kahlo y Pablo Picasso.
24. *El Guernica* de Pablo Picasso.
25. Alberto Cubas, Rita Relata, Isabel Muñoz y Chema Madoz.
26. El método APA.
27. Ana M.ª Matute y Nicanor Parra.
28. Definición de *hipster*.
29. Algunas películas españolas.
30. *De aquí y de allí*. Información para la actividad 1.
31. *Vivir es fácil con los ojos cerrados* y *La voz dormida*.
32. Ismael Serrano.
33. Lista de géneros y subgéneros cinematográficos.
34. La película *Conducta*.
35. Johnny Welch.
36. Victoria Subirana.
37. Personajes y hechos históricos de España e Hispanoamérica.
38. El refranero español
39. Santiago de Chile, isla de Chiloé, Parque Nacional Torres del Paine y el glaciar Grey.
40. *Afrodita*, de Isabel Allende y *En busca del tiempo perdido*, de Marcel Proust.
41. Paco Roncero, los hermanos Roca y Sobrino de Botín.
42. Manuel Vázquez-Montalbán, Laura Esquivel y Carmen Martín- Gaite.
43. Joaquín Sabina.
44. Movimiento lento o *slow*.
45. Oficios perdidos.
46. El eneagrama.
47. Microrrelato.
48. *Expreso nocturno*, de Imanol Ortiz López.
49. El Colacho, la Romería de Ataúdes, la Tomatina, los cabezazos a la estatua del maestro Mateo.

## APÉNDICE SOBRE LÉXICO

1. El trabajo y la felicidad.
2. Aprender una lengua extranjera.
3. La música y sus beneficios.
4. Hábitos saludables.
5. Fotos para el recuerdo.
6. El arte español.
7. Comparaciones odiosas.
8. El cine hispano.
9. Sueños cumplidos.
10. Viajes gastronómicos.
11. Avances tecnológicos.
12. El autoconocimiento.

# 1 VIDAS ANÓNIMAS

En esta primera unidad del libro se repasan diferentes usos del subjuntivo para llevar a cabo diversas funciones como expresar deseos, hipótesis y probabilidad, gustos, sentimientos, aversiones y emociones, dar una opinión, hacer valoraciones y hablar de la vida de algunas personas refiriéndose a sus expectativas, sentimientos, proyectos... Los contenidos culturales giran en torno a historias de personas que con sus acciones han cambiado el rumbo del mundo, y que sirven de plataforma para desarrollar los contenidos gramaticales y funcionales de la unidad. El apartado de fonética y ortografía centra su atención en las interrogativas disyuntivas y la entonación de mandato.

## 1 EL CAJÓN DE HISTORIAS OLVIDADAS 8

Este epígrafe propone trabajar con historias de personas que cambiaron el rumbo del mundo pero que han caído en el olvido o pocos conocen. Como contenido lingüístico, se repasan algunos usos del subjuntivo para expresar hipótesis, gustos, necesidades, dar consejos, entre otros, así como las expresiones de deseo.

> **1** y **1.1.** Actividad introductoria en la que los estudiantes en pequeños grupos leen la propuesta de la web y hablan sobre qué les parecería una iniciativa de este tipo, si sería interesante, si ellos participarían de algún modo...
>
> Haga una pequeña puesta en común con las opiniones de todos y pase a la actividad 1.1. pidiéndoles que cuenten alguna historia personal que no les gustaría que cayera en el olvido. Para romper el hielo, sea usted el que empiece contando algún recuerdo o historia del pasado que no le gustaría que se olvidase.

**1.2.** Actividad de comprensión lectora de diversas historias de personas anónimas que han realizado alguna acción beneficiosa para la humanidad. Los estudiantes tienen que hacer una lectura global de manera individual y elegir la que más les llame la atención para compartirla en pequeños grupos justificando su elección.

Antes de comenzar, explíqueles qué es la Plataforma de Afectados por la Hipoteca o PAH (texto 9): una asociación y movimiento social por el derecho a la vivienda digna surgido en febrero de 2009 en Barcelona y presente en toda la geografía española. La Plataforma surge en el marco de la crisis inmobiliaria española (2008-2013). La PAH agrupa a personas con dificultades para pagar la hipoteca o que se encuentran en proceso de ejecución hipotecaria y personas solidarias con esta problemática. La PAH se reúne de manera asamblearia para exponer los distintos casos de los afectados, ofrecer asesoramiento y ayuda mutua para encontrar apoyos tanto prácticos como emocionales.

**1.3.** La actividad tienen dos objetivos: proporcionar las muestras de lengua necesarias para el repaso de los usos principales del subjuntivo de la siguiente actividad, y realizar una nueva lectura, en este caso selectiva, para relacionar los comentarios con cada historia anterior.

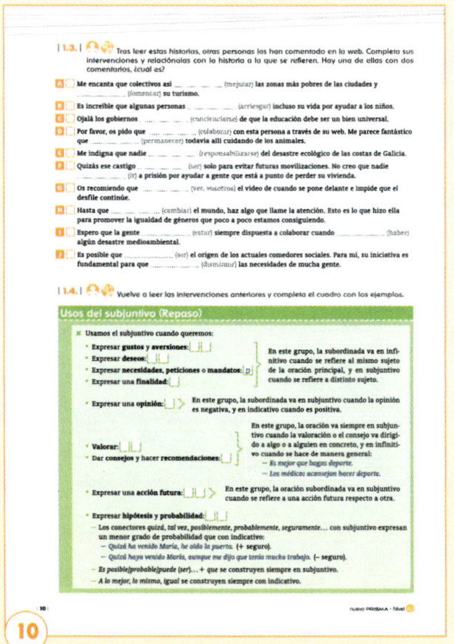

Pídales que, primero, completen los comentarios poniendo el verbo entre paréntesis en el tiempo y modo adecuados. Las frases incluyen expresiones que de un modo u otro están relacionadas con los diferentes usos del subjuntivo que han estudiado en el nivel B1. Esta actividad se complementará con la actividad posterior una vez se haya completado y corregido en la clase con todo el grupo. Después, pídales que vuelvan a leer las historias de la actividad 1.2. para relacionarlas con los comentarios que han completado.

A. mejoren, fomenten; B. arriesguen; C. se conciencien; D. colaboréis; permanezca; E. se responsabilice; F. sea, vaya; G. veáis; H. cambie; I. esté, haya; J. sea, disminuyan.

A. 5; B. 1; C. 8; D. 7; E. 6; F. 9; G. 4; H. 2; I. 6; J. 3.

**1.4.** Actividad de reflexión gramatical de repaso de los diferentes usos del subjuntivo. Los estudiantes, individualmente, tienen que relacionar cada comentario con los usos del subjuntivo que aparecen en el cuadro. Durante la corrección, dé las explicaciones que crea oportunas según las necesidades de sus estudiantes. Para realizar este repaso, es aconsejable utilizar la proyección 1 con el fin de focalizar la atención de todo el grupo en torno a sus explicaciones.

Expresar gustos y aversiones: A, E; Expresar deseos: C, I; Expresar necesidades, peticiones o mandatos: D; Expresar una finalidad: J; Expresar una opinión: F; Valorar: B, D; Dar consejos y hacer recomendaciones: G; Expresar una acción futura: H, I; Expresar hipótesis y probabilidad: F, J.

**Proyección 1.** Usos del subjuntivo (Repaso).

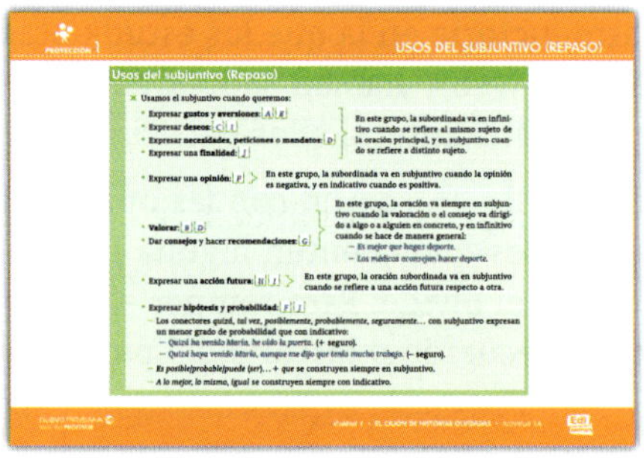

**Dinámica.** Proyecte el cuadro de los usos de subjuntivo con el fin de corregir la actividad y poner en común las dudas de todos, de manera que pueda dar las explicaciones necesarias y focalizar la atención en los puntos importantes. De esta forma, la participación de cada uno aportará información a los demás y gozarán de una retroalimentación muy beneficiosa para el aprendizaje.

Antes de continuar, y para ampliar el repaso general de los usos del subjuntivo, puede realizar los ejercicios 2 y 3 de la unidad 1 del *Libro de ejercicios*.

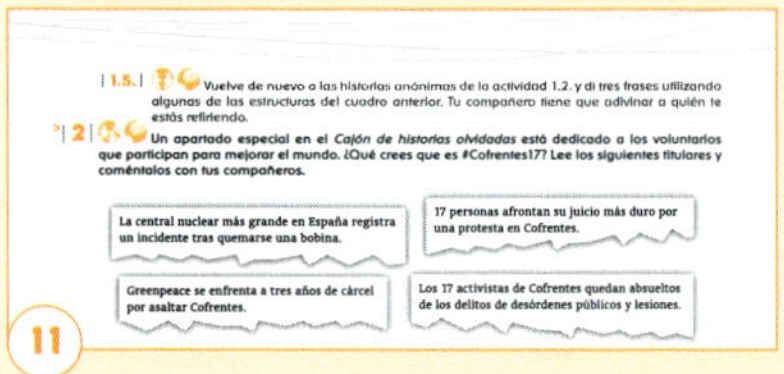

**1.5.** Para cerrar esta secuencia de actividades, se propone una actividad oral controlada. Pida a los estudiantes que, trabajando en parejas, retomen las historias olvidadas de la actividad 1.2. y que produzcan tres frases utilizando algunas de las estructuras estudiadas. Cada estudiante deberá decir a qué historia se refiere su compañero/a. Aconséjeles que revisen los comentarios de la actividad 1.3. para tomarlos como modelo de sus propias frases. Deje en pantalla la proyección 1 para facilitar las intervenciones de los estudiantes, ya que, el objetivo es realizarlas con la mejor competencia comunicativa.

**>2** Actividad de prelectura en la que, a través de una serie de titulares, los estudiantes en grupos pequeños hacen hipótesis sobre qué es el *hagstag* #Cofrentes17.

Cofrentes es un municipio perteneciente a la provincia de Valencia, en la comarca del Valle de Cofrentes. A dos kilómetros del pueblo se encuentra la central nuclear del mismo nombre. El 15 de febrero de 2011, 16 activistas de Greenpeace y un fotoperiodista independiente accedían al recinto de la central nuclear de Cofrentes, subían a una de las torres de refrigeración y pintaban "Peligro Nuclear". Greenpeace denunciaba así que la energía nuclear es una energía obsoleta, peligrosa y no es barata. Estas 17 personas fueron acusadas de desorden público, daños y lesiones, y se enfrentaron en 2014 a un juicio por el que se les pedían penas de casi tres años de cárcel y una multa de 360 000 euros. Finalmente, fueron solo condenados a pagar 19 500 euros por la rotura de una valla.

**2.1.** Pida a los estudiantes que, de manera individual, lean el texto que se ofrece para que comprueben sus hipótesis anteriores. El texto sirve para enmarcar la serie de actividades que se proponen a continuación. Si sus estudiantes muestran interés, puede darles más información con el texto adicional que ofrecemos en la Eleteca.

**i+ ELEteca**

**1. La central nuclear de Cofrentes.**

**2.2.** Actividad de comprensión auditiva para seleccionar información. Si lo considera necesario, puede realizar una primera escucha antes de realizar la actividad. Pídales que, previamente, lean las afirmaciones que se dan para que la selección de información sea más efectiva. Luego, proceda a la escucha y a su posterior corrección.

### El día a día de los #Cofrentes17.

| 1 |

- **Maite:** Yo soy trabajadora social.
- **Nacho:** Yo soy psicólogo. La posibilidad de cambio la tenemos la gente. Un poquito de uno, otro poquito de otro... Yo creo que sí hay cambios, que si no existiera gente que se hubiera movilizado, seguiría habiendo esclavitud, las mujeres no podrían votar... Todos los avances sociales se han hecho a fuerza de que alguien ha levantado la voz y ha dicho: "¡Hasta aquí!" y otros lo han seguido.
- **Maite:** Me produjo muchas satisfacciones poder ayudar en la protesta de la central nuclear de Cofrentes... Si hay otras alternativas, ¿por qué tiene que ser energía nuclear?, es sucia. ¿Sabes qué es lo que me preocupa y es algo que me enfada? Que habiendo tantos recursos naturales como tenemos para tener energía limpia, estemos usando la energía que estamos usando. Es algo que me parece indignante.
- **Nacho:** La capacidad que tenemos las personas de cambiar las cosas que no nos gustan es mucha más de la que nosotros nos creemos; podemos decir "hasta aquí" y proponer alternativas. Hoy y ahora es el momento... Yo tenía un objetivo y ese objetivo lo cumplí: luchar contra las injusticias, y luchar porque se respete el medioambiente, la vida en general, ¿no?
- **Maite:** Como que no me gusta que los demás decidan por mí. Si hay algo que yo creo que puede cambiar, está en mi mano hacerlo. Para cambiar según qué cosas, le damos tantas vueltas, le buscamos tres pies al gato... El pensar "yo hice esto porque estaba convencida de lo que estaba haciendo". Entiendo que el mundo debe cambiar. Esto no puede seguir así, y la única manera de que me escuchen es hacer algo que les llame la atención.

Nacho: 1, 2, 5; Maite: 3, 4.

**2.3.** Actividad de contenido lingüístico de repaso de las estructuras más frecuentes para expresar deseos. En la misma secuencia de actividades y bajo el

| 1.5. | Vuelve de nuevo a las historias anónimas de la actividad 1.2. y di tres frases utilizando algunas de las estructuras del cuadro anterior. Tu compañero tiene que adivinar a quién te estás refiriendo.

| 2 | Un apartado especial en el *Cajón de historias olvidadas* está dedicado a los voluntarios que participan para mejorar el mundo. ¿Qué crees que es #Cofrentes17? Lee los siguientes titulares y coméntalos con tus compañeros.

La central nuclear más grande en España registra un incidente tras quemarse una bobina.

17 personas afrontan su juicio más duro por una protesta en Cofrentes.

Greenpeace se enfrenta a tres años de cárcel por asaltar Cofrentes.

Los 17 activistas de Cofrentes quedan absueltos de los delitos de desórdenes públicos y lesiones.

| 2.1. | Lee el texto y comprueba tus respuestas anteriores.

**Ni héroes ni heroínas, #Cofrentes17**

Helena, Sonia, Amanda Luna, Nacho, Virginia, Hernán, Nacho, Marcell, Sonia, Vicenç, Maite, Araceli, Nelia, Rakel, Auba y Fausto, junto con Pedro, fotoperiodista independiente, se enfrentaron al juicio más duro sufrido por Greenpeace España en su historia.

Estas diecisiete personas fueron juzgadas en 2014 por su participación en una acción en la central nuclear de Cofrentes (Valencia) hace más de tres años. Ellos y ellas son personas normales, como tú y como yo, no son héroes ni heroínas, se levantan por la mañana, desayunan, se marchan al trabajo, tienen aficiones y disfrutan de sus familias. Tienen vidas completamente normales, aunque un día decidieran decir "NO" a la energía nuclear.

Por defender el medioambiente les pidieron casi tres años de cárcel. Sus vidas han cambiado completamente... y es que defender el medioambiente tiene un precio muy alto. La justicia ha demostrado que los 17 de Cofrentes son pacíficos. De tres años de cárcel y 360 000 euros de multa que se pedía a estos activistas por una pintada de "PELIGRO NUCLEAR" en la central de Cofrentes (Valencia), queda un único delito recogido en la sentencia para los activistas: rotura de la valla de la central y otros daños menores por un importe de 19 500 euros. "Defender el medioambiente es nuestro derecho y deber (art. 45 de la Constitución)", comenta Nacho, activista de Greenpeace. "Treinta años de activismo pacífico en España y más de 40 en todo el mundo nos avalan".

| 2.2. | Conoce a Nacho y Maite, dos activistas de Greenpeace que participaron en las protestas de Cofrentes. Escucha este documental y señala a quién crees que corresponden estos deseos.

1. Espero que la gente respete más el medioambiente.
2. Ojalá todos levantemos la voz y protestemos para cambiar las cosas.
3. Quiero que los gobiernos utilicen otras alternativas a la energía nuclear.
4. Que no le demos tanta vuelta a las cosas cuando pretendamos ayudar.
5. Mi sueño es un mundo sin injusticias.

nuevo PRISMA · Unidad 1

11

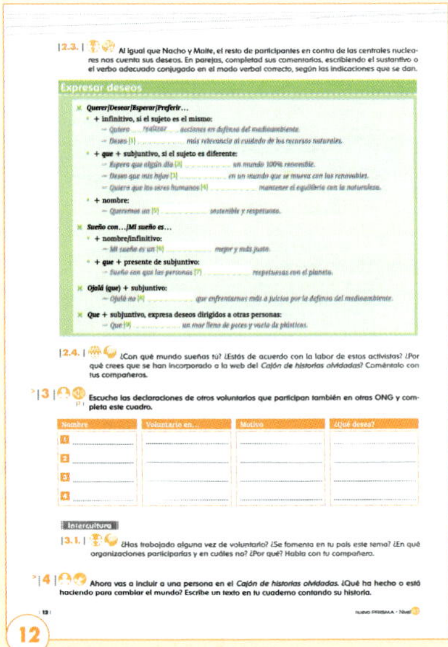
|2.3.| Al igual que Nacho y Maite, el resto de participantes en contra de las centrales nucleares nos cuenta sus deseos. En parejas, completad sus comentarios, escribiendo el sustantivo o el verbo adecuado conjugado en el modo verbal correcto, según las indicaciones que se dan.

**Expresar deseos**

- *Querer/Desear/Esperar/Preferir*...
  - + infinitivo, si el sujeto es el mismo:
    - *Quiero* realizar *acciones en defensa del medioambiente.*
    - *Deseo* [1] ............ *más relevancia al cuidado de los recursos naturales.*
  - + *que* + subjuntivo, si el sujeto es diferente:
    - *Espero que algún día* [2] ............ *un mundo 100% renovable.*
    - *Deseo que mis hijos* [3] ............ *en un mundo que se mueva con las renovables.*
    - *Quiero que los seres humanos* [4] ............ *mantener el equilibrio con la naturaleza.*
  - + nombre:
    - *Queremos un* [5] ............ *sostenible y respetuoso.*
- *Sueño con.../Mi sueño es...*
  - + nombre/infinitivo:
    - *Mi sueño es un* [6] ............ *mejor y más justo.*
  - + *que* + presente de subjuntivo:
    - *Sueño con que las personas* [7] ............ *respetuosas con el planeta.*
- *Ojalá (que)* + subjuntivo:
  - *Ojalá no* [8] ............ *que enfrentarnos más a juicios por la defensa del medioambiente.*
- *Que* + subjuntivo, expresa deseos dirigidos a otras personas:
  - *Que* [9] ............ *un mar lleno de peces y vacío de plásticos.*

|2.4.| ¿Con qué mundo sueñas tú? ¿Estás de acuerdo con la labor de estos activistas? ¿Por qué crees que se han incorporado a la web del *Cajón de historias olvidadas*? Coméntalo con tus compañeros.

>|3| Escucha las declaraciones de otros voluntarios que participan también en otras ONG y completa este cuadro.

| Nombre | Voluntario en... | Motivo | ¿Qué desea? |
|---|---|---|---|
| 1 | | | |
| 2 | | | |
| 3 | | | |
| 4 | | | |

**Intercultura**

|3.1.| ¿Has trabajado alguna vez de voluntario? ¿Se fomenta en tu país este tema? ¿En qué organizaciones participarías y en cuáles no? ¿Por qué? Habla con tu compañero.

>|4| Ahora vas a incluir a una persona en el *Cajón de historias olvidadas*. ¿Qué ha hecho o está haciendo para cambiar el mundo? Escribe un texto en tu cuaderno contando su historia.

|12| nuevo PRISMA · Nivel

12

mismo tema, se ofrecen una serie de comentarios de otros voluntarios que defienden el medioambiente con el fin de que, trabajando en parejas, los estudiantes reflexionen y practiquen las estructuras más frecuentes que se usan en español para expresar deseos. Esta actividad se puede realizar también de modo individual. Si se decide por esta dinámica, antes de corregir, pida que comparen sus respuestas con su compañero/a.

Al corregir el ejercicio tenga en cuenta que hay varias opciones de respuesta.

Posible respuesta: 1. darle; 2. tengamos; 3. vivan; 4. sepamos; 5. mundo; 6. planeta; 7. sean/seamos; 8. tengamos; 9. tengamos.

**2.4.** Para cerrar la secuencia, pida a los estudiantes que den su opinión sobre la labor que realizan los activistas, justificando su entrada en el cajón de historias olvidadas. El objetivo es que los participantes interactúen y pongan en práctica muchos de los contenidos lingüísticos que se han trabajado a lo largo del epígrafe.

**>3** A través de una actividad de comprensión auditiva, los estudiantes ponen en práctica las estructuras para expresar deseos que han visto en la actividad 2.3. Para ello, deben hacer una escucha selectiva de recopilación de información para completar un cuadro. Como contenido cultural van a hablar de otras ONG y de la labor del voluntariado.

|2|

1. Hola, me llamo Rosa y trabajo como voluntaria de la Cruz Roja. Empecé en esto por una amiga del cole que no paraba de darme la lata para que nos apuntáramos para ser voluntarias. Nunca me he arrepentido. Hay quien dice que por qué lo hago, que nos explotan porque trabajamos sin cobrar. Quiero que entendáis que es verdad que "perdemos" muchas horas de nuestro tiempo, pero después hay momentos que lo compensan todo. Por ejemplo, en el tema de socorro, cuando estás atendiendo a una persona y le salvas la vida. Mi sueño es poder viajar a otros países en ayuda humanitaria.
2. Buenos días. Me llamo Gonzalo. Debido a mi profesión, no puedo dedicar todo mi tiempo a Médicos sin Fronteras. Soy oftalmólogo y trabajo en un hospital público a tiempo completo. Sin embargo, cada año pido un mes sin sueldo y me voy con la organización a países del tercer mundo donde la cirugía oftálmica está al alcance de muy pocos. Para mí, es una cuestión de justicia social. He tenido la oportunidad de estudiar para dedicarme a hacer lo que más me gusta en este mundo. Siempre he deseado ayudar a aquellos que no pueden tener las mismas posibilidades.
3. Hola, soy Susana. Yo me he criado con mis abuelos. Mis padres se tenían que ir a trabajar muy temprano y volvían a casa cuando ya estaba dormida. Mi abuelo me contaba miles de historias de su juventud y yo aprendí lo que es la vida gracias a él. Cuando murió, me sentí vacía, huérfana. Entonces oí hablar del teléfono dorado. Es un servicio que ofrece la organización Mensajeros de la Paz y su función es servir de apoyo a las personas mayores que viven solas. No se trata solo de resolverles problemas prácticos sino, sobre todo, de darles consuelo, amistad, compañía... Ojalá les esté sirviendo mi apoyo. En realidad, no lo hago por ellos. Mis motivos son egoístas. Cuando hablo con las personas mayores, me siento bien, soy otra. En realidad, vuelvo a mi infancia.
4. Yo me llamo Ramón. Soy del norte, de Cantabria, de un pequeño pueblo que se llama Olea, al lado de la sierra de El Bardal. Me he criado en plena naturaleza y pienso que es posible vivir respetando los recursos naturales, que son limitados. No solo contribuyo económicamente con *Greenpeace*, sino que también colaboro como voluntario. Espero que la gente se dé cuenta de la situación de peligro en la que se encuentra nuestro planeta. Yo hago todo lo que está en mi mano y hay ya mucha gente comprometida, pero no es suficiente...

1. Rosa, Cruz Roja; La satisfacción que se siente al ayudar; Viajar a otros países; 2. Gonzalo, Médicos sin fronteras; Por justicia social; Ayudar a los que no pueden tener sus mismas oportunidades; 3. Susana, Teléfono dorado (servicio de Mensajeros de la Paz); Ayudar a las personas mayores y sentirse bien ella misma; Que su apoyo les sirva; 4. Ramón, Greenpeace; Ayudar a la conservación del planeta; Que la gente se dé cuenta de la situación de peligro en la que se encuentra el planeta.

**3.1.** Actividad de carácter intercultural en la que los estudiantes, en parejas, hablan sobre el voluntariado en sus respectivos países y su experiencia personal en cuanto al tema.

Puede realizar esta actividad en plenario, si lo considera más oportuno. En el caso de clases con una sola nacionalidad, haga que comparen la situación en España (descrita en el audio anterior) con la de su país.

**>4** Como actividad final de epígrafe, se propone una tarea de escritura en la que los estudiantes deben elegir a una persona que conozcan o de la que tienen noticia para incluirla en el *Cajón de historias olvidadas*, justificando su elección. Para que puedan documentarse, es recomendable realizar la actividad como tarea para casa.

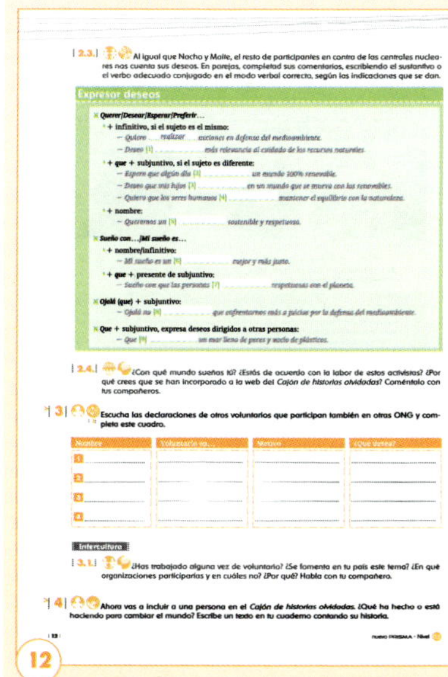

12

## 2 IR Y VENIR DE GENTE 13

Podemos presentar el epígrafe a través de la expresión *Es un ir y venir de gente*, que transmite el movimiento incesante de personas en varias direcciones. A partir de este concepto se trabajan contenidos funcionales para expresar hipótesis o probabilidad usando como recurso lingüístico el condicional simple, el futuro compuesto y el futuro imperfecto.

**>1** En grupo plenario, pida a los estudiantes que se sitúen mentalmente en un aeropuerto y que piense en las personas que les rodean. ¿Quiénes son? ¿Dónde van? ¿Qué profesión tienen? Pregúnteles si alguna vez han realizado este juego de suposiciones. Es una actividad de motivación y de contextualización para introducir el tema. Si a su grupo le cuesta entrar en situación, puede poner la proyección 2 con una fotografía de un aeropuerto para dirigir la actividad, imaginando los destinos y las causas del viaje de las personas que aparecen en la fotografía.

13

**Proyección 2.** El aeropuerto.

**Dinámica.** Proyecte la imagen y vaya señalando a las personas para que los estudiantes, por turnos, imaginen quiénes son, dónde van, qué tipo de viaje van a hacer… Comience usted con un ejemplo y aproveche para hacer hipótesis usando el futuro de indicativo: "La chica oriental será traductora y volverá a su casa después de un viaje de trabajo", por ejemplo.

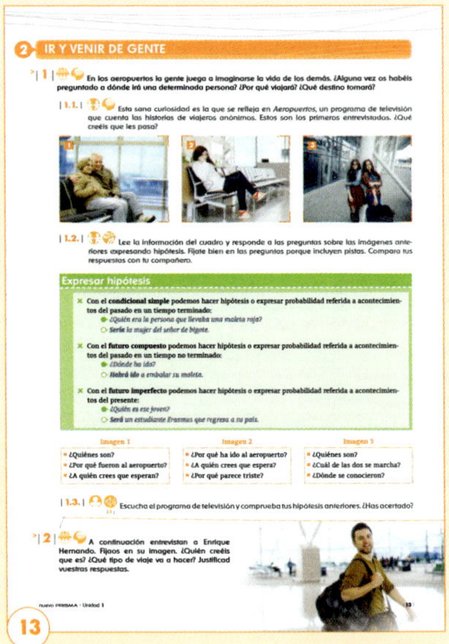


**1.1.** Actividad oral basada en un programa de televisión: *Aeropuertos*, donde personas anónimas cuentan experiencias de viajes. Si ha utilizado la proyección anterior tal y como se propone, simplemente tiene que pedirles que continúen haciendo hipótesis en parejas con las personas que aparecen en las fotos. Esta actividad es previa al siguiente ejercicio, por lo que, si lo considera oportuno, puede realizarlas juntas.

**1.2.** Actividad de corte lingüístico para reflexionar y profundizar en el aprendizaje de distintos mecanismos lingüísticos que se usan en español para expresar hipótesis. Los estudiantes, en parejas, deberán responder a las preguntas que se realizan sobre cada una de las imágenes de la actividad anterior. Estas preguntas contienen pistas para que puedan hacer hipótesis más fiables. Antes de realizar la actividad propiamente dicha, repase con ellos el contenido del cuadro y resuelva, si es necesario, las dudas que haya. Para ello, puede utilizar la proyección 3 que le permitirá hacer una explicación más detallada focalizando la atención de los estudiantes sobre los contenidos que usted quiera resaltar. Se pretende que los estudiantes respondan a las preguntas utilizando las formas verbales estudiadas para reforzar su competencia comunicativa. Para finalizar la actividad se puede hacer una puesta en común de todas las posibles respuestas que hayan dado los estudiantes anotándolas en la pizarra para la actividad posterior.

### Proyección 3. Expresar hipótesis.

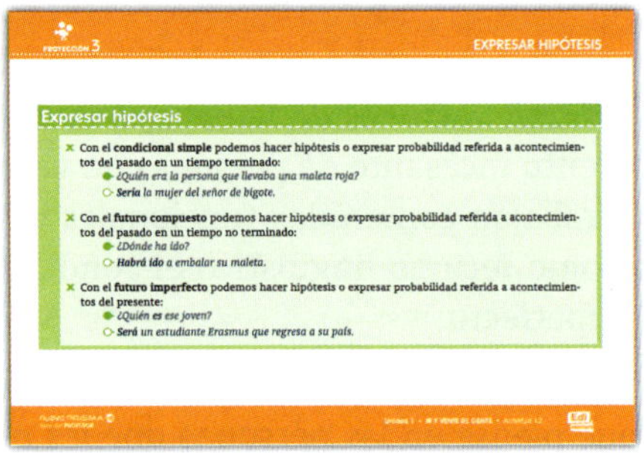


**Dinámica.** Se realiza la proyección del cuadro para expresar hipótesis con los diferentes tiempos verbales, con el fin de que los estudiantes focalicen la atención y el profesor pueda responder y dar las explicaciones necesarias a todo el grupo. Se recomienda dejar la proyección en pantalla durante la actividad 1.3.

**1.3.** Actividad de comprensión auditiva para confirmar o no las hipótesis hechas por los estudiantes en la actividad anterior. Si ha anotado sus respuestas en la pizarra, seleccione aquellas que sean las más cercanas a cada una de las situaciones, según el audio.

|3|

En el programa de hoy entrevistaremos a una familia que espera con ilusión la llegada de una niña desde China. Los abuelos acuden al aeropuerto para recibir a unos recién estrenados padres con su niña recién adoptada. El abuelo nos contará el difícil y largo proceso de adopción por el que han tenido que pasar. Ahora, por fin, solo les quedan minutos para conocer al nuevo miembro de la familia.

También descubriremos la situación de una joven inmigrante que desea reencontrarse con su hermano, al que hace años que no ve. El joven se encuentra retenido por las autoridades de inmigración, ya que no cumple con los requisitos para entrar en España. Ella ha hecho noche en la terminal para conseguir verle, aunque sea tan solo unos minutos.

Otra de las historias se centra en la despedida de dos amigas que se dicen adiós entre lágrimas. Después de varios años estudiando en España, una de las jóvenes regresa a su país para reencontrarse con los suyos. Aquí deja a "su otra familia", una amiga que la recordará siempre y unos niños que la quieren como a su "otra" mamá.

Antes de continuar, puede reforzar este contenido con el ejercicio 7 de la unidad 1 del *Libro de ejercicios*.

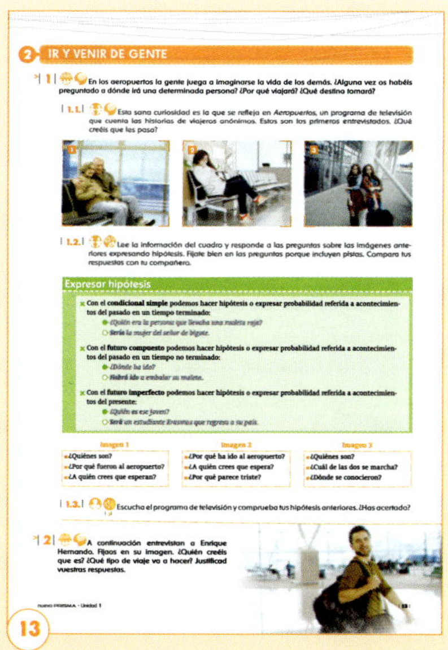

**> 2** Siguiendo con entrevistas realizadas por el programa *Aeropuertos*, se propone trabajar con otra que se realizó a un alpinista. Para que los estudiantes sigan practicando la formulación de hipótesis, se les pedirá que, a través de la imagen, expliquen quién creen que es este personaje. Es una actividad previa de contextualización para la siguiente secuencia de actividades dedicada a esta persona. La figura del personaje Enrique Hernando es ficticia, pero está basada en la personalidad de un alpinista mexicano llamado Andrés Delgado Calderón quien, entre otros logros, culminó el Everest en 1997. Desaparecido desde el 12 de octubre de 2006 en el Changabang (Himalaya), fue dado por muerto después de una intensa búsqueda.

De personalidad controvertida, Andrés Delgado era un alpinista profesional con un nivel de autoexigencia que proyectaba a todos los miembros de las expediciones que capitaneaba. Fue acusado por algunos de ser una persona con un carácter muy fuerte y bronco, demasiado directo a la hora de dirigirse a los demás, por lo que eran frecuentes los conflictos que se generaban con aquellos que no cumplían con los estándares de profesionalidad y sacrificio que él consideraba imprescindibles. No toleraba las quejas, las mentiras y la indisciplina. No obstante, es descrito por sus adeptos como un alpinista entregado, con una aptitud organizativa excepcional y un gran solucionador de problemas. Su gran capacidad de sacrificio se refleja en sus logros profesionales y con sus gestos, descritos tanto en el texto de la actividad 2.1., como en la entrevista de la actividad 2.3.

**2.1.** La actividad, diseñada para realizar en parejas, se desarrolla en dos fases. En la primera fase, los estudiantes leen el texto de manera individual y van contestando por escrito a las preguntas, haciendo hipótesis. Después, contrastan sus respuestas con las de su compañero/a. Una vez terminada la actividad, coménteles en quién está basado el personaje ficticio de Enrique Hernando (Andrés Delgado) y coménteles a grandes rasgos quién era y cómo era su personalidad. De este modo, podrán saber si han acertado en sus suposiciones.

**2.2.** Actividad de reflexión lingüística en la que se consolidan algunas expresiones de hipótesis y probabilidad que pueden construirse con indicativo o subjuntivo. Pida a los estudiantes que busquen ejemplos en el texto de la actividad 2.1. para completar el cuadro de reflexión. Es importante que, a la hora de corregir, destaque la diferencia de significado que aporta el utilizar uno u otro modo verbal: mayor grado de probabilidad con indicativo que con subjuntivo.

Posiblemente me hayan acusado de inhumano; Quizás me hayan acusado de dominante, perfeccionista, irritante y autoritario; A lo mejor de lo único que pueden acusarme es de ser un montañista apasionado, honesto y fiel a mis ideales; Puede que me hayan acusado de ególatra e indiferente; Es posible que me hayan acusado de egoísta.

Una vez corregida la actividad, pídales que se fijen en el cuadro de atención donde se recuerda el pretérito perfecto de subjuntivo. Es un contenido propio del nivel B1, pero si sus estudiantes no lo han estudiado o no lo recuerdan, puede llevar a cabo las actividades propuestas en la ficha 1.

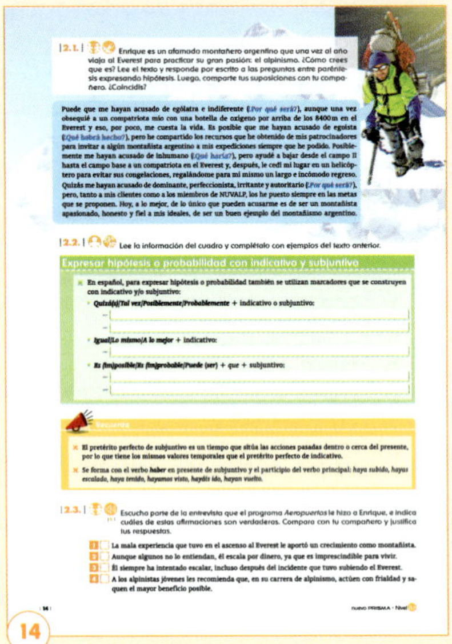

## Ficha 1. El pretérito perfecto de subjuntivo (Repaso).

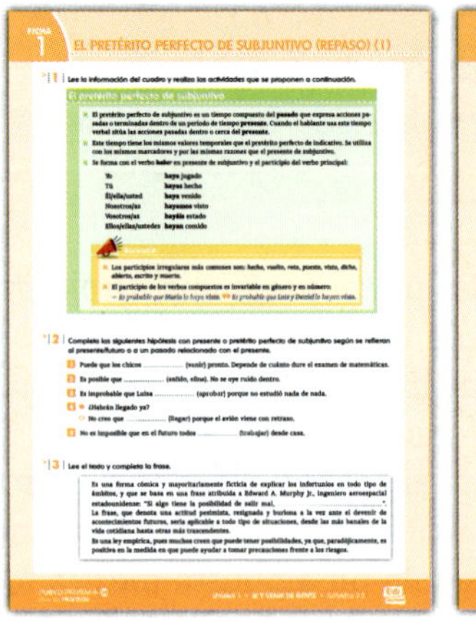

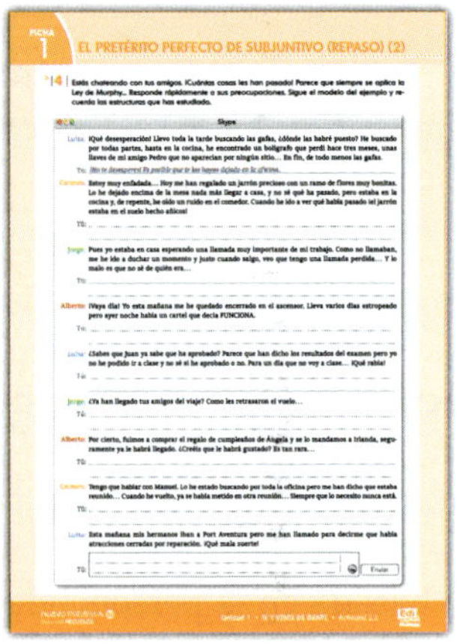

**Dinámica.** Haga una presentación rápida de la morfología de este tiempo verbal siguiendo el cuadro de reflexión y luego deje un tiempo para que los estudiantes, individualmente, lleven a cabo las actividades propuestas para practicarlo.

Después, corrija en plenario y resuelva las dudas que se planteen, si las hay. **2.** 1. vengan; 2. hayan salido; 3. haya aprobado; 4. hayan llegado; 5. trabajemos. **3.** saldrá mal; **4.** Respuesta abierta.

**2.3.** Como cierre del epígrafe, se propone una actividad de comprensión auditiva. Antes de llevar a cabo la escucha, pídales que lean las afirmaciones para que les resulte más fácil discriminar la información verdadera de la falsa. Adviértales de que tanto entrevistadora como entrevistado son argentinos y que, por lo tanto, van a escuchar su variedad lingüística que se distingue, entre otras cosas, además de por su acento, por el uso de ciertas formas verbales específicas correspondientes al voseo: *dirigís* en lugar de *diriges*, *sos* en lugar de *eres*, etc. Explique el significado de *lana*, vocablo coloquial para aludir al dinero en Argentina.

|4|

- **Locutora:** Enrique, ¿y dónde te dirigís esta vez?
- **Enrique:** Pues vuelo a Nepal para una expedición al Everest. A lo mejor estoy un mes en el campamento.
- **Locutora:** ¿Y hace cuánto tiempo estás practicando el montañismo?
- **Enrique:** Desde que tengo memoria. Mis padres y mi abuelo practicaban el montañismo como aficionados, y desde muy pequeño estuve relacionado con la montaña. Quizás ese haya sido el motivo de que me dedique profesionalmente a esto. Crecí entre cuerdas y mochilas, fue algo muy natural, pero puedo dividir mi carrera montañista en dos etapas: mis comienzos y la segunda etapa, cuando comencé a escalar ya profesionalmente, en 1991, así que son once años.
- **Locutora:** Todo aquel que conoce un poco tu trayectoria profesional sabe que, por poco, morís en el Everest en 1996.
- **Enrique:** Me llevó un año recuperarme de mis congelaciones. Afortunadamente, me pudieron salvar los dedos, y, una vez recuperado, comencé a entrenar y a conseguir el dinero para volver al Everest. Puede ser que ese haya sido uno de los peores momentos en mi vida.
- **Locutora:** ¿Qué te dejó esta experiencia?
- **Enrique:** Lo que me dejó esta expedición fue un crecimiento como montañista pero, sobre todo, como persona, independientemente de si los errores que cometí fueron por una causa o por otra.
- **Locutora:** Tu trayectoria nos habla de que sos un alpinista extremo, de que te gusta llevar la escalada a sus límites. Pero, ¿qué te llevó a pertenecer al selecto grupo de personas que practican el alpinismo extremo?

- **Enrique:** Yo no busco un beneficio a través del alpinismo, yo busco escalar porque me gusta, busco una satisfacción; para mí no es un fin el escalar, es una búsqueda; no es un medio para conseguir lana, es un medio para estar a gusto conmigo. Escalo porque me gusta, y no por fama o por decir que hago algo distinto.
- **Locutora:** ¿Qué les dirías a los alpinistas jóvenes que están mirando al alpinismo serio?
- **Enrique:** Que crean que sí se puede hacer carrera en el alpinismo, pero para vivir de esto tenés que ser el mejor y, para ser el mejor, tenés que sacrificar muchísimo; primero, que entiendan eso y que sean honestos con ellos mismos, que definan si escalan por placer o, si en verdad, quieren vivir de esto, y que hagan las cosas con pasión; no se puede ir por la vida sin ser un apasionado porque acabás siendo del montón, de la gente que nunca hace nada. Que definan bien su camino.

Son verdaderas 1 y 3.

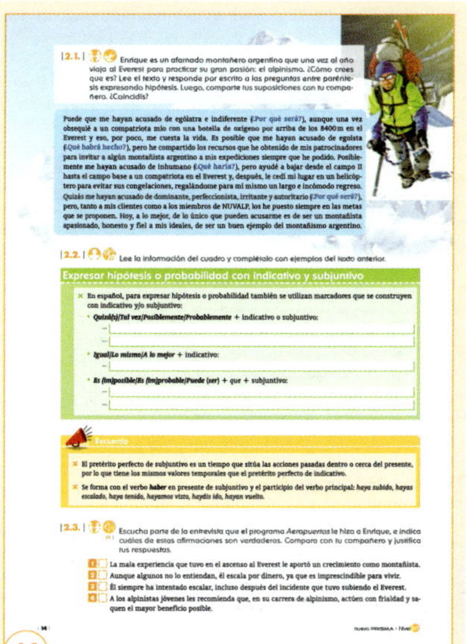

14

## 3 MI TRABAJO, MI PASIÓN 15

Continuando con el repaso de los usos del subjuntivo, el epígrafe se centra en las estructuras que sirven para opinar y valorar y, para ello, las actividades giran en torno al tema del trabajo y la felicidad. También alrededor de este tema se introduce un nuevo tipo de texto, el guion cinematográfico, centrándonos en la acotación como parte imprescindible para la interpretación del mismo. A través de este guion conoceremos a José Manuel Anguiano, director de JAF Producciones, su productora de audiovisuales, y su primer corto, *Bailamos*, alrededor del cual se articulan una serie de actividades de corte estratégico.

15

**> 1** Actividad de precalentamiento que sirve de introducción a la secuencia de actividades. Pregúnteles si conocen la palabra *vocación* y el verbo *apasionar*, y deje que entre todos respondan. Pídales que elaboren en parejas una definición de estas palabras y que establezcan una relación entre ellas. Haga una puesta en común y, luego, en plenario, comenten entre todos las preguntas que se hacen en la actividad.

**1.1.** Entrando de lleno en el tema, se propone una serie de imágenes en las que los estudiantes, trabajando en parejas, opinan sobre la relación de las personas de las fotografías con sus respectivos trabajos: qué trabajo realiza cada uno, si creen que les apasiona o no, si tienen vocación... Una vez que hayan terminado, pregúnteles si creen que trabajar por vocación proporciona más felicidad que trabajar por dinero. Esta pregunta tiene que ver con las opiniones expresadas por las personas que intervienen en el foro de la actividad siguiente y que sirve para introducirla.

**1.2.** Actividad de comprensión lectora en la que los estudiantes, individualmente, deben relacionar las opiniones de cada participante del foro con su resumen correspondiente que aparece en la página 16. Antes de comenzar la actividad, recomiéndeles que lean las frases para que la asociación texto-resumen les resulte más fácil.

1. E; 2. F; 3. C; 4. A; 5. D; 6. B.

**1.3.** Actividad de reflexión lingüística en la que se repasan las estructuras para opinar y valorar. Haga que lean de nuevo las frases de la actividad anterior y pídales que se fijen en las expresiones que aparecen en negrita. Pregúnteles: "¿Para qué sirven estas expresiones?". Una vez que quede claro que sirven para expresar opiniones y valoraciones personales, pídales que las analicen y que completen con ellas el cuadro.

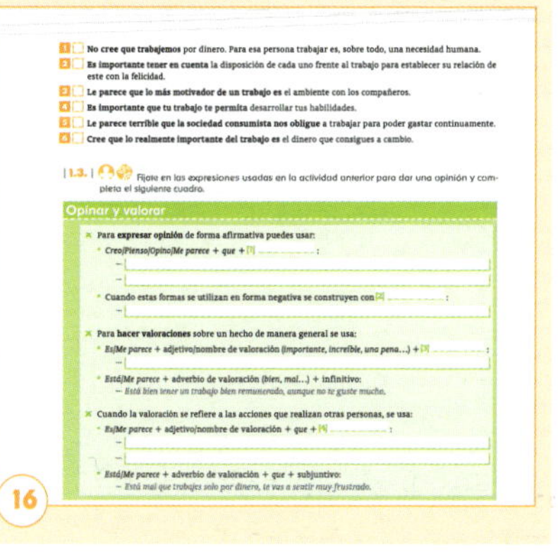

16

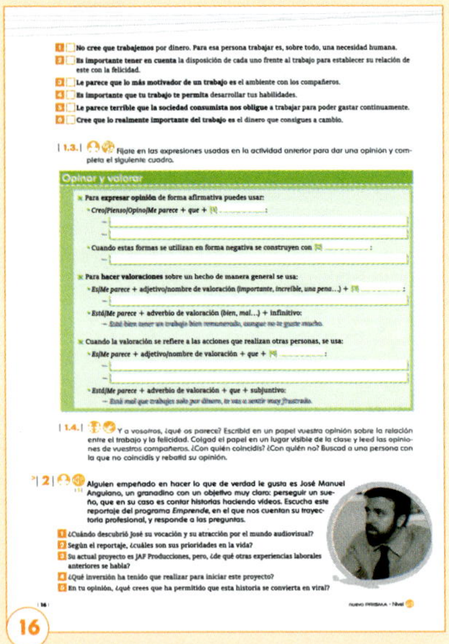

Para corregir, le recomendamos que utilice la proyección 4, con el fin de que pueda explicar las estructuras y resolver las posibles dudas.

**Proyección 4.** Opinar y valorar.

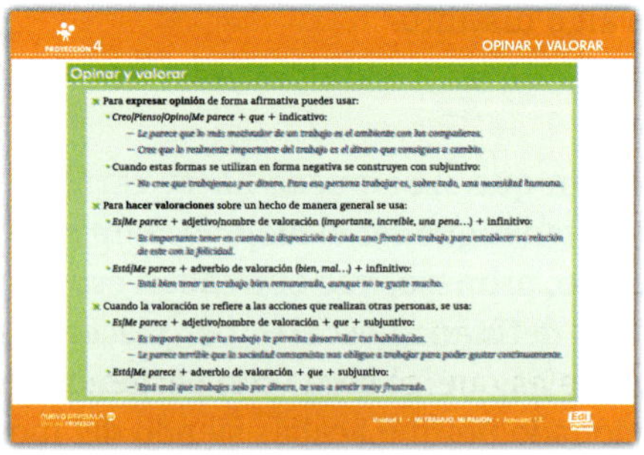

PROYECCIÓN 4 — OPINAR Y VALORAR

Opinar y valorar

- Para **expresar opinión** de forma afirmativa puedes usar:
  - *Creo/Pienso/Opino/Me parece* + *que* + indicativo:
    - *Le parece que lo más motivador de un trabajo es el ambiente con los compañeros.*
    - *Cree que lo realmente importante del trabajo es el dinero que consigues a cambio.*
  - Cuando estas formas se utilizan en forma negativa se construyen con subjuntivo:
    - *No cree que trabajemos por dinero. Para esa persona trabajar es, sobre todo, una necesidad humana.*
- Para **hacer valoraciones** sobre un hecho de manera general se usa:
  - *Es/Me parece* + adjetivo/nombre de valoración (*importante, increíble, una pena...*) + infinitivo:
    - *Es importante tener en cuenta la disposición de cada uno frente al trabajo para establecer su relación de este con la felicidad.*
  - *Está/Me parece* + adverbio de valoración (*bien, mal...*) + infinitivo:
    - *Está bien tener un trabajo bien remunerado, aunque no te guste mucho.*
- Cuando la valoración se refiere a las acciones que realizan otras personas, se usa:
  - *Es/Me parece* + adjetivo/nombre de valoración + *que* + subjuntivo:
    - *Es importante que tu trabajo te permita desarrollar tus habilidades.*
    - *Le parece terrible que la sociedad consumista nos obligue a trabajar para poder gastar continuamente.*
  - *Está/Me parece* + adverbio de valoración + *que* + subjuntivo:
    - *Está mal que trabajes solo por dinero, te vas a sentir muy frustrado.*

**Dinámica.** Proyecte el cuadro y corrija la actividad resolviendo las posibles dudas que puedan surgir. De esta manera, podrá focalizar la atención de los estudiantes y asegurarse de que todos siguen la explicación.

1. indicativo; Le parece que lo más motivador de un trabajo es el ambiente con los compañeros; Cree que lo realmente importante del trabajo es el dinero que consigues a cambio; 2. subjuntivo; No cree que trabajemos por dinero. Para esa persona trabajar es, sobre todo, una necesidad humana; 3. infinitivo; Es importante tener en cuenta la disposición de cada uno frente al trabajo para establecer su relación de este con la felicidad; 4. subjuntivo; Es importante que tu trabajo te permita desarrollar tus habilidades; Le parece terrible que la sociedad consumista nos obligue a trabajar para poder gastar continuamente.

**1.4.** Actividad de interacción escrita controlada. Pídales que relean lo que dicen los participantes del foro de la actividad 1.2. y que digan con cuál están más de acuerdo. Luego, explique la dinámica de la actividad tal y como se enuncia en la instrucción: escriben su opinión sobre el tema, cuelgan el papel en la clase, se levantan para leer las opiniones de sus compañeros y eligen el escrito que expresa una opinión contraria a la suya para rebatirla. Si la actividad les motiva, puede ampliarla diciéndoles que busquen al compañero al que han rebatido para hablar brevemente sobre el tema.

**>2** Se comienza la siguiente secuencia de actividades de carácter estratégico con una actividad de comprensión auditiva en la que van a conocer la figura de José Manuel Anguiano, autor del corto *¿Bailamos?*, audiovisual con gran difusión en la red en la que expresa sus ideas sobre el trabajo y la felicidad.

Las actividades estratégicas aportan al estudiante herramientas que facilitan su aprendizaje y están destacadas en el *Libro del alumno* con el icono. Le sugerimos que, antes de llevar a cabo esta batería de actividades, consulte en la ELEteca el documento *El componente estratégico en el aprendizaje de ELE*.

Para que puedan realizar una escucha selectiva, pida a los estudiantes que lean las preguntas previamente a la audición.

José Manuel Anguiano Fernández nació en Cartagena. Hasta los cuatro años vivió en Alicante, pasando su infancia en Granada. Comenzó el instituto en Cádiz, viviendo en varias poblaciones de la bahía. En esa segunda etapa, estudió Magisterio (especialidad musical), fagot y formó parte de varias agrupaciones musicales. Posteriormente estudió Musicología en Granada y después vivió y trabajó en varias ciudades españolas, como Madrid o Vitoria, así como en el extranjero (Inglaterra, Argentina, donde se formó como profesor de español, y Alemania). Ha trabajado desde cargador de maletas a profesor en la Universitat Politècnica de València, pasando por hoteles, formación, supermercados y muchos más ámbitos. En 2007 vuelve a Granada, donde se casa con el gran amor de su vida, y estudia para ser Técnico en Medios Audiovisuales, lo que le permite trabajar casi tres años en una productora local. Posteriormente, ya con dos hijas, decide abandonar el trabajo de la productora para tener más tiempo para ellas, emprende un negocio turístico y comienza a grabar unos *sketchs* con unos compañeros y amigos. Subiendo al Veleta llega a la conclusión de que lo que más le gusta es contar historias y compra un modesto equipo de grabación. Su hija mayor, al verlo, le pide grabar algo juntos y de ahí nace *Bailamos*. Ha ganado varios premios y participado en varios festivales con algunos de sus cortos, pero ahora se encuentra en una pausa indefinida para dedicarse en pleno a su prioridad: su familia y su nuevo proyecto de vida en el campo.

Una vez corregida la actividad, céntrese en la última pregunta. Pida a los estudiantes que hagan hipótesis sobre por qué creen que este vídeo ha tenido tanto éxito. Dígales que, al final de la secuencia de actividades, cuando ya conozcan la historia, volverán a este punto para ver si sus hipótesis eran acertadas.

---

|5| En los últimos meses se han puesto muy de moda los vídeos virales a través de Internet. Se trata de grabaciones que tienen miles de visitas y que, gracias a la Red, están al alcance de todo el mundo. Un ejemplo de ello ha sido el corto *¿Bailamos?* del granadino José Manuel Anguiano.

¿Cuál sería su respuesta si un día su hija le preguntara: "¿Bailamos?"? Así arranca esta conmovedora historia. Una niña que quiere bailar, un padre que la obliga a estudiar y una moraleja. Este es el corto *¿Bailamos?*, que ha salido de Granada y ha dado la vuelta al mundo.

¿Y cómo creen que se le ocurrió hacer algo así? Pues según nos cuenta, su vocación por hacer vídeos viene de lejos, ya que de pequeño siempre estaba con la videocámara casera grabando a todo el mundo. José confiesa que siempre le ha gustado contar historias a través de este formato audiovisual y finalmente ha conseguido dedicarse a lo que más le gusta. Ya lo dice en su página web, donde nos da la bienvenida con la frase "El sueño de hacer lo que te apasiona".

Y es que este joven granadino lleva muchos años luchando por poder trabajar en lo que realmente le gusta, aunque eso suponga menos estabilidad económica. Sus últimos intentos para tener un empleo se habían basado en iniciativas enfocadas a la satisfacción personal y que, sobre todo, le permitieran tener tiempo fuera del trabajo. Dejó un puesto más o menos estable y decidió convertirse en emprendedor para poder tener más tiempo para sus hijos. Al mismo tiempo, él y su mujer fundaron una empresa en Alemania, pero pronto decidieron dejarla porque ella tuvo algunos problemas de corazón a causa del estrés, y nos cuenta que no hay trabajo ni dinero en el mundo que compense este sufrimiento.

Finalmente, su gran proyecto, en el que está inmerso y que parece cumplir con todo lo que persigue, es JAF Producciones, que va un paso más allá, ya que no solo le da la libertad, el tiempo y la tranquilidad que busca, sino que, además, se trata de un trabajo que realmente le llena.

Y parece que, de momento, lo está consiguiendo, como hemos podido comprobar en este primer proyecto que ha grabado con su hija mayor y que es la mejor síntesis de su filosofía de vida.

Todo empezó con un curso de Audiovisuales que hizo en la Junta de Andalucía, dirigido a personas en paro y con el que pudo confirmar sus sospechas: la cámara era su verdadera pasión. Sin pensárselo dos veces, gastó una buena parte de sus ahorros en un pequeño equipo para hacer vídeos algo más profesionales. Según nos cuenta, hoy en día, gracias a la tecnología, es mucho más fácil, se ha simplificado mucho la sala de edición: ahora, con un ordenador y un programa puedes llegar a hacer trabajos de mucha calidad y se pueden hacer muchas cosas con un presupuesto muy modesto. En cuanto su pequeña Malena vio aquel despliegue en el salón de su casa, decidió que también ella quería hacer un vídeo con su padre. Y así surgió

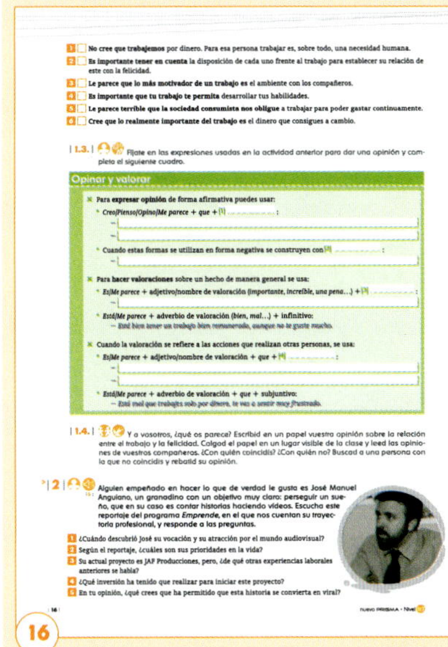
1 No cree que trabajemos por dinero. Para esa persona trabajar es, sobre todo, una necesidad humana.
2 Es importante tener en cuenta la disposición de cada uno frente al trabajo para establecer su relación de este con la felicidad.
3 Le parece que lo más motivador de un trabajo es el ambiente con los compañeros.
4 Es importante que tu trabajo te permita desarrollar tus habilidades.
5 Le parece terrible que la sociedad consumista nos obligue a trabajar para poder gastar continuamente.
6 Cree que lo realmente importante del trabajo es el dinero que consigues a cambio.

|1.3.| Fíjate en las expresiones usadas en la actividad anterior para dar una opinión y completa el siguiente cuadro.

Opinar y valorar

- Para expresar opinión de forma afirmativa puedes usar:
  - *Creo/Pienso/Opino/Me parece* + *que* + [1] ........ :
  - Cuando estas formas se utilizan en forma negativa se construyen con [2] ........ :
- Para hacer valoraciones sobre un hecho de manera general se usa:
  - *Es/Me parece* + adjetivo/nombre de valoración (*importante, increíble, una pena...*) + [3] ........ :
  - *Está/Me parece* + adverbio de valoración (*bien, mal...*) + infinitivo:
    – *Está bien tener un trabajo bien remunerado, aunque no te guste mucho.*
- Cuando la valoración se refiere a las acciones que realizan otras personas, se usa:
  - *Es/Me parece* + adjetivo/nombre de valoración + *que* + [4] ........ :
  - *Está/Me parece* + adverbio de valoración + *que* + subjuntivo:
    – *Está mal que trabajes solo por dinero, te vas a sentir muy frustrado.*

|1.4.| Y a vosotros, ¿qué os parece? Escribid en un papel vuestra opinión sobre la relación entre el trabajo y la felicidad. Colgad el papel en un lugar visible de la clase y leed las opiniones de vuestros compañeros. ¿Con quién coincidís? ¿Con quién no? Buscad a una persona con la que no coincidís y rebatid su opinión.

|2| Alguien empeñado en hacer lo que de verdad le gusta es José Manuel Anguiano, un granadino con un objetivo muy claro: perseguir un sueño, que en su caso es contar historias haciendo vídeos. Escucha este reportaje del programa *Emprende*, en el que nos cuentan su trayectoria profesional, y responde a las preguntas.

1 ¿Cuándo descubrió José su vocación y su atracción por el mundo audiovisual?
2 Según el reportaje, ¿cuáles son sus prioridades en la vida?
3 Su actual proyecto es JAF Producciones, pero, ¿de qué otras experiencias laborales anteriores se habla?
4 ¿Qué inversión ha tenido que realizar para iniciar este proyecto?
5 En tu opinión, ¿qué crees que ha permitido que esta historia se convierta en viral?

16 nuevo PRISMA · Nivel

16

esta bella historia, que en tan solo veinte días ya había dado la vuelta al mundo emocionando a muchos.

Para José, el éxito de su primer proyecto fue el empujón que necesitaba para volcarse de lleno en su sueño. Además, también le dio algunas ideas sobre sus siguientes líneas de trabajo, hacer algunos vídeos con cierta estructura por un lado, y cortometrajes más al uso, por otro. Y eso es lo que ha hecho. A *¿Bailamos?* le han seguido otras historias y otros proyectos que también nos han emocionado, nos han hecho reír y, sobre todo, nos han hecho pensar.

Con su trabajo, lo que nos ha demostrado este joven director es que hacer lo que de verdad te gusta, apasionarte con lo que haces y disfrutar de ello es posible y, sobre todo, que vale la pena intentarlo. La idea en la que más insiste es que JAF Producciones no es una empresa, sino un sueño, un sueño hecho ya realidad.

1. De niño. Siempre llevaba consigo una videocámara casera y grababa a todo el mundo; 2. Tener más tiempo para su familia y dedicarse a lo que realmente le gusta, aunque esto no resulte tan rentable; 3. De un trabajo estable que dejó y de una empresa que fundó junto a su mujer en Alemania; 4. Comprar un equipo de vídeo profesional; 5. Respuesta abierta.

17

**2.1.** y **2.2.** Estas actividades tienen un doble objetivo: por un lado conocer de cerca un modelo textual nuevo: el guion cinematográfico, centrándonos en uno de sus elementos fundamentales, la acotación, que permite al autor dar indicaciones precisas para la correcta interpretación del texto, y, por otro lado, y a través de las diferentes acotaciones que aparecen en el texto, hacer consciente al estudiante del valor de la entonación y el gesto a la hora de transmitir distintos matices en el discurso: ironía, curiosidad, duda, desconcierto…

Pregunte a los estudiantes si saben qué es una acotación. De este modo, pondrá en funcionamiento los conocimientos previos que tengan sobre el tema. Una vez que haya puesto a los estudiantes en situación, centre su atención en el cuadro donde se explica qué es una acotación y para qué sirve, y aclare las dudas que puedan surgir. A continuación, pídales que lean el guion del vídeo, que se reproduce íntegramente, y que se fijen muy bien en las acotaciones que aparecen (señaladas entre corchetes y en color). Una vez que lo hayan leído, resuelva rápidamente las dudas de vocabulario, si las hubiera, y pase a la siguiente actividad.

Los estudiantes, distribuidos en parejas, eligen uno de los dos papeles (padre o hija) y leen el texto en voz alta interpretándolo según las acotaciones del texto. Si la clase es numerosa, puede hacer turnos para que lean mientras el resto de la clase escucha.

Una vez que todos han interpretado su papel, haga un visionado del vídeo. Puede encontrarlo fácilmente en Internet en este enlace: http://www.jafproducciones.com/video-bailamos.html

Pídales que hagan una valoración sobre su propia interpretación y reflexione con ellos sobre el valor del lenguaje no verbal para transmitir matices e intencionalidades no expresas en el lenguaje.

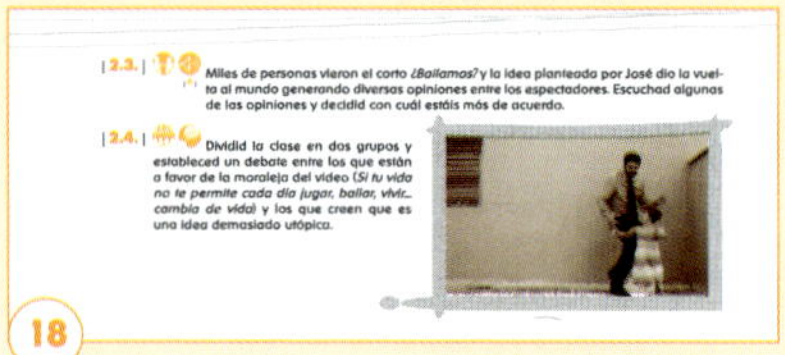

18

**2.3.** Actividad de comprensión auditiva que se centra en el contenido y en el mensaje del vídeo. Varias personas que lo han visto expresan su opinión sobre el mismo. Los estudiantes, en una escucha global, deben indicar con qué opinión están más de acuerdo. Básicamente se expresan dos opiniones: aquellos que están a favor del mensaje del vídeo y los que piensan que es una idea bonita pero muy utópica.

Puede poner el audio dos veces si así lo cree necesario. Explíqueles que van a escuchar la palabra *vídeo* de dos formas diferentes: con y sin acento. Ambas son correctas. *Video* se usa en Hispanoamérica y *vídeo* se usa en España.

| 6 |

**Locutora:** Buenas tardes y bienvenidos a nuestro programa que, como cada tarde, quiere recoger la opinión de nuestros oyentes sobre los temas de la semana. Hoy les vamos a preguntar si han visto circulando por la Red un corto llamado *¿Bailamos?* en el que una niña hace que su padre se replantee las prioridades en su vida. El vídeo ha tenido más de un millón de visitas en tan solo veinte días. Y termina con el lema: “Si tu vida no te permite cada día jugar, bailar, vivir... cambia de vida”, ¿qué les parece?

1. La idea es muy bonita, pero yo creo que no podemos pasarnos la vida jugando. Este video defiende una utopía, un sueño que solo sería posible si fueras rico y no tuvieras que preocuparte por trabajar. Ya me gustaría a mí...
2. Maravilloso. Me ha parecido conmovedor y la niña es encantadora; para mí, representa toda la inocencia que después tan rápido perdemos, sobre todo por seguir los consejos que nos dan de estudiar, trabajar para ganar dinero, competir... A mí me parece estupendo que haya gente así, con el valor de perseguir realmente sus sueños y hacer lo que verdaderamente le apasiona.
3. Siempre es buena idea escuchar a los pequeños grandes sabios de la casa. En este vídeo se ha plasmado, con guion y edición de por medio, el consejo que mejor saben dar los niños: disfrutar sin preocupaciones haciendo lo que les gusta. Hoy en día, eso de estudiar una carrera de esas “que tienen salida” para tener dinero y estabilidad laboral no sé yo si sigue siendo un buen consejo.
4. Bueno, no creo que sea tan fácil..., es decir, está muy bien decirlo y pensar en ello, pero llevarlo a la práctica ya es otra cosa. Sin embargo, me parece mal que se critique así a la ligera, porque estoy segura de que algo de todo esto deberíamos intentarlo aplicar en nuestras vidas, cada vez más aceleradas.
5. ¿Y si buscamos el equilibrio entre una cosa y otra? Me parece lógico que un padre se plantee este tipo de cosas y es realmente rompedor con lo que el sistema parece querer de nosotros, pero dudo que se pueda llevar a cabo la idea de que es mejor bailar que estudiar inglés, o mejor pasar el día jugando en lugar de estar en la oficina. Yo creo que no se puede ser tan radical en ninguno de los sentidos. Por eso digo que quizá el equilibrio estaría en aprender inglés bailando, por ejemplo.
6. Para mí está claro que el propósito de este vídeo es recordar a los padres, sumergidos en una dinámica cultural de trabajo y consumo, que los niños son niños, y que deben jugar y disfrutar de su niñez, y apoyarlos en sus metas y sus sueños y, por supuesto, jugar con ellos. La obsesión por procurarles lo mejor nos puede cegar y hacernos olvidar las cosas que dan sentido a nuestra vida, transmitiéndoselo también a ellos.

**2.4.** Con esta actividad de interacción oral se cierra el epígrafe. Los estudiantes se dividen en dos grupos, a favor o en contra del mensaje del vídeo, argumentando sus respuestas. Para ello, deberán poner en funcionamiento, de manera libre, todas las estructuras que han aprendido para opinar y valorar.

## 4 ¿TE GUSTA LEER O TE GUSTA QUE TE LEAN? 18

Se inicia en este epígrafe la última secuencia de actividades de repaso del subjuntivo: la expresión de sentimientos. Las actividades giran en torno a un cuento de

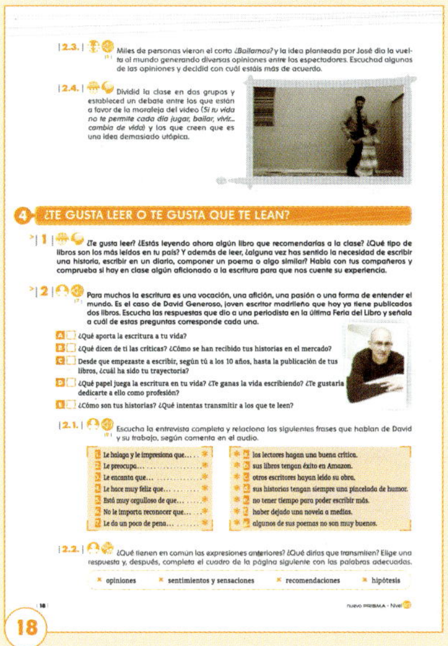

|2.3.| [5] Miles de personas vieron el corto *¿Bailamos?* y la idea planteada por José dio la vuelta al mundo generando diversas opiniones entre los espectadores. Escuchad algunas de las opiniones y decidid con cuál estáis más de acuerdo.

|2.4.| Dividid la clase en dos grupos y estableced un debate entre los que están a favor de la moraleja del video (*Si tu vida no te permite cada día jugar, bailar, vivir... cambia de vida*) y los que creen que es una idea demasiado utópica.

4 ¿TE GUSTA LEER O TE GUSTA QUE TE LEAN?

|1| ¿Te gusta leer? ¿Estás leyendo ahora algún libro que recomendarías a la clase? ¿Qué tipo de libros son los más leídos en tu país? Y además de leer, ¿alguna vez has sentido la necesidad de escribir una historia, escribir en un diario, componer un poema o algo similar? Habla con tus compañeros y comprueba si hay en clase algún aficionado a la escritura para que nos cuente su experiencia.

|2| [7] Para muchos la escritura es una vocación, una afición, una pasión o una forma de entender el mundo. Es el caso de David Generoso, joven escritor madrileño que hoy ya tiene publicados dos libros. Escucha las respuestas que dio a una periodista en la última Feria del Libro y señala a cuál de estas preguntas corresponde cada una.

A ¿Qué aporta la escritura a tu vida?
B ¿Qué dicen de ti las críticas? ¿Cómo se han recibido tus historias en el mercado?
C Desde que empezaste a escribir, según tú a los 10 años, hasta la publicación de tus libros, ¿cuál ha sido tu trayectoria?
D ¿Qué papel juega la escritura en tu vida? ¿Te ganas la vida escribiendo? ¿Te gustaría dedicarte a ello como profesión?
E ¿Cómo son tus historias? ¿Qué intentas transmitir a los que te leen?

|2.1.| [8] Escucha la entrevista completa y relaciona las siguientes frases que hablan de David y su trabajo, según comenta en el audio.

| | |
|---|---|
| Le halaga y le impresiona que... | los lectores hagan una buena crítica. |
| Le preocupa... | sus libros tengan éxito en Amazon. |
| Le encanta que... | otros escritores hayan leído su obra. |
| Le hace muy feliz que... | sus historias tengan siempre una pincelada de humor. |
| Está muy orgulloso de que... | no tener tiempo para poder escribir más. |
| No le importa reconocer que... | haber dejado una novela a medias. |
| Le da un poco de pena... | algunos de sus poemas no son muy buenos. |

|2.2.| ¿Qué tienen en común las expresiones anteriores? ¿Qué dirías que transmiten? Elige una respuesta y, después, completa el cuadro de la página siguiente con las palabras adecuadas.

opiniones · sentimientos y sensaciones · recomendaciones · hipótesis

18 nuevo PRISMA · Nivel

18

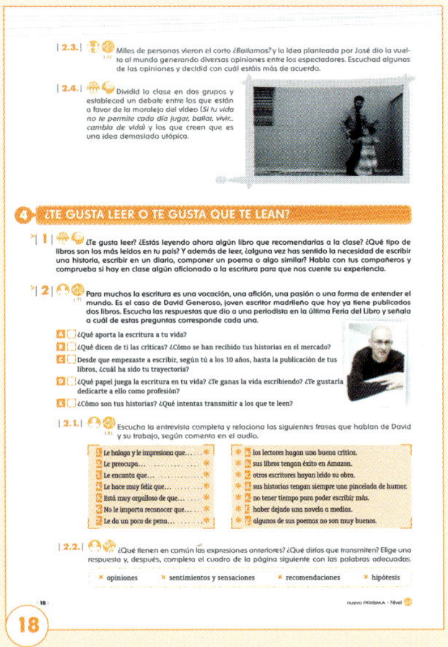

| 2.3. | Miles de personas vieron el corto *¿Bailamos?* y la idea planteada por José dio la vuelta al mundo generando diversas opiniones entre los espectadores. Escuchad algunas de las opiniones y decidid con cuál estáis más de acuerdo.

| 2.4. | Dividid la clase en dos grupos y estableced un debate entre los que están a favor de la moraleja del video (*Si tu vida no te permite cada día jugar, bailar, vivir... cambia de vida*) y los que creen que es una idea demasiado utópica.

4 ¿TE GUSTA LEER O TE GUSTA QUE TE LEAN?

> 1 ¿Te gusta leer? ¿Estás leyendo ahora algún libro que recomendarías a la clase? ¿Qué tipo de libros son los más leídos en tu país? Y además de leer, ¿alguna vez has sentido la necesidad de escribir una historia, escribir en un diario, componer un poema o algo similar? Habla con tus compañeros y comprueba si hay en clase algún aficionado a la escritura para que nos cuente su experiencia.

> 2 Para muchos la escritura es una vocación, una afición, una pasión o una forma de entender el mundo. Es el caso de David Generoso, joven escritor madrileño que hoy ya tiene publicados dos libros. Escucha las respuestas que dio a una periodista en la última Feria del Libro y señala a cuál de estas preguntas corresponde cada una.

- A ¿Qué aporta la escritura a tu vida?
- B ¿Qué dicen de ti las críticas? ¿Cómo se han recibido tus historias en el mercado?
- C Desde que empezaste a escribir, según tú a los 10 años, hasta la publicación de tus libros, ¿cuál ha sido tu trayectoria?
- D ¿Qué papel juega la escritura en tu vida? ¿Te ganas la vida escribiendo? ¿Te gustaría dedicarte a ello como profesión?
- E ¿Cómo son tus historias? ¿Qué intentas transmitir a los que te leen?

| 2.1. | Escucha la entrevista completa y relaciona las siguientes frases que hablan de David y su trabajo, según comenta en el audio.

| | |
|---|---|
| Le halaga y le impresiona que... | los lectores hagan una buena crítica. |
| Le preocupa... | sus libros tengan éxito en Amazon. |
| Le encanta que... | otros escritores hayan leído su obra. |
| Le hace muy feliz que... | sus historias tengan siempre una pincelada de humor. |
| Está muy orgulloso de que... | no tener tiempo para poder escribir más. |
| No le importa reconocer que... | haber dejado una novela a medias. |
| Le da un poco de pena... | algunos de sus poemas no son muy buenos. |

| 2.2. | ¿Qué tienen en común las expresiones anteriores? ¿Qué dirías que transmiten? Elige una respuesta y, después, completa el cuadro de la página siguiente con las palabras adecuadas.

* opiniones * sentimientos y sensaciones * recomendaciones * hipótesis

18 nuevo PRISMA · Nivel

18

David Generoso, escritor español, titulado *El capullo*, con el que se lleva a cabo una actividad de carácter cooperativo.

**> 1** Actividad de interacción oral que sirve para introducir el tema, crear interés e intercambiar experiencias. En este caso, el tema planteado es la lectura y escritura de textos literarios. En plenario, lance las preguntas que se proponen en el enunciado. Si alguno de ellos es aficionado a la escritura, anímele a que les cuente a sus compañeros brevemente cómo es su experiencia, qué escribe, si le gusta que le lean, qué le aporta esa actividad... permitiendo a los demás que le hagan preguntas.

**> 2** y **2.1.** Actividad de comprensión auditiva en dos fases que permite, por un lado, conocer al autor del cuento con el que van a trabajar posteriormente y, por otro, extraer las muestras de lengua de la audición en la que el autor expresa sus sentimientos para llevar a cabo una reflexión lingüística.

La actividad 2 es una actividad de discriminación en la que escucharán las respuestas que el autor da en la entrevista y deberán relacionarlas con su pregunta correspondiente. Antes de proceder a la escucha, pídales que lean las preguntas que aparecen en el libro para que puedan realizar la actividad satisfactoriamente.

---

|7 y 8|

**Periodista:** ¿Qué papel juega la escritura en tu vida? ¿Te ganas la vida con ello? ¿Te gustaría dedicarte a ello como profesión?

**David:** Me presento antes de nada: soy David Generoso Gil y, además de diseñador gráfico y padre de familia, soy escritor. Escribir es, para mí, fundamental. Hasta donde mi memoria alcanza, me veo escribiendo: en el margen de los libros de texto, en las paredes del patio de mi casa, en cuadernos de rayas, en una vieja máquina de escribir heredada de mi abuelo, en procesadores de texto, en libretas Moleskine, en blogs... Por suerte, mis padres me dieron una buena educación y no cometo demasiadas faltas de ortografía.

**Periodista:** Desde que empezaste a escribir, según tú a los 10 años, hasta la publicación de tus libros, ¿cuál ha sido tu trayectoria?

**David:** Es verdad que empecé a escribir desde muy pequeño. Primero, aventuras de caballeros y dragones en una pequeña libreta de anillas. Más tarde, *El superagente monopatín*, en folios que le cogía prestados a mi padre, y *Perita y Manzanita*, que era un cómic que me hizo muy feliz imaginar. También algunos poemas, no me importa reconocer que malos. Terminé una novela mediocre y, aunque con cierta pena, abandoné otra a su suerte. Fue una época de mucha creatividad, ayudado por periodos hospitalarios que me concedían tiempo extra, algo fundamental para un escritor. Con treinta años entré en la Escuela de Letras de Madrid y me di cuenta de todo lo que me quedaba por aprender. Tengo que reconocer que esto me preocupó bastante, e incluso me puso algo nervioso. Llegué a dudar de mi carrera como escritor, aunque está superado. Con treinta y pico empecé a bloguear, afición que no he abandonado. En los tres últimos años he publicado los libros de relatos *D.I.O.S.* y *Cróhnicas con h*, que se distribuyen básicamente a través de Amazon y de la página web davidgeneroso.com., y estoy muy orgulloso del resultado.

**Periodista:** ¿Cómo son tus historias? ¿Qué intentas transmitir a los que te leen?

**David:** Mis historias son muy variadas. Desde la más romántica historia de amor hasta la más terrorífica de las pesadillas, pasando por la infancia, la ciencia ficción, las tramas detectivescas... Quiero pensar que el hilo conductor es mi estilo literario. Y el humor. El humor, algo que me apasiona, está siempre presente en cada una de mis historias... Con respecto a tu segunda pregunta, en realidad no sé si quiero transmitir algo, escribo para mí, que soy el primer lector de mis historias. Y lo hago por necesidad. La opinión del público me importa, el ego es muy importante para un escritor, pero no escribo pensando en ellos, sino en mí.

- **Periodista:** ¿Qué dicen de ti las críticas? ¿Cómo se han recibido tus historias en el mercado?
- **David:** Las críticas están siendo muy generosas. De mi familia me las esperaba (¡más les vale, ja, ja, ja!) pero gracias a Internet y a las redes sociales he recibido muchas de personas anónimas y mis relatos gustan bastante, lo que me hace muy feliz. También Zoe Valdés y Forges, estos dos monstruos de la creatividad han leído mis libros y han subido mi ego hasta la luna con sus alabanzas.
- **Periodista:** ¿Qué aporta la escritura a tu vida?
- **David:** La escritura lo es casi todo para mí, y me doy cuenta cuando no escribo. Cuando no tengo una historia rondándome la cabeza, noto que me falta algo. También me da rabia no tener un momento para sentarme frente a la página en blanco, eso me fastidia mucho. Cuando estoy creando una historia, le robo horas al sueño, a mi mujer e incluso a mi hijo. Así de egoísta es la escritura.

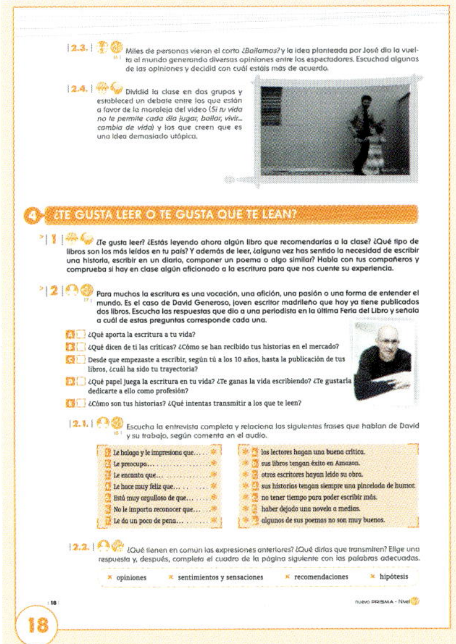

Corrija la actividad haciendo una primera escucha del audio 8. En él aparece la entrevista completa.

A. 5; B. 4; C. 2; D. 1; E. 3.

Antes de continuar, y si les ha gustado el personaje, puede leer en voz alta lo que David Generoso dice de sí mismo:

"David Generoso Gil nació en 1969 en la ciudad de Madrid a la temprana edad de 0 años. De pequeñito trepaba por la escalera de caracol de su casa, se apostaba a media altura con su libreta de anillas e inventaba historias como el que da patadas a una pelota: *El Superagente monopatín*, *Perita y Manzanita*, *De basurero a crack del baloncesto*... Algunas de ellas las guarda a buen recaudo en una caja de Pandora. En 2012 publica su primer libro de relatos, *D.I.O.S.*, y en 2014 el segundo, *Cróhnicas con h*. Ambos han traído consigo grandes alegrías y alguna pequeña decepción.

Diseñador gráfico decente, orgulloso padre de familia, marido con amplio margen de mejora, amigo del montón, lo opuesto a un fontanero, sublime cocinero de sándwiches y huevos fritos, experto en malgastar el tiempo en redes sociales, bloguero a intervalos irregulares, calvo por imposición dermatológica y, a ratos, escritor".

En la actividad 2.1. los estudiantes tienen que relacionar partes de frases que se dicen en el audio. Haga una segunda escucha y déjeles unos minutos para realizar la actividad. Tenga en cuenta que estas frases son las muestras de lengua que van a utilizar para llevar a cabo la reflexión lingüística posterior.

1. c; 2. e; 3. d; 4. a; 5. b; 6. g; 7. f.

**2.2.** Dirija la atención de los estudiantes hacia las partes de las frases que aparecen en la columna de la izquierda de la actividad 2.1. para que las lean de nuevo y elijan, de entre las opciones que se les dan, la que consideran que mejor resume su significado. Luego, pídales que subrayen la forma verbal que acompaña a estas frases y que analicen las estructuras que presentan. Con su análisis, deben completar el cuadro de atención que aparece en la página siguiente.

Sentimientos y sensaciones; 1. infinitivo; 2. subjuntivo.

**2.3.** Actividad de práctica controlada de la expresión de sentimientos y sensaciones que se presenta bajo la etiqueta de **Sensaciones**. Todas las actividades que aparecen a lo largo del libro con esta etiqueta trabajan el componente emocional en el aprendizaje de español en alguno de sus aspectos. Antes de llevarlas a cabo, le recomendamos la lectura del apéndice: *Las emociones*

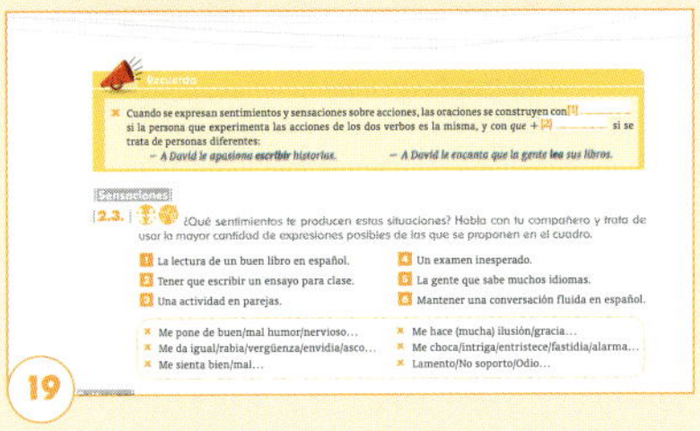

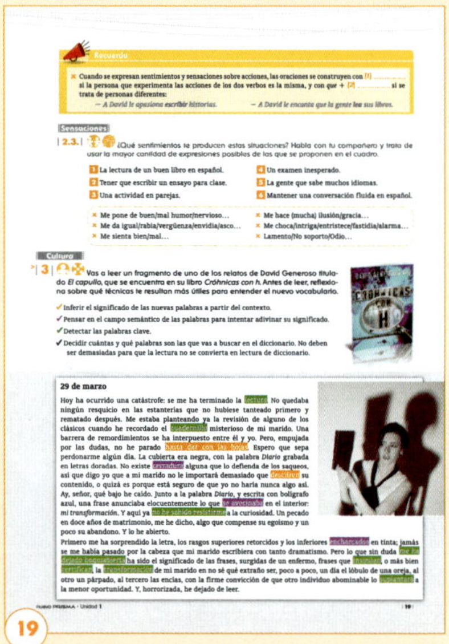

19

*en el aprendizaje de ELE*, que aparece en la ELEteca, y que le puede servir de guía para un mejor aprovechamiento de este tipo de actividades.

Antes de comenzar, dirija la atención de los estudiantes hacia las expresiones de sentimientos y sensaciones que aparecen recuadradas y pregúnteles si las conocen todas. Deje que entre unos y otros resuelvan las dudas y se ayuden mutuamente. Con la colaboración, se enriquece el proceso de aprendizaje.

**Antes de continuar, puede realizar el ejercicio 9 de la unidad 1 del *Libro de ejercicios* con el fin de sistematizar el vocabulario referido a las sensaciones y los sentimientos.**

Una vez que conocen bien las expresiones, distribúyalos en parejas y pídales que expresen sus sentimientos con respecto a las cuestiones que se plantean, todas ellas relacionadas con su experiencia de aprendizaje. Esté atento a sus respuestas pues le servirán para conocer cuál es la relación emocional de sus estudiantes con respecto al español. Si lo considera oportuno, puede realizar la actividad en plenario para que compartan sus experiencias, estableciendo así una base cordial y de comunicación en el aula.

**>3** Los estudiantes se van a enfrentar a un texto de carácter literario, complejo desde el punto de vista léxico y, para ello, se propone una actividad centrada en cuatro estrategias para la deducción de léxico. Pida a los estudiantes que lean las cuatro estrategias y que piensen en cuáles de ellas suelen utilizar cuando se enfrentan a una palabra que no conocen. Luego, haga que se fijen en el color del tic que lleva cada una y explíqueles que dentro del texto aparecen, en su correspondiente color, una serie de palabras y expresiones que pueden deducir siguiendo esa estrategia en concreto: por ejemplo, la palabra *cerradura*, que aparece en color morado, se puede deducir fácilmente asociándola a su familia léxica (*cerrar*), o la palabra *cuadernillo*, que es una palabra clave porque todo el texto se refiere a un diario que la protagonista va a leer a pesar de ser un documento privado.

Pídales que procedan a la lectura del texto y anímeles a seguir las pautas para conocer el léxico resaltado siguiendo la estrategia correspondiente. Tenga a mano un par de diccionarios monolingües para que puedan usarlos en caso necesario.

Dígales que el texto que van a leer es el fragmento central del cuento y pídales que le hagan un resumen de lo que han entendido. *El capullo* es un relato con evocaciones a Kafka en el que una mujer observa desconcertada la transformación de su marido.

Finalmente, haga una reflexión con ellos sobre las estrategias que han activado para conocer el significado de las palabras y su utilidad, animándoles a aportar las suyas propias.

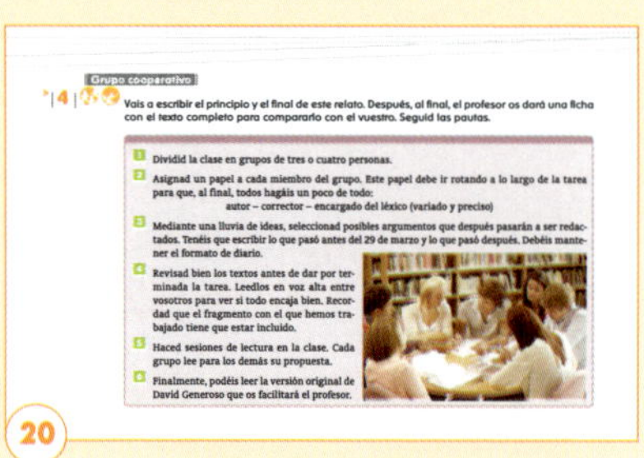

20

**>4** La siguiente actividad pretende fomentar la participación directa y activa de los estudiantes en la realización de la actividad: todos van a trabajar juntos, colaborando para alcanzar objetivos comunes. Como puede observar, las actividades de trabajo cooperativo aparecen bajo la etiqueta **Grupo cooperativo**. Se recomienda que, previamente a su realización, consulte en la ELEteca el documento *El trabajo cooperativo en el aula de ELE*, donde se aporta información sobre esta dinámica de trabajo.

En este caso, los estudiantes, en grupos de tres o cuatro, deberán escribir, en forma de diario, lo que pasó antes y después del 29 de marzo. El fragmento que han leído debe estar incluido en su texto. Es un trabajo de escritura colaborativa, en la que los grupos, mediante una lluvia de ideas, inventan un argumento y lo desarrollan en diferentes fases: selección de léxico, redacción del borrador, corrección entre todos los miembros del grupo y redacción del texto final.

Como tarea final, cada grupo lee su texto en voz alta para la clase. Pida una copia a cada grupo par que pueda hacer una corrección posterior.

Finalmente, haga copias de la ficha 2 donde aparece el texto completo. Déjeles que lo lean y que lo comparen con su versión.

**Ficha 2.** *El capullo,* **de David Generoso. Texto completo.**

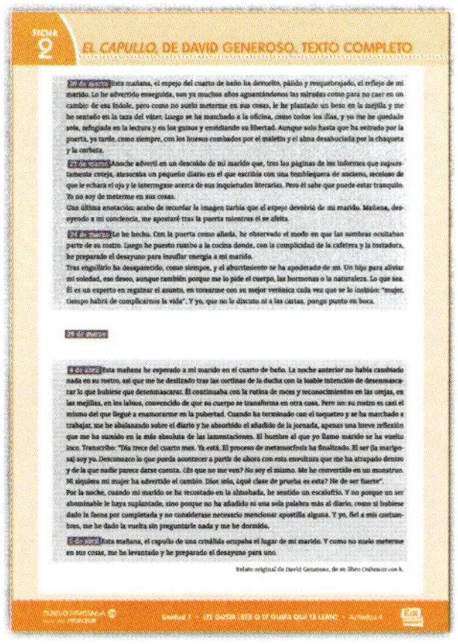
Ficha 2 – El capullo, de David Generoso. Texto completo

## 5 LAS INTERROGATIVAS DISYUNTIVAS Y LA ENTONACIÓN DE MANDATO 20

Todas las unidades del *Libro del alumno* terminan con un epígrafe dedicado a la fonética y/o la ortografía, con el que se pretende trabajar de manera expresa cuestiones relacionadas con la entonación, la pronunciación o la escritura.

En esta primera unidad, se trabaja la entonación de las interrogativas disyuntivas y de los mandatos en diferentes grados.

> 1 Para introducir el tema, pida a los estudiantes que piensen en preguntas que hacían a sus profesores cuando empezaban a estudiar español, que elijan dos y que se las digan a sus compañeros. Una vez que han realizado la actividad, recuerde cuáles son los esquemas entonativos básicos del español, haciendo hincapié en las frases interrogativas. Para ello, ayúdese de la proyección 5.

**Proyección 5.** **Esquemas entonativos básicos del español.**

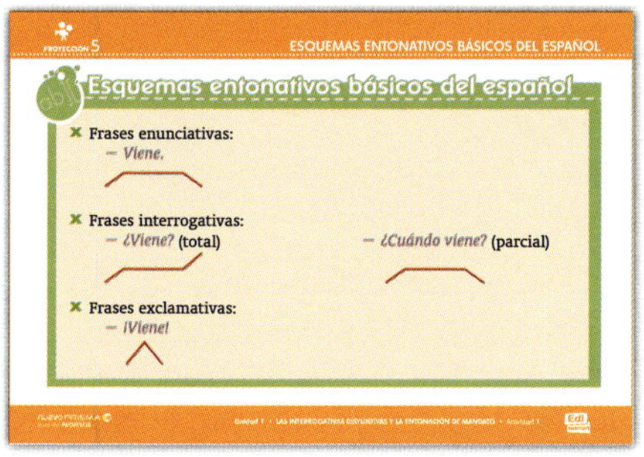


1.1. En esta actividad se introduce el nuevo esquema entonativo. Explique qué son las interrogativas disyuntivas (aquellas en las que el hablante pregunta por dos opciones excluyentes) y pronuncie el ejemplo en voz alta reproduciendo con la mano el esquema entonativo que se presenta. Luego, en grupo plenario, pida que transformen en disyuntivas las preguntas que aparecen y que las pronuncien en voz alta. Corrija la entonación, si es necesario. Si su grupo es numeroso, divida la clase en varios grupos y vaya paseándose por ellos para escuchar la entonación.

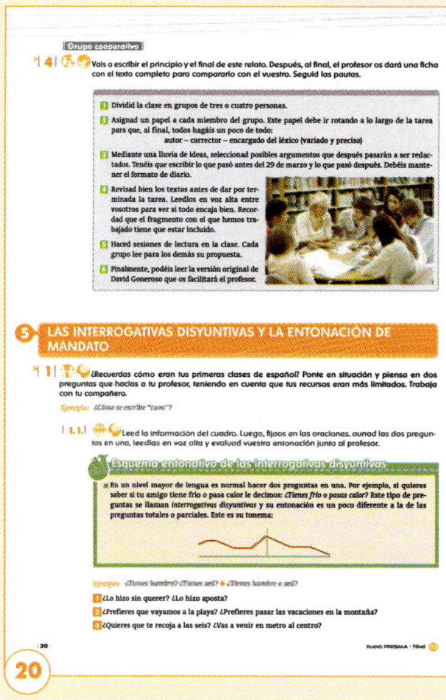
Grupo cooperativo

> 4 Vais a escribir el principio y el final de este relato. Después, al final, el profesor os dará una ficha con el texto completo para compararlo con el vuestro. Seguid las pautas.

1. Dividid la clase en grupos de tres o cuatro personas.
2. Asignad un papel a cada miembro del grupo. Este papel debe ir rotando a lo largo de la tarea para que, al final, todos hagáis un poco de todo: autor – corrector – encargado del léxico (variado y preciso)
3. Mediante una lluvia de ideas, seleccionad posibles argumentos que después pasarán a ser redactados. Tenéis que escribir lo que pasó antes del 29 de marzo y lo que pasó después. Debéis mantener el formato de diario.
4. Revisad bien los textos antes de dar por terminada la tarea. Leedlos en voz alta entre vosotros para ver si todo encaja bien. Recordad que el fragmento con el que hemos trabajado tiene que estar incluido.
5. Haced sesiones de lectura en la clase. Cada grupo lee para los demás su propuesta.
6. Finalmente, podéis leer la versión original de David Generoso que os facilitará el profesor.

5 LAS INTERROGATIVAS DISYUNTIVAS Y LA ENTONACIÓN DE MANDATO

> 1 ¿Recuerdas cómo eran tus primeras clases de español? Ponte en situación y piensa en dos preguntas que hacías a tu profesor, teniendo en cuenta que tus recursos eran más limitados. Trabaja con tu compañero.

Ejemplo: ¿Cómo se escribe "taxo"?

1.1. Leed la información del cuadro. Luego, fijaos en las oraciones, aunad las dos preguntas en una, leedlas en voz alta y evaluad vuestra entonación junto al profesor.

Esquema entonativo de las interrogativas disyuntivas

En un nivel mayor de lengua es normal hacer dos preguntas en una. Por ejemplo, si quieres saber si tu amigo tiene frío o pasa calor le decimos: *¿Tienes frío o pasas calor?* Este tipo de preguntas se llaman *interrogativas disyuntivas* y su entonación es un poco diferente a la de las preguntas totales o parciales. Este es su tonema:

Ejemplo: ¿Tienes hambre? ¿Tienes sed? → ¿Tienes hambre o sed?

1. ¿Lo hizo sin querer? ¿Lo hizo aposta?
2. ¿Prefieres que vayamos a la playa? ¿Prefieres pasar las vacaciones en la montaña?
3. ¿Quieres que te recoja a las seis? ¿Vas a venir en metro al centro?

20

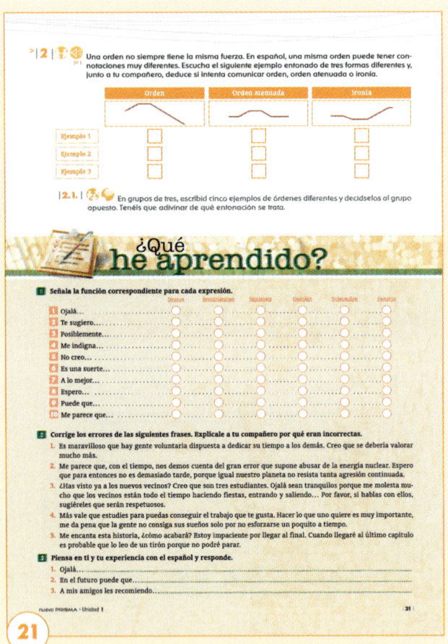
¿Qué he aprendido?

**>2** Los estudiantes van a escuchar tres ejemplos: tienen que marcar el tonema correspondiente, dependiendo de si es una orden (caída al final), una orden atenuada (suspensión final) o una ironía (elevación final).

|9| ¡Hazle caso! (entonación irónica); ¡Hazle caso! (orden); Hazle caso (orden atenuada).

**2.1** Actividad final de práctica en la que los estudiantes, en grupos, preparan frases con órdenes de distinto carácter y se las dicen al grupo contrario, que debe adivinar de qué tipo de orden se trata según la entonación. Es importante que supervise la realización de la actividad, por lo que le recomendamos que establezca turnos de intervención entre los distintos grupos.

## ¿QUÉ HE APRENDIDO? 21

El apartado *¿Qué he aprendido?* que cierra cada unidad, sirve para que el estudiante pueda comprobar qué nuevos contenidos ha asimilado y para que reflexione sobre su proceso de aprendizaje.

**>1** Deseos: 1, 8; Sentimientos: 4; Hipótesis: 3, 7, 9; Opinión: 5, 10; Valoración: 6; Consejo: 2.

**>2** 1. *Es maravilloso que haya*: en subjuntivo porque es una valoración; 2. *Me parece que nos damos*: es una opinión en forma afirmativa y debe ir en indicativo; *Espero que para entonces no sea*: es una expresión de deseo que se construye con subjuntivo; *Igual nuestro planeta no resiste*: *Igual* lleva siempre indicativo; 3. *Me molesta mucho que los vecinos estén*: en subjuntivo pues expresa sentimientos; *Sugiéreles que sean*: en subjuntivo pues es un consejo; 4. *Para que puedas o para poder*: *para que* + subjuntivo, *para* + infinitivo; 5. *Cuando llegue*: *cuando* + subjuntivo para expresar futuro; *Es probable que lo lea*: *es probable* es una expresión de hipótesis que se construye con subjuntivo.

**ELEteca**
**Léxico. El trabajo y la felicidad.**

# 2 VIAJAR PARA APRENDER

La unidad, centrada en la reflexión sobre el aprendizaje de una lengua, revisa diversos contenidos funcionales como las presentaciones formales e informales, pedir y dar información sobre si se sabe o se conoce algo o a alguien, hacer objeciones o hablar de algo resaltándolo. Gramaticalmente, se presentan las oraciones de relativo explicando el contraste indicativo/subjuntivo, y las oraciones explicativas y especificativas. El componente estratégico focaliza su atención en la reflexión sobre el aprendizaje: estilos, técnicas, conductas, preferencias... y en promover la motivación en la clase de idiomas. El apartado de fonética y ortografía está dedicado a la pronunciación de estructuras vocálicas: diptongos, triptongos, hiatos, sinéresis y sinalefas. Desde el punto de vista cultural, se analiza el fenómeno de la emigración española en los años 60 a través de la película *Un franco, 14 pesetas*, de Carlos Iglesias.

## 1 ¡CONECTAMOS! 22

El primer epígrafe contextualiza el tema de la unidad a través de los estudiantes de una escuela de español. Se introducen las oraciones de relativo haciendo alusión al antecedente conocido o desconocido y al uso correspondiente del modo indicativo o subjuntivo, y se presentan las estructuras para preguntar y negar una existencia. El profesor facilita al estudiante una nueva tipología de texto, el decálogo.

**> 1** La finalidad de esta primera actividad del epígrafe, diseñada para realizar en parejas, es dar a conocer diferentes perfiles, intereses y necesidades de los estudiantes de una lengua a través de un grupo de estudiantes de una escuela de español. Indíqueles que observen con atención a las personas de la foto y respondan a las preguntas movidos por su intuición y la primera impresión que les causan las fotografías.

1. Barbara; 2. Isabella; 3. Christian; 4. Dirk; 5. Dirk; 6. Christian; 7. Lena; 8. Barbara; 9. Lena.

**1.1.** A continuación proceda a la escucha de la audición con el objetivo de que los estudiantes puedan comprobar sus hipótesis y corregirlas en caso necesario. Si lo considera conveniente, puede proceder a una segunda escucha para asegurarse de la correcta compresión de los textos por parte de los estudiantes.

|10|

1. Hola, me llamo Barbara y soy de Polonia. Soy políglota. Como soy polaca y mi padre es ruso, pues hablo estos dos idiomas perfectamente. En casa siempre he hablado ruso con mi padre. En la escuela aprendí alemán e inglés, y tengo un nivel C1. Estudio español desde hace dos años y ahora estoy en el nivel B2. Cuando cumplí 38 años, decidí que era un buen momento para cambiar de vida, y decidí venir a vivir a España. Aquí llevo dos años. Tengo muchos amigos y todos me echan menos edad de la que tengo.
2. Hola, chicos. Yo soy Isabella y soy italiana. Es la primera vez que vengo a España. Solo llevo aquí quince días. Nos hemos trasladado aquí por el trabajo de mi marido. Es comercial en una firma italiana y vamos a estar aquí un año aproximadamente. La empresa nos paga un piso en el centro, por lo que estoy bastante cerca de la escuela. El traslado no afecta a mi trabajo porque soy traductora y puedo trabajar desde cualquier lugar.
3. Buenas, yo soy Christian y soy estadounidense. Bueno, mi madre es co-

lombiana, pero en casa siempre hemos hablado en inglés. He decidido venir a España porque, como trabajo para una compañía aérea española, Iberia, la mayoría de mis compañeros son españoles y quiero aprender bien español. Además, por mi trabajo, voy a muchos países de habla hispana.

4. Mi nombre es Dirk, soy alemán y tengo 35 años. Recientemente me despidieron del trabajo, así que antes de buscar otro, he decidido venir unos meses a España para perfeccionar mi español. He estado más de diez años en esta empresa y ahora creo que es un buen momento para desconectar, cambiar de aires, salir y entrar, aunque el tema de discotecas no me gusta nada, no son lo mío, pero sí me encanta mezclarme con la gente de aquí.

5. Mi nombre es Lena y soy sueca. Llevo cinco meses en España. Decidí hacer un máster de Ayuda Internacional en Madrid antes de viajar a Hispanoamérica. Me encanta vivir aquí, aunque creo que acabaré trabajando en Nicaragua o algún otro país de Centroamérica. Una de mis debilidades es el móvil. Estoy superenganchada a él. Tengo cuentas en todas las redes sociales que te puedas imaginar. Mis compañeros de piso se ríen de mí porque siempre voy mirando el móvil.

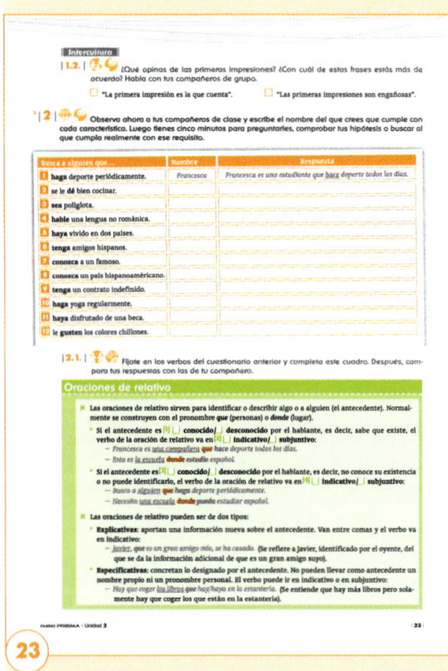

**1.2.** Esta actividad de carácter oral y propuesta para realizar en grupos pequeños, invita a los estudiantes a debatir sobre el concepto de las primeras impresiones. Pregúnteles con cuáles de las dos frases están más de acuerdo y sugiérales que aporten un ejemplo vivido en primera persona que se ajuste a una de ellas.

**>2** Pida a los estudiantes que, de forma individual, hagan una lectura rápida de la encuesta. Deben buscar a alguien de la clase que piensen que puede cumplir con las características que se proponen. Al tratarse de una primera impresión, la respuesta debe ser lo más rápida y espontánea posible. Una vez completada la tabla, propóngales que busquen al estudiante que realmente cumpla con los requisitos que se piden, realizando las preguntas pertinentes.

**2.1.** Esta es una actividad de reflexión gramatical en parejas. Deténgase en el ejemplo de la encuesta anterior, que muestra la alternancia subjuntivo/indicativo según el antecedente sea desconocido o conocido para el hablante. Con sus deducciones, pídales que marquen en el cuadro la opción que consideran correcta. Haga que comparen su resultado con la pareja de al lado. Luego, utilice la proyección 6 para corregir la actividad y dar las explicaciones pertinentes.

1. conocido; 2. indicativo; 3. desconocido; 4. subjuntivo.

**Proyección 6.** Oraciones de relativo.

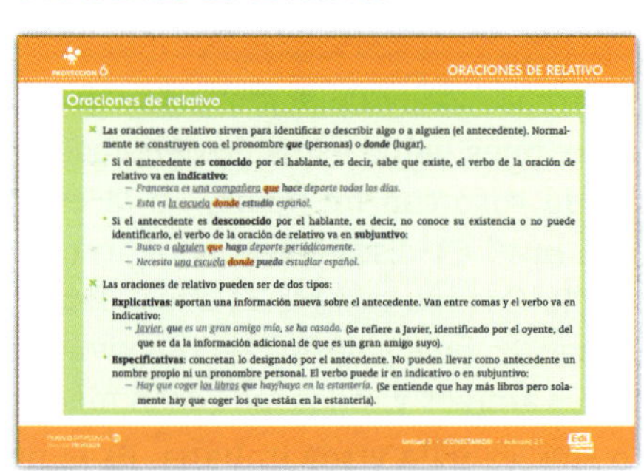

**Dinámica.** Proceda a la corrección de la actividad con la imagen proyectada. Luego, centre la atención en la segunda parte del cuadro y explique la diferencia entre las oraciones explicativas (las que añaden información sobre el antecedente) y las especificativas (las que seleccionan una parte del antecedente o lo concretan).

**2.2.** Con esta actividad el estudiante realizará una tarea de reflexión gramatical sobre las oraciones de relativo aprendidas en la actividad 2.1. Anime a los estudiantes a que compartan esta reflexión con otros compañeros comentando las respuestas.

| | Antecedente | | Tipo de oración | |
|---|---|---|---|---|
| | CONOCIDO | DESCONOCIDO | EXPLICATIVA | ESPECIFICATIVA |
| **1.** En la ciudad hay una librería que es del siglo pasado. | ✓ | | | ✓ |
| **2.** Busco una librería que sea del siglo pasado. | | ✓ | | ✓ |
| **3.** Me encontré con Sonia, que estudia polaco. | ✓ | | ✓ | |
| **4.** Necesito una farmacia que se encuentre por la zona. | | ✓ | | ✓ |
| **5.** Querría ir a un restaurante donde sirvan/que sirva pescado fresco. | | ✓ | | ✓ |
| **6.** Me encanta cómo escribe Ruiz Zafón, que posee un estilo que te atrapa. | ✓ | | ✓ | |
| **7.** Bogotá es una ciudad donde existe multiculturalidad. | ✓ | | | ✓ |
| **8.** El postre lo haces tú, que te gusta la repostería. | ✓ | | ✓ | |
| **9.** Estoy pensando en apuntarme a un gimnasio donde den Pilates. | | ✓ | | ✓ |

Puede continuar esta práctica con el ejercicio 3 de la unidad 2 del *Libro de ejercicios*.

**> 3** Se pretende aquí que los estudiantes sigan practicando la estructura y el uso de las oraciones de relativo. Propóngales que formen grupos de tres y que, siguiendo el modelo que aparece en la actividad, mantengan diálogos explicando cómo es su clase de español ideal, su profesor, sus compañeros de clase… Si lo considera oportuno, puede terminar esta actividad realizando una puesta en común e invitando a los estudiantes a reflexionar sobre el modo (indicativo o subjuntivo) que han utilizado en estas frases y explicar su uso.

Si lo considera necesario, puede ampliar esta práctica con el ejercicio 1 de la unidad 2 del *Libro de ejercicios*.

**3.1.** Para llevar a cabo esta actividad, entregue a los estudiantes la ficha 3.

**Ficha 3. Decálogo del buen compañero.**

**Dinámica.** Pida a los estudiantes que formen parejas y que lean con atención el decálogo que ha escrito un estudiante sobre cómo debe ser un buen compañero de clase. Indíqueles que deben escoger las tres ideas que representen mejor su visión del compañero ideal, y discutirlo con su pareja. Asegúrese de que utilicen la estructura correcta de las oraciones de relativo. Si lo considera pertinente, finalice la actividad realizando una puesta en común y preguntando a los estudiantes si hay alguna cualidad imprescindible para ser un buen compañero de clase que no esté reflejado en el decálogo.

**3.2.** Como cierre de esta secuencia de actividades de práctica oral de las oraciones de relativo, plantee a los estudiantes que, en pequeños grupos, realicen un decálogo con las cualidades que debería tener su profesor ideal, tomando como modelo el decálogo de la ficha anterior. Una vez redactado, indíqueles que lo comenten con los otros grupos de la clase, terminando con una puesta en común.

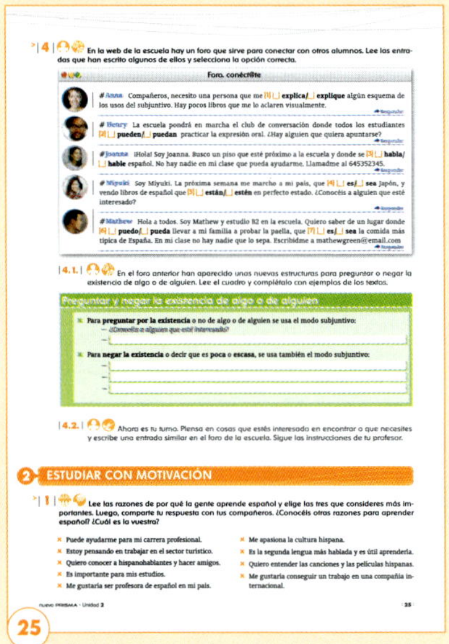

**>4** El objetivo de esta actividad es practicar las oraciones de relativo con antecedente conocido/desconocido, al tiempo que se presentan las estructuras que sirven para preguntar o negar la existencia de algo o de alguien. Bajo el contexto de un foro en una página web de una escuela, se pueden leer algunas entradas con una serie de peticiones. El estudiante debe leerlas y escoger la opción adecuada (indicativo/subjuntivo) en cada una de ellas. Aunque la actividad está diseñada para realizar de manera individual, si lo considera oportuno, puede plantearla para llevarla a cabo en parejas.

1. explique; 2. puedan; 3. hable; 4. es; 5. están; 6. pueda; 7. es.

**4.1.** Indique a los estudiantes que, de forma individual, completen el cuadro con ejemplos extraídos de la actividad 4. Antes de llevar a cabo la corrección final, anime a los estudiantes a que, en parejas, cotejen sus respuestas.

Preguntar por la existencia: ¿Hay alguien que quiera apuntarse?; Negar la existencia o decir que es escasa: Hay pocos libros que me lo aclaren visualmente; No hay nadie en mi clase que pueda ayudarme; En mi clase no hay nadie que lo sepa.

**4.2.** Actividad de expresión escrita para la consolidación de los conocimientos adquiridos. Para ayudarse, utilice la ficha 4.

**Ficha 4.** Conéct@te.

**Dinámica.** Reparta una copia de la ficha a cada estudiante en la que se reproduce el formato del foro con las intervenciones de los estudiantes de la actividad 4, y un espacio para que ellos escriban su petición. Pídales que se tomen unos minutos para reflexionar sobre qué cosas estarían interesados en encontrar y que escriban una entrada en el foro, haciendo su petición. Una vez que hayan terminado, pídales que peguen el papel por la clase. Cada estudiante leerá las peticiones o intereses de sus compañeros, elegirá una y escribirá una respuesta.

25

## 2 ESTUDIAR CON MOTIVACIÓN 25

Este epígrafe presenta de forma más exhaustiva los relativos, además de centrar su atención en el apartado estratégico propiciando que los estudiantes reflexionen sobre diferentes aspectos del aprendizaje: estilos, técnicas, conductas, preferencias... La actividad de grupo cooperativo de la unidad invita al estudiante a reflexionar sobre su propio de estilo de aprendizaje a la hora de estudiar un idioma.

**> 1** Los estudiantes van a leer diferentes razones por las que la gente aprende español. Una vez que las hayan leído, pídales que de manera individual escojan las tres que consideran más relevantes. A continuación, indíqueles que compartan sus respuestas con el resto de la clase y que justifiquen su elección. Para finalizar esta actividad, pregunte a los estudiantes si conocen otros motivos para aprender español que no estén reflejados aquí, y que los comenten. ¿Están todos de acuerdo?

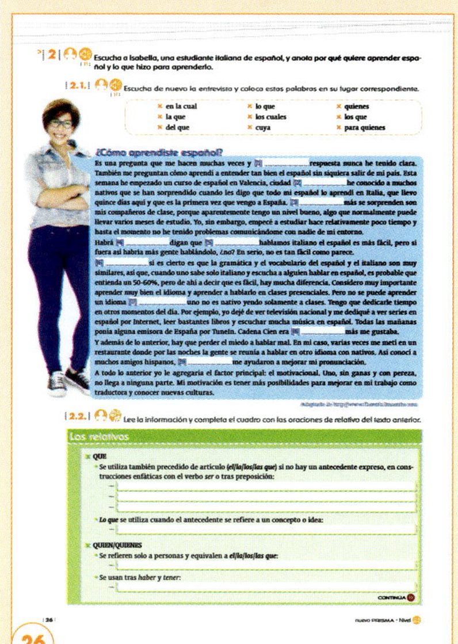

26

**> 2** En este ejercicio de comprensión auditiva el estudiante debe captar las razones por las que una estudiante italiana quiere aprender español y qué hizo para conseguirlo. Si lo considera necesario, puede proceder a la escucha una segunda vez.

11

Es una pregunta que me hacen muchas veces y cuya respuesta nunca he tenido clara. También me preguntan cómo aprendí a entender tan bien el español sin ni siquiera salir de mi país. Esta semana he empezado un curso de español en Valencia, ciudad en la cual he conocido a muchos nativos que se han sorprendido cuando les digo que todo mi español lo aprendí en Italia, que llevo quince días aquí y que es la primera vez que vengo a España. Los que más se sorprenden son mis compañeros de clase, porque aparentemente tengo un nivel bueno, algo que normalmente puede llevar varios meses de estudio. Yo, sin embargo, empecé a estudiar hace relativamente poco tiempo y hasta el momento no he tenido problemas comunicándome con nadie de mi entorno.

Habrá quienes digan que para quienes hablamos italiano el español es más fácil, pero si fuera así habría más gente hablándolo, ¿no? En serio, no es tan fácil como parece.

Lo que sí es cierto es que la gramática y el vocabulario del español y el italiano son muy similares, así que, cuando uno sabe solo italiano y escucha a alguien hablar en español, es probable que entienda un 50-60%, pero de ahí a decir que es fácil hay mucha diferencia. Considero muy importante aprender muy bien el idioma y aprender a hablarlo en clases presenciales. Pero no se puede aprender un idioma del que uno no es nativo yendo solamente a clases. Tengo que dedicarle tiempo en otros momentos del día. Por ejemplo, yo dejé de ver televisión nacional y me dediqué a ver series en español por Internet, leer bastantes libros y escuchar mucha música en español. Todas las mañanas ponía alguna emisora de España por TuneIn. Cadena Cien era la que más me gustaba.

Y además de lo anterior, hay que perder el miedo a hablar mal. En mi caso, varias veces me metí en un restaurante donde por las noches la gente se

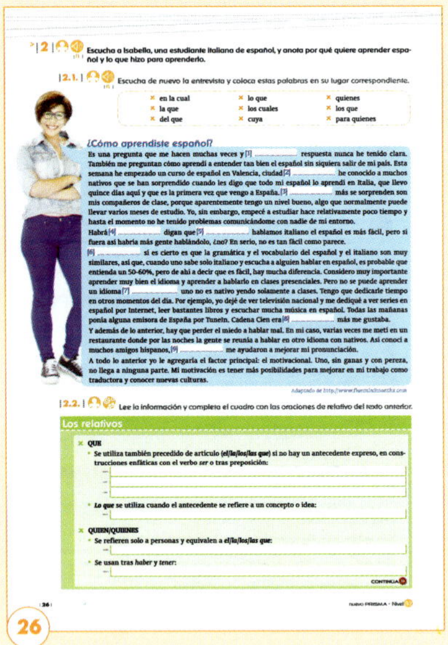

reunía a hablar en otro idioma con nativos. Así conocí a muchos amigos hispanos, los cuales me ayudaron a mejorar mi pronunciación.

A todo lo anterior yo le agregaría el factor principal: el motivacional. Uno, sin ganas y con pereza, no llega a ninguna parte. Mi motivación es tener más posibilidades para mejorar en mi trabajo como traductora y conocer nuevas culturas.

Quiere aprender español para mejorar en su trabajo como traductora y conocer nuevas culturas. Considera muy importante aprender en clases presenciales pero también dedicarle tiempo en otros momentos del día: viendo televisión nacional y series en español por Internet, leyendo bastantes libros y escuchando mucha música en español. Piensa que lo más importante es perder el miedo a hablar mal y conversar con nativos que te ayuden a mejorar la pronunciación.

**2.1.** Esta actividad entra de lleno en el contenido gramatical del epígrafe: los relativos. Dirija la atención de los estudiantes al texto. Dígales que es la transcripción del audio que acaban de escuchar y que fijen su atención en los pronombres relativos del recuadro. Proceda a una nueva escucha de la audición para que puedan completar los espacios en blanco con el pronombre correspondiente. Otra posible variante de realización de esta actividad es que el estudiante proceda a la lectura del texto, completando las frases con el pronombre relativo adecuado. Si elige esta variante, proceda a la escucha del audio para corregir la actividad.

1. cuya; 2. en la cual; 3. Los que; 4. quienes; 5. para quienes; 6. Lo que; 7. del que; 8. la que; 9. los cuales.

**2.2.** Cuadro de reflexión gramatical sobre los relativos. Pida a los estudiantes que lean la información sobre los diversos relativos y que escriban las oraciones de la actividad 2.1. que previamente han completado en su lugar correspondiente. Antes de realizar la corrección con la proyección 7, sugiérales que comparen y comenten sus respuestas en parejas. Si lo cree conveniente, explíqueles que todos los relativos que aparecen en el cuadro son pronombres excepto *cuyo/a/os/as* que es un adjetivo que concuerda en género y número con el nombre al que acompaña.

**Proyección 7.** Los relativos.

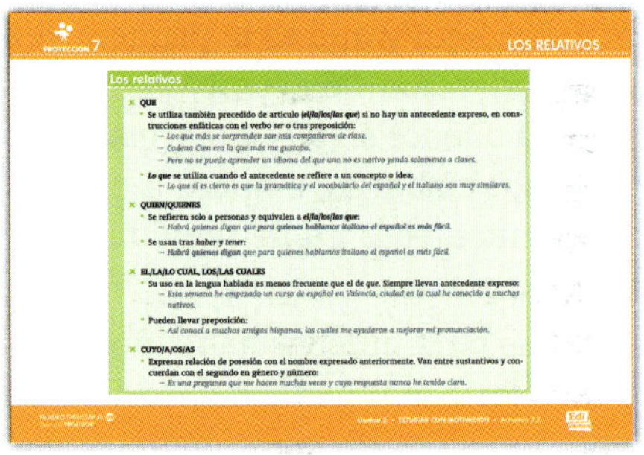

Que: Los que más se sorprenden son mis compañeros de clase; Cadena Cien era la que más me gustaba; Pero no se puede aprender un idioma del que uno no es nativo yendo solamente a clases; Lo que sí es cierto es que la gramática y el vocabulario del español y el italiano son muy similares; Quien/quienes: Habrá quienes digan que para quienes hablamos italiano el español es más fácil; El/la/lo cual, los/las cuales: Así conocí a muchos amigos hispanos, los cuales me ayudaron a mejorar mi pronunciación; Esta semana he empezado un curso de español en Valencia, ciudad en la cual he conocido a muchos nativos; Cuyo/a/os/as: Es una pregunta que me hacen muchas veces y cuya respuesta nunca he tenido clara.

Como refuerzo, puede ampliar la práctica con el ejercicio 4 de la unidad 2 del *Libro de ejercicios*.

**2.3.** Proponga la siguiente actividad individual como una tarea de práctica y consolidación del uso de las oraciones y pronombres relativos.

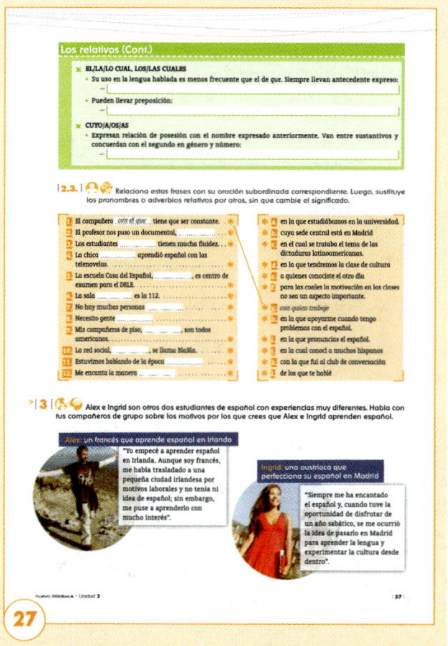

27

1. g, con el que; 2. c, en el que/donde; 3. l, de quienes; 4. k, con quien; 5. b, que tiene la sede central en Madrid; 6. d, donde; 7. f, para las que; 8. h, en quien; 9. e, a los que; 10. j, en la que/donde; 11. a, en la cual; 12. i, como.

**>3** Se presenta a continuación una actividad de interacción oral planteada para llevarse a cabo en pequeños grupos. Indique a los estudiantes que lean los textos y que comenten los motivos por los que creen que Alex e Ingrid estudian español. Haga una puesta en común para que los estudiantes lo puedan comentar en clase abierta y comprobar si coinciden o, por el contrario, se presentan criterios dispares. En unos de los textos aparece la expresión "un año sabático", cerciórese que los estudiantes la han entendido y explíquela en caso necesario. Un año sabático es el año de licencia con sueldo que algunas instituciones docentes e investigadoras conceden a su personal cada cierto tiempo para dedicarse a la formación o la investigación. Sin embargo, coloquialmente, se utiliza esta expresión para referirse a un periodo de tiempo que una persona decide dedicarse completamente a intereses personales, dejando a un lado sus responsabilidades laborales y/o académicas.

**3.1.** A partir de esta audición, los estudiantes averiguarán los verdaderos motivos por los que los que Alex e Ingrid han estudiado español. Pídales que escuchen con atención las respuestas de los dos chicos, y deles unos minutos para que puedan escribir las respuestas.

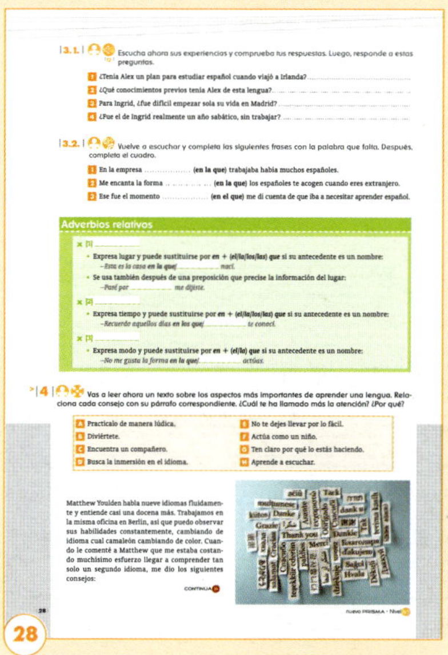

28

| 12 |

**Álex:** Pues yo me fui a una pequeña ciudad de Irlanda para trabajar y para perfeccionar mi inglés, pero pronto descubrí que en la empresa donde trabajaba había muchos españoles, incluso llegué a compartir piso en algún momento con gente de Granada y Madrid. Ese fue el momento cuando me di cuenta de que iba a necesitar aprender español. Hice muchos amigos y me puse a estudiar español así, un poco por casualidad, y entonces descubrí que me encantaba y, además, que se me daba muy bien, aunque al principio no tenía ni idea, nunca antes lo había estudiado. Y bueno, un poco después conocí a una chica española y empezamos a salir juntos, después a vivir juntos... y así es como logré un buen nivel de español muy rápidamente.

**Ingrid:** Yo siempre había tenido la ilusión de pasar unos meses en España porque me encanta el español, pero la verdad es que con el trabajo es difícil encontrar tiempo. Así que hace dos años se me ocurrió la gran idea de pedir un año sabático en mi colegio. Yo soy profesora de Literatura en Viena, y ¡lo más increíble es que lo conseguí! Así que, sin pensarlo demasiado, decidí instalarme un año entero en Madrid para mejorar mi español y conocer a fondo la vida en esta ciudad. Al principio, tenía un poco de miedo porque mi nivel no era muy alto y pensaba que igual me sentiría un poco sola... ¡Pero qué va, todo lo contrario! Me encanta la forma como los españoles te acogen cuando eres extranjero... Al principio, empecé a vivir con una familia de acogida muy simpática, pero, después de dos meses, alquilé un pequeño estudio en el centro para ser un poco más independiente, dejar de ser una turista y convertirme en una madrileña más. En la escuela donde estudiaba español me propusieron dar clases de alemán y acepté encantada. Conocí a mucha gente y cuando llegó la hora de volver a Austria me dio mucha pena... Lo bueno es que pienso volver muchas veces de vacaciones.

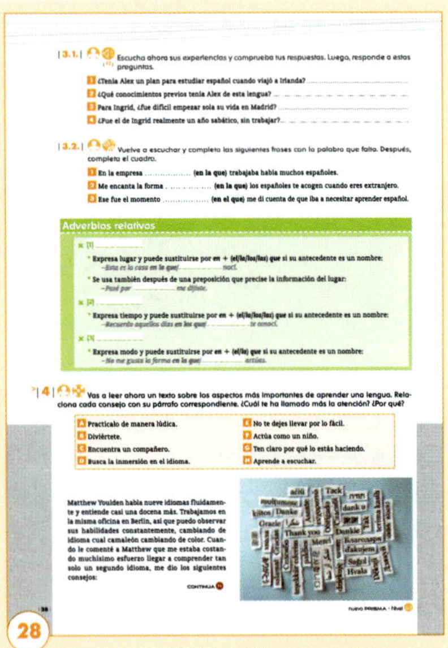

28

1. No, fue por casualidad, al encontrar muchos españoles en su trabajo; 2. Ninguno, no sabía nada, según dice “no tenía ni idea”; 3. No, aunque tenía miedo fue fácil porque la acogieron muy bien; 4. No, en la escuela donde estudiaba le propusieron dar clases de alemán.

**3.2.** Proceda a una segunda escucha de la audición, esta vez con la finalidad de guiar al estudiante a una posterior reflexión gramatical. Indíqueles que completen las frases con el adverbio relativo que han escuchado en la audición, para completar luego el cuadro “Adverbios relativos”. Si lo cree conveniente, puede proponer que hagan la actividad en parejas.

1. donde; 2. como; 3. cuando. Cuadro: 1. Donde, donde; 2. Cuando, cuando; 3. Como, como.

Antes de continuar, puede consolidar este contenido con el ejercicio 5 de la unidad 2 del *Libro de ejercicios*.

**>4** Esta es una actividad en la que se anima a los estudiantes a reflexionar sobre los aspectos más importantes a tener en cuenta a la hora de aprender una lengua. Indíqueles que, de manera individual, relacionen los consejos con su párrafo correspondiente y que, luego, comparen las respuestas con otros compañeros de la clase. En plenario, propóngales que debatan qué consejo les ha llamado más la atención, que comenten si han llevado a cabo alguna vez alguno de estos consejos o si se les ocurren otros que no se haya contemplado en el texto. Se trata de una actividad que facilita estrategias de reflexión para que el estudiante pueda desarrollar nuevos procedimientos de aprendizaje.

1. G; 2. D; 3. C; 4. A; 5. B; 6. F; 7. E; 8. H.

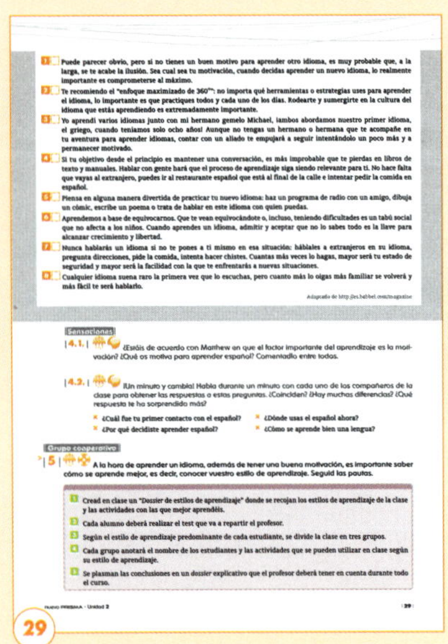

29

**4.1** y **4.2.** Con estas dos tareas, etiquetadas ambas como actividades de sensaciones, se continúa guiando al estudiante a la reflexión en las distintas etapas del proceso de aprendizaje de español. Se comienza invitándole a reflexionar sobre las motivaciones que le han llevado a estudiar esta lengua y a compartirlas con sus compañeros. A continuación, a través de una dinámica basada en el control del tiempo, los estudiantes intercambian más información recordando cómo fue su primer contacto con el español y reflexionando sobre las mejores formas para aprender una lengua. Una vez finalizada esta dinámica, haga un plenario para que puedan poner en común toda la información obtenida.

**>5** Para finalizar el epígrafe, se propone una actividad cooperativa donde se continúa trabajando el componente estratégico en el aprendizaje de español. El objetivo de esta tarea radica en que los estudiantes puedan conocer y definir su estilo de aprendizaje; para ello, transmita con precisión las siguientes pautas:

1. Indíqueles que la meta final de la actividad es crear de manera cooperativa un “dossier de estilos de aprendizaje” que aúne diferentes formas de aprender.
2. Entregue a cada estudiante una copia de la ficha 5 e indíqueles que realicen el test. Deben anotar cuál es su estilo de aprendizaje predominante: visual, auditivo o kinestésico.
3. Pídales que se dividan en tres grupos según los resultados obtenidos en el test: predominancia de estilo visual, auditivo o kinestésico.
4. Cada miembro del grupo escribirá su nombre en el *dossier* y, de manera conjunta, explicarán y diseñarán actividades que pueden realizar para mejorar su aprendizaje, teniendo en cuenta la modalidad a la que pertenecen.

5. Un miembro de cada grupo plasma las ideas elaboradas en un *dossier* común. Este *dossier* facilitará el acceso al conocimiento de diversos estilos y formas de aprendizaje a todos los integrantes de la clase, incluido el profesor, que podrá saber de manera más directa con qué actividades se sienten más cómodos sus estudiantes a la hora de trabajar y, así, diseñarla y adaptarlas de manera más eficaz. Para conocer mejor estos estilos de aprendizaje y las actividades que mejor se adaptan a ellos, le recomendamos leer la información extra de la ELEteca: "Estilos de aprendizaje: cómo sacarles el máximo rendimiento".

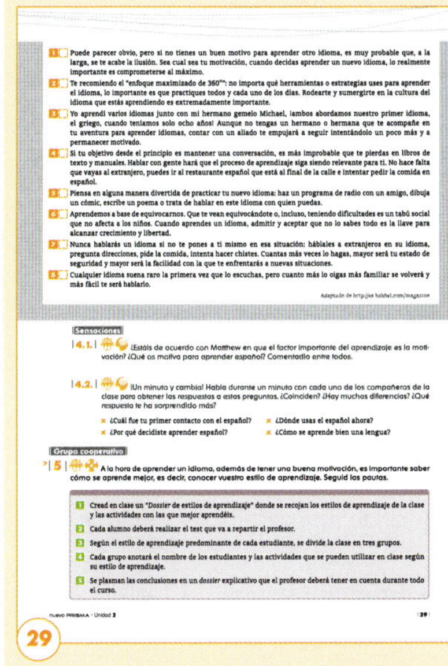

**Ficha 5.** Tu estilo de aprendizaje.

**Dinámica.** Entregue una copia del test a cada estudiante y pídales que lo rellenen de manera individual. Una vez realizado, dígales que anoten cuál es su estilo predominante: visual, auditivo, kinestésico. Este test facilitará al estudiante información que le ayudará a determinar cuál es su manera de aprender más eficaz.

ELEteca

**2.** Estilos de aprendizaje: cómo sacarles el máximo rendimiento.

## 3 DIFERENTES OPCIONES 30

El título de este epígrafe hace alusión a las diferentes opciones y programas a los que pueden acceder aquellos estudiantes que quieran aprender español o un idioma extranjero.

Se introduce el léxico adecuado relacionado con la educación para que los estudiantes puedan comentar y debatir sobre estas opciones.

> 1 Con esta primera actividad del epígrafe se pretende una primera toma de contacto por parte de los estudiantes con los diferentes programas que existen para estudiar idiomas. En plenario, anímeles a que comenten si conocen los programas de la lista, si han tenido o no alguna experiencia con algunos de ellos y de ser así, que expliquen cómo ha sido.

1.1. Esta actividad avanza un paso más y propone a los estudiantes que, en parejas, elaboren una definición para cada programa. Si lo considera oportuno, puede plantear esta actividad bajo otra dinámica. Divida la clase en grupos, y encargue a cada uno una o más definiciones. Una vez realizadas, pídales que las peguen por la clase para luego adivinar a qué programa pertenece cada definición.

ELEteca
**3. El Programa Erasmus.**

> 2 En esta tarea, planteada como actividad de comprensión lectora, el estudiante debe leer la información extraída de diferentes páginas de Internet e identificar dicha información con los programas que se han presentado en la actividad 1.1. Si lo cree conveniente, antes de llevar a cabo la corrección final, pídales que comparen y comenten sus respuestas con su compañero/a.

1. B; 2. A; 3. A; 4. C; 5. A.

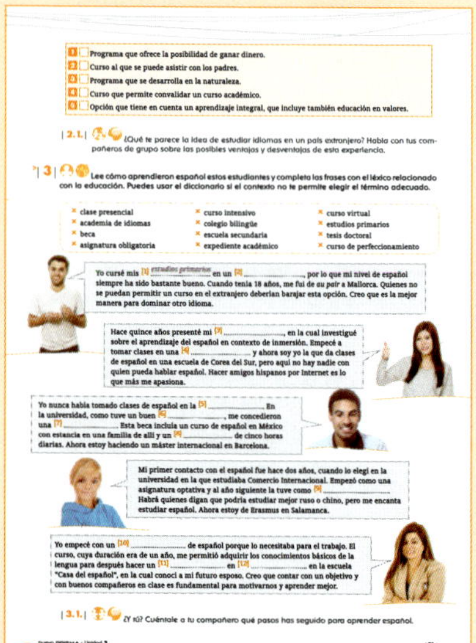

31

**2.1.** Actividad oral que se puede llevar a cabo en pequeños grupos o en plenario.

> 3 Invite a los estudiantes a realizar esta tarea de léxico, completando las frases con la palabra o expresión adecuada relacionada con la educación. Recomiéndeles que tengan a mano un diccionario monolingüe para realizar una consulta en el caso de tener dudas en la elección de la palabra correcta. Si lo considera oportuno, puede plantear que los estudiantes realicen esta actividad en parejas.

2. colegio bilingüe; 3. tesis doctoral; 4. academia de idiomas; 5. escuela secundaria; 6. expediente académico; 7. beca; 8. curso intensivo; 9. asignatura obligatoria; 10. curso virtual; 11. curso de perfeccionamiento; 12. clase presencial.

**3.1.** Se cierra el epígrafe con una tarea de interacción oral en parejas. Los estudiantes han aprendido a lo largo de este epígrafe léxico y programas relacionados con el aprendizaje de idiomas. En parejas, deben explicar cuál ha sido el camino que ellos han seguido para aprender español.

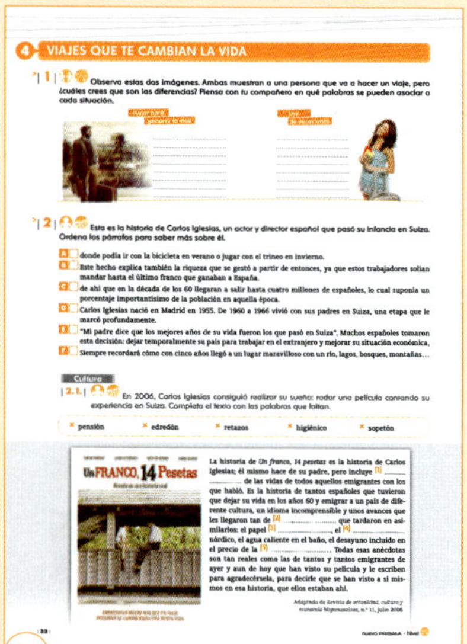

32

## 4 VIAJES QUE TE CAMBIAN LA VIDA 32

En este epígrafe, de carácter marcadamente cultural, se presenta la película *Un franco, 14 pesetas* del director español Carlos Iglesias y acerca al estudiante al fenómeno de la emigración en la España de los años 60. El apartado de contenidos funcionales focaliza su atención en la expresión de objeciones y en los mecanismos para resaltar una información.

> 1 Se inicia el epígrafe con una tarea de adquisición de léxico. Propóngales a los estudiantes que, en parejas, observen con atención las dos fotos y los títulos que hacen alusión al tipo de viaje que van a realizar las dos personas, y que elaboren una lista de palabras asociadas a este tipo de viaje. Si lo considera oportuno, sugiérales a los estudiantes que comparen y comenten los listados con otras parejas de la clase.

> 2 A través de esta tarea de comprensión lectora, los estudiantes van a conocer a Carlos Iglesias, director y actor protagonista de *Un franco, 14 pesetas*. Pídales que lean con atención los párrafos y que los ordenen dándole sentido al texto. La actividad trabaja la coherencia textual. Si lo desea, puede pedirles que realicen la actividad en parejas.

A. 3; B. 6; C. 5; D. 1; E. 4; F. 2.

## i+ ELEteca
### 4. Carlos Iglesias, actor y director español.

**2.1.** En esta actividad comprensión lectora, se focaliza la atención en el contenido cultural propiamente dicho del epígrafe. Antes de leer el texto, pida a los estudiantes que observen con atención el cartel de la película y pregúnteles a qué creen que hace referencia el título, quiénes creen que son las personas que aparecen, qué quiere decir la frase que aparece debajo de la fotografía, dónde creen que están y, por último, de qué creen que trata la película. Para ello, puede utilizar la proyección 8, que reproduce en grande el cartel. A continuación, pídales que completen el texto con las palabras adecuadas del recuadro y que comprueben si el argumento coincide con sus suposiciones anteriores.

1. retazos; 2. sopetón; 3. higiénico; 4. edredón; 5. pensión.

### Proyección 8. Cartel de la película *Un franco, 14 pesetas.*

## i+ ELEteca
### 5. Ficha técnica de la película *Un franco, 14 pesetas.*

---

**2.2.** A través de esta actividad, diseñada para realizar en parejas, se pretende un acercamiento al contexto sociocultural que rodea a la película. Los estudiantes van a intercambiar la información de ambas tarjetas sobre la situación en los años 60 de España y Suiza, respectivamente. Si lo considera pertinente, puede ampliar la información de la situación de España de la época con la siguiente ficha de información extra.

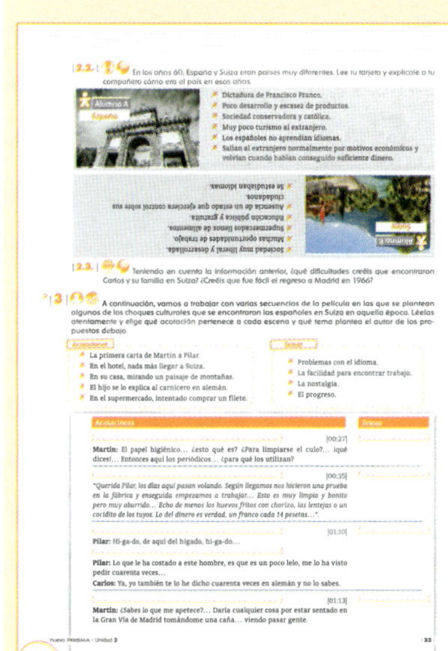

## i+ ELEteca
### 6. España en los años 60: el fenómeno de la emigración.

**2.3** Proponga en clase abierta una reflexión sobre la situación que tuvo que vivir el personaje principal de la película y su familia en Suiza, teniendo en cuenta el contexto del que procedían. Indíqueles que hablen también de cómo se imaginan que fue su regreso a Madrid en el año 1966: fácil, difícil, qué situaciones tendrían que afrontar…

**>3** Con la siguiente tarea de comprensión lectora se pretende conocer más a fondo las confrontaciones y choques culturales a los que se tuvieron que enfrentar los españoles que emigraron a Suiza en esa época.

Acotaciones: En el hotel, nada más llegar a Suiza; La primera carta de Martín a Pilar; En el supermercado, intentando comprar un filete; El hijo se lo explica al carnicero en alemán; En su casa, mirando un paisaje de montañas; Temas: El progreso, La facilidad para encontrar trabajo; Problemas con el idioma; La nostalgia.

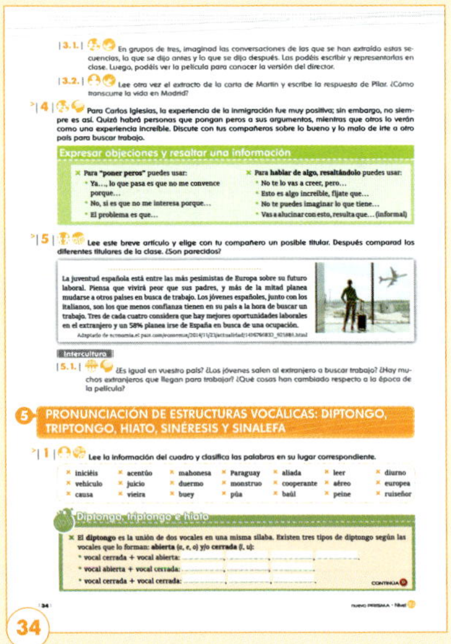

**3.1.** Puede iniciar esta actividad proponiendo a los estudiantes que formen grupos de tres o forme usted los grupos, según lo considere más conveniente. Propóngales que den rienda suelta a su imaginación, desarrollen las conversaciones de las que se han extraído las secuencias para luego representarlas en clase. Si dispone de la película, puede ver las secuencias en clase para cotejarlas con las que han hecho los estudiantes.

**3.2.** Con esta actividad se continúa explotando la capacidad imaginativa del estudiante proponiéndole que se ponga en el lugar de Pilar y le responda a Martín, centrándose en cómo es la vida en Madrid en ese momento.

**>4** Mediante esta actividad oral planteada para debatir en pequeños grupos, se introduce dos nuevos contenidos funcionales: hacer objeciones y hablar de algo resaltándolo. Pídales que primero lean el cuadro funcional con atención, para a continuación comentar con los compañeros sobre lo bueno y lo malo de irse a otro país para buscar trabajo, utilizando las estructuras adecuadas.

**>5** Pida a los estudiantes que, después de leer el texto, lleguen a un acuerdo en parejas para encontrar el titular que mejor se adapta al contenido. A continuación, haga una puesta en común para que todos puedan comentar sus titulares y justificar su elección.

El título original del artículo es: *Seis de cada diez jóvenes españoles planean emigrar en busca de empleo.*

**5.1.** Se concluye este epígrafe con una tarea de reflexión intercultural en la que los estudiantes comentan cómo es la situación actual en su país, si al igual que en el artículo, los jóvenes también salen fuera a buscar trabajo o, por el contrario, si su país es el que recibe a muchos extranjeros que se trasladan a vivir allí para trabajar.

## 5 PRONUNCIACIÓN DE ESTRUCTURAS VOCÁLICAS: DIPTONGO, TRIPTONGO, HIATO, SINÉRESIS Y SINALEFA 34

El apartado de fonética y ortografía centra su atención en la pronunciación de diferentes estructuras vocálicas: por un lado, el diptongo, triptongo e hiato, y por otro lado, la sinéresis y la sinalefa.

**>1** Se inician las tareas de este epígrafe con una actividad de reconocimiento y diferenciación de diptongos, triptongos e hiatos. Pida a los estudiantes que lean primero el cuadro con atención para completarlo luego con las palabras adecuadas. Si lo considera relevante, antes de proceder a una corrección en conjunto, Pídales que comparen y comenten en parejas las respuestas.

Diptongos: vocal cerrada + vocal abierta: juicio, duermo, monstruo, aliada; vocal abierta + vocal cerrada: causa, peine, **eu**ropea; vocal cerrada + vocal cerrada: **jui**cio, diurno, ruiseñor; Triptongos: iniciéis, vieira, buey,

Paraguay; Hiatos: dos vocales iguales: cooperante, leer; dos vocales abiertas juntas: mahonesa, aéreo; europea; vocal abierta + vocal cerrada tónica: vehículo, baúl; vocal cerrada tónica + vocal abierta: acentúo, púa.

**>2** Actividad de comprensión auditiva. Antes de proceder a la escucha, pídales que lean con atención el cuadro explicativo sobre la sinéresis y la sinalefa. A continuación, comience con la audición, e indíqueles que marquen el número del ejemplo que escuchen dependiendo si es sinéresis o sinalefa. Puede realizar una segunda escucha. Termine con una corrección grupal.

|13| **1.** Miguel de Cervantes S**aa**vedra; **2.** Si tuvier**a i**nformación **lo ha**ría; **3.** Suspend**ió a Eu**sebio por copiar en el examen; **4.** Tengo que r**ee**scribir el artículo de nuevo; **5.** Ojalá salte l**a a**larma ant**ii**ncendios y n**o ha**gamos el examen; **6.** ¿Tuviste tiempo d**e ha**blar con el tutor?; **7.** Es esencial la c**oo**rdinación de un equipo de trabajo.

Sinéresis: ejemplos 1, 4, 5 y 7. Sinalefa: ejemplos 2, 3, 5, 6. Se dan los dos fenómenos en el ejemplo 5: Ojalá salte la alarma antiincendios y no hagamos el examen.

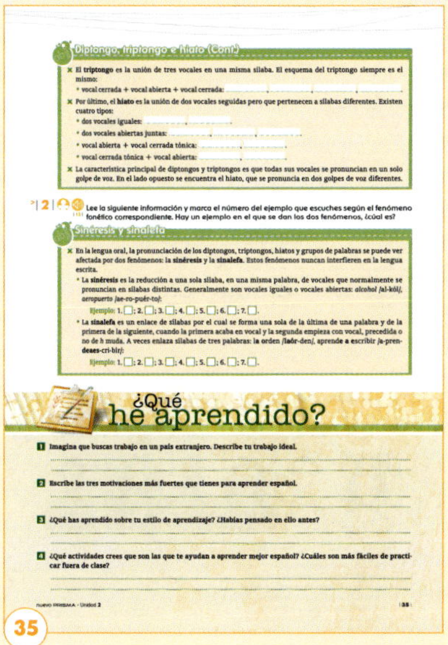
**Diptongo, triptongo e hiato (Cont.)**

- El **triptongo** es la unión de tres vocales en una misma sílaba. El esquema del triptongo siempre es el mismo:
  - vocal cerrada + vocal abierta + vocal cerrada: ..., ..., ..., ....
- Por último, el **hiato** es la unión de dos vocales seguidas pero que pertenecen a sílabas diferentes. Existen cuatro tipos:
  - dos vocales iguales: ..., ....
  - dos vocales abiertas juntas: ..., ..., ....
  - vocal abierta + vocal cerrada tónica: ..., ....
  - vocal cerrada tónica + vocal abierta: ..., ....
- La característica principal de diptongos y triptongos es que todas sus vocales se pronuncian en un solo golpe de voz. En el lado opuesto se encuentra el hiato, que se pronuncia en dos golpes de voz diferentes.

>|2| Lee la siguiente información y marca el número del ejemplo que escuches según el fenómeno fonético correspondiente. Hay un ejemplo en el que se dan los dos fenómenos, ¿cúal es?

**Sinéresis y sinalefa**

- En la lengua oral, la pronunciación de los diptongos, triptongos, hiatos y grupos de palabras se puede ver afectada por dos fenómenos: la **sinéresis** y la **sinalefa**. Estos fenómenos nuncan interfieren en la lengua escrita.
  - La **sinéresis** es la reducción a una sola sílaba, en una misma palabra, de vocales que normalmente se pronuncian en sílabas distintas. Generalmente son vocales iguales o vocales abiertas: *alcohol* /al-kól/, *aeropuerto* /ae-ro-puér-to/:
    Ejemplo: 1. ☐; 2. ☐; 3. ☐; 4. ☐; 5. ☐; 6. ☐; 7. ☐.
  - La **sinalefa** es un enlace de sílabas por el cual se forma una sola de la última de una palabra y de la primera de la siguiente, cuando la primera acaba en vocal y la segunda empieza con vocal, precedida o no de *h* muda. A veces enlaza sílabas de tres palabras: **la orden** /**laór**-den/, aprend**e a** escribir /a-pren-**deaes**-cri-bir/:
    Ejemplo: 1. ☐; 2. ☐; 3. ☐; 4. ☐; 5. ☐; 6. ☐; 7. ☐.

**¿Qué he aprendido?**

1. Imagina que buscas trabajo en un país extranjero. Describe tu trabajo ideal.
2. Escribe las tres motivaciones más fuertes que tienes para aprender español.
3. ¿Qué has aprendido sobre tu estilo de aprendizaje? ¿Habías pensado en ello antes?
4. ¿Qué actividades crees que son las que te ayudan a aprender mejor español? ¿Cuáles son más fáciles de practicar fuera de clase?

nuevo PRISMA · Unidad 2 | 35 |

35

**ELEteca**
Léxico. Aprender una lengua extranjera.

# 3 CON RITMO

En esta unidad el estudiante revisará los usos de los tiempos del pasado: pretéritos perfecto, indefinido, imperfecto y pluscuamperfecto, además de ampliar sus conocimientos sobre los conectores del discurso. Se retomarán funciones ya estudiadas como dar una opinión argumentando a favor o en contra, expresar acuerdo, acuerdo parcial y desacuerdo, o escribir una biografía. Los contenidos culturales de la unidad giran en torno a la música en sus diferentes expresiones, y el apartado de fonética centra su atención en un aspecto de la entonación: las agrupaciones que normalmente no admiten pausa.

## 1 MÚSICA PARA EL CUERPO 36

Empezamos la unidad con un epígrafe que sirve de precalentamiento de la unidad y que está dedicado a la música y al efecto beneficioso que esta tiene en nuestro cuerpo y mente. Se introducen dos tipos de terapia relacionadas con la música: musicoterapia y danzaterapia. Desde el punto de vista lingüístico, se repasa e introduce el léxico relacionado con la música y los estados emocionales que esta provoca.

> 1 Para introducir el tema, se propone una actividad de interacción oral en parejas en la que los estudiantes expresan lo que significa para ellos la música y qué función desempeña en su vida. Pídales que elaboren una definición de música según lo que hayan hablado previamente. Si el grupo está receptivo, haga una puesta en común.

**1.1.** A continuación, se propone una tarea de comprensión auditiva en la que los estudiantes van a escuchar a diferentes personas que explican el significado que tiene para ellos la música. Antes de proceder a la escucha, deje un tiempo para que lean con atención las ideas que aparecen para facilitar la realización de la tarea. Si lo considera conveniente, pídales que cotejen sus respuestas en parejas. Una vez corregida la actividad, vuelva a la definición que han elaborado en la actividad 1 y pídales que la comparen con lo que se dice en el audio para ver si coinciden con alguno de los interlocutores.

| 14 |

**Locutora:** La música es consustancial a la humanidad desde sus inicios, es parte esencial de las culturas, mostrando ritos, el vivir diario, expresando emociones... Queríamos saber qué es la música para la gente y, para ello, hicimos en la calle la siguiente pregunta: "¿Qué es para ti la música?", y esto fue lo que declararon.

**A. Beatriz:** Creo que la música tiene poder más allá del lenguaje. Permite expresar y transmitir cosas que ni sabemos que están dentro de nosotros. Ya sea a través de la expresión corporal, la interpretación con la voz o un instrumento, la escucha... La música nos lleva a otros mundos, incluso a nuestro mundo interior, que a veces parece el más lejano del universo.

**B. Javier:** La música nos enseña a escuchar. Aprender a tocar un instrumento es trabajo, paciencia, disciplina, perseverancia. Tocar o bailar en grupo es trabajar en equipo, adaptarse, pero también ser flexible, escuchar, tomar decisiones o ejercer un liderazgo.

**C. Teresa:** La música en sus diferentes etapas ha evolucionado, hay muchos estilos diferentes y hoy en día se escucha de todo... A mí, por ejemplo, la música que más me inspira es aquella que tiene sonidos relajantes, o las canciones que tienen letras que te llegan hasta el alma y que te hacen hasta llorar, sea de alegría o de tristeza.

**D. Carlos:** ¡La música! ¡Qué cosa!, es una lengua universal, nos hace vibrar, ya sea moderna a unos, clásica a otros, es un antidepresivo natural que hoy en día tanto se usa en comprimidos; escucharla y bailarla te eleva el espíritu, te inunda de armonía, pero saber interpretarla conlleva mucho trabajo, ensayos día tras día y mucha vocación.

**E. Sonia:** La música nos ayuda a desarrollar capacidades cognitivas, emocionales, conductuales y sociales, además, por supuesto, de las propiamente musicales.

**F. Luismi:** La música nos seduce y nos transporta a otros mundos, incluso a nuestro mundo interior. Pero también nos trae el recuerdo de las emociones vividas y sus circunstancias, tanto si son nostálgicas como alegres.

Adaptado de http://www.rtve.es/television/20111009/musica-emociones-neurociencia/465379.shtml

1. D; 2. E; 3. C; 4. A; 5. F; 6. B.

37

**>2** La actividad se centra en la realización de un test sobre música y danza. El objetivo de la actividad es refrescar y ampliar el léxico relacionado con estas disciplinas y servir de base para la actividad 2.1. Una alternativa a la actividad es pedirles que hagan el test por parejas.

**2.1.** Una vez completado el test anterior, indique al estudiante que comente las respuestas con un compañero/a. De esta manera, se pueden conocer más, comprobar si tienen los mismos gustos musicales y de baile. En el caso de que lo considere oportuno, puede proponer a los estudiantes que comenten el test en pequeños grupos.

38

**>3** En la siguiente actividad de interacción oral, planteada para llevarse a cabo en pequeños grupos, se insta a los estudiantes a comentar una frase escuchada en la audición de la actividad 1.1. que hace referencia a los efectos antidepresivos de la música. Se introducen aquí dos terapias relacionadas con la música y la danza: la musicoterapia y la *danzaterapia*. Pregúnteles si saben en qué consisten. Puede ampliar los conocimientos sobre estas dos terapias en el apartado de información extra de la ELEteca.

**i+ ELEteca**
**7. Musicoterapia y *danzaterapia*.**

**3.1.** Ahora los estudiantes van a escuchar una audición en la que un experto en musicoterapia habla sobre la influencia que tiene la música en nuestro estado de ánimo. Pídales que lean con atención las preguntas y, si lo considera pertinente, puede proponer que, en parejas, intenten responderlas. A continuación, proceda a la escucha de la entrevista para que los estudiantes puedan realizar la actividad. Después de corregir, pregúnteles si alguna de las cosas que se dicen en el audio la conocían o si, por el contrario, hay alguna información que les haya llamado la atención.

| 15 |

**Locutora:** ¿Podríamos vivir sin música? La usamos para bailar y cantar, pero también cuando estamos tristes, alegres, solos o acompañados, divirtiéndonos o trabajando, e incluso puede servirnos para dormir. ¿Qué tiene la música para interactuar tanto con nuestras neuronas? Las melodías nos activan o relajan y pueden, incluso, modificar estados de la conciencia. ¿Dónde está el secreto de la música? ¿Por qué no todas las melodías nos afectan por igual? ¿Cómo interactúa el sonido con nuestro cerebro? ¿Qué es la musicoterapia? ¿Puede la música sustituir a los medicamentos? Para hablar de todo ello nos acompaña Jordi Jauset, autor del libro *Musicoterapia y neurociencia*. Doctor, muy buenas noches.

**Jordi:** Hola, qué tal, buenas noches.

● **Locutora:** Bienvenido.

○ **Jordi:** Muchas gracias.

● **Locutora:** ¿Somos lo que somos gracias a la música, doctor?

○ **Jordi:** Bueno, la música es algo que, de hecho, siempre nos ha acompañado desde el principio de la humanidad. La música no tenemos que olvidar que es un lenguaje, es un medio de comunicación, de expresión. Yo creo que difícilmente podríamos vivir sin la música. La música, ¿para qué nos sirve? Pues… para expresarnos, para sentirnos unidos como grupo, para celebrar aquellos eventos importantes de nuestra vida como un nacimiento, una boda…, para acompañar también a nuestros seres queridos en sus últimos momentos de la vida; para todo eso sirve la música.

● **Locutora:** Doctor Jauset, hablemos de la relación de la música con la neurociencia. A día de hoy se habla mucho de musicoterapia, ¿no?, es decir, la terapia basada en las alteraciones de conciencia que una persona puede experimentar solamente escuchando según qué ritmo o vibraciones. ¿Hasta qué punto nuestro cerebro actúa o interactúa con la música de una manera involuntaria?

○ **Jordi:** Bueno, la neurociencia nos está explicando cómo funciona el cerebro ante los estímulos musicales. Tenemos que pensar que la música es una combinación de sonidos, que es una estructura en la cual existe un ritmo, una melodía, una armonía. Todo esto nuestro cerebro lo interpreta de forma distinta, intervienen distintas zonas cerebrales que activan lo que se llaman los neurotransmisores, y que nos provocan este tipo de sensaciones que tenemos muchas veces de felicidad, melancolía, excitación, etc., ante una melodía.

● **Locutora:** Tenemos datos que afirman que algunas personas utilizaban la música para ciertas patologías en el siglo V a. de C. ¿Hasta qué punto la música puede mejorar un problema de salud?

○ **Jordi:** Bueno, sí, claro, ¿quién no se ha puesto alguna vez una música suave con el fin de relajarse? La musicoterapia se viene utilizando no solo desde el siglo V a. de C. Parece ser que el primer dato oficial o documento escrito son unos papiros egipcios datados en el año 1800 a. de C., y allí se aludía a los efectos de la música en el cuerpo. Dicho esto, podemos decir que la musicoterapia es la terapia que emplea la música con el objetivo de beneficiar nuestra salud. Habitualmente, esta terapia tiene dos formas de aplicación: activa –cantar y escuchar música, tocar instrumentos, etc.– y receptiva, o sea, relajación a través de la música. Está comprobado que nuestra respiración y nuestro corazón se sincronizan de manera inconsciente con el ritmo de la música: se ralentiza con la música más suave y se acelera con los ritmos rápidos y fuertes.

● **Locutora:** Es curioso, doctor. Actualmente incluso a las embarazadas se les recomienda escuchar cierta música para que el feto se desarrolle de una forma más armoniosa y más tranquila. ¿Es esto cierto?

○ **Jordi:** Efectivamente, sí; se ha observado que el feto, al sonar, por ejemplo, rock duro, se mueve muy rápidamente y se alteran sus constantes, mientras que, con la música clásica, estos movimientos se ralentizan, son más suaves. Tiene que ver con lo que he explicado anteriormente, los ritmos marcan el patrón respiratorio y cardiovascular de manera involuntaria y esto afecta incluso al feto dentro del seno materno.

● **Locutora:** Doctor, nos ha encantado su intervención. Muchas gracias.

○ **Jordi:** A ustedes por invitarme.

https://www.youtube.com/watch?v=uG05xtBXyfQ

1. Cuando una persona escucha música se ponen en funcionamiento distintas zonas cerebrales que activan lo que se llaman los neurotransmisores,

y que provocan sensaciones de felicidad, melancolía, excitación, etc., ante una melodía; 2. Porque nuestra respiración y nuestro corazón se sincronizan de manera inconsciente con el ritmo de la música: se ralentiza con la música más suave y se acelera con los ritmos rápidos y fuertes; 3. La musicoterapia es la terapia que emplea la música con el objetivo de beneficiar nuestra salud; 4. Respuesta abierta; 5. Respuesta abierta.

**3.2.** La *danzaterapia* se introduce a través de un texto informativo. La actividad de comprensión lectora trabaja el léxico relacionado con el campo de la danza y las emociones en dos fases. Indique al estudiante que en primer lugar realice una lectura silenciosa del texto para luego completar los espacios en blanco con las palabras adecuadas del recuadro. Después, explíqueles que estas palabras pueden tener varias acepciones y que para utilizarlas correctamente deben atender al contexto. Pídales que busquen en un diccionario monolingüe las palabras y que elijan la acepción que más se adecúa al contexto en que aparecen en el texto. Esta actividad, de marcado carácter estratégico, sirve para entrenar al estudiante en el uso adecuado y rentable del diccionario.

Aclare el término "persona con capacidades especiales" que es el término que se utiliza actualmente en España para referirse a las personas que padecen alguna discapacidad física o psíquica.

Definiciones del DRAE. 1. Bienestar: acepción 3. Estado de la persona en el que se le hace sensible el buen funcionamiento de su actividad somática y psíquica; 2. Movimiento: acepción 2. Estado de los cuerpos mientras cambian de lugar o de posición; 3. Imitación: acepción 1. Acción y efecto de imitar: ejecutar algo a ejemplo o semejanza de otra cosa; 4. Estimulante: acepción 2. Dicho de una cosa: que aviva el tono vital; 5. Tensiones: acepción 4. Estado anímico de excitación, impaciencia, esfuerzo o exaltación; 6. Autoestima: Valoración generalmente positiva de sí mismo; 7. Disciplinas: acepción 2. Arte, facultad o ciencia; 8. Composición: acepción 11. Acción de componer: hacer o producir obras científicas o literarias y algunas de las artísticas; 9. Capacidades: acepción 2. Aptitud, talento, cualidad que dispone a alguien para el buen ejercicio de algo.

**3.3.** El epígrafe termina con una tarea en clase abierta, en la que los estudiantes hablarán de otras terapias que conocen para mejorar el bienestar de las personas y los beneficios que aportan. Anime a los estudiantes a que comenten si en su país es frecuente recurrir a este tipo de terapias, y cuáles son las más habituales. De esta manera, se activa el componente intercultural.

## 2 LA MÚSICA Y LA PERSONALIDAD 39

Este epígrafe trata sobre la música como un reflejo de nuestra manera de ser y de expresarnos. A partir de este tema, se repasan las estructuras para expresar opinión y se profundiza y trabaja el texto argumentativo. Además, se practica y amplía el léxico referido al carácter de las personas.

**> 1** Comenzamos la primera actividad del epígrafe con una propuesta en clase abierta en la que, tras observar las fotos de diferentes personas, hacen hipótesis sobre su carácter y sus gustos musicales. Si lo cree oportuno, puede proponer que la clase se divida en pequeños grupos para hacer la actividad, y luego hacer una puesta común en la que se debatirá si las preferencias musicales de una persona puede darnos pistas sobre su manera de ser.

**1.1.** Pida a los estudiantes que se agrupen en parejas y entrégueles la ficha 6 para llevar a cabo la tarea.

## Ficha 6. Adjetivos para describir el carácter.

**Dinámica.** Indíqueles que lean con atención todo el listado de adjetivos y que señalen los positivos (+) y los negativos (–). Asegúrese de que entienden todas las palabras, explicando aquellos que no comprendan, o bien pídales que los busquen en un diccionario monolingüe.

Luego, agrupados por parejas, los estudiantes elegirán tres adjetivos positivos y tres negativos para cada una de las personas de la actividad 1.

Haga una puesta en común para que comparen y vean si han elegido los mismos adjetivos o parecidos.

>2 Se continúa ahora con una actividad de comprensión lectora. El estudiante, de manera individual, realiza una lectura atenta y silenciosa del texto señalando con distintos colores las frases que expresan argumentos (rojo), ejemplos (verde) o citas (azul). Antes de realizar la corrección, pídales a los estudiantes que comparen y argumenten sus respuestas en parejas. A continuación, proceda a la corrección con la proyección 9.

## Proyección 9. Somos lo que escuchamos.

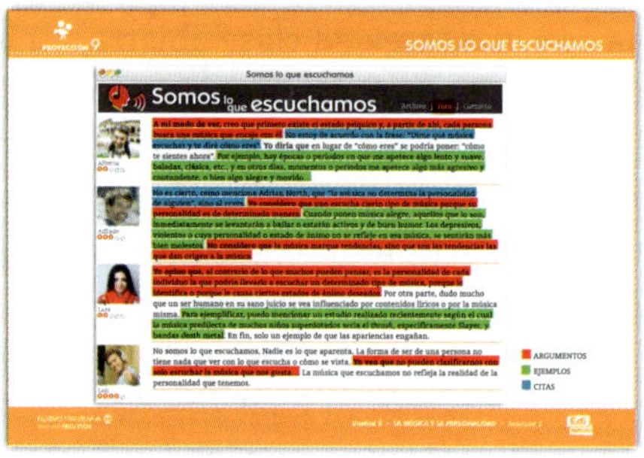


Argumentos: A mi modo de ver, creo que primero existe el estado psíquico y, a partir de ahí, cada persona busca una música que encaje con él; Yo considero que uno escucha cierto tipo de música porque su personalidad es de determinada manera; No considero que la música marque tendencias, sino que son las tendencias las que dan origen a la música; Yo opino que, al contrario de lo que muchos pueden pensar, es la personalidad de cada individuo la que podría llevarlo a escuchar un determinado tipo de música, porque lo identifica o porque le causa ciertos estados de ánimo deseados; Yo veo que no pueden clasificarnos con solo escuchar la música que nos gusta…; Ejemplos: Por ejemplo, hay épocas o periodos en que me apetece algo lento y suave, baladas, clásica, etc., y en otros días, momentos o periodos me apetece algo más agresivo y contundente o bien algo alegre y movido…; Cuando ponen música alegre, aquellos que lo son, inmediatamente se levantarán a bailar o estarán activos y de buen humor. Los depresivos, violentos o cuya personalidad o estado de ánimo no se refleje en esa música, se sentirán más bien molestos; Para ejemplificar, puedo mencionar un estudio realizado recientemente según el cual la música predilecta de muchos niños superdotados sería el *thrash*, específicamente Slayer, y bandas *death metal*. Citas: No estoy de acuerdo con la frase: "Dime qué música escuchas y te diré cómo eres"; como menciona Adrian North, que "la música no determina la personalidad de alguien"; puedo mencionar el estudio realizado recientemente según el cual [...].

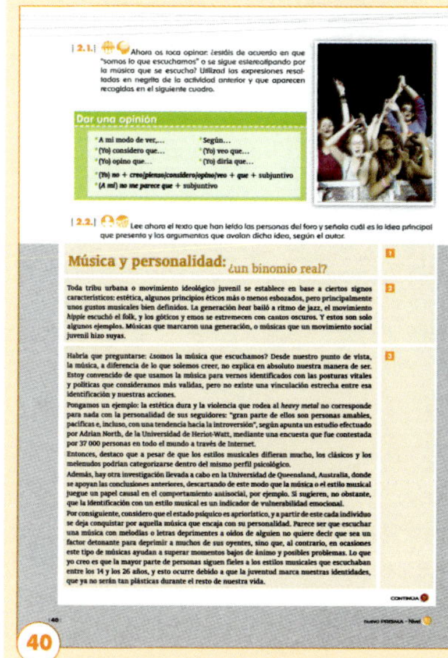


**2.1.** Proseguimos con una tarea en clase abierta en la que se insta a los estudiantes a dar su opinión sobre la frase que encabeza el título del foro: "Somos lo que escuchamos". Indíqueles que utilicen las estructuras correctas para dar una opinión que se introducen en el cuadro y que aparecen también señaladas en el texto de la actividad 2.

**2.2.** Con esta actividad de comprensión lectora da comienzo a una secuencia de análisis y práctica del texto argumentativo, su estructura y características. Pídales a los estudiantes que, de manera individual, realicen una lectura minuciosa del texto con el objetivo de determinar cuál es la idea principal del artículo y los argumentos que respaldan esta idea. Luego, haga la corrección en plenario. Si lo considera oportuno, deles la oportunidad de cotejar antes sus respuestas con su compañero/a.

Posible respuesta. Idea principal: La música que escuchamos no viene determinada por nuestra personalidad; Argumentos: Cada generación escucha un tipo de música, lo que viene determinado por movimientos de tipo social y cultural; un estudio que demuestra, a través de una encuesta, que el tipo de música que se escucha no se corresponde con la personalidad que se le atribuye a esa música; la idea de que, en realidad, la música que escuchamos es la misma que escuchábamos de jóvenes, cuando aún no teníamos formada nuestra personalidad.

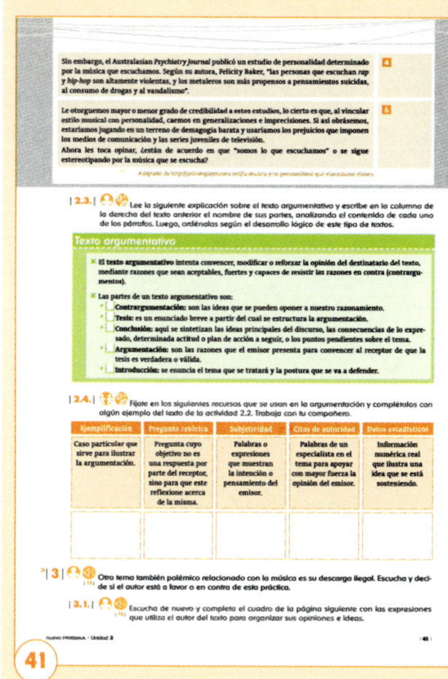


**2.3.** Si lo considera más conveniente, y para facilitar la tarea, puede proponer la realización de esta actividad en parejas. Pídales que lean con atención la información del cuadro sobre el texto argumentativo y que identifiquen cada una de sus partes en el texto de la actividad 2.2., escribiendo su nombre en la columna de la derecha. Realice la corrección de esta actividad con la proyección 10.

**Proyección 10.** Partes de un texto argumentativo y su orden.

**Dinámica.** Proyecte el cuadro con las partes del texto argumentativo ordenadas y pida a diferentes estudiantes o parejas que las vayan identificando en el texto de la actividad 2.2. Dígales que ese es el orden en que suele estructurarse un texto argumentativo, aunque es posible que los argumentos y los contrargumentos vayan intercalándose o que cambien de orden.

1. Tesis, 2. Introducción; 3. Argumentación; 4. Contrargumentación; 5. Conclusión.

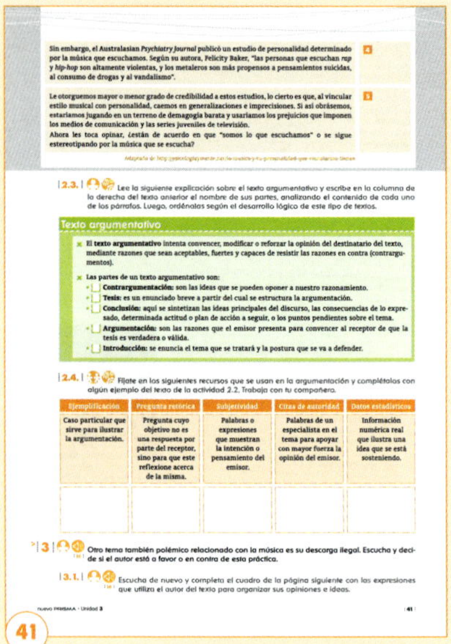

Sin embargo, el Australasian *Psychiatry Journal* publicó un estudio de personalidad determinado por la música que escuchamos. Según su autora, Felicity Baker, "las personas que escuchan *rap* y *hip-hop* son altamente violentas, y los metaleros son más propensos a pensamientos suicidas, al consumo de drogas y al vandalismo".

Le otorguemos mayor o menor grado de credibilidad a estos estudios, lo cierto es que, al vincular estilo musical con personalidad, caemos en generalizaciones e imprecisiones. Si así obrásemos, estaríamos jugando en un terreno de demagogia barata y usaríamos los prejuicios que imponen los medios de comunicación y las series juveniles de televisión.
Ahora les toca opinar, ¿están de acuerdo en que "somos lo que escuchamos" o se sigue estereotipando por la música que se escucha?

|2.3.| Lee la siguiente explicación sobre el texto argumentativo y escribe en la columna de la derecha del texto anterior el nombre de sus partes, analizando el contenido de cada uno de los párrafos. Luego, ordénalas según el desarrollo lógico de este tipo de textos.

**Texto argumentativo**

- El **texto argumentativo** intenta convencer, modificar o reforzar la opinión del destinatario del texto, mediante razones que sean aceptables, fuertes y capaces de resistir las razones en contra (contrargumentos).
- Las partes de un texto argumentativo son:
  - [ ] **Contrargumentación:** son las ideas que se pueden oponer a nuestro razonamiento.
  - [ ] **Tesis:** es un enunciado breve a partir del cual se estructura la argumentación.
  - [ ] **Conclusión:** aquí se sintetizan las ideas principales del discurso, las consecuencias de lo expresado, determinada actitud o plan de acción a seguir, o los puntos pendientes sobre el tema.
  - [ ] **Argumentación:** son las razones que el emisor presenta para convencer al receptor de que la tesis es verdadera o válida.
  - [ ] **Introducción:** se enuncia el tema que se tratará y la postura que se va a defender.

|2.4.| Fíjate en los siguientes recursos que se usan en la argumentación y complétalos con algún ejemplo del texto de la actividad 2.2. Trabaja con tu compañero.

| Ejemplificación | Pregunta retórica | Subjetividad | Citas de autoridad | Datos estadísticos |
|---|---|---|---|---|
| Caso particular que sirve para ilustrar la argumentación. | Pregunta cuyo objetivo no es una respuesta por parte del receptor, sino para que este reflexione acerca de la misma. | Palabras o expresiones que muestran la intención o pensamiento del emisor. | Palabras de un especialista en el tema para apoyar con mayor fuerza la opinión del emisor. | Información numérica real que ilustra una idea que se está sosteniendo. |
| | | | | |

>|3| Otro tema también polémico relacionado con la música es su descarga ilegal. Escucha y decide si el autor está a favor o en contra de esta práctica.

|3.1.| Escucha de nuevo y completa el cuadro de la página siguiente con las expresiones que utiliza el autor del texto para organizar sus opiniones e ideas.

nuevo PRISMA · Unidad 3 |41|

41

**2.4.** En el caso de que la actividad anterior se haya llevado a cabo en parejas, manténgalas para esta tarea. En esta actividad se presentan diversos recursos argumentativos. Pídales que lean con atención cada uno de ellos y que vuelvan al texto anterior para localizar ejemplos de cada recurso.

Posible respuesta. Ejemplificación: Pongamos un ejemplo: [...]; Pregunta retórica: ¿están de acuerdo en que "somos lo que escuchamos" o se sigue estereotipando por la música que se escucha?; Subjetividad: Desde nuestro punto de vista [...]; Citas de autoridad: "gran parte de ellos son personas amables, pacíficas e, incluso, con una tendencia hacia la introversión", según apunta un estudio efectuado por Adrian North, de la Universidad de Heriot-Watt; Datos estadísticos: mediante una encuesta que fue contestada por 37 000 personas en todo el mundo a través de Internet.

**>3** Con la siguiente tarea de comprensión auditiva, se introduce un tema polémico en el ámbito musical: la descarga ilegal de música. Indíqueles que escuchen con atención y que determinen si el autor está a favor o en contra de esta práctica. Pídales que justifiquen su respuesta con argumentos.

|16| El tema que hoy vamos a abordar es un tema que genera polémica. Según parece, el 40% de la música en este país se descarga ilegalmente de Internet. Una industria seria que se encuentra en constante peligro.

Hay que tener en cuenta distintos aspectos. Muchos profesionales han ido al paro, cada vez se editan menos discos, cada vez habrá menos autores noveles, cada vez habrá menos intérpretes que puedan dar conciertos... Consecuentemente, se perderán miles de puestos de trabajo, mientras ciertas páginas de Internet se hacen de oro por la inconsciencia de un grupo de clientes que consideran abusivo el precio del disco. ¿Realmente esta es la mentalidad que impera en nuestro país? ¿Es que nadie se ha parado a pensar en estas consecuencias de la descarga ilegal de música? ¿Es que nadie entiende que si consideran que el precio de los discos es abusivo, lo adecuado es pagar por su descarga o prescindir del producto? ¿Acaso las discográficas no invierten su dinero para obtener unos beneficios? Las discográficas realizan sus grabaciones con su dinero y pueden comercializarlas como mejor les parezca. Seamos serios. En este país, como en todos, siempre se han grabado cedés al amigo, la novia, los padres..., pero hay una diferencia fundamental entre grabar un cedé y ver cómo algunas personas ofrecen páginas web con listas de discos descargables gratuitamente. Las páginas de descarga son una lacra y deben ser erradicadas cuanto antes. Podemos tener en cuenta también que los que descargan estos discos cometen un delito, mantienen toda una mafia que obtiene cuantiosos beneficios a costa del trabajo ajeno, y envía al paro a honrados profesionales. Lo que yo creo es que la policía y las autoridades judiciales deberían ocuparse de este fenómeno, pero no podemos olvidar que si nadie colaborase con esta delictiva actividad, estas webs no existirían.

Para terminar, solo me resta pedirles su colaboración, pedirles que no vuelvan a descargarse música si no es pagando. Así, todos saldremos beneficiados.

Está completamente en contra.

**3.1.** Antes de proceder a una nueva escucha, pídales a los estudiantes que fijen su atención en el cuadro con las expresiones más frecuentes para organizar los textos argumentativos. A continuación, escuchan y completan el cuadro con las expresiones que utiliza el autor para la presentación, organización de ideas, etc. Puede utilizar la transcripción que aparece en la proyección 11 para la corrección.

**Proyección 11.** Audio 16. El problema de la descarga ilegal de música.

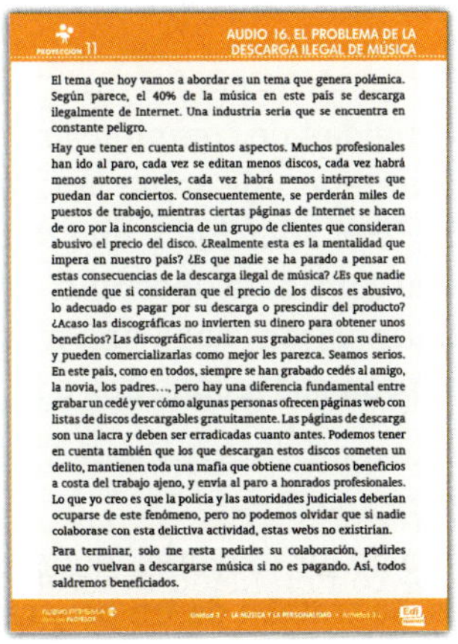

PROYECCIÓN 11 — AUDIO 16. EL PROBLEMA DE LA DESCARGA ILEGAL DE MÚSICA

El tema que hoy vamos a abordar es un tema que genera polémica. Según parece, el 40% de la música en este país se descarga ilegalmente de Internet. Una industria seria que se encuentra en constante peligro.

Hay que tener en cuenta distintos aspectos. Muchos profesionales han ido al paro, cada vez se editan menos discos, cada vez habrá menos autores noveles, cada vez habrá menos intérpretes que puedan dar conciertos. Consecuentemente, se perderán miles de puestos de trabajo, mientras ciertas páginas de Internet se hacen de oro por la inconsciencia de un grupo de clientes que consideran abusivo el precio del disco. ¿Realmente esta es la mentalidad que impera en nuestro país? ¿Es que nadie se ha parado a pensar en estas consecuencias de la descarga ilegal de música? ¿Es que nadie entiende que si consideran que el precio de los discos es abusivo, lo adecuado es pagar por su descarga o prescindir del producto? ¿Acaso las discográficas no invierten su dinero para obtener unos beneficios? Las discográficas realizan sus grabaciones con su dinero y pueden comercializarlas como mejor les parezca. Seamos serios. En este país, como en todos, siempre se han grabado cedés al amigo, la novia, los padres…, pero hay una diferencia fundamental entre grabar un cedé y ver cómo algunas personas ofrecen páginas web con listas de discos descargables gratuitamente. Las páginas de descarga son una lacra y deben ser erradicadas cuanto antes. Podemos tener en cuenta también que los que descargan estos discos cometen un delito, mantienen toda una mafia que obtiene cuantiosos beneficios a costa del trabajo ajeno, y envía al paro a honrados profesionales. Lo que yo creo es que la policía y las autoridades judiciales deberían ocuparse de este fenómeno, pero no podemos olvidar que si nadie colaborase con esta delictiva actividad, estas webs no existirían.

Para terminar, solo me resta pedirles su colaboración, pedirles que no vuelvan a descargarse música si no es pagando. Así, todos saldremos beneficiados.

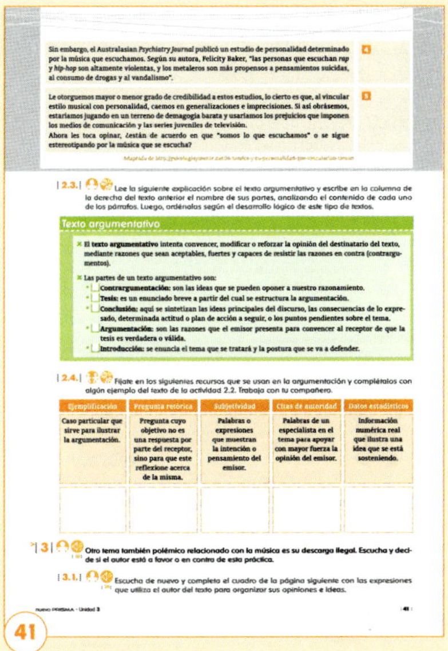

**Dinámica.** Proyecte la transcripción, elija a uno o varios estudiantes y pídales que señalen las expresiones y que digan en qué lugar del cuadro han de clasificarse. Aproveche la ocasión para resolver las dudas de léxico que puedan surgir.

Presentar el tema: El tema que hoy vamos a abordar…; Organizar los argumentos: Hay que tener en cuenta diferentes aspectos; Añadir argumentos y opinar: Podemos tener en cuenta también que…; Oponer argumentos: Hay una diferencia fundamental entre… y…; Presentar nuestro punto de vista: Lo que yo creo es que…; Presentar el punto de vista de otros: Según parece…; Concluir: Para terminar…

Antes de realizar la actividad 3.2., puede fijar todos los contenidos del epígrafe con el ejercicio 1 de la unidad 3 del *Libro de ejercicios*.

**3.2.** Se concluye el epígrafe con una tarea de expresión escrita en la que los estudiantes, de manera individual, mostrarán acuerdo o desacuerdo con el tema planteado en el audio. Recuérdeles que deben escribir un texto argumentativo, respetando su estructura y utilizando los recursos que han visto en las actividades anteriores. Permítales que recurran al cuadro de "Expresiones frecuentes para organizar los textos argumentativos", si lo consideran necesario.

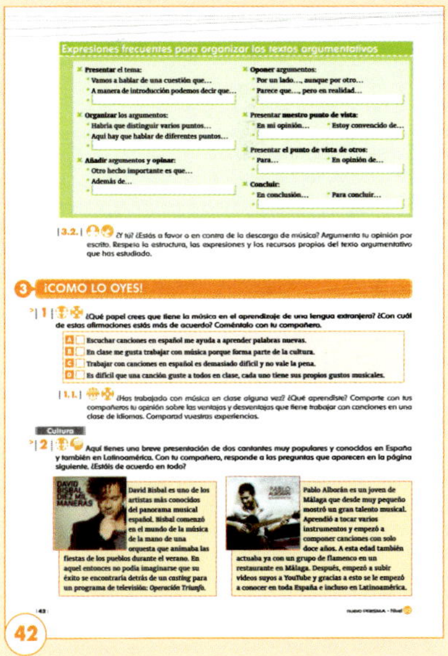

## 3 ¡COMO LO OYES! 42

Se plantea en este epígrafe una actividad de carácter estratégico con el objetivo de que el estudiante reflexione sobre la música como recurso para la motivación y el aprendizaje de una lengua extranjera en su dimensión lingüística y cultural. Se practican las expresiones para mostrar acuerdo, acuerdo parcial y desacuerdo y se presenta a tres cantantes españoles: Pablo Alborán, David Bisbal y Macaco.

**>1** y **1.1.** Comenzamos la primera secuencia de actividades con una tarea de carácter estratégico. Pídales, primero, que, en parejas, lean las afirmaciones sobre el papel que desempeña la música en el aprendizaje de una lengua con el fin de que hablen de su propia experiencia. Después, en clase abierta, haga una puesta en común con todas las opiniones. El objetivo es que, a través de la experiencia compartida, conozcan nuevos mecanismos de aprendizaje que hasta ahora no conocían o no habían utilizado.

**>2** Se introduce con esta actividad una secuencia de tareas de corte cultural. A continuación se presenta a dos cantantes españoles de fama internacional: David Bisbal y Pablo Alborán. Pídales que lean la breve presentación de cada uno de ellos y que, en parejas, respondan las preguntas aportando su opinión personal.

1. ¿Qué papel ha jugado la suerte en estas dos historias?
2. ¿Te parece que *Operación Triunfo* es un *reality show*? ¿Existe en tu país?
3. ¿Crees que en su caso se trata de una fama efímera o con continuidad? ¿Crees que puede ser diferente para cada uno de ellos?
4. ¿Conoces a otros artistas que hayan llegado a la fama de una forma similar?

|2.1.| [17] Escucha ahora el siguiente reportaje sobre cómo estos dos músicos han dado el salto a la fama y toma nota sobre la trayectoria de cada uno. ¿Coincide con lo que habíais respondido en la actividad anterior?

| David Bisbal | Pablo Alborán |
| --- | --- |
| | |

>|3| Estas son las opiniones de algunas personas sobre los nuevos artistas que nacen continuamente. Como hemos visto, hay programas de televisión que los lanzan a la fama muy rápidamente. Lee y relaciona las expresiones coloquiales marcadas en negrita con las definiciones que aparecen en la página siguiente.

¡DIRECTOS A LA FAMA!

1. ¡Claro que no! No se puede aceptar que cantantes de toda la vida [a] **estén ahora de capa caída** sin grabar discos nuevos mientras otros no paran de hacer conciertos. Programas como *Operación Triunfo* han hecho mucho daño, además de un gran negocio. En fin, "malos tiempos para la lírica".
2. Naturalmente. ¿Por qué no? Las productoras [b] **están al corriente** de la demanda del público y es ni más ni menos lo que hacen, darnos lo que queremos.
3. ¡Qué va! Estoy en contra porque muchos han luchado durante muchos años para estar donde están o... mejor dicho, donde estaban y que lleguen estos [c] **yogurines** [d] **arrasando** como si fueran divos, ¡no puede ser! Ahora toda la música suena igual... marketing con un toque latino.
4. Hasta cierto punto sí, pero me da pena de los otros cantantes porque muchos [e] **no se comen una rosca** desde hace tiempo. Los nuevos "triunfitos", sin embargo, llenan estadios.
5. Sí, pero no deberíamos olvidar que los cantantes de toda la vida siempre estarán ahí y nunca dejarán de ser reconocidos como tales. Yo creo que son dos cosas diferentes y, por lo tanto, no comparables.
6. Me parece bien. Soy partidario de que se les dé una oportunidad a muchos chicos que, si no fuera por determinados programas, donde se arriesgan a entrar, siempre [f] **estarían en el anonimato**. Hoy en día no es tan fácil destacar y ser original para triunfar. Después, la prueba para ellos será la permanencia.
7. Estoy totalmente en contra. Me niego a aceptar que estos [g] **listillos** usen a estos pobres chicos con la excusa del éxito cuando lo único que están haciendo es aprovecharse de ellos y después se quedan con la mayoría del dinero.

CONTINÚA

nuevo PRISMA · Unidad 3 | 43

43

**2.1.** Se propone ahora una actividad de comprensión auditiva en la que los estudiantes van a escuchar un reportaje sobre la trayectoria de los dos cantantes. Pídales que escuchen con atención y que tomen notas en relación a las preguntas anteriores. Si lo considera oportuno, proceda a una segunda escucha de la audición. A continuación, haga una puesta en común comparando lo que se dice en el audio con sus respuestas a la actividad anterior.

### David Bisbal: de un *reality* a la fama

|17| *Operación Triunfo* fue uno de los mayores fenómenos de la historia de la televisión en nuestro país. Se trataba de un programa de gran éxito y mucha audiencia que tenía como objetivo formar cantantes. En él, una serie de concursantes demostraban, semana tras semana, sus capacidades musicales en una gala en directo un día a la semana. Los participantes vivían en una academia mientras duraba el programa, y el ganador representaba a España en el Festival de Eurovisión. David Bisbal fue uno de los concursantes en la primera edición, la más popular de todas, y desde el comienzo del programa, uno de los más populares del concurso. Finalmente, fue uno de los ganadores junto con Rosa y Bustamante. Concretamente quedó en el segundo lugar, lo que le supuso un contrato discográfico con Vale Music y ser uno de los candidatos a representar a España en Eurovisión. Su primer disco, *Corazón latino*, salió a la venta al año siguiente. Este trabajo, grabado en Miami y producido por el prestigioso Kike Santander, fue un éxito rotundo desde el primer momento. Bisbal ya no era solo el "triunfito" más popular, sino todo un artista revelación con una grandísima proyección en el mundo de la música latina. Ese año recorrió España, llenando salas y conciertos allá donde iba, para dar después el salto a Latinoamérica, donde no hizo más que cosechar triunfos en innumerables conciertos, portadas de revista y programas de televisión. Un año más tarde salió a la venta su segundo álbum, titulado *Bulería*, con el que ganó el Disco de Diamante en España (más de un millón de ventas) y superó los 300 000 álbumes vendidos en América. En su corta pero intensa carrera, David Bisbal ha recibido un Grammy Latino, y otros numerosos y reconocidos premios de la música, que junto a su frescura, su voz y su forma de moverse por el escenario lo han llevado a ser uno de los artistas más reconocidos del panorama musical español.

### Pablo Alborán: una carrera fulgurante a la fama

El fenómeno Pablo Alborán tiene su dosis de misterio. ¿Qué ha convertido a un joven malagueño de 21 años en la estrella musical del momento? ¿Se trata de una carambola de suerte y casualidades? ¿Es otra demostración del poder de las redes sociales, que lo mismo derriban a dictadores que encumbran a un artista desconocido por unas grabaciones colgadas en YouTube? ¿O estamos ante una campaña viral planificada al milímetro, un caso digno de estudiarse en las escuelas de negocios?

Pablo Alborán nació en Málaga en mayo de 1989. Estudió piano, guitarra clásica, flamenca y acústica, y ya con doce años empezó a componer sus primeras melodías y a cantar en un grupo flamenco. Más tarde, se le ocurrió comenzar a colgar en YouTube vídeos suyos cantando, y esa fue la puerta por la que empezó a ser conocido: Internet y las redes sociales.

A partir de ahí el boca a boca hizo el resto. Se decía que Pablo reunía una serie de elementos que provocaban un magnetismo especial en la gente y también que se trataba de un fenómeno sociológico por una predisposición hacia algo nuevo y una insatisfacción con lo que se estaba vendiendo.

Así que cuando salió su primer disco, el vídeo de *Solamente tú* tenía ya más de siete millones de visitas (sobre todo por parte de españoles y latinoamericanos) en Internet. No fue difícil vender una historia como esta: un chico que se hacía muy famoso a través de Internet, algo que interesó a todos los programas de televisión y, además, sin haber salido de ningún *reality* o haber tenido grandes promociones. A Pablo Alborán le bastó una semana para alcanzar con su debut el primer puesto entre los más vendidos. Por cierto, que fue especialmente simbólica su presencia en la gala de clausura de Operación Triunfo. En directo, interpretó *Solamente tú*. Dijeron de él que "el artista 2.0 había matado a los *triunfitos*". Era todo un símbolo: Pablo salió allí, tocó el piano y cerró *OT*. Para muchos, un cambio de era. Lo suyo es música de verdad.

Escribe sus canciones y tiene una imagen muy interesante. Muchos creen que es un artista de largo recorrido, como Alejandro Sanz, y no solo del momento. El tiempo lo dirá.

43

**i+ ELEteca**

**8. David Bisbal y Pablo Alborán.**

**>3** Para introducir los exponentes con los que se expresa acuerdo y desacuerdo, se presenta una actividad de comprensión lectora con opiniones sobre la fama. Se inicia la secuencia con una actividad de léxico de expresiones coloquiales que deben relacionar con su significado. Pida a los estudiantes que, de modo individual, lean detenidamente cada opinión, prestando especial atención a las expresiones resaltadas en negrita. Una vez leídas, deben relacionarlas con las definiciones que aparecen en la página siguiente. Antes de realizar la corrección, sugiérales que comparen y comenten sus respuestas en parejas o en pequeños grupos.

1. f; 2. d; 3. a; 4. b; 5. c; 6. e; 7. g.

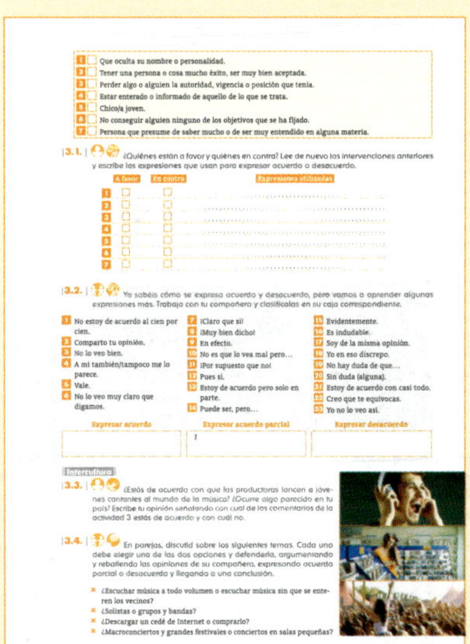

44

**3.1.** Pídales que vuelvan a leer las opiniones y que, esta vez, subrayen en los textos todas las expresiones que se utilizan para expresar una opinión a favor o en contra. Una vez subrayadas, deben escribirlas y marcarlas según expresen una opinión favorable o no. Antes de corregir, haga que los estudiantes, por parejas, cotejen sus respuestas.

1. En contra: ¡Claro que no!; 2. A favor: Naturalmente; ¿Por qué no?; 3. En contra: ¡Qué va!; Estoy en contra, ¡no puede ser!; 4. A favor: Hasta cierto punto sí; 5. A favor: Sí, pero no deberíamos olvidar...; 6. A favor: Me parece bien; Soy partidario de...; 7. En contra: Estoy totalmente en contra; Me niego a aceptar que.

**3.2.** Esta tarea tiene como objetivo la ampliación de los exponentes que se utilizan comúnmente para expresar acuerdo, acuerdo parcial y desacuerdo. Antes de explicar la actividad, divida la pizarra en tres partes, escriba en cada columna ACUERDO, ACUERDO PARCIAL y DESACUERDO, respectivamente, y pida a los estudiantes que digan expresiones que utilizan normalmente para manifestar acuerdo/desacuerdo con la opinión de otro. Vaya apuntándolas en la pizarra. Es una manera de sondear lo que saben los estudiantes sobre el tema y de fomentar la colaboración entre ellos intercambiando conocimientos. Una vez que se hayan anotado todos los exponentes que conocen, pídales que los comparen con los que aparecen en el libro y que tachen los que ya estén escritos en la pizarra, si se da el caso. Luego, por parejas, clasifican el resto en su columna correspondiente. Haga una puesta en común para una corrección final.

Expresar acuerdo: 2, 4, 5, 7, 8, 9, 12, 15, 16, 17, 19, 20; Expresar acuerdo parcial: 1, 10, 13, 14, 21; Expresar desacuerdo: 3, 6, 11, 18, 22, 23.

**3.3.** Se propone a continuación una tarea individual de reflexión intercultural. Pida a los estudiantes que den su opinión por escrito sobre si están de acuerdo en que las productoras lancen a jóvenes cantantes al mundo de la música y que expliquen cómo es la situación al respeto en su país, para finalizar explicando con cuáles de los comentarios de la actividad 3 están de acuerdo y con cuáles no y por qué.

**3.4.** Para seguir practicando estas estructuras de manera oral, se plantean diferentes temas de debate en torno a la música para que los estudiantes puedan discutir en parejas eligiendo una de las dos opciones que se ofrecen. Deben argumentar y rebatir las opiniones de su compañero/a utilizando las estructuras aprendidas.

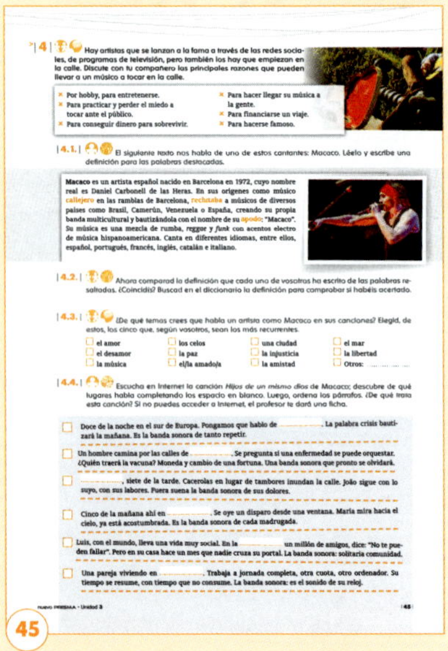

**>4** Continúa el debate en parejas con otro tema relacionado: ¿Qué razones lleva a un músico a tocar en la calle? Deben seguir utilizando las estructuras de argumentación y de opinión aprendidas a lo largo de la unidad.

**4.1** y **4.2.** Las siguientes tareas tiene como objetivo final la adquisición de nuevo léxico. A través de un pequeño texto en el que se presenta a un cantante español, el estudiante debe escribir una definición de tres palabras. Deben hacerla sin consultar en diccionario, fijándose en el contexto. A continuación, propóngales que comparen sus definiciones en parejas y que realicen la corrección final de las mismas consultando un diccionario.

Definiciones del DRAE. Callejero: Perteneciente o relativo a la calle, especialmente para referirse a lo que actúa, se mueve o existe en la calle; Reclutar: Reunir gente para un propósito determinado; Apodo: Nombre que suele darse a una persona, tomado de sus defectos corporales o de alguna otra circunstancia.

**i+ ELEteca**
**9. Macaco.**

**4.3.** Comience esta actividad preguntando a los estudiantes si han escuchado alguna vez alguna canción de Macaco. Si no es así, pídales que, a partir de los datos que tienen de él, intenten adivinar cuál es la temática en sus canciones. En parejas, dígales que lean las propuestas y que escojan las cinco que piensan que pueden ser más recurrentes.

**4.4.** A continuación, propóngales que escuchen la canción *Hijos de un mismo dios* (https://www.youtube.com/watch?v=4HYVgZT37rg). En el caso de no poder acceder a Internet, utilice la ficha 7. Ponga la canción o haga que lean la ficha y pídales que completen los espacios en blanco con los nombres de los lugares que se mencionan. Luego, deben ordenar los párrafos. Si han escuchado la canción, distribuya copias de la ficha con la letra para corregir y para hacer la siguiente actividad.

**Ficha 7.** *Hijos de un mismo dios*, **Macaco.**

**Dinámica.** Entregue la ficha para poder realizar la actividad en el caso de no poder escuchar la canción. Utilícela también para corregir.

**4.5.** Utilizando la ficha con la letra de la canción, dígales que lean con atención las estrofas y que las relacionen con el tema al que hacen referencia. Haga una puesta en común para una corrección final.

A. 4; B. 6; C. 1; D. 3; E. 2; F. 5.

**4.6.** A continuación se propone una actividad de grupo cooperativo con la finalidad de potenciar una nueva estrategia: la búsqueda de información para poder realizar una exposición en clase de forma clara y bien argumentada.

1. Divida a los estudiantes en seis grupos. Cada grupo elige uno de los problemas que se han tratado en la actividad 4.5. y hace una investigación en Internet para encontrar una canción que hable sobre el tema que han escogido. En la ficha 8 le proponemos algunas canciones que pueden servir para realizar la actividad en el caso de que no puedan conectarse a la Red o que quiera agilizar la actividad.
2. Una vez que han elegido una canción, cada miembro del grupo se centra en un aspecto de la presentación: información sobre el grupo o cantante que la interpreta, tema o argumento de la canción, problema al que hace referencia, búsqueda de palabras en el diccionario, etc.
3. Hacen una puesta en común en cada grupo de toda la información recogida por cada miembro, la organizan y la plasman por escrito. Pídales que copien la letra de la canción para proyectarla en la clase mientras hacen su presentación. Si los medios de la clase lo permiten, cada intervención puede rematarse con la escucha de la canción correspondiente.
4. Cada grupo realiza su presentación.
5. Termine la actividad debatiendo en clase abierta los puntos que se proponen en el apartado 6.

**Ficha 8.** Propuesta de canciones.

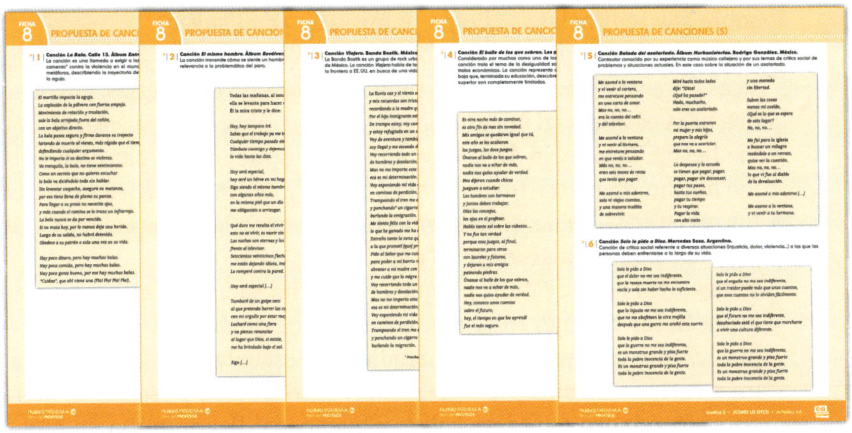


**> 5** Concluimos el epígrafe con una tarea de interacción oral en parejas bajo la etiqueta de sensaciones. Sugiérales que echen la vista atrás, y que comenten qué banda sonora pondrían a ciertos momentos de su vida, y qué canciones asocian a determinados recuerdos. En el caso de que no recuerden el nombre de una canción, pueden decir qué melodía asocian a esa etapa. A continuación, pídales que piensen en una melodía o banda sonora para las diferentes etapas del aprendizaje del español y que justifiquen su respuesta. Si lo cree conveniente, puede cerrar esta actividad haciendo un puesta en común.

## 4 VIENGSAY VALDÉS 46

Tal y como el título indica, este epígrafe está dedicado a la figura de Viengsay Valdés, una bailarina cubana de renombre que ha dedicado toda su vida a la danza. Se propone también una revisión de los usos de los tiempos del pasado y se trabaja el formato textual de una biografía.

|4.5.| Cada uno de los lugares de la canción hace alusión a una realidad social diferente. Relaciona cada estrofa con el tema que trata.

A. La desconexión entre los ciudadanos y sus representantes políticos.
B. El control de la industria farmacéutica y alimentaria.
C. La violencia en las calles, los asesinatos como parte de la normalidad.
D. El paro, los problemas económicos.
E. El vertiginoso ritmo de vida, la adicción al trabajo, la escasa vida familiar.
F. La pérdida de las relaciones personales en favor del "pantallismo online".

¡Oye! Si somos hijos, hijos de un mismo dios, ¿por qué siempre caen los mismos, por qué? Oye, dímelo. Si somos hijos, hijos de un mismo dios, ¿por qué los ojos se nublan? ¿Por qué los ojos se acostumbran a todo este dolor? ¡Vámonos!

Grupo cooperativo

|4.6.| En grupos, vais a hacer una presentación sobre uno de los problemas que habéis visto en la actividad anterior. Seguid las pautas.

1. Dividid la clase en grupos, tantos como problemas se tratan en la actividad anterior, si es posible.
2. Cada grupo deberá elegir uno de esos problemas.
3. Buscad y seleccionad una canción hispana que hable sobre ese problema. Podéis hacerlo en Internet (YouTube). Si necesitáis ayuda, el profesor os dará una ficha.
4. Analizad la canción y explicad por qué la habéis elegido.
5. Presentadla al resto de los compañeros.
6. Por último, entre todos, comentad los siguientes puntos:
   - ¿Creéis que se pueden hacer buenas canciones que sean reivindicativas a la vez que planteen problemas sociales?
   - ¿Creéis que es "obligación" moral de los artistas que sus obras reflejen la realidad social que los rodea o los problemas del mundo?
   - ¿Os han gustado las canciones que han presentado vuestros compañeros? ¿Por qué? ¿Cuál os ha gustado más?

Sensaciones

>|5| En la canción se habla de "la banda sonora" de la vida de algunas personas. ¿Qué banda sonora sería la que pondrías a ciertos momentos de tu vida? ¿Qué canciones o melodías asocias a tus recuerdos? Y el español, ¿te remite a alguna melodía o canción? Coméntalo con tu compañero.

4 VIENGSAY VALDÉS

>|1| Mira la siguiente imagen. ¿Qué tipo de baile es? ¿Qué requisitos crees que debe tener alguien que se quiera dedicar profesionalmente a ello? Señala los que consideres más adecuados de la siguiente lista. ¿Podrías añadir algún otro?

| | | | |
|---|---|---|---|
| ahínco | aspiraciones | iniciativa | disciplina |
| esfuerzo | sacrificio | empeño | sensibilidad |
| tesón | forma física | terquedad | elegancia |
| perseverancia | codicia | flexibilidad | humildad |

|1.1.| Comparte tus opiniones anteriores con tus compañeros. ¿Coincidís? ¿Conocéis a alguien que se dedique a la danza como aficionado o profesionalmente?

46 nuevo PRISMA · Nivel

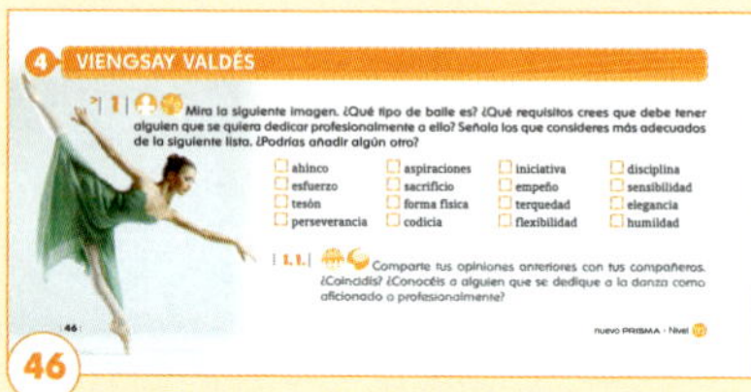


46

> **1** Actividad destinada a la adquisición de léxico relacionado con el carácter y a la toma de contacto con el tema del epígrafe. En plenario, pida a los estudiantes que observen con atención la fotografía y que expliquen el tipo de baile que representa (*ballet*). Luego, individualmente, han de reflexionar sobre los requisitos o características que deben tener las personas que se dedican profesionalmente a esta actividad artística. En el caso de que no comprendan todas las palabras, sugiérales que las consulten en un diccionario monolingüe.

**1.1.** En plenario, haga una puesta en común de las palabras seleccionadas en la actividad anterior, para que cotejen su selección y ver en qué coinciden y en qué difieren, justificando su opinión.

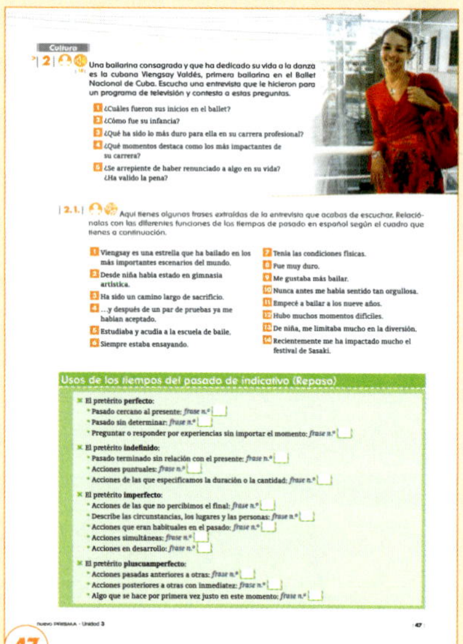


47

> **2** Tarea de comprensión auditiva en la que el estudiante conocerá a la bailarina cubana Viengsay Valdés a través de una entrevista. Haga que lean las preguntas que deben contestar antes de la escucha para que esta esté enfocada a la selección de información relevante. Puede hacer una segunda escucha si lo considera necesario. Luego, déjeles un tiempo para escribir las respuestas a las preguntas y corrija.

|18|

**Entrevistador:** Su nombre es Viengsay, que significa "victoria" en laosiano, pero su apellido es Valdés para que no queden dudas de que es latina. Es primera bailarina del Ballet Nacional de Cuba, formada desde niña en la escuela cubana, que fundó hace 60 años Alicia Alonso. Hoy Viengsay es una estrella que ha bailado en los más importantes escenarios del mundo. La encontramos ensayando para el Festival Internacional de Ballet de Cuba, donde actuará casi todos los días. A pesar de todo, encontró un ratito para conversar con nosotros sobre su vida, sus victorias y también sobre sus renuncias… ¿Cómo te iniciaste en el *ballet*?

**Viengsay:** Empecé a bailar a los nueve años, y ya tenía las condiciones físicas necesarias porque desde niña había estado en gimnasia artística. Lo que pasa es que a mí me gustaba más bailar, improvisaba sola. Mi abuelita me llevó a la escuela Alejo Carpentier y después de un par de pruebas ya me habían aceptado, fue todo muy rápido y después ya fue imparable.

**Entrevistador:** ¿Fue difícil como niña aceptar las limitaciones que esta vida te impuso ya desde los 9 años?

**Viengsay:** Fue muy duro porque era mucho sacrificio el aprendizaje durante horas de algo totalmente nuevo; los dolores en el cuerpo, en los pies… Además, estudiaba y acudía a la escuela de baile; los días eran muy intensos y siempre agotadores. Pero poco a poco fui madurando, aprendiendo los pasos de *ballet*, y bueno, así llegó un día en que me di cuenta de que me había convertido en primera bailarina del Ballet Nacional de Cuba. Impresionante.

**Entrevistador:** ¿Cuál fue el momento más difícil en este camino?

**Viengsay:** Hubo muchos. En muchas ocasiones tuve que sacrificar las vacaciones, por ejemplo, para practicar un *ballet*, porque se iniciaba una nueva temporada. Y de pequeña, también fue muy duro renunciar muchas veces a los juegos, a patinar, a montar en bicicleta… De niña, me limitaba mucho en la diversión y la recreación. Siempre estaba ensayando. Esta carrera, con su disciplina y la exigencia de una constancia diaria, es algo que te absorbe por completo, desde el primer día.

**Entrevistador:** ¿Crees que valió la pena renunciar a todo eso por llegar a la cima del Ballet Nacional?

**Viengsay:** No me arrepiento del lugar que tengo hoy, ni de todo lo que he sacrificado para poder estar aquí. Porque lo cierto es que lo que estoy haciendo hoy lo disfruto muchísimo. Ha sido un camino largo de sacrificio y de privaciones personales pero alcancé la meta y la estoy disfrutando al máximo.

**Entrevistador:** ¿Qué escenario te ha impactado más de todos en los que has actuado?

**Viengsay:** Recientemente me ha impactado mucho el Festival de Sasaki, en Japón. Es un festival donde los bailarines se sienten estrellas de Hollywood porque los adoran, los idolatran. Es impresionante ver cómo se entrega ese público. También fue impresionante bailar en el Auditorio Nacional de México, con una capacidad para diez mil personas. Es un público ansioso de ver *ballet*. También el teatro Mariinski, en San Petersburgo, ha sido una de las experiencias más lindas y que quisiera repetir. Es impresionante por su tradición y su historia. Los más grandes bailarines han pasado por ahí, como Nijinski o Paulova y de pronto verme a mí, una cubanita invitada, la segunda después de Alicia Alonso, nunca antes me había sentido tan orgullosa.

**Entrevistador:** En sus inicios, a Alicia la rechazaban en Estados Unidos por ser demasiado "latina", ¿sigue ocurriendo eso con ustedes?

**Viengsay:** Eso ha cambiado, el público sabe cuándo un bailarín es cubano, lo perciben en esa fuerza innata que caracteriza a la escuela cubana de *ballet*. El latino le da un sabor especial al baile, pasión, cadencia, musicalidad, son los detalles que hace que notes que somos cubanos.

**Entrevistador:** Es fácil imaginar que tienes muchas ofertas de trabajo con mejores ingresos que los que percibes en Cuba, ¿por qué sigues aquí?

**Viengsay:** Cuba me ha dado muchísimo, aquí he hecho mi carrera. Yo comparto mi trabajo aquí y en otros escenarios del mundo, estoy tratando de llevar las dos cosas sin romper con Cuba, sin tener que exiliarme o tomar decisiones duras. Creo que es la mejor manera.

http://www.uneac.org.cu/index.php?module=entrevistas&act=entrevistas&id=97

1. Comenzó haciendo gimnasia rítmica y bailando en su casa. Su abuela la llevó a la escuela Alejo Carpentier, donde fue aceptada. Ahí comenzó su carrera como bailarina; 2. Muy dura, tanto físicamente como por la cantidad de trabajo que suponía bailar y estudiar, además de tener que renunciar a las actividades propias de un niño; 3. Renunciar a las actividades de ocio y descanso que cualquier persona tiene; 4. Sus actuaciones en el Festival de Sasaki, en Japón, en el Auditorio Nacional de México y en el teatro Mariinski, en San Petesburgo; 5. No se arrepiente de nada y dice que ha valido la pena porque está disfrutando muchísimo.

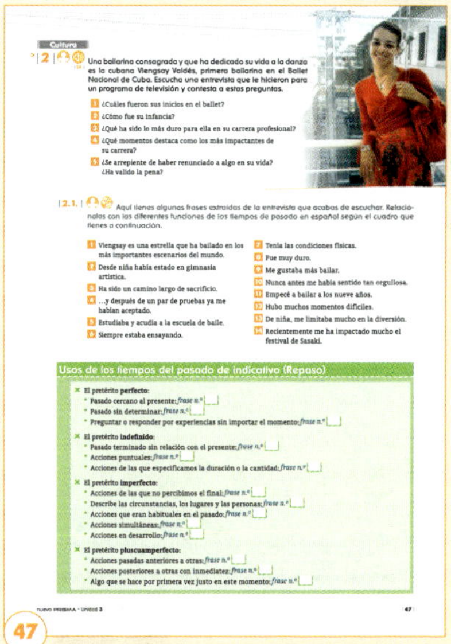
Cultura

2 Una bailarina consagrada y que ha dedicado su vida a la danza es la cubana Viengsay Valdés, primera bailarina en el Ballet Nacional de Cuba. Escucha una entrevista que le hicieron para un programa de televisión y contesta a estas preguntas.

1. ¿Cuáles fueron sus inicios en el ballet?
2. ¿Cómo fue su infancia?
3. ¿Qué ha sido lo más duro para ella en su carrera profesional?
4. ¿Qué momentos destaca como los más impactantes de su carrera?
5. ¿Se arrepiente de haber renunciado a algo en su vida? ¿Ha valido la pena?

2.1. Aquí tienes algunas frases extraídas de la entrevista que acabas de escuchar. Relaciónalas con las diferentes funciones de los tiempos de pasado en español según el cuadro que tienes a continuación.

1. Viengsay es una estrella que ha bailado en los más importantes escenarios del mundo.
2. Desde niña había estado en gimnasia artística.
3. Ha sido un camino largo de sacrificio.
4. ...y después de un par de pruebas ya me habían aceptado.
5. Estudiaba y acudía a la escuela de baile.
6. Siempre estaba ensayando.
7. Tenía las condiciones físicas.
8. Fue muy duro.
9. Me gustaba más bailar.
10. Nunca antes me había sentido tan orgullosa.
11. Empecé a bailar a los nueve años.
12. Hubo muchos momentos difíciles.
13. De niña, me limitaba mucho en la diversión.
14. Recientemente me ha impactado mucho el festival de Sasaki.

Usos de los tiempos del pasado de indicativo (Repaso)

- El pretérito **perfecto**:
  - Pasado cercano al presente: *frase n.º* ___
  - Pasado sin determinar: *frase n.º* ___
  - Preguntar o responder por experiencias sin importar el momento: *frase n.º* ___
- El pretérito **indefinido**:
  - Pasado terminado sin relación con el presente: *frase n.º* ___
  - Acciones puntuales: *frase n.º* ___
  - Acciones de las que especificamos la duración o la cantidad: *frase n.º* ___
- El pretérito **imperfecto**:
  - Acciones de las que no percibimos el final: *frase n.º* ___
  - Describe las circunstancias, los lugares y las personas: *frase n.º* ___
  - Acciones que eran habituales en el pasado: *frase n.º* ___
  - Acciones simultáneas: *frase n.º* ___
  - Acciones en desarrollo: *frase n.º* ___
- El pretérito **pluscuamperfecto**:
  - Acciones pasadas anteriores a otras: *frase n.º* ___
  - Acciones posteriores a otras con inmediatez: *frase n.º* ___
  - Algo que se hace por primera vez justo en este momento: *frase n.º* ___

nuevo PRISMA · Unidad 3 47

47

i+ ELEteca
**10. Viengsay Valdés.**

2.1. Se propone ahora una actividad de contenido gramatical con la finalidad de realizar una revisión de los usos de los tiempos del pasado. Indique al estudiante que lea con atención las frases extraídas de la audición, y que las clasifique en el cuadro teniendo en cuenta el tiempo verbal del pasado que se utiliza y lo que expresa. Puede proporcionarles la transcripción del audio que aparece en la ficha 9 con el fin de que puedan ver las frases en contexto y analizarlas.

**Ficha 9. Entrevista a Viengsay Valdés. Transcripción.**

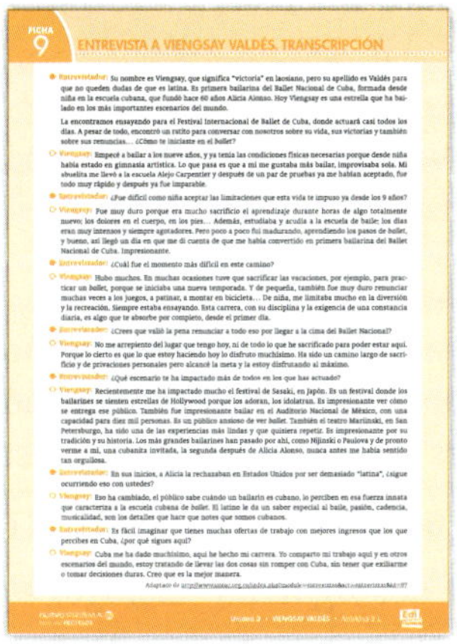
FICHA 9 ENTREVISTA A VIENGSAY VALDÉS. TRANSCRIPCIÓN

47

**Dinámica.** Haga copias de la ficha y repártaselas a los estudiantes. Dígales que, primero, localicen las frases en la transcripción y que, luego, lean el contexto en el que aparecen para interpretar mejor el uso de los diferentes tiempos del pasado.

Pretérito perfecto: 1, 3, 14; Pretérito indefinido: 8, 11, 12; Pretérito imperfecto: 5, 6, 7, 9, 13; Pretérito pluscuamperfecto: 2, 4, 10.

Antes de continuar, puede realizar una actividad similar de refuerzo con el ejercicio 5 de la unidad 3 del *Libro de ejercicios*.

48

**2.2.** A través de la biografía de Viengsay Valdés, el estudiante finalizará el repaso de los tiempos del pasado. Pídales que lean el texto con atención y que, en parejas, completen los espacios en blanco con la forma adecuada del pasado.

1. resultó; 2. se presentó; 3. coincidieron; 4. han marcado; 5. explicaba/explicó; 6. confirmó; 7. resultaron; 8. se declaró; 9. evocó; 10. se había destacado; 11. señaló; 12. fue; 13. ha sabido; 14. remarcó.

**> 3** Se concluye este epígrafe con una actividad integradora de expresión escrita. Diga al estudiante que piense en un artista al que admire, y que escriba su biografía tomando como modelo los textos de las actividades anteriores. Debe argumentar su elección, explicando por qué admira a esa persona.

## 5 ENTONACIÓN: AGRUPACIONES QUE NORMALMENTE NO ADMITEN PAUSA 48

Este epígrafe focaliza su atención en determinadas agrupaciones que no admiten pausa en la entonación.

**> 1** Actividad propuesta para llevar a cabo en parejas. Pídales que lean la siguiente lista de categorías gramaticales y que escriban una definición para cada una de ellas con un ejemplo.

1. Adjetivo: Palabra que acompaña al nombre para determinarlo o calificarlo; 2. Adverbio: Parte invariable de la oración que puede modificar, matizar o determinar a un adjetivo, a un verbo o a otro adverbio; 3. Artículo: Determinante que acompaña al nombre para indicarnos si se trata de un ser conocido o desconocido; 4. Nombre: Sirve para denominar todas las cosas: personas, objetos, sensaciones, sentimientos, ideas, etc.; 5. Perífrasis verbal: Unión de dos (o más) formas verbales que funcionan conjuntamente como una unidad; 6. Preposición: Categoría gramatical invariable, que no tiene significado propio y que sirve para relacionar términos; 7. Pronombre átono: Palabra que sustituye el nombre. Los pronombres átonos son los pronombres personales que tienen la función de complemento directo o complemento indirecto; 8. Verbo: Parte principal de la oración, que se conjuga, y expresa acción y estado.

49

**1.1.** El estudiante, de manera individual, debe relacionar el cuadro de las agrupaciones gramaticales con los ejemplos correspondientes. Antes de la corrección en plenario, pídales que cotejen sus respuestas con su compañero.

1. d; 2. e; 3. h; 4. b; 5. i; 6. f; 7. j; 8. c; 9. k; 10. g; 11. a.

**> 2** A través de la escucha del siguiente diálogo, el estudiante debe localizar donde se realizan dos pausas incorrectas. Ponga el audio dos veces.

| 19 | **Nieta:** ¡Abuela! ¿Cómo estás?

**Abuela:** ¡Hola, hija! Aquí estoy, con el ordenador liada.

**Nieta:** ¿Con el ordenador? ¿Y eso?

**Abuela:** Estoy haciendo un curso de la asociación de jubilados y tengo que enviar un correo electrónico al profesor, pero no sé qué hago mal. Me lo explicó, pero creo que soy incapaz de hacerlo.

**Nieta:** Abuela, no te cierres, que lo que te pide es muy fácil. A ver, ¿estás delante del ordenador?

**Abuela:** Sí.

**Nieta:** Enciéndelo y coge el ratón.

**Abuela:** ¿El ratón? ¿Y qué es eso?

**Nieta:** Abuela, el ratón del ordenador, que tiene como un cable unido...

**Abuela:** Ah, perdón... Ya está.

**Nieta:** Bien, clica en el icono azul del navegador web y pon la dirección de tu correo en Google, y accede al correo.

**Abuela:** A ver... ya está, ¿y ahora?

**Nieta:** Pues pon la dirección de correo de tu profesor y escribe el mensaje.

**Abuela:** Un segundo, pero, ¡no puedo poner las tildes!

**Nieta:** Tienes que apretar antes la tecla que se encuentra al lado de la letra eñe y después aprietas la vocal.

**Abuela:** Ay, hija, no sé qué haría sin mi nieta favorita...

**Nieta:** Abuela, ¡solo tienes una!

**Abuela:** Por eso, hija, por eso.

**Nieta:** Bueno, abuela, te dejo que había quedado con mis amigos a las siete y llego tarde. La próxima vez te enseño a colgar fotos en Facebook. Un beso para mi yaya favorita.

**Abuela:** Otro para ti, pero te recuerdo que tú también tienes solo una abuela.

**Nieta:** Por eso eres mi favorita.

Error 1: *icono azul.* Es una agrupación nombre + adjetivo; Error 2: *sin mi nieta.* Es una agrupación preposición + término.

| 1.1. | Muchas veces la entonación está ligada a la gramática. Existen algunas agrupaciones de palabras que no admiten una pausa entre sus partes. A continuación tienes dos cuadros: uno con agrupaciones gramaticales y otro con los ejemplos. Une cada agrupación con su ejemplo.

| | |
|---|---|
| 1 artículo + nombre | con mi libro |
| 2 nombre + adjetivo | duermo fatal |
| 3 adjetivo + nombre | bastante mal |
| 4 verbo + adverbio | el niño |
| 5 adverbio + verbo | plato sopero |
| 6 pronombre átono + verbo | lo creo |
| 7 adverbio + adjetivo | se echó a llorar |
| 8 adverbio + adverbio | verde hojarasca |
| 9 forma verbal compuesta | no estudia |
| 10 perífrasis verbal | bien avenido |
| 11 preposición + término | habían cantado |

| 2 | Estas agrupaciones no admiten una pausa en el centro. Por ejemplo, en la oración *Si hubiera estudiado, habría aprobado el examen de Matemáticas*, la única pausa posible es la que se expresa por la coma. Escucha el siguiente audio en el que hay dos pausas incorrectas. Detéctalas y di el porqué de su incorrección.

Error 1 ..........
Error 2 ..........

| 2.1. | Crea con tu compañero un diálogo parecido al que acabas de escuchar en el que insertes dos errores de entonación en agrupaciones. Elegid a otra pareja de la clase, leédselo y pedidle que encuentre el error.

¿Qué he aprendido?

1 ¿Recuerdas expresiones para argumentar? Escribe las que conozcas para cada una de estas funciones y compara la lista con tu compañero.
1. Presentar un tema:
2. Añadir argumentos:
3. Oponer argumentos:
4. Incluir el punto de vista de otro:
5. Concluir:

2 Observa estas expresiones y señala cuál es su función: expresar acuerdo, desacuerdo o acuerdo solo parcial.
1. Puede ser, pero... 2. Yo no lo veo así. 3. En efecto. 4. Por supuesto que no. 5. No hay duda de que... 6. En parte sí, pero...

3 ¿Cuál es tu opinión sobre la siguiente afirmación? *"Los músicos callejeros no tienen interés en hacerse famosos"*. Argumenta tu respuesta.

4 ¿Te ha gustado conocer más sobre la música hispana? ¿Y sobre Viengsay Valdés? Haz una lista de todos los contenidos culturales que has aprendido en esta unidad.

nuevo PRISMA · Unidad 3 | 49 |

49

Antes de pasar a la actividad 2.1., puede realizar el ejercicio 9 de la unidad 3 del *Libro de ejercicios*.

**2.1.** Pídale a los estudiantes que tomen como ejemplo el diálogo anterior y que elaboren un diálogo en el que realicen dos errores de entonación en una agrupación gramatical que no admita pausa. El diálogo ha de ser breve. A continuación, eligen a otra pareja de la clase, le leen el diálogo y la pareja que escucha debe detectar los dos errores.

**Alternativa.** Puede también, si su grupo no es muy numeroso, realizar la actividad en plenario. Cada pareja lee su diálogo en voz alta para toda la clase. El estudiante que localice los errores, los dice, y se pasa a la siguiente pareja; así hasta que todos hayan intervenido.

## ¿QUÉ HE APRENDIDO? 49

**2.** 1. Acuerdo parcial; 2. Desacuerdo; 3. Acuerdo; 4. Desacuerdo; 5. Acuerdo; 6. Acuerdo parcial.

**ELEteca**
Léxico. La música y sus beneficios.

# 4 CUÍDATE

A partir del componente cultural de la unidad, relacionado con los estilos de vida saludables y el sistema de salud en España (público y privado), se repasan y trabajan en esta unidad contenidos funcionales como expresar deseos y preferencias, pedir y dar consejos, emitir juicios de valor y hacer constataciones. Desde el punto de vista gramatical, se introduce el pretérito imperfecto de subjuntivo, su morfología y usos básicos en contraste con el presente de subjuntivo, y se establece la correlación más básica entre los tiempos de indicativo y subjuntivo. También se estudian las oraciones impersonales con *ser/estar*.

## 1 VIDA SALUDABLE 50

El epígrafe trata los hábitos de vida saludables y en torno a este tema se articula el contenido lingüístico: la presentación del pretérito imperfecto de subjuntivo, morfología y usos, y las estructuras para pedir y dar consejos en español.

> 1 Para introducir el tema del epígrafe y crear motivación, pregunte a los estudiantes en qué consiste para ellos llevar una vida saludable. Después de que hayan hablado unos minutos sobre el tema, divida la clase en grupos y pídales que observen con atención las fotografías. Deben decidir cuáles de ellas hacen referencia a hábitos de vida saludables, justificando su respuesta.

**Alternativa.** Antes de realizar la actividad propuesta en el libro, puede, en plenario, preguntarles sobre cada fotografía, para que infieran de la imagen a qué hábito concreto creen que hace referencia. Esto servirá también para fomentar estrategias de aprendizaje basadas en la información que una imagen puede transmitir y el apoyo que esto supone para la comprensión de un texto.

1.1. Si ha realizado la actividad alternativa que se propone en la actividad 1, la lectura individual del texto servirá para corroborar sus suposiciones anteriores. Esto convierte la lectura en una tarea significativa y motivadora. En la ficha 10 dispone de actividades complementarias de comprensión lectora sobre este texto que le ayudarán a profundizar en el léxico tratado y en su contenido.

1. A; 2. F; 3. D; 4. B; 5. C; 6. G; 7. E.

**Ficha 10. Pasos para un éxito de vida saludable.**

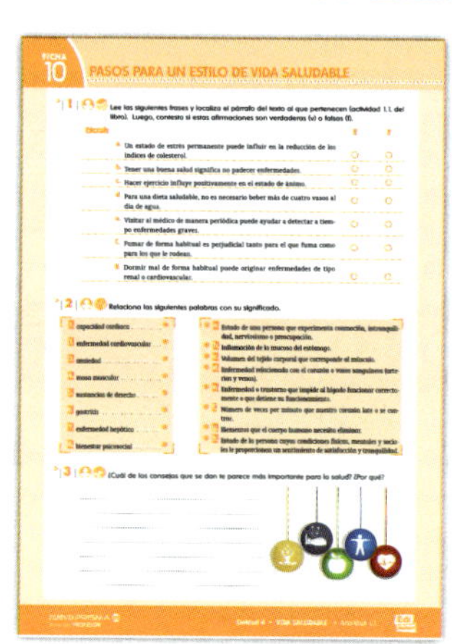

**Dinámica.** Diga a los estudiantes que, de modo individual, lean las frases y las relacionen con los epígrafes del texto (actividad 1.1.), indicando si tales afirmaciones son verdaderas o falsas. Puede pedirles que comparen sus respuestas en parejas antes de corregir. La segunda actividad está destinada a la adquisición de léxico relevante para realizar las sucesivas actividades.

**1.** a. 3 (Falso); b. 7 (Falso); c. 1(Verdadero); d. 5 (Falso); e. 4 (Verdadero); f. 6 (Verdadero); g. 2 (Falso). **2.** 1. f; 2. d; 3. a; 4. c; 5. g; 6. b; 7. e; 8. h. **3.** Respuesta abierta.

51

**1.2.** Actividad de producción oral en la que se propone una reflexión sobre el estilo de vida que lleva cada miembro de clase y valorar si es saludable o no, teniendo en cuenta sus conocimientos previos sobre el tema y lo que han aprendido hasta el momento en las actividades anteriores. Para ello, los estudiantes, en parejas, se hacen las preguntas que aparecen en el libro y, según las respuestas de cada uno, valoran su estilo de vida.

**> 2** A partir de un diálogo, los estudiantes van a llevar a cabo una reflexión lingüística en la que deben identificar algunos elementos funcionales y gramaticales. Pídales que, en primer lugar, lean las preguntas para saber qué tipo de escucha deben realizar: se trata de interpretar lingüísticamente la muestra de lengua que se ofrece. Después, lleve a cabo la escucha. Puede repetir la audición si lo considera necesario. Luego, en parejas, contestan a las cuestiones. Esta actividad es la primera de una secuencia en donde los estudiantes aprenderán un tiempo verbal nuevo: el pretérito imperfecto de subjuntivo regular e irregular. Puede utilizar el audio para corregir la actividad parando en el momento conveniente para ilustrar las respuestas.

| 20 |

**Carmen:** Hola, Marta, ¿qué tal en el médico esta mañana?

**Marta:** Pues me ha pedido que me cuide más, que beba mucha agua y que practique algo de deporte. ¡Y me ha prohibido que coma dulces! ¡Oh, Dios! Así que he pensado en apuntarme a algún gimnasio. Tú estabas en zumba, ¿verdad? ¿Qué tal?

**Carmen:** Yo estoy encantada. Pero te recomiendo que te apuntes a pilates. Es más relajado y puede que te vaya mejor. De todas formas, infórmate y elige la actividad que más te llame la atención, ya que todas son muy buenas para la salud. Te aconsejo que pruebes alguna sesión de cada para ver cuál te gusta más antes de pagar todo el mes completo.

**Marta:** Es una buena idea. Echaré un vistazo a la web y ya te contaré. Bueno, vamos ya a la cafetería que son las dos y tengo un hambre…

1. Al mediodía/A la hora de comer; 2. Aconsejar, prohibir, pedir; 3. Presente de subjuntivo e imperativo.

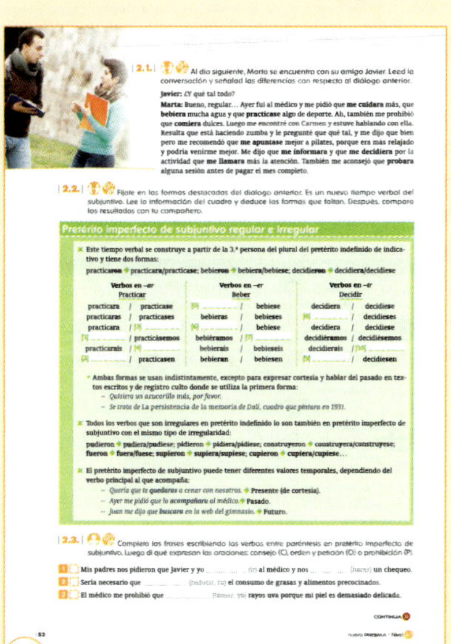

52

**2.1.** En esta actividad se reproduce el contenido del diálogo anterior en pasado. El objetivo es que el estudiante, a partir de la comparación, pueda, por un lado, identificar el nuevo tiempo verbal que se presenta y, por otro, inferir su uso principal: expresar los valores que tiene el presente de subjuntivo en pasado: aconsejar, pedir, prohibir, etc. Entrégueles una copia de la ficha 11 con la transcripción del audio 20 y pídales que, en parejas, comparen el diálogo con el que aparece en la actividad 2.1. marcando los cambios que observen. Para corregir, puede utilizar la proyección 12 en la que se ofrecen ambos textos. Dígales que las formas en negrita del texto de la actividad 2.1. corresponden a un nuevo tiempo verbal que van a aprender a continuación: el pretérito imperfecto de subjuntivo, y pregúnteles si pueden deducir cuál es su uso principal: expresar en pasado los mismos valores que expresa el presente de subjuntivo en presente/futuro. Remarque en la proyección los ejemplos para que puedan ver bien esta correspondencia.

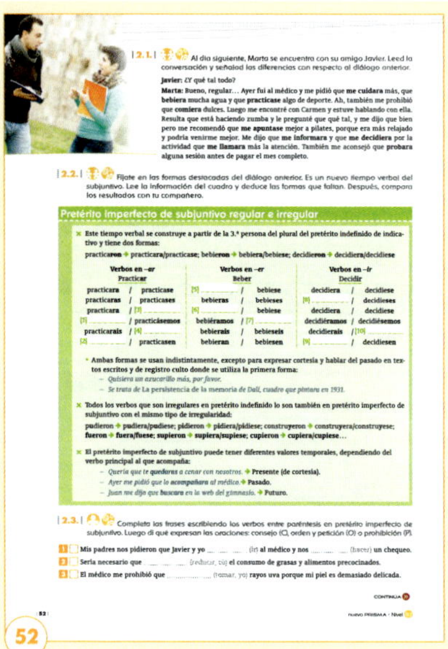

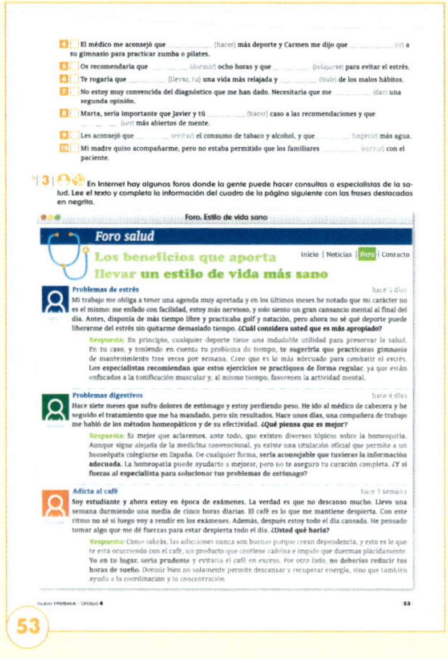

## Ficha 11. Transcripción del audio 20.

**Dinámica.** Entregue a los estudiantes la transcripción de la audición de la actividad 2 de manera que puedan marcar las diferencias entre los dos tiempos verbales. Al hablar de una acción en pasado, el tiempo verbal de subjuntivo e imperativo para aconsejar, pedir, prohibir, etc. es el pretérito imperfecto de subjuntivo.

## Proyección 12. Textos de las actividades 2 y 2.1.

**2.2.** Instamos a los estudiantes a desarrollar una tarea deductiva para aprender la morfología del imperfecto de subjuntivo a partir de la explicación sobre su formación que aparece en el primer punto del cuadro. Es importante que, después de la actividad, los estudiantes comparen los resultados. Una vez que tienen los paradigmas completados, vaya repasando los puntos del cuadro sobre cómo se forma este tiempo (si ve que no ha quedado claro o han tenido dificultades, puede practicar con otros verbos regulares), la duplicación de formas, la formación de los verbos irregulares y la mención a su uso. Dígales que a lo largo del curso van a profundizar y conocer otros usos de este tiempo verbal.

1. practicáramos; 2. practicaran; 3. practicase; 4. practicaseis; 5. bebiera; 6. bebiera; 7. bebiésemos; 8. decidieras; 9. decidieran; 10. decidieseis.

**2.3.** Actividad de consolidación gramatical que consiste, por un lado, en completar las frases con el pretérito imperfecto de subjuntivo con el fin de ir consolidando sus formas y, por el otro, en identificar la función que se transmite en cada una de las frases.

1. fuéramos/fuésemos, hiciéramos/hiciésemos, O; 2. redujeras/redujeses, C; 3. tomara/tomase, P; 4. hiciera/hiciese, fuera/fuese, C; 5. durmierais/durmieseis, os relajarais/relajaseis, C; 6. llevaras/llevases, huyeras/huyeses, O; 7. dieran/diesen, O; 8. hicierais/hicieseis, fuerais/fueseis, C; 9. evitaran/evitasen, ingirieran/ingiriesen, C; 10. entraran/entrasen, P.

**> 3** El texto es un foro de salud donde la gente hace consultas a especialistas. A partir de las diferentes intervenciones, se repasan y amplían las estructuras para pedir y dar consejos. Pida a los estudiantes que, en primer lugar, hagan una lectura individual de los textos. Resuelva las posibles dudas de vocabulario. Luego, dirija su atención a las expresiones marcadas en negrita y pregúnteles si saben para qué sirven. Fácilmente podrán deducir que son expresiones que se usan para pedir y dar consejos. Una vez que todos tengan clara la función, pídales que completen el cuadro de la página siguiente con esas expresiones.

Explique que la diferencia entre *es/sería recomendable que* + presente de subjuntivo/imperfecto de subjuntivo e *¿Y si* + presente de indicativo/imperfecto de subjuntivo? está en el grado de confianza que pone el interlocutor en su consejo, mayor con presente de subjuntivo/indicativo que con imperfecto de subjuntivo. Adviértales de que, en este caso, el imperfecto de subjuntivo no es pasado sino presente.

Para trabajar con todo el grupo y obtener más retroalimentación proponemos usar la proyección 13 como alternativa. En este caso, el trabajo se hace en plenario.

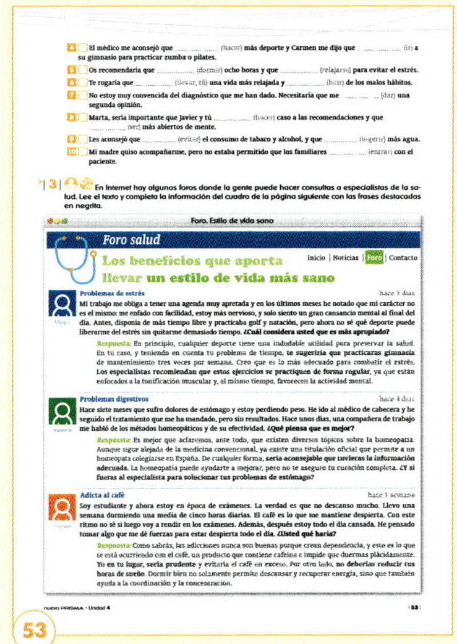
4 El médico me aconsejó que ............ (hacer) más deporte y Carmen me dijo que ............ (ir) a su gimnasio para practicar zumba o pilates.
5 Os recomendaría que ............ (dormir) ocho horas y que ............ (relajarse) para evitar el estrés.
6 Te rogaría que ............ (llevar, tú) una vida más relajada y ............ (huir) de los malos hábitos.
7 No estoy muy convencida del diagnóstico que me han dado. Necesitaría que me ............ (dar) una segunda opinión.
8 Marta, sería importante que Javier y tú ............ (hacer) caso a las recomendaciones y que ............ (ser) más abiertos de mente.
9 Les aconsejó que ............ (evitar) el consumo de tabaco y alcohol, y que ............ (ingerir) más agua.
10 Mi madre quiso acompañarme, pero no estaba permitido que los familiares ............ (entrar) con el paciente.

3 En Internet hay algunos foros donde la gente puede hacer consultas a especialistas de la salud. Lee el texto y completa la información del cuadro de la página siguiente con las frases destacadas en negrita.

Foro. Estilo de vida sano

Foro salud

Los beneficios que aporta llevar un estilo de vida más sano

Inicio | Noticias | Foro | Contacto

**Problemas de estrés** — hace 3 días

Mi trabajo me obliga a tener una agenda muy apretada y en los últimos meses he notado que mi carácter no es el mismo: me enfado con facilidad, estoy más nervioso, y solo siento un gran cansancio mental al final del día. Antes, disponía de más tiempo libre y practicaba golf y natación, pero ahora no sé qué deporte puede liberarme del estrés sin quitarme demasiado tiempo. **¿Cuál considera usted que es más apropiado?**

Respuesta: En principio, cualquier deporte tiene una indudable utilidad para preservar la salud. En tu caso, y teniendo en cuenta tu problema de tiempo, **te sugeriría que practicaras gimnasia** de mantenimiento tres veces por semana. Creo que es lo más adecuado para combatir el estrés. **Los especialistas recomiendan que estos ejercicios se practiquen de forma regular**, ya que están enfocados a la tonificación muscular y, al mismo tiempo, favorecen la actividad mental.

**Problemas digestivos** — hace 4 días

Hace siete meses que sufro dolores de estómago y estoy perdiendo peso. He ido al médico de cabecera y he seguido el tratamiento que me ha mandado, pero sin resultados. Hace unos días, una compañera de trabajo me habló de los métodos homeopáticos y de su efectividad. **¿Qué piensa que es mejor?**

Respuesta: Es mejor que aclaremos, ante todo, que existen diversos tópicos sobre la homeopatía. Aunque sigue alejada de la medicina convencional, ya existe una titulación oficial que permite a un homeópata colegiarse en España. De cualquier forma, **sería aconsejable que tuvieras la información adecuada**. La homeopatía puede ayudarte a mejorar, pero no te aseguro tu curación completa. **¿Y si fueras al especialista para solucionar tus problemas de estómago?**

**Adicta al café** — hace 1 semana

Soy estudiante y ahora estoy en época de exámenes. La verdad es que no descanso mucho. Llevo una semana durmiendo una media de cinco horas diarias. El café es lo que me mantiene despierta. Con este ritmo no sé si luego voy a rendir en los exámenes. Además, después estoy todo el día cansada. He pensado tomar algo que me dé fuerzas para estar despierta todo el día. **¿Usted qué haría?**

Respuesta: Como sabrás, las adicciones nunca son buenas porque crean dependencia, y esto es lo que te está ocurriendo con el café, un producto que contiene cafeína e impide que duermas plácidamente. **Yo en tu lugar, sería prudente** y evitaría el café en exceso. Por otro lado, **no deberías reducir tus horas de sueño**. Dormir bien no solamente permite descansar y recuperar energía, sino que también ayuda a la coordinación y la concentración.

nuevo PRISMA • Unidad 4 | 53

53

**Proyección 13.** Pedir y dar consejos.

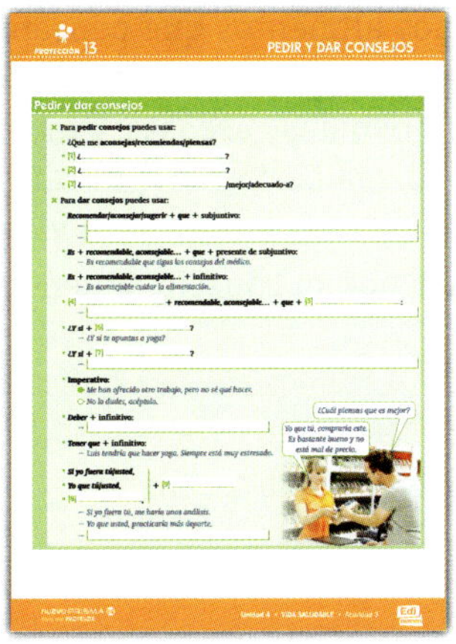
PROYECCIÓN 13 — PEDIR Y DAR CONSEJOS

Pedir y dar consejos

**Dinámica.** Focalice la atención de todos los estudiantes en el cuadro con vacío de información. Por turnos, los estudiantes colocan las frases en negrita de los textos en el lugar correspondiente del cuadro. Dé las explicaciones pertinentes y aclare las dudas que vayan surgiendo. Deje tiempo suficiente para que los estudiantes completen su cuadro en el libro.

1. ¿Qué piensa que es mejor?; 2. ¿Usted qué haría?; 3. ¿Cuál considera usted que es más apropiado/a?; *Recomendar, aconsejar, sugerir* + *que* + subjuntivo: Te sugeriría que practicaras gimnasia; Los especialistas recomiendan que estos ejercicios se practiquen de forma regular; 4. *Sería*; 5. pretérito imperfecto de subjuntivo; Sería aconsejable que tuvieras la información adecuada; 6. presente de indicativo; 7. pretérito imperfecto de subjuntivo; ¿Y si fueras al especialista para solucionar tus problemas de estómago?; *Deber* + infinitivo: No deberías reducir tus horas de sueño; 8. *Yo en tu/su lugar*; 9. condicional simple; Yo en tu lugar, sería prudente.

3.1. Los estudiantes van a enfrentarse a una comprensión auditiva global seguida de una actividad de producción que servirá de práctica de los contenidos aprendidos en la actividad anterior. Es recomendable que mantenga la proyección 13 mientras realizan esta actividad como herramienta de apoyo a la hora de escribir los mensajes, y para confirmar que saben las estructuras o, en caso contrario, autocorregirse.

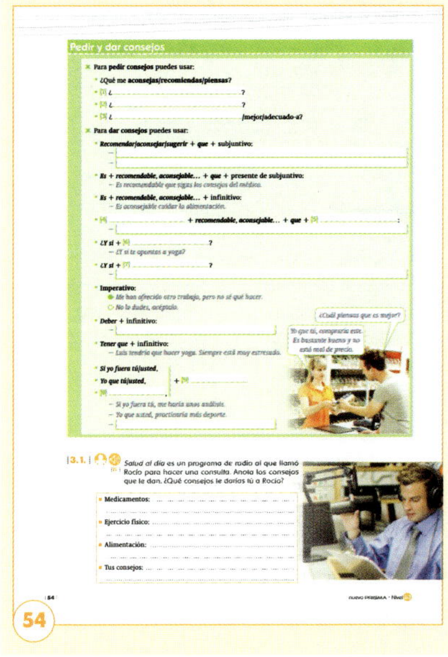
Pedir y dar consejos

- Para **pedir consejos** puedes usar:
  - ¿Qué me **aconsejas/recomiendas/piensas**?
  - [1] ¿............?
  - [2] ¿............?
  - [3] ¿............ /mejor/adecuado-a?
- Para **dar consejos** puedes usar:
  - ***Recomendar/aconsejar/sugerir*** + ***que*** + subjuntivo:
    - ............
    - ............
  - ***Es*** + ***recomendable, aconsejable...*** + ***que*** + presente de subjuntivo:
    - *Es recomendable que sigas los consejos del médico.*
  - ***Es*** + ***recomendable, aconsejable...*** + infinitivo:
    - *Es aconsejable cuidar la alimentación.*
  - [4] ............ + ***recomendable, aconsejable...*** + ***que*** + [5] ............:
    - ............
  - ***¿Y si*** + [6] ............?
    - *¿Y si te apuntas a yoga?*
  - ***¿Y si*** + [7] ............?
    - ............
  - **Imperativo:**
    - *Me han ofrecido otro trabajo, pero no sé qué hacer.*
    - *No lo dudes, acéptalo.*
  - ***Deber*** + infinitivo:
    - ............
  - ***Tener que*** + infinitivo:
    - *Luis tendría que hacer yoga. Siempre está muy estresado.*
  - ***Si yo fuera tú/usted,***
  - ***Yo que tú/usted,*** + [9] ............
  - [8] ............,
    - *Si yo fuera tú, me haría unos análisis.*
    - *Yo que usted, practicaría más deporte.*
    - ............

3.1. *Salud al día* es un programa de radio al que llamó Rocío para hacer una consulta. Anota los consejos que le dan. ¿Qué consejos le darías tú a Rocío?

- Medicamentos: ............
- Ejercicio físico: ............
- Alimentación: ............
- Tus consejos: ............

54 | nuevo PRISMA • Nivel

54

[21]

● **Rocío:** Buenos días, doctor.

○ **Doctor:** Buenos días a usted y a todos los oyentes.

● **Rocío:** Antes de hacerle mi consulta, quería felicitarles por el programa.

○ **Doctor:** Muchas gracias.

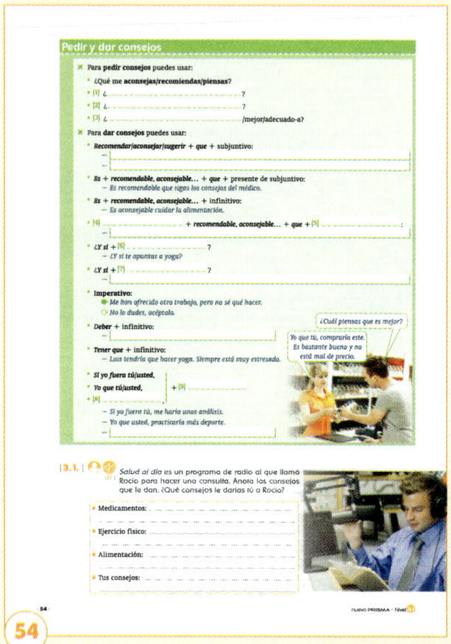

**Rocío:** Verá... Tuve un hijo hace dos años y a los tres meses empecé a engordar sin razón. Desde entonces, he hecho de todo, pero sin resultado, y estoy desesperada porque ni las dietas ni los medicamentos específicos funcionan.

**Doctor:** En primer lugar, me gustaría saber qué tipo de dieta ha seguido y si ha practicado algún deporte.

**Rocío:** En realidad, he seguido varias dietas recomendadas, unas por mis amigas y otras por mi endocrino, pero ha sido inútil. ¿Ejercicio? Pues la verdad es que no mucho. Solo paseo un poquito por las mañanas, pero estoy harta de gastar dinero en medicamentos milagrosos que después no dan resultado.

**Doctor:** Lo primero que le recomendaría es que se olvidara de tomar medicamentos y, especialmente, los que anuncian las revistas y la televisión. Seguir dietas que nos sugieren nuestros amigos no es bueno, porque no todos necesitamos lo mismo. Lo que es extraño es que no haya perdido peso con la dieta de su endocrino. En cuanto a la alimentación, lo que le aconsejaría es que acudiera de nuevo a su especialista y que le hiciera un análisis para comprobar qué alimentos son compatibles con su organismo. A veces, ingerimos alimentos que pensamos que no engordan, pero que a nosotros no nos van bien; de todos modos, debe evitar comer grasas animales, dulces y bebidas gaseosas. También le sugeriría que acudiera a un gimnasio de forma periódica; puede ayudarle a quemar calorías, siempre y cuando lo haga con moderación y asesorada por un monitor.

**Rocío:** Muchas gracias por su consejo. ¡Buenos días!

Medicamentos: Lo que le recomendaría es que se olvidara de tomar medicamentos; Ejercicio físico: Le sugeriría que acudiera a un gimnasio de forma periódica; Alimentación: Lo que le aconsejaría es que acudiera de nuevo a su especialista y que le hiciera un análisis para comprobar qué alimentos son compatibles con su organismo; Debe evitar comer grasas animales, dulces y bebidas gaseosas.

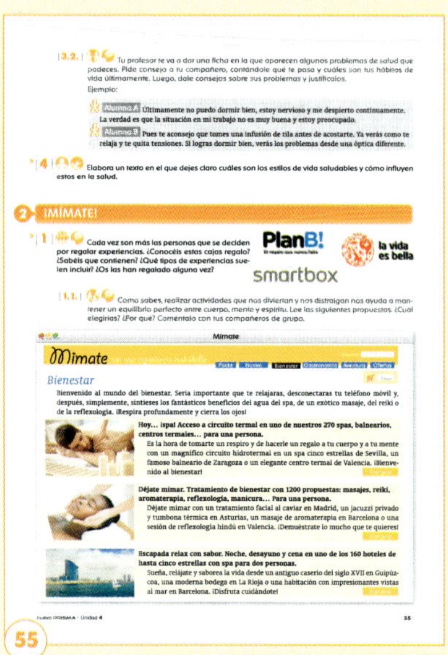

**3.2.** Actividad de interacción oral controlada con el fin de que los estudiantes pongan en práctica todos los elementos gramaticales estudiados en este epígrafe. Para ello, proponemos trabajar con la ficha 12 para que cada estudiante tome un rol e interactúe con su compañero de la manera más adecuada. Las parejas de estudiantes irán produciendo el diálogo mientras usted los controla y anota aquellos fallos que se produzcan. Haga una revisión posterior en plenario para comentar de manera general los errores recurrentes.

**Ficha 12.** ¿Qué me aconsejas?

**Dinámica.** Trabajo de roles en parejas. Recorte la parte correspondiente de la ficha a cada miembro de la pareja. Por turnos, el estudiante A plantea las situaciones propuestas y el estudiante B le responde dándole las recomendaciones y los consejos que crea más adecuados a esa situación.

Para consolidar estos contenidos, puede lleva a cabo el ejercicio 2 de la unidad 4 del *Libro de ejercicios*.

**> 4** Se propone una actividad abierta de expresión escrita. Los estudiantes deberán elaborar un texto de unas 150 palabras sobre los estilos de vida saludables. Como es el tema que se ha tratado durante todo el epígrafe, podemos aconsejar a los estudiantes que revisen los textos que han leído y escuchado para recordar la información, ya que les puede servir de ayuda para expresar sus ideas. Asimismo es recomendable que repasen los cuadros de contenido gramatical y que tengan en cuenta los modos y tiempos verbales que deben utilizar. Si hay posibilidad, esta tarea puede encargarse como trabajo para casa, de modo que tengan el tiempo suficiente para repasar los contenidos recomendados.

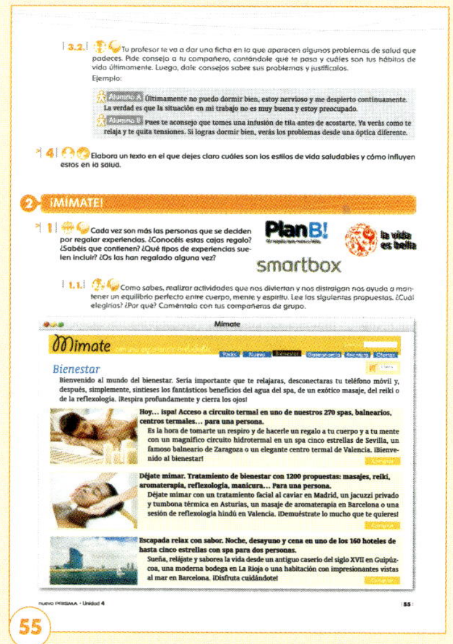

## 2 ¡MÍMATE! 55

*Mimarse* significa cuidarse, relajarse y desconectar de trabajo diario para dedicar tiempo a uno mismo y sentirse bien. Este es el tema que sirve para contextualizar el repaso y ampliación de las estructuras para expresar deseos y preferencias y pedir o exigir algo formalmente.

**> 1** Dirija la atención de los estudiantes a las imágenes que aparecen al lado de la actividad y pregúnteles si las conocen y si saben qué contienen. Actualmente este formato de comercialización turística, el de las cajas-regalo, es uno de los que más ha crecido en los últimos cinco años. La idea es realmente buena y su ejecución, en general, de gran calidad. Básicamente se trata de una caja que contiene un amplio abanico de servicios turísticos (alojamientos, actividades, comidas, visitas turísticas, estancias con spa, etc.,) en un lugar a elegir y con una fecha de caducidad amplia. Con este formato tan práctico y bien resuelto, y con precios muy variados, las cajas-regalo se han erigido en uno de los regalos estrella.

Además de responder a las preguntas planteadas, si lo cree conveniente, sugerimos ampliar la propuesta mediante estas otras cuestiones: ¿Crees que el mercado de las cajas-regalo está saturado? ¿Qué nuevas propuestas innovadoras te gustaría que se ofrecieran a partir del concepto de “caja-regalo”?

**1.1.** La actividad, de expresión oral, parte de la lectura de un texto con algunas propuestas típicas de estas cajas-regalo. Pídales que lean el texto de manera individual y que, después, en grupos de tres, elijan una justificando su elección.

**1.2.** La práctica de expresión oral se amplía con un trabajo de interacción oral en parejas donde los estudiantes expresan sus deseos y preferencias sobre cuál sería su caja-regalo ideal. Antes de comenzar, dirija la atención de sus estudiantes al cuadro que recuerda y amplía las estructuras más frecuentes para expresar estos sentimientos. Debe explicar a los estudiantes que el uso del pretérito imperfecto de subjuntivo supone la expresión de un deseo de realización posible pero poco probable.

**1.3.** Actividad de expresión escrita controlada en la que los estudiantes, en el papel de Nacho, escriben un correo a un hotel rural solicitando información y planteando una serie de requisitos que le son imprescindibles antes de canjear el bono de la caja que le han regalado. Antes de empezar, dirija la atención de los estudiantes al cuadro recordatorio con las estructuras para pedir o exigir formalmente que necesitarán para realizar la actividad correctamente.

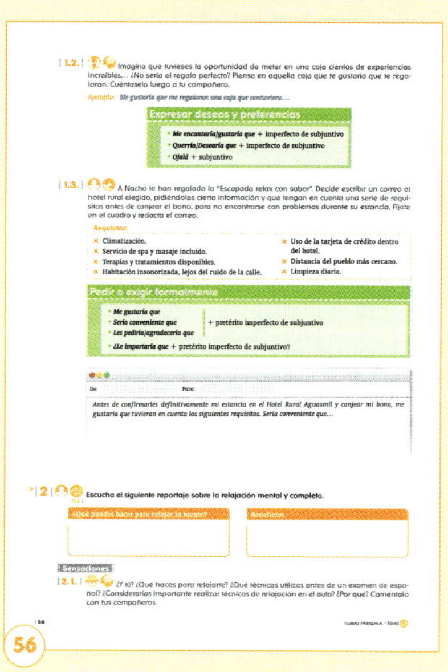

Antes de llevar a cabo la actividad, puede reforzar la práctica de estos contenidos con el ejercicio 4 de la unidad 4 del *Libro de ejercicios*.

56

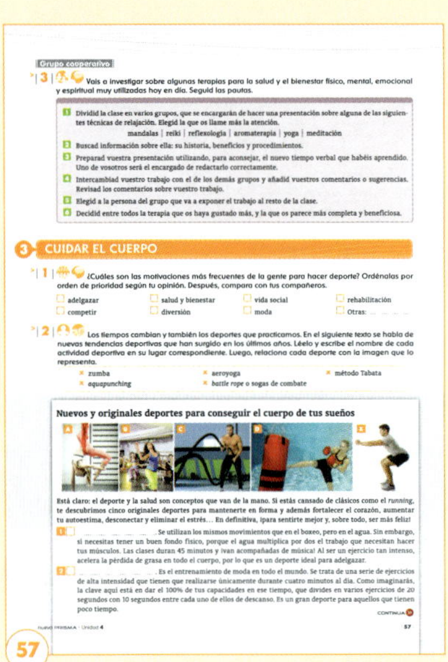

57

**>2** Las actividades 2 y 2.1. son preparatorias para la actividad de grupo cooperativo con que termina este epígrafe. La actividad 2 propone la escucha de un audio en el que se dan algunos sencillos consejos para conseguir la relajación mental. La tarea consiste en resumir estos consejos y anotar sus beneficios. Puede, si lo cree necesario, escuchar el audio dos veces.

22

El estrés y el estilo de vida constantemente agitado pueden significar una sobrecarga para nuestra mente. Nuestro estado mental influye ampliamente en nuestra salud, de ahí la importancia de adquirir hábitos para relajar la mente. Cuando estés abrumado de actividades y preocupaciones, y no puedas tomar el tiempo libre que desearías para descansar, unas vacaciones mentales es todo lo que necesitarás. En VivirSalud te damos estos consejos para relajar la mente.

¿Cómo tomar unas vacaciones mentales? No es necesario invertir un día entero para relajarte, ni unas vacaciones en la playa o un masaje costoso. Para relajar la mente y darle unas vacaciones, solo tienes que realizar estas sencillas actividades:

Tanto en casa como en el trabajo, servirte una bebida refrescante y tomarte un recreo de cinco minutos para mirar imágenes y vídeos de momentos felices te relajará automáticamente y te encontrarás sonriendo al recordar esos buenos momentos. Esta sencilla pausa, tan al alcance de la mano, tiene el poder de relajarnos mentalmente por un ratito.

La lectura placentera o la práctica de nuestras aficiones favoritas son actividades que proporcionan descanso y nos permiten evadirnos sin movernos de donde estamos.

Dar una caminata es otra técnica para descomprimir la mente que nunca falla. Estés donde estés y sea cual sea la circunstancia estresante –incluso en medio de un día laboral– escaparte unos minutos a dar una caminata corta te proveerá de aire y distracción. Y si, además, pudieras acercarte a algún lugar tranquilo como el banco de un parque soleado, el efecto relajante será mayor. Esos minutos de descanso le harán un gran favor a tu mente.

Aunque estés en el trabajo en medio de un día muy ajetreado, puedes tomarte unos minutos para mirar por la ventana y focalizar tus pensamientos conscientemente en otras cosas: las nubes, las aves, el color del cielo, la gente que pasa... La idea es permitir que tu mente se retire momentáneamente de las preocupaciones inmediatas.

Permítete alguna de estas actividades de descanso mental al menos durante cinco o diez minutos todos los días, y deja que tu cuerpo y mente se relajen y distiendan. El pequeño lujo cotidiano de la relajación mediante unas pequeñas vacaciones mentales es importante para tu salud y tu bienestar.

Adaptado de http://vivirsalud.imujer.com/4514/5-consejos-para-relajar-la-mente

**2.1.** Actividad de corte emocional, en la que los estudiantes comparten sus experiencias a la hora de enfrentarse a un examen y se plantea si sería interesante incorporar la práctica de técnicas de relajación al aula.

**>3** Ofrecemos, para concluir el epígrafe, una actividad cooperativa en la que los estudiantes preparan, por grupos, una presentación sobre una de las técnicas de relajación que se proponen, poniendo en funcionamiento todos los contenidos lingüísticos que se han trabajado hasta el momento en la unidad. Pueden también investigar sobre otras técnicas diferentes a las propuestas. Para llevar a cabo la tarea, siga las pautas que se anotan en la actividad: división en grupos, elección del tema, búsqueda de información, redacción del borrador, intercambio de trabajos, redacción final de la presentación y exposición de la misma. Como final, lleve a cabo una discusión sobre cuál de las técnicas planteadas les parece más beneficiosa y atractiva.

i+ **ELEteca**
**11. Mandalas, reiki, reflexología, aromaterapia, yoga y meditación.**

## 3 CUIDAR EL CUERPO 57

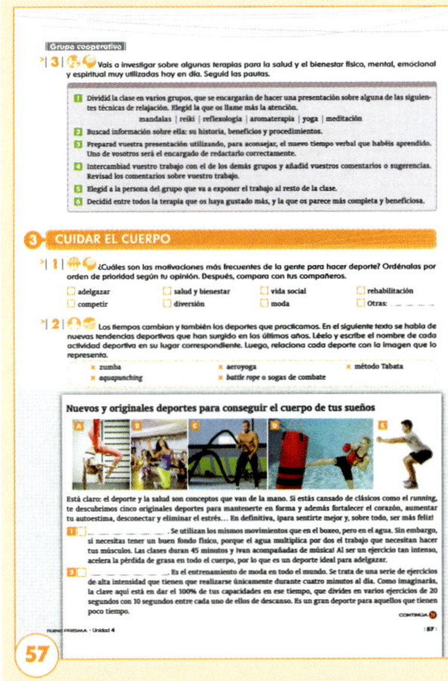

En este epígrafe se trabaja la correlación de tiempos verbales en las oraciones subordinadas con subjuntivo. La importancia de cuidar nuestro cuerpo practicando alguna actividad deportiva es el contexto en el que se desarrollan las actividades.

**> 1** Como precalentamiento, se propone una actividad de interacción oral. Pregunte a los estudiantes si hacen deporte y por qué lo hacen. Después de unos minutos, pídales que, de manera individual, ordenen las motivaciones que tiene la gente para hacer deporte por orden de prioridad, según su opinión. Haga una puesta en común comparando las diferentes propuestas de los estudiantes. Es una actividad que les proporcionará información previa para realizar las siguientes.

**> 2** Comienza la secuencia propiamente dicha con un texto en el que se presentan algunos deportes no convencionales. Los estudiantes, individualmente, leen los textos y los relacionan con el nombre del deporte o actividad física que les corresponde. Como apoyo a la comprensión, han de relacionar también los textos con las imágenes que aparecen. Dígales que se fijen bien en las fotografías pues pueden darles pistas muy claras sobre el texto al que se refieren.

1. D, *aquapunching*; 2. E, método Tabata; 3. B, zumba; 4. A, aeroyoga; 5. C, *battle rope* o sogas de combate.

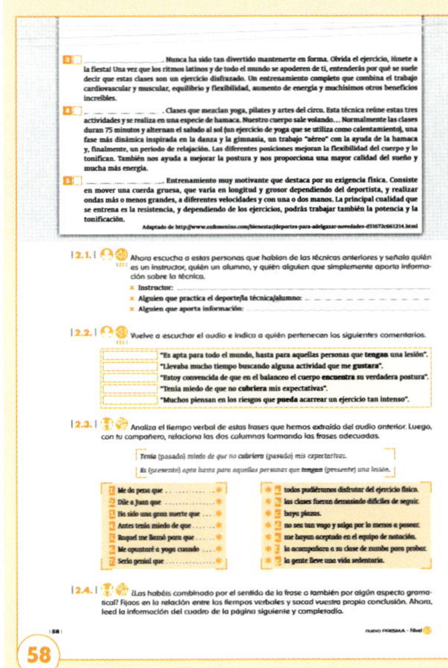

**2.1.** El audio contiene las muestras de lengua con las que se trabajará la correlación de tiempos verbales en las oraciones subordinadas con subjuntivo. En esta actividad, el estudiante realiza una escucha global donde tiene que distinguir, a través de la respuesta de los entrevistados, si se trata de un instructor, alguien que practica ese deporte o una persona que aporta información.

23

**Entrevistadora:** Antonio, ¿qué te ha llevado a practicar este deporte tan curioso?

**Antonio:** Yo siempre he ejercitado mi cuerpo en diferentes disciplinas de baile, pero necesitaba un entrenamiento que fuese guiado por un experto para cumplir mis objetivos de forma física, y conocí a Rodrigo, un amigo que me habló de estas clases con la soga. Al principio, me pareció algo raro y nunca pensé que me convencería. Además, tenía miedo de que no cubriera mis expectativas. Pero, bueno, al final me animé a probar con él un día y la verdad es que me resultó algo sorprendente. He dado con la actividad que creo que estaba buscando, y he descubierto que me encanta el ejercicio al aire libre, porque estas clases muchas veces son en el exterior, así que no tengo que estar horas encerrado en un gimnasio.

**Entrevistadora:** Hola, Silvia, ¿por qué elegiste venir a estas clases?

**Silvia:** Llevaba mucho tiempo buscando alguna actividad que me gustara para cuidarme un poco y hacer algo de ejercicio, y después de muchos años la he encontrado. Estas clases son ejercicio, alegría, baile, desconexión total de todos tus problemas y, sobre todo, las profesoras, que aún lo hacen más alegre y divertido... Creo que es algo que todo el mundo debería probar porque sube mucho la autoestima.

**Entrevistadora:** Rubén, ¿qué más nos puedes contar sobre esta actividad?

**Rubén:** El agua es un medio que a la larga siempre acaba ocupado por deportes que, a priori, solo podían hacerse en tierra. Ahora hacemos bici,

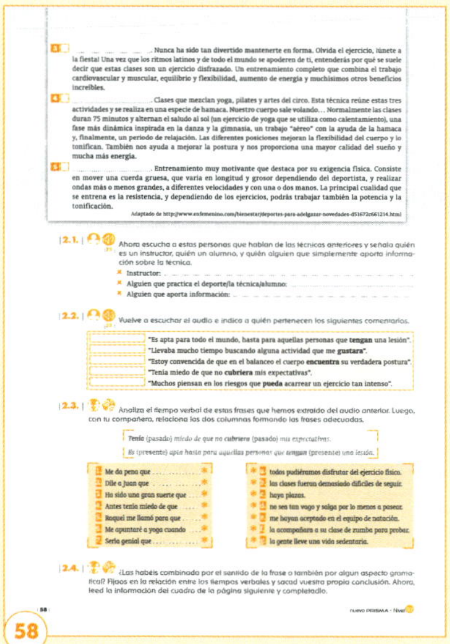

gimnasia y hasta boxeo dentro de una piscina. Así que no nos tiene que sorprender demasiado esta nueva técnica. Algo muy positivo es que es apta para todo el mundo, hasta para aquellas personas que tengan alguna lesión, ya que el agua ayuda a amortiguar el impacto en las articulaciones. Así que yo se lo recomiendo a todo el mundo. La gente que viene a mis clases sale llena de energía y con las pilas bien recargadas. Hay que poner fin a la vida sedentaria.

**Entrevistadora:** ¿Qué tal, Carmen? ¿Cómo sales después de tu primera clase?

**Carmen:** Uf, fantástica. Empezamos en el nivel cero, y ha ido muy bien. Ha sido una clase restaurativa, el objetivo era no hacer esfuerzos. Lo mejor es que al colgarte del columpio, aunque sea parcialmente, conseguís desbloquear partes de tu cuerpo que no podrías relajar de ninguna otra forma. Para mí, que siempre tengo dolores de cuello, algunas posturas han sido una liberación. También hay algo relajante y bueno en el balanceo. No entiendo por qué durante los primeros años de nuestra vida buscamos obsesivamente ese movimiento en columpios y balancines y luego lo abandonamos para siempre. Estoy convencida de que en el balanceo el cuerpo encuentra su verdadera postura.

**Entrevistadora:** Oye, Luis, ¿de dónde viene el nombre de esta actividad?

**Luis:** Pues viene del profesor Izumi, investigador en el Instituto Nacional de Salud y Nutrición de Japón, que bautizó con su nombre este método de entrenamiento allá por 1996 y que hoy ya se ha hecho muy famoso. Este investigador trabajó muchos años con el equipo de patinaje de velocidad japonés para analizar la eficacia de su entrenamiento, que incluía una rotación de series cortas de esfuerzo máximo seguido por periodos cortos de descanso. Sin embargo, esta técnica no ha escapado a la polémica, y muchos piensan en los riesgos que pueda acarrear un ejercicio tan intenso y se preguntan qué peligro puede conllevar para el corazón.

Instructor: Rubén; Alguien que practica el deporte/la técnica/alumno: Antonio, Silvia, Carmen; Alguien que aporta información: Luis.

**2.2.** La segunda escucha es selectiva. Se han extraído del texto una serie de frases que el estudiante debe relacionar con las personas que las dicen.

**Alternativa**. Otra forma de realizar esta actividad es pedir a los estudiantes que relacionen las frases según lo que recuerdan de la escucha anterior y, después, proceder a la nueva escucha para comprobar sus respuestas. De cualquier modo, el objetivo de la actividad es que los estudiantes se familiaricen con las muestras de lengua que van a analizar en la actividad 2.3.

Rubén, Silvia, Carmen, Antonio, Luis.

**2.3.** Actividad de reflexión gramatical en la que los estudiantes, por parejas, han de relacionar partes de frases teniendo en cuenta la correlación de los tiempos verbales y el sentido de las propias frases. Para hacerles conscientes de esta correlación, se les pide que analicen el ejemplo donde se hace mención expresa de dicha correlación. Es relevante que tomen conciencia del uso de tiempos verbales de la frase subordinada, especialmente del pretérito imperfecto de subjuntivo.

1. g; 2. d; 3. e; 4. b; 5. f; 6. c; 7. a.

**2.4.** Inste a los estudiantes a reflexionar sobre la combinación de las frases de la actividad anterior para completar el cuadro fijándose en la relación de los tiempos verbales. Los ejemplos del propio cuadro son también claros en este sentido, por lo que pueden también analizarlos si con las frases anteriores no han podido deducir alguna correlación. Si lo cree conveniente, puede destacar los diferentes usos del subjuntivo que aparecen en el cuadro: valoración, sentimiento, temporalidad y finalidad.

1. Presente de indicativo; 2. Condicional simple; 3. Pretérito perfecto de indicativo; 4. Pretérito imperfecto de indicativo; 5. Pretérito indefinido.

**2.5.** Actividad controlada de consolidación gramatical. Se aconseja la corrección de esta tarea en grupo abierto de manera que pueda explicar las dudas o errores que tengan los estudiantes. Asimismo es importante comentar a los estudiantes que las respuestas que den las deben justificar y explicar. Son posibles varias respuestas siempre y cuando el verbo elegido sea correcto combinado con el resto de la frase. En una reflexión final, pregúnteles qué han de tener en cuenta para hacer correlaciones correctas: prestar atención al tiempo verbal de la oración principal.

Posible respuesta. 1. ayudase a/permitiese; 2. hagan; 3. fueran/acudieran/asistieran, tuvieran/padecieran; 4. haya; 5. generen/produzcan.

Antes de continuar con otras actividades menos controladas, puede reforzar estos contenidos con los ejercicios 3 y 5 de la unidad 4 del *Libro de ejercicios*.

**>3** Se inicia una secuencia de actividades para poner en práctica, de manera más libre, todos los contenidos aprendidos hasta el momento. Se comienza en esta actividad por una comprensión auditiva. Póngales en situación (van a escuchar a una mujer con problemas de estrés) y pídales que lean las preguntas para que puedan hacer una escucha selectiva. Explique la expresión *estar hecho/a polvo* (muy cansado/a). Proceda a la escucha y deje un tiempo para que puedan contestarlas. Luego, en plenario, establezca un turno de respuestas.

24

Yo me encuentro sometida a una presión diaria que me está haciendo polvo, física y mentalmente, la verdad. Dicen que es el estrés laboral o el "síndrome del quemado" lo llaman también, no sé, serán las nuevas enfermedades del siglo XXI, digo yo. En mi caso, tengo un puesto de trabajo que siempre fue bastante estable, yo llevo en esta empresa 16 años. Pero ahora llevamos tres años enfrentándonos a la posibilidad de que cierre, y justo ese es el tiempo que yo llevo padeciendo todos estos síntomas: herpes labial y problemas de espalda, que ya son crónicos. Y también sufro de falta de sueño y dolores de mandíbula que se agudizan en los momentos de más estrés. Porque, paradójicamente, a pesar de que existe el riesgo de que nos quedemos en la calle, estamos sacando adelante un gran volumen de trabajo, así que, imagínate..., estrés por todos lados. Y lo peor es que llegas a acostumbrarte, ya te haces a no dormir bien, a vivir con ansiedad, a aguantar el dolor de espalda como algo normal..., y encima, casi no te planteas ya ni sacar un poco de tiempo para ti misma, no sé, para salir con amigos, descansar más, hacer deporte...

Adaptado de http://www.elconfidencial.com/alma-corazon-vida/2013-03-01/las-enfermedades-que-vienen-y-que-no-se-cuentan-al-medico_202274/

Posible respuesta. 1. Se enfrentan a la posibilidad de cierre; 2. Desde que existe el riesgo de cierre de la empresa; 3. Herpes labial, dolor de espalda, dolor de mandíbula, insomnio; 4. Que tengan tanto trabajo y que, al mismo tiempo, la empresa se encuentre en riesgo de cerrar.

**3.1.** Tarea de interacción oral. Después de haber trabajado la audición, llega el momento de que, en parejas, discutan qué deporte convendría que practicara Laura, argumentando su decisión. Hemos visto a lo largo del epígrafe y de la unidad algunos deportes y actividades que ayudan a superar el estrés, así que pueden revisar los textos que han leído sobre este tema para poder argumentar sus opiniones. Puede hacer una puesta en común para ver las diferentes recomendaciones.

**3.2.** Actividad de expresión escrita para consolidar todos los contenidos aprendidos en el epígrafe. Los estudiantes deben elaborar un texto de unas 160 palabras sobre los beneficios del pilates. Para ello, les entregaremos la ficha

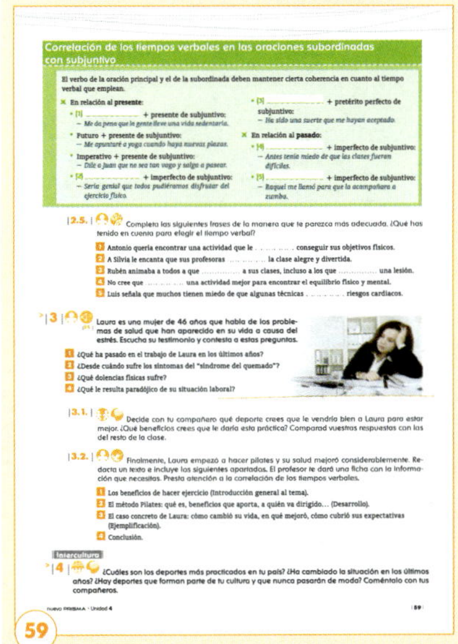

**Correlación de los tiempos verbales en las oraciones subordinadas con subjuntivo**

El verbo de la oración principal y el de la subordinada deben mantener cierta coherencia en cuanto al tiempo verbal que emplean.

- En relación al **presente**:
  - [1] .................. + presente de subjuntivo:
    – *Me da pena que la gente lleve una vida sedentaria.*
  - Futuro + presente de subjuntivo:
    – *Me apuntaré a yoga cuando haya nuevas plazas.*
  - Imperativo + presente de subjuntivo:
    – *Dile a Juan que no sea tan vago y salga a pasear.*
  - [2] .................. + imperfecto de subjuntivo:
    – *Sería genial que todos pudiéramos disfrutar del ejercicio físico.*
  - [3] .................. + pretérito perfecto de subjuntivo:
    – *Ha sido una suerte que me hayan aceptado.*
- En relación al **pasado**:
  - [4] .................. + imperfecto de subjuntivo:
    – *Antes tenía miedo de que las clases fueran difíciles.*
  - [5] .................. + imperfecto de subjuntivo:
    – *Raquel me llamó para que la acompañara a zumba.*

**2.5.** Completa las siguientes frases de la manera que te parezca más adecuada. ¿Qué has tenido en cuenta para elegir el tiempo verbal?

1. Antonio quería encontrar una actividad que le .......... conseguir sus objetivos físicos.
2. A Silvia le encanta que sus profesoras .......... la clase alegre y divertida.
3. Rubén animaba a todos a que .......... a sus clases, incluso a los que .......... una lesión.
4. No cree que .......... una actividad mejor para encontrar el equilibrio físico y mental.
5. Luis señala que muchos tienen miedo de que algunas técnicas .......... riesgos cardiacos.

**>3** Laura es una mujer de 46 años que habla de los problemas de salud que han aparecido en su vida a causa del estrés. Escucha su testimonio y contesta a estas preguntas.

1. ¿Qué ha pasado en el trabajo de Laura en los últimos años?
2. ¿Desde cuándo sufre los síntomas del "síndrome del quemado"?
3. ¿Qué dolencias físicas sufre?
4. ¿Qué le resulta paradójico de su situación laboral?

**3.1.** Decide con tu compañero qué deporte crees que le vendría bien a Laura para estar mejor. ¿Qué beneficios crees que le daría esta práctica? Comparad vuestras respuestas con las del resto de la clase.

**3.2.** Finalmente, Laura empezó a hacer pilates y su salud mejoró considerablemente. Redacta un texto e incluye los siguientes apartados. El profesor te dará una ficha con la información que necesitas. Presta atención a la correlación de los tiempos verbales.

1. Los beneficios de hacer ejercicio (Introducción general al tema).
2. El método Pilates: qué es, beneficios que aporta, a quién va dirigido... (Desarrollo).
3. El caso concreto de Laura: cómo cambió su vida, en qué mejoró, cómo cubrió sus expectativas (Ejemplificación).
4. Conclusión.

Intercultura

**>4** ¿Cuáles son los deportes más practicados en tu país? ¿Ha cambiado la situación en los últimos años? ¿Hay deportes que forman parte de tu cultura y que nunca pasarán de moda? Coméntalo con tus compañeros.

nuevo PRISMA · Unidad 4 | 59

59

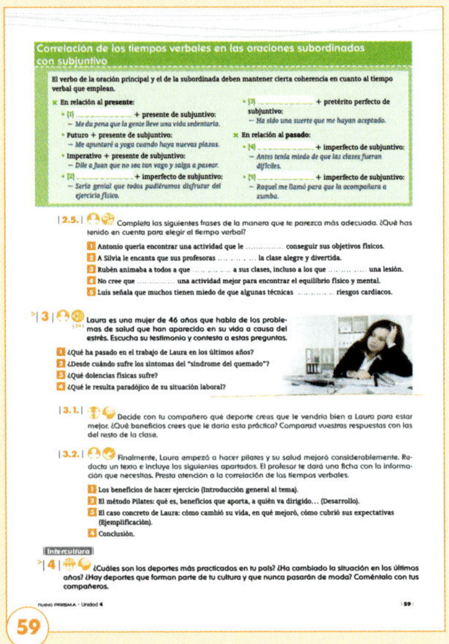

13, que contiene la información que necesitan para redactar su escrito. Le recomendamos que, durante la realización de la tarea, utilice la proyección 14 con el cuadro de la correlación de tiempos verbales en las oraciones subordinadas con subjuntivo. Les servirá de apoyo en la redacción del texto animándoles a incluir este tipo de oraciones en su trabajo.

**Ficha 13.** El método Pilates.

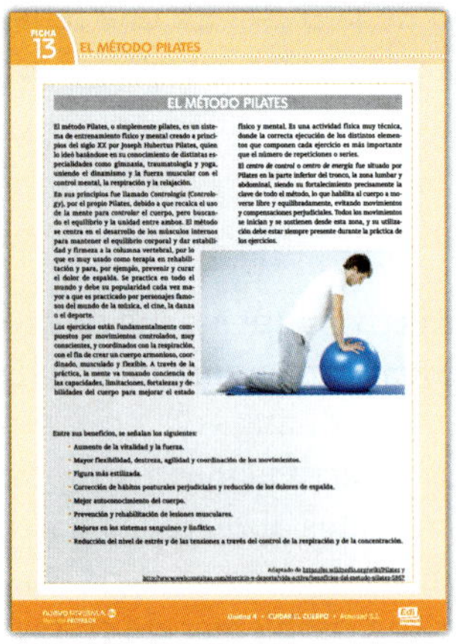


**Dinámica.** Entregue una copia de la ficha a los estudiantes para que tengan información sobre el método Pilates. Dígales que la lean y utilicen la información que proporciona en su escrito.

**Proyección 14.** Correlación de tiempos verbales en las oraciones subordinadas de subjuntivo.

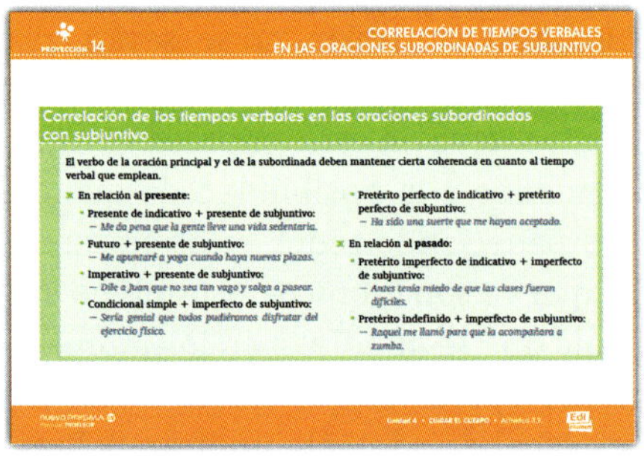


**Dinámica.** Se proyecta el cuadro para que los estudiantes pueden tener presente la información mientras hacen la tarea de escritura. Esto facilitará su ejecución y, por otro lado, les dará seguridad para tomar decisiones.

**> 4** Como final de epígrafe, se propone una actividad de interacción oral de corte intercultural en la que los estudiantes, en plenario, hablan sobre los deportes más populares en su país, comparando entre los distintos países de origen. Si sus estudiantes son de la misma nacionalidad, pueden hacer la comparación con España.

## 4 LA SANIDAD 60

Epígrafe de corte cultural sobre el sistema sanitario español, público y privado, y la medicina. En torno al tema se introducen las estructuras que sirven para emitir juicios de valor y constatar una realidad.

**> 1** Actividad introductoria de precalentamiento en la que los estudiantes, en pequeños grupos, opinan sobre el aumento de la esperanza de vida que se ha producido en los últimos años y la calidad del estilo de vida que llevamos.

Si la conversación no surge espontáneamente, puede preguntarles cuáles creen que son las causas de este aumento. Como curiosidad, dígales que España es uno de los países con una esperanza de vida más alta del mundo (82,98 años: mujeres, 85,71 años; hombres, 80,17 años. Ocupa en la actualidad el sexto lugar del mundo).

**1.1.** Una de las razones del mencionado aumento de la esperanza de vida son los avances de la medicina. Las palabras de la actividad están relacionadas con estos avances. Los estudiantes deberán deducir el significado de estas palabras por sus propios medios.

**1.2.** Para completar la actividad de léxico y como estrategia de aprendizaje, se pide a los estudiantes que, en pequeños grupos, elaboren definiciones de las palabras anteriores y que, a modo de competición, se las lean unos a otros para adivinar a qué palabras se refieren. Para hacer las definiciones, deben utilizar un diccionario monolingüe. Una vez terminada la actividad, reflexione con ellos sobre las ventajas de utilizar un diccionario monolingüe guiándose por el cuadro de atención.

Profilaxis. Conjunto de medidas que se toman o se utilizan para prevenir la aparición de una enfermedad o el surgimiento de una infección. La medicina profiláctica es la rama de la medicina que se orienta a la prevención.

Láser. La palabra *láser* corresponde a las siglas, en inglés, *Light Amplification by Stimulated Emission of Radiation*: "amplificación de luz por emisión estimulada de radiación". Un láser es un aparato compuesto por un medio sólido, líquido o gaseoso dentro de una cavidad limitada por dos espejos paralelos, uno de ellos semitransparente. Un láser produce un haz de luz brillante, monocromática, colimada y controlable que permite depositar una alta cantidad de energía en uno de los pigmentos presentes en la piel.

Cirugía. Parte de la medicina que se ocupa de curar las enfermedades, malformaciones, traumatismos, etc., mediante operaciones manuales o instrumentales.

Transfusión. Operación que consiste en hacer pasar un líquido, en especial sangre, plasma, suero, etc., de un individuo donante a otro receptor. Para hacer una transfusión, el donante y el receptor deben tener el mismo grupo sanguíneo.

Bisturí. Instrumento quirúrgico para realizar incisiones en los tejidos blandos; consiste en un pequeño cuchillo de hoja muy afilada, larga y estrecha; actualmente el más corriente es de hoja desechable.

Vacuna. Preparado de antígenos, sustancia que produce una respuesta inmunitaria provocando la formación de anticuerpos.

Antibiótico. Sustancia química que producen ciertos hongos y que destruye microorganismos, especialmente las bacterias.

Antiséptico. Sustancia que se emplea para destruir los gérmenes que infectan un organismo vivo o para evitar su existencia.

Quimioterapia. Tratamiento de las enfermedades, especialmente las cancerígenas, por medio de productos químicos.

Fisioterapia. Tratamiento de lesiones, especialmente traumáticas, por medios físicos, como el calor, el frío o el ultrasonido, o por ejercicios, masajes o medios mecánicos.

Calmante. Tratamiento que tiene efecto narcótico o que disminuye o hace desaparecer un dolor u otro síntoma molesto.

Transplante. Se denomina así a la acción de trasladar un órgano o un tejido vivo desde un organismo donante a otro receptor, para sustituir en este al que está enfermo o inútil.

**>2** En esta actividad de contenido cultural los estudiantes podrán conocer el Sistema Nacional de Salud público y también las alternativas del sistema privado. Para ello, a través de la información que se aporta, los estudiantes deberán deducir a qué sistema creen que corresponden. Una vez hayan ela-

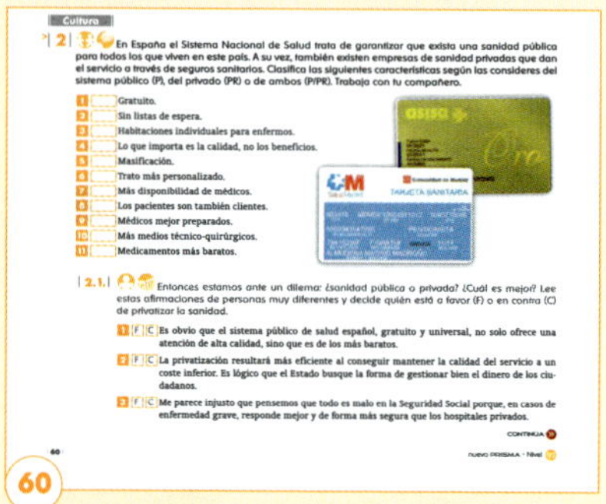

borado la tarea, puede repartir una copia de la ficha de información extra sobre el sistema público de salud español para ampliar el tema.

Posible respuesta. 1. P; 2. PR; 3. PR; 4. P; 5. P; 6. P; 7. P/PR; 8. PR; 9. P/PR; 10. P/PR; 11. P.

**i+ ELEteca**

**12. El sistema público de salud español.**

**2.1.** A través de las opiniones de diferentes usuarios se introducen las muestras de lengua que ilustrarán el contenido lingüístico del epígrafe: emitir juicios de valor y constatar una realidad. En esta primera actividad, pida a los estudiantes que lean las diferentes opiniones y que decidan si están a favor o en contra de privatizar la sanidad. Una vez hecha la corrección, puede preguntarles con quién están más de acuerdo y que cuenten sus propias experiencias a la clase.

1. C; 2. F; 3. C; 4. F; 5. C; 6. F.

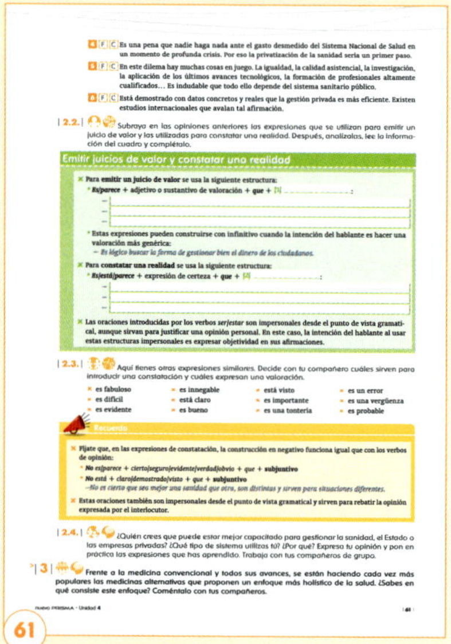

**2.2.** Dirija la atención de los estudiantes hacia los elementos lingüísticos de las frases anteriores. Pídales que las lean de nuevo y que subrayen las expresiones que se utilizan para emitir un juicio de valor y las que sirven para constatar una realidad. Una vez subrayadas, haga que se fijen en la estructura que tienen, que la analicen y que con sus conclusiones y los ejemplos extraídos de las frases completen el cuadro.

1. subjuntivo; Es lógico que el Estado busque la forma de gestionar bien el dinero de los ciudadanos; Me parece injusto que pensemos que todo es malo en la Seguridad Social; Es una pena que nadie haga nada ante el gasto desmedido del Sistema Nacional de Salud; 2. indicativo; Es obvio que el sistema público de salud español [...] es de los más baratos; Es indudable que todo ello depende del sistema sanitario público; Está demostrado con datos concretos y reales que la gestión privada es más eficiente.

**2.3.** El objetivo de esta actividad es el de ampliar léxico para que el estudiante tenga un amplio abanico de expresiones para valorar y constatar. Todas estas estructuras las consolidaremos en las siguientes actividades. Sugiérales que las anoten todas y las clasifiquen de modo que las puedan consultar rápidamente durante las actividades orales. Antes de pasar a la siguiente actividad, explique el contenido del cuadro de atención en el que se advierte que las expresiones de constatación en forma negativa se convierten en juicios de valor y, por tanto, rigen subjuntivo.

Sirven para introducir una constatación: es evidente, es innegable, está claro, está visto; Expresan una valoración: es fabuloso, es difícil, es bueno, es importante, es una tontería, es un error, es una vergüenza, es probable.

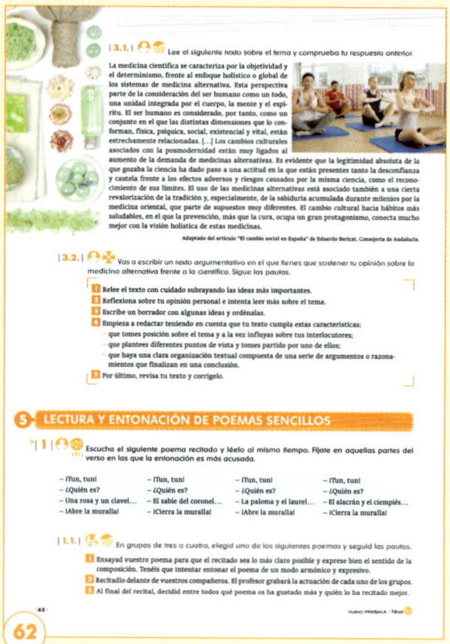

Para una práctica controlada de estos contenidos, puede realizar el ejercicio 6 de la unidad 4 del *Libro de ejercicios*.

**2.4.** Actividad de interacción oral en pequeños grupos para poner en práctica los contenidos aprendidos. Los estudiantes, por tanto, deben emitir juicios de valor y constatar, exponiendo sus puntos de vista y opiniones. Si los estudiantes han elaborado la lista propuesta anteriormente, aconséjeles que la tengan presente para poder consultarla.

**>3** La siguiente secuencia de actividades tiene como propósito la elaboración de un escrito en el que argumenten su opinión a favor o en contra de la medicina alternativa. Para ello, comenzamos con una interacción oral en plenario en la que los estudiantes aportan sus conocimientos previos sobre el tema.

**3.1.** Pídales ahora que lean el texto de modo individual para comprobar si sus conclusiones anteriores son las adecuadas. El texto ofrece información sobre el papel que desempeña la medicina alternativa en la actualidad. Resuelva las dudas de vocabulario que puedan surgir.

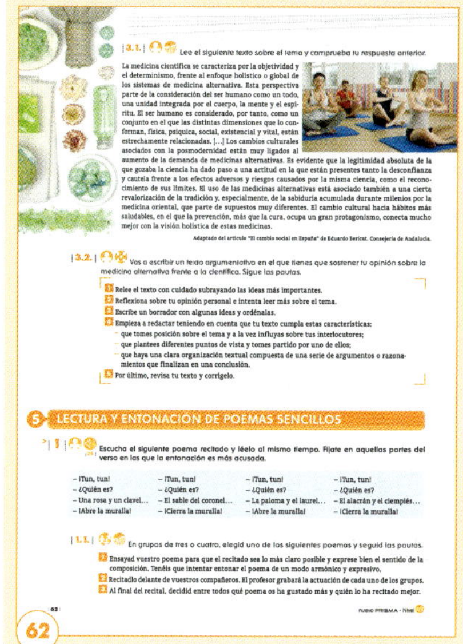

**i+ ELEteca**
**13. Medicina alternativa y complementaria.**

**3.2.** Aplicando algunas estrategias relacionadas con la escritura de un texto argumentativo y siguiendo las pautas que se ofrecen en esta actividad, se pide a los estudiantes que lleven a cabo su escrito. Les puede pedir que escriban de 150 a 180 palabras. Si lo cree conveniente, puede mandar la tarea escrita para casa. Es importante recordar que deberán utilizar las expresiones estudiadas en este epígrafe.

## 5 LECTURA Y ENTONACIÓN DE POEMAS SENCILLOS 62

En este epígrafe vamos a practicar la lectura y entonación a través de la lectura de algunos poemas sencillos de poetas tan conocidos como Nicolás Guillén, Juan Ramón Jiménez, Federico García Lorca y Gustavo Adolfo Bécquer.

**> 1** Se pide a los estudiantes que escuchen un fragmento del poema *La muralla* de Nicolás Guillén. A continuación, el profesor volverá a poner la audición y los estudiantes lo recitarán al mismo tiempo. Haga que se fijen en la entonación y el ritmo, y pídales que intenten reproducirlos.

| 25 |

| | |
|---|---|
| – ¡Tun, tun!<br>– ¿Quién es?<br>– Una rosa y un clavel…<br>– ¡Abre la muralla! | – ¡Tun, tun!<br>– ¿Quién es?<br>– La paloma y el laurel…<br>– ¡Abre la muralla! |
| – ¡Tun, tun!<br>– ¿Quién es?<br>– El sable del coronel…<br>– ¡Cierra la muralla! | – ¡Tun, tun!<br>– ¿Quién es?<br>– El alacrán y el ciempiés…<br>– ¡Cierra la muralla! |

**1.1.** En esta actividad se ofrecen tres poemas. En pequeños grupos, deberán elegir uno de ellos, aprenderlo y recitarlo entonando lo mejor posible. Pasee por los grupos con el fin de corregirles y ayudarles con la entonación y el ritmo del poema. Si los medios lo permiten, grabe las diferentes intervenciones para que puedan hacer una escucha general de todos los poemas recitados por todos los grupos. La parte lúdica puede consistir en un pequeño premio para el grupo que lo haya hecho mejor.

**i+ ELEteca**
**14. Nicolás Guillén, Gustavo Adolfo Bécquer, Juan Ramón Jiménez y Federico García Lorca.**

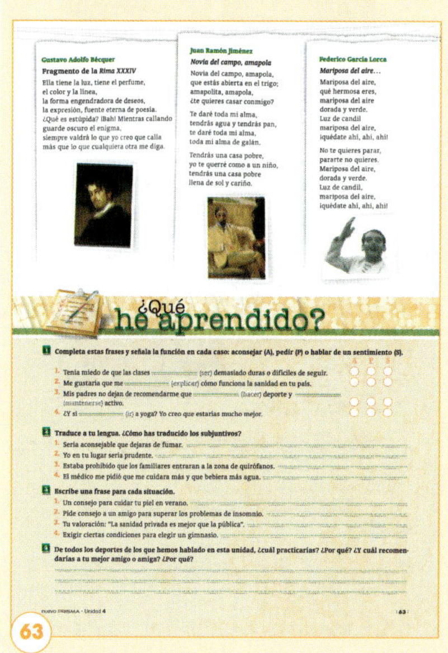

## ¿QUÉ HE APRENDIDO? 63

1. fueran/fuesen, S; 2. explicaras/explicases, P; 3. haga, me mantenga, A; 4. fueras/fueses, A.

**abc ELEteca**
**Léxico. Hábitos saludables.**

# 5 TODO CAMBIA

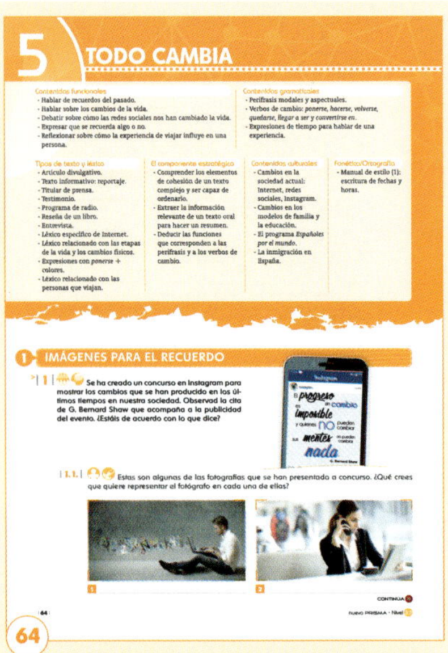

El contenido principal de la unidad es hablar de los cambios que se producen a lo largo de la vida, a través de varios ejes culturales: los cambios que se han producido en la sociedad actual debido al uso de Internet, las redes sociales, los nuevos modelos de familia y el fenómeno de la inmigración en España. El apartado gramatical focaliza su atención en las perífrasis modales y aspectuales, los verbos de cambio y las expresiones de tiempo para hablar de una experiencia. Se presentan también diferentes tipos de texto: artículos divulgativos, reportajes, titulares de prensa y testimonios.

## 1 IMÁGENES PARA EL RECUERDO 64

El primer epígrafe se articula a través de dos temas principales: los cambios que se han producido en la sociedad actual por el uso de las nuevas tecnologías, por un lado, y por otro, los nuevos modelos de familia. Desde el punto de vista gramatical, se introducen las perífrasis modales y se trabajan diversas estrategias relacionadas con el trabajo textual, cuyo objetivo es facilitar la comprensión de los elementos de un texto complejo además de ordenarlo, así como extraer información de un texto oral para hacer un resumen.

**> 1** Actividad grupal de interacción oral que introduce el tema de los cambios en la sociedad actual a través de una cita de G. Bernard Shaw. Lea la cita para que opinen a favor o en contra justificando su respuesta.

**1.1.** Ponga a los estudiantes en situación diciéndoles que las cuatro fotografías que aparecen en el libro son algunas de las que se han presentado al concurso. Propóngales que, individualmente, las observen con atención y que escriban debajo de cada una el mensaje que creen que quiere transmitir. Adviértales de que todas estas fotografías se refieren a cambios que se han producido en los últimos años en nuestra sociedad. Déjeles unos minutos para realizar la actividad y, luego, haga una puesta en común.

**1.2.** Pida a los estudiantes que, en parejas, comenten los temas que se proponen y que digan en qué consisten los cambios a los que se refieren. También puede realizar esta primera parte de la actividad en plenario. La emancipación tardía se refiere a una situación que afecta a España: la crisis económica ha provocado que muchos jóvenes no puedan independizarse y que sigan viviendo con sus padres incluso con 25-30 años. Luego, pídales que relacionen las cuatro fotografías anteriores con alguno de estos temas.

**1.3.** Actividad de comprensión auditiva selectiva. El objetivo es que el estudiante identifique a cada persona que habla con la fotografía a la que se refiere, el tema que refleja y los cambios sociales que se producen. Si lo cree conveniente, puede poner la audición por segunda vez. Una vez completada la tabla, pídales que lo comparen con su respuestas a las actividades 1 y 1.2, y que las corrijan en caso necesario.

| 26 | Hola, buenas tardes… Me llamo Rosa Catalá… Con esta fotografía quiero mostrar cómo el rol de la mujer dentro de la sociedad ha evolucionado. Y no solo en términos de inserción laboral o papel activista dentro de la familia. En la actualidad, estamos enfrentando un cambio en la definición de lo que es ser mujer y esto implica pelearse con siglos de tradición. Sin embargo,

para muchos, mujeres y hombres, el papel de las mujeres en la sociedad actual representa un buen cambio que se refleja en el mundo laboral. El rol de las mujeres hoy en día es otro, más completo y más retador, gracias a que estamos más preparadas; hemos demostrado una y otra vez que hacemos un buen papel dentro del mercado laboral. Las conquistas de las mujeres en el mundo laboral, educativo, formativo y de planificación les han permitido la independencia a todos los niveles: económico, personal y socio-cultural. Cuando se equiparen los derechos, la mujer sea remunerada igual que un hombre por el mismo trabajo, no sea discriminada por unos parámetros estéticos que no se le exigen al hombre, la dedicación a los hijos sea compartida al igual que el mantenimiento de la casa, etc., entonces, estaremos hablando de una igualdad en términos reales. Se va mejorando... pero falta...

Hola, ¿qué tal? Yo soy Daniel Gutiérrez. Nos venden que el fenómeno de la globalización es muy importante para el desarrollo de un país, ya que genera libertad económica y política a través de la democracia. La globalización da como fruto tanto prosperidad económica como incremento de oportunidades, especialmente en los países en desarrollo, lo que conduce a la reducción de los precios, más empleos, y un incremento de la producción y del nivel de vida. Pero resulta que la globalización actual, según mi opinión, no funciona. Con esta imagen de gente manifestándose trato de expresar mi disconformidad con este tema. No puede ser que 963 millones de personas pasen hambre en el mundo en 2008 (según datos de la FAO) y que, sin embargo, y según la OMS, 1600 millones de adultos de los países desarrollados tengan sobrepeso.

Bueno, primero de todo me presento. Soy Inma Rosales, tengo 27 años y vivo en Palencia... Los españoles ya no viven como antes. Casados o solteros, con hijos o sin ellos, solos o acompañados... Lo cierto es que los espacios íntimos han cambiado y las familias ya no son lo que eran. Y esta es la idea que he querido transmitir. Hoy, el cómo y con quién vivimos es, más que una exigencia social, una opción de vida fruto de la libertad de elección. Cada vez hay menos familias numerosas y menos matrimonios, el divorcio es fácil y las mujeres no temen afrontar a solas la maternidad. Así, al esquema tradicional padre-madre-hijos le han surgido en los últimos 30 años competidores que han diversificado los modelos familiares y que desde finales de los años noventa se han ido consolidando. Los sociólogos coinciden en afirmar que la presencia de estas nuevas familias es cada vez mayor y que, en consecuencia, la sociedad está más preparada para reconocerlas y legitimarlas.

Buenas tardes, me llamo Jacob Enterría y soy fotógrafo aficionado. El avance de los últimos años en cuanto a las nuevas tecnologías pone en la vanguardia a Internet, que ha pasado a formar parte importante de nuestro vivir cotidiano. He querido mostrar esta idea con mi fotografía. Internet es una de las herramientas más significativas en cuanto al desarrollo de las tecnologías de la comunicación. La distancia ya no es un obstáculo para Internet, la red de computadores interconectados nos permite intercambiar información de forma muy rápida y llegar a cualquier parte de mundo. Sería impensable para las personas en la actualidad no contar con Internet, considerando, además, las herramientas que nos ofrece: chat, correo, videoconferencia, telefonía..., herramientas que han modificado nuestra forma de comunicarnos y nuestro lenguaje. Todos estos hechos hacen indiscutible la afirmación de que esta tecnología, absolutamente relacionada con las comunicaciones, está modificando radicalmente nuestros hábitos y conductas dentro de la sociedad.

Rosa: fotografía 2; La igualdad de género; Incorporación de la mujer al mundo laboral; Daniel: fotografía 4; La globalización; Desigualdad económica; Inma: fotografía 3; El concepto de familia; Los nuevos modelos de familia en la sociedad española; Jacob: fotografía 1; Internet; La revolución que ha supuesto Internet para las comunicaciones.

65

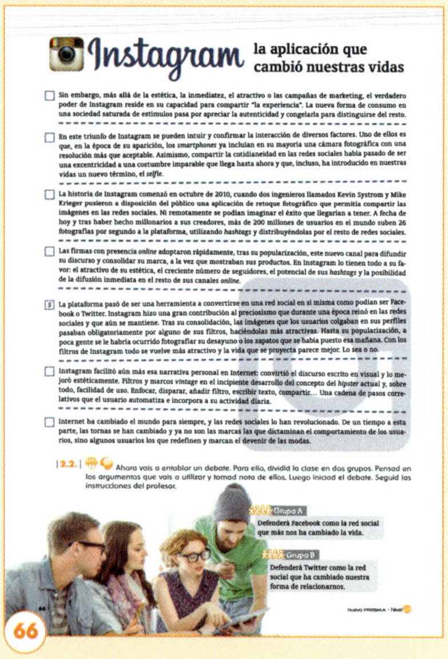

66

67

**>2** En pequeños grupos, pida a los estudiantes que hablen de la aplicación de Instagram, si la usan y con qué finalidad. Luego, observan lo que están haciendo las personas de la foto y lo comentan entre ellos.

Se están haciendo un *selfie*.

**2.1.** Para comprobar su respuesta, los estudiantes, individualmente, van a ordenar un texto. La actividad, enfocada al desarrollo de la competencia estratégica, da previamente una serie de pautas para ordenar un texto de manera eficaz. Pídales que lean el cuadro y acláreles las dudas que puedan surgir. Luego, sugiérales que hagan una lectura silenciosa del texto y que lo ordenen siguiendo los consejos que han leído. Para realizar la corrección, use la proyección 15.

**Proyección 15.** *Instagram, la aplicación que cambió nuestras vidas.* Texto ordenado.

7, 3, 2, 6, 5, 4, 1.

**ELEteca**
**15. Instagram.**

**2.2.** Se concluye esta secuencia de actividades sobre la incorporación de Internet y el uso de las redes sociales con un debate defendiendo Facebook o Twitter como la red social que más cambios ha producido en nuestras vidas. Divida la clase en dos grupos: (A) defensores de Facebook y (B) Defensores de Twitter. Puede formar los grupos usted o si lo considera más oportuno, puede proponer a los estudiantes que formen ellos mismos los grupos dependiendo si defienden Facebook o Twitter.

**ELEteca**
**16. Facebook y Twitter.**

**>3** Actividad de comprensión auditiva que introduce una secuencia donde se presentan los nuevos modelos de familia en la sociedad española actual. Indique a los estudiantes que en primer lugar observen con atención las fotografías y las asocien al tipo de familia correspondiente. A continuación, proceda a la escucha de la audición para que puedan relacionar los testimonios con la imagen y su descripción.

27 **Testimonio 1.** "No pasa nada por estar sola", dice convencida Nuria Bermejo. Ella siempre quiso tener hijos. "Cuando superas hacer todo sola, te vuelves muy exigente, y simplemente no apareció la persona adecuada", comenta. Ella optó por la fecundación in vitro, la opción más cara, pero también la más rápida y eficaz. El resultado es Sara, un bebé de dos meses que duerme junto a la cama de su madre. Se acerca la hora de su toma y Nuria

la despierta. “¿Qué pasa, gordita, tienes hambre?”, pregunta entre caricias. “Al principio te sientes un bicho raro, pero luego dices: “¡Cuánto tiempo he perdido!” A veces se sufre mucho porque mi familia debe de pensar que tener una familia estandarizada sería lo mejor para mí, pero no pasa nada por estar sola”. Su día a día, de momento, es muy anárquico, pero lo lleva bien. “Cada día es un descubrimiento”, dice. Ahora, lo que más le agobia es tener que trabajar. “La llevaré a la guardería o contrataré a alguien para que esté con ella en casa de mi madre”, explica.

**Testimonio 2.** “No me imagino conviviendo con alguien” dice Virginia Barbancho. En su casa todo huele a nuevo. Tras su divorcio, hace ya tres años, siguió viviendo en el apartamento de alquiler que compartió con su exmarido, pero el verano pasado decidió comprarse algo propio. “Me hace mucha ilusión”, confiesa. A su alrededor no queda ni rastro de su vida anterior. “Con la nueva ley todo fue facilísimo, y como no teníamos hijos ni patrimonio en común…”. Ahora está tan adaptada a estar sola que no puede imaginarse conviviendo con nadie más. “Al principio piensas que no lo vas a superar nunca, pero ahora llegar a casa y que no haya nadie se me hace muy cómodo”, explica. Lo que peor lleva es cocinar para uno. “Siempre hago de más, así que tiro de congelador… También miro mucho la fecha de caducidad de las cosas cuando hago la compra”. Las claves de su vida son el trabajo, la familia y los amigos, y aunque no cierra las puertas al amor, no está dispuesta a renunciar a su independencia. ¿Volvería a casarse? “Si se dan las circunstancias, ¿por qué no?”.

**Testimonio 3.** “Casarnos no es nuestro plan”, comentan Óscar y Elena. Se nota que es viernes, el día preferido de Óscar. No viste el traje de entre semana, sino vaqueros, camiseta y zapatillas de andar por casa. Ha llegado hace un par de horas del trabajo y en su rostro se refleja el placer del ocio inminente. Llevan cuatro años saliendo y tres viviendo juntos en un pequeño apartamento en Plaza de España, en pleno centro de Madrid. “No pensamos en casarnos. La puerta no está cerrada, pero no es nuestro plan. Lo importante es seguir juntos y disfrutar el uno del otro”, explica Óscar. Mientras, Elena calienta una pizza en el horno y le pone ojitos a su chico. El poco espacio del salón se lo reparten un acuario con peces de colores, una guitarra y fotos de sus vacaciones. París, el Caribe, la Costa Brava… Se levantan a la misma hora y desayunan juntos, pero él, por su trabajo, debe pasar más horas fuera de casa. Por eso, ella suele encargarse de la cena. “Nos tomamos un vinito y charlamos. Luego vemos alguna serie hasta que nos quedamos dormidos. ¿Hijos? Para eso hay que tener una vida más tranquila. Bueno, “algún día”, responden casi a la vez.

**Testimonio 4.** “Tenemos la vida que queremos”, comentan José y Esther. ¡Quién los ha visto y quién los ve! Hace tres años su buhardilla en el barrio de Chueca, en pleno centro de Madrid, era el punto de encuentro entre sus amigos cuando llegaba el fin de semana. Eran los reyes de las cañas y el *sing star*, y si no, que les pregunten a sus vecinos. Pero todo cambió con la llegada de Deva, hace ya dos años y medio. Entonces dejaron su buhardilla por una amplia casa en una urbanización con piscina en las afueras, y de reinar sobre las cañas pasaron a reinar sobre los pañales. “Nos mudamos por la niña”, explica Esther al tiempo que prepara el biberón de Nora, su segunda hija. Llevan juntos 10 años y se casaron hace cinco. “Queríamos dar un paso más en nuestra relación, y también era una forma de celebrar nuestro amor”. Su marido la mira y asiente con la cabeza mientras Deva trepa por su pierna derecha reclamando atención. Ven a sus amigos siempre que pueden y, aunque no es como antes, no sienten nostalgia. “Hay etapas en la vida, y ahora tenemos la que queremos”.

Adaptado de http://www.20minutos.es/noticia/631685/0/nuevas/familias/ejemplos/#xtor=AD-15&xts=467263

1. C, testimonio 3; 2. D, testimonio 1; 3. B, testimonio 2; 4. A, testimonio 4.

3 Inma nos contaba que para ella un cambio social fundamental que se ha producido afecta al concepto mismo de familia. Escucha estos testimonios y relaciónalos con cada imagen y su descripción.

A Pareja tradicional. → Testimonio ☐
B Divorciados y 'singles'. → Testimonio ☐
C Pareja de hecho. → Testimonio ☐
D Familia monoparental con hijos. → Testimonio ☐

Intercultura

3.1. ¿Conoces otros tipos de familia? ¿También se dan estas en tu país? Coméntalo con tus compañeros.

3.2. Vuelve a escuchar y completa estas frases extraídas del audio.

1 Mi familia ........ pensar que tener una familia estandarizada sería lo mejor para mí.
2 Ahora, lo que más le agobia es ........ trabajar.
3 Ahora está tan adaptada a estar sola que no ........ imaginarse conviviendo con nadie más.
4 Él, por su trabajo, ........ pasar más horas fuera de casa.
5 Para eso ........ tener una vida más tranquila.

3.3. Como ya sabes, las expresiones con las que has completado las frases son perífrasis verbales. Lee la información del cuadro, coloca cada frase anterior en su lugar correspondiente y completa las estructuras de las perífrasis.

Perífrasis modales

Existen dos tipos de perífrasis verbales: aspectuales y modales. Las perífrasis modales expresan la actitud del hablante frente a la realización verbal. Pueden ser:

- De obligación:
  - [1] ........ + infinitivo → expresa una obligación que bien puede ser personal o moral, o bien puede ser entendida más como un consejo o sugerencia:
    - ........
    - *Mis padres me dicen que debo formalizar mi relación sentimental.*
  - [2] ........ + infinitivo → expresa una obligación entendida como una necesidad. Es impersonal:
    - ........
  - [3] ........ + infinitivo → expresa una obligación fuerte que suele depender de una situación o circunstancia concreta:
    - ........
- Hipotéticas o de posibilidad:
  - [4] ........ + infinitivo → expresa la probabilidad o inseguridad de la realización de una acción:
    - ........
  - [5] ........ + infinitivo → expresa la posibilidad de la realización de una acción:
    - ........

nuevo PRISMA · Unidad 5 | 67

67

67

## ELEteca

**17. Nuevos modelos de familia.**

**3.1.** Se propone aquí una actividad de reflexión intercultural, para que los estudiantes puedan comentar los tipos de familia que existen actualmente en su país y explicar cómo conviven en la sociedad con las familias tradicionales. Sugiera una comparación de la situación de sus países con España, si es muy diferente, y en qué radica esta diferencia.

**3.2.** Actividad de comprensión auditiva selectiva del mismo audio de donde se obtendrán las muestras de lengua con las estructuras de las perífrasis modales que se trabajarán en la actividad 3.3. Vuelva a poner el audio y pida a los estudiantes que completen las frases con las palabras que faltan.

1. debe de; 2. tener que; 3. puede; 4. debe; 5. hay que.

**3.3.** Actividad de reflexión gramatical propuesta para realizar de manera individual o, si lo considera oportuno, en parejas. Primero, sugiérales que realicen una lectura silenciosa del cuadro para luego completar los ejemplos en blanco con las frases de la actividad anterior y las estructuras de las perífrasis. Corrija la actividad en plenario y explique que la perífrasis *poder* + infinitivo además del sentido hipotético, también puede indicar capacitación o permiso: *Ya puedo mover la mano*; *¿Puedo entrar?*

1. Deber; Él, por su trabajo, debe pasar más horas fuera de casa; 2. Hay que; Para eso hay que tener una vida más tranquila; 3. Tener que; Ahora, lo que más le agobia es tener que trabajar; 4. Deber de; Mi familia debe de pensar que tener una familia estandarizada sería lo mejor para mí; 5. Poder; Ahora está tan adaptada a estar sola que no puede imaginarse conviviendo con nadie más.

Si quiere practicar de manera controlada estas perífrasis, puede realizar el ejercicio 2 de la unidad 5 del *Libro de ejercicios*.

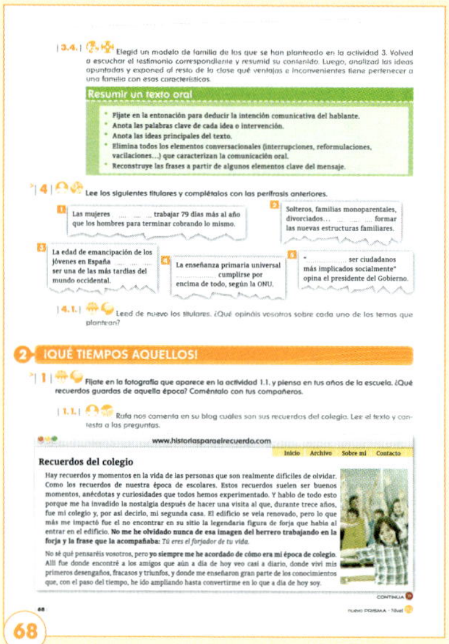

68

**3.4.** Para terminar esta secuencia de actividades, cuya temática tiene como eje los distintos modelos de familia que existen en la actualidad, se ofrece una actividad de carácter estratégico. Distribuidos en pequeños grupos, los estudiantes escogen un tipo de familia de los que han visto. Antes de realizar la escucha, dirija la atención de los estudiantes al cuadro en el que se dan las pautas para realizar un resumen de un texto oral. Una vez que estas pautas hayan quedado claras, ponga el audio de nuevo para que cada grupo pueda escuchar el testimonio correspondiente y realizar un resumen. Para finalizar, pídales que, en plenario, expongan las ventajas e inconvenientes de pertenecer a una familia con esas características.

**>4** Se continúa con una actividad individual de reflexión gramatical cuyo objetivo es la práctica y consolidación del uso de las perífrasis modales. Antes de llevar a cabo la corrección, puede sugerirles que comparen y justifiquen sus respuestas.

Posible respuesta. 1. tienen que; 2. pueden/podrían; 3. debe de; 4. debe; 5. Hay que.

**4.1.** Se finaliza con una propuesta de interacción oral en la que los estudiantes dan abiertamente su opinión sobre los artículos anteriores. Pídales que realicen una lectura silenciosa de los cinco artículos antes de comenzar a hablar.

## 2 ¡QUÉ TIEMPOS AQUELLOS! 68

La frase *¡Qué tiempos aquellos!* se usa para referirse, con una connotación de nostalgia y añoranza, a una etapa de nuestro pasado que ya no forma parte de nuestra vida. El título alude a la temática de este epígrafe, que comienza con propuestas de actividades para hablar de recuerdos. El apartado gramatical se centra en la presentación de las perífrasis aspectuales.

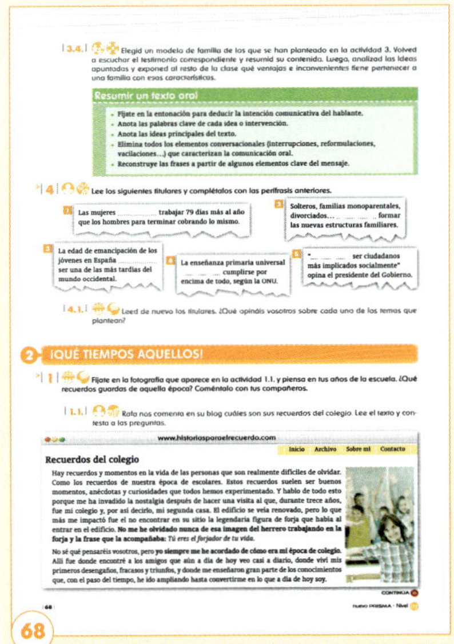

**> 1** Se inicia el epígrafe con una actividad oral en plenario con el objetivo de realizar una primera toma de contacto con los recuerdos. Pídales que observen con atención la foto de la actividad 1.1. (un niño en la escuela) y que comenten los recuerdos que les vienen a la cabeza al verla.

**1.1.** Actividad de comprensión lectora que presenta un texto bajo el formato de un blog sobre los recuerdos del colegio de Rafa. Pida a los estudiantes que, antes de leer el texto, miren las preguntas que deberán contestar para que hagan una lectura más provechosa. Una vez corregida la actividad, céntrese en la frase final del texto para que digan qué creen que significa (uno debe tener presentes sus orígenes siempre, llegue donde llegue en la vida) y si están de acuerdo con ella.

1. Los recuerdos del colegio, anécdotas y curiosidades; 2. Porque ha hecho una visita a su antiguo colegio y le ha invadido la nostalgia; 3. Lo vio renovado y había desaparecido una figura de forja que había en la entrada del edificio y que decía: *Tú eres el forjador de tu vida*; 4. Muy buenos porque, según el autor, aunque se pasan momentos malos también, lo que permanece en la memoria son los buenos momentos; 5. Respuesta abierta.

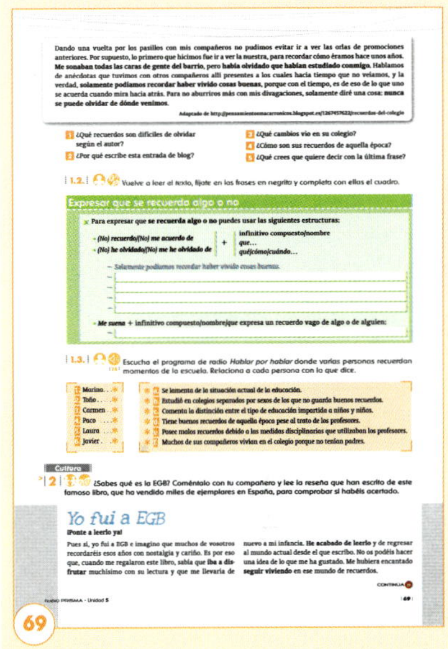

**1.2.** Para realizar esta actividad de reflexión gramatical, pida a los estudiantes que vuelvan a leer el texto anterior, prestando atención a las frases en negrita y que completen con ellas el cuadro donde se dan las estructuras más usadas para expresar que se recuerda algo o no. Antes de llevar a cabo la corrección, proponga a los estudiantes que comparen y comenten sus respuestas en parejas o pequeños grupos.

No me he olvidado nunca de esa imagen del herrero trabajando en la forja y la frase que la acompañaba; Yo siempre me he acordado de cómo era mi época de colegio; Había olvidado que habían estudiado conmigo; Nunca se puede olvidar de dónde venimos; Me sonaban todas las caras de gente del barrio.

**1.3.** Se propone ahora la primera actividad de comprensión auditiva del epígrafe en la que los estudiantes escucharán una secuencia del programa de radio *Hablar por hablar*, donde diferentes personas hablarán de sus recuerdos de escuela. Sugiérales que antes de escuchar el audio, lean en primer lugar las frases, para luego poder relacionarlas con las personas que las mencionan. Como el audio es largo, le recomendamos que haga una segunda escucha y que, si es necesario, lo vaya parando después de cada testimonio.

28

**Locutor:** ¿Qué recuerdos tienes del colegio? Los niños se enfrentan a un nuevo curso, algo que marcará el resto de su vida. Aprovechamos la ocasión, como hemos hecho otras veces, para que nos ayudéis a hacer un viaje en el tiempo y nos contéis vuestros recuerdos del colegio. ¿A qué colegio ibas? ¿Quién era tu profesor favorito? ¿A qué jugabais en el patio? ¿Qué anécdotas recuerdas con especial cariño?

**Marina:** Hola, soy Marina. Estudié en las Escolapias primero, donde tenían a los niños hasta que hacían la comunión, por supuesto completamente segregados de las niñas, y posteriormente en el Alfonso X, un colegio ya desaparecido. No guardo buenos recuerdos de ninguno de ellos; mejor dicho, los guardo bastante malos. Por fortuna, pude cursar el bachillerato superior en la Universidad Laboral, y allí cambió todo. Solo puedo tener buenas palabras para este centro público, con independencia, cómo no, de que también tropezara con algún profesor o profesora sobre los que habría bastante que hablar. Pero eran la excepción, no la regla.

**Toño:** Me llamo Toño. No tengo gratos recuerdos de mi primer colegio en esta ciudad. Era el de Santo Tomás. Corrían los inicios de los sesenta y por entonces la norma parecía ser que "la letra con sangre entra". Santo Tomás era

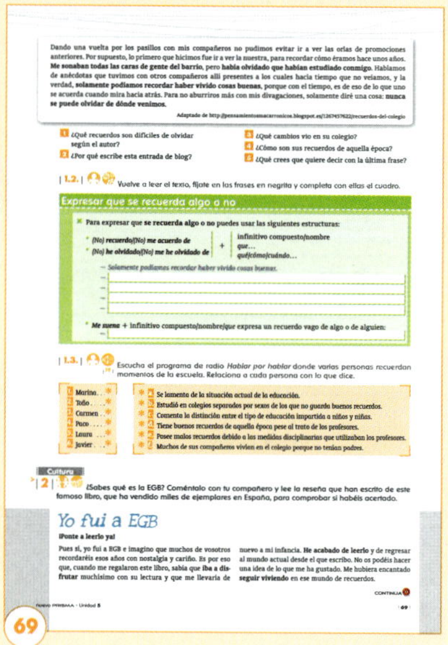

también internado y acogía en su sede de la Plaza de Cervantes lo más díscolo de cada familia madrileña. Debía de ser por eso que los profesores pegaban sin medida a internos y externos, más bien con saña. El Patio de Escritorios era minúsculo y en los recreos los alumnos imitaban a los profesores. El único juego era pegarse. No querría dar nombres de aquellos maestros de la bofetada, aunque alguno aún vive y se le considera bastante honorable en la ciudad. Afortunadamente, mis padres me cambiaron al Instituto de la Redondilla, donde conocí a auténticos y magníficos catedráticos. Allí conocí también a buena parte de los que más tarde fueron mis mejores amigos. Es fundamental aprovechar las enseñanzas de los buenos profesores y tratar de olvidar aquella absurda y cruel manera de lo que otros conocían por "enseñar".

**Carmen:** Hola, me llamo Carmen. Yo me eduqué en un colegio de monjas que solo admitía niñas. De hecho, incluso las profesoras eran mujeres, salvo alguna excepción ya tardía y poco representativa. Aunque no somos tan viejos, eran otros tiempos para muchas cosas. Nosotras teníamos gimnasia sueca y rítmica en clase de gimnasia y ellos, fútbol y baloncesto. Afortunadamente, el mundo exterior era mixto. En el colegio pasábamos una parte importante de nuestras vidas y he visto con mis propios ojos como bastantes niñas veían a los chicos de su misma edad como marcianos. También recuerdo el excelente nivel de latín de mi colegio femenino y lo malos que eran enseñando matemáticas. Justo lo contrario de lo que pasaba en el colegio de los chicos. Se suponía que los niños iban para ciencias y las niñas para letras.

**Paco:** Buenas tardes a todos. Soy Paco. Mi colegio era el Daoíz y Velarde. Como no teníamos patio, jugábamos al escondite, al corro, etc., en la calle Escobedos. Me acuerdo de Doña Carmen y Doña Chelo, las maestras. Entonces, la misma maestra te daba todas las materias y teníamos solo un libro, la *Enciclopedia Álvarez*. Recuerdo el vaso de leche en polvo que nos daban todas las mañanas, que más tarde se cambió por una botella con Colacao que nos sabía a gloria. Tengo muy buenos recuerdos de aquel tiempo, a pesar de los castigos: escribir cien veces una palabra en el cuaderno o pizarra y darte en la mano con la regla si te portabas mal. Pero igual, gracias a esto, los niños éramos más respetuosos con padres y profesores. Recuerdo que las vacaciones se me hacían eternas y estaba deseando que terminaran para volver al cole.

**Laura:** ¿Qué tal? Me llamo Laura. Pues yo estudié en el Miguel de Cervantes. Aunque era (y es) un cole muy chiquito, guardo muy buenos recuerdos: el patio de infantil donde jugábamos con la arena "fina", donde hacíamos la vertical contra uno de sus muros, o donde veíamos correr a los militares en el patio de enfrente; y el agobiante patio de primaria que parecía una cárcel y en el cual me dejé parte de uno de mis dientes contra los barrotes de acero. Grandes profes como Antonio, el de inglés (que me hizo amar el idioma hasta el punto de ser hoy maestra de inglés) y Eloísa, la de religión, con su dulzura, por no olvidar al conserje, Ángel, que vivía en su casa dentro del cole. Han pasado catorce años desde entonces y han cambiado muchas cosas, y la mayoría a peor, cuando antes el "raro" era el alumno que repetía y quien suspendía una sola asignatura ya se sentía mal, ahora lo común es que les quede una como mínimo. ¡Una pena el panorama educativo actual!

**Javier:** Buenas tardes, soy Javier. El primer colegio del que tengo recuerdo fue el de la Paloma en la plaza de Cervantes; allí estudié tres años junto a alumnos internos, todos ellos huérfanos. La disciplina era estricta. Lo que más me gustaba era el gran espacio que teníamos para el recreo, el antiguo campo de fútbol de la Paloma. Conservo grandes recuerdos a la salida del colegio, y los paseos y andanzas que nos hacíamos por la calle Mayor antes de regresar a casa.

Adaptado de http://diariodealcala.es/te-escuchamos/aqui-hablas/item/15467-%C2%BFqu%C3%A9-recuerdos-tienes-de-tu-colegio

1. b; 2. e; 3. c; 4. d; 5. a; 6. f.

**>2** Bajo la etiqueta de cultura, se presenta una tarea de comprensión lectora. Para poder contextualizar el contenido del texto, sugiera a los estudiantes que, en parejas o pequeños grupos, comenten lo que saben de la EGB. Haga una puesta en común y aproveche para introducir léxico relacionado con la educación y la EGB para facilitar la comprensión del texto.

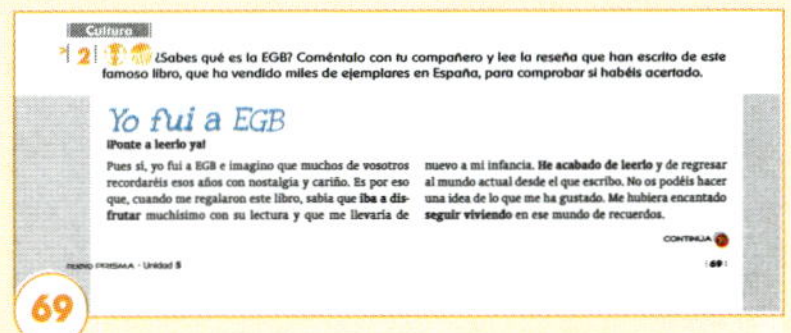

**ELEteca**

**18.** La EGB (Educación General Básica).

**2.1.** Tarea individual de reflexión gramatical en la que se ofrece a los estudiantes un cuadro incompleto sobre las perífrasis aspectuales. Indíqueles que vuelvan a leer el texto fijándose en las expresiones señaladas en negrita. Dígales que son otro tipo de perífrasis, las aspectuales. Pídales que analicen estos ejemplos y que completen el cuadro. Como recomendación, sugiérales que se fijen en el contexto de la frase para poder entender su significado. Para corregir, puede utilizar la proyección 16 que reproduce el cuadro del libro completo. Dé las explicaciones pertinentes.

**Proyección 16.** Perífrasis aspectuales.

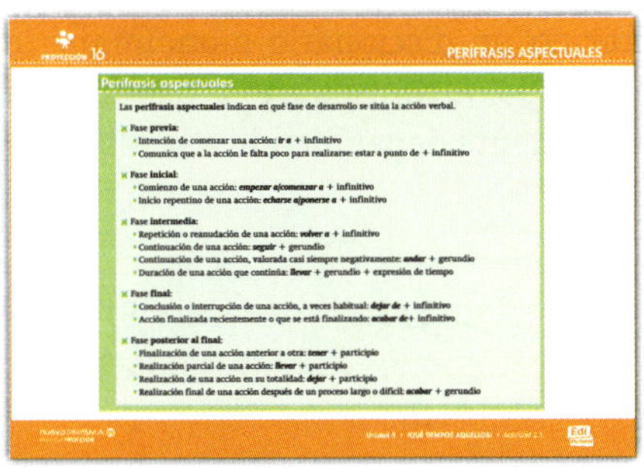

**Dinámica.** Corrija la actividad con ayuda de la proyección con el fin de focalizar la atención de los estudiantes en los puntos importantes.

Una vez corregido el cuadro, pídales que vayan diciendo, por turnos, nuevos ejemplos de cada perífrasis tratada.

1. ir a; 2. estar a punto de; 3. empezar a; 4. comenzar a; 5. ponerse a; 6. volver a; 7. seguir; 8. andar; 9. llevar; 10. dejar de; 11. acabar de; 12. tener; 13. llevar; 14. dejar; 15. acabar.

**2.2.** Actividad de consolidación gramatical de las perífrasis modales. Puede proponer también que este ejercicio se lleve a cabo en parejas, para facilitar la reflexión e intercambio de conocimientos.

1. tengo; 2. vamos, volveremos; 3. acaba de; 4. Llevo; 5. acabó; 6. deje de; 7. llevaba; 8. Andan; 9. ha dejado.

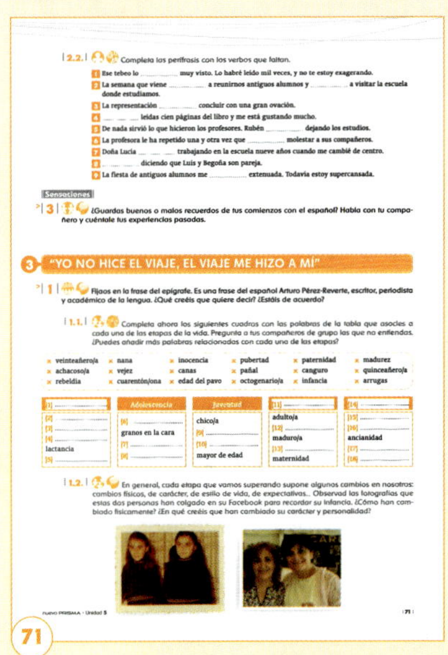

Puede realizar una práctica adicional con el ejercicio 4 de la unidad 5 del *Libro de ejercicios*.

**>3** Llegamos al final del epígrafe proponiendo una tarea de interacción oral en la que se trabajan las sensaciones que experimentan los estudiantes en su proceso de aprendizaje de la lengua española. Sugiérales que formen parejas y vuelvan la vista atrás trasladándose a sus inicios en el aprendizaje del español y que expresen los recuerdos que guardan de ese momento: todos positivos, todos negativos o algunos positivos y otros negativos. Finalice la actividad haciendo una puesta en común para que todos los estudiantes puedan exteriorizar y compartir con sus compañeros sus experiencias.

Como repaso general de todas las perífrasis estudiadas hasta el momento, puede realizar el ejercicio 1 de la unidad 5 del *Libro de ejercicios*.

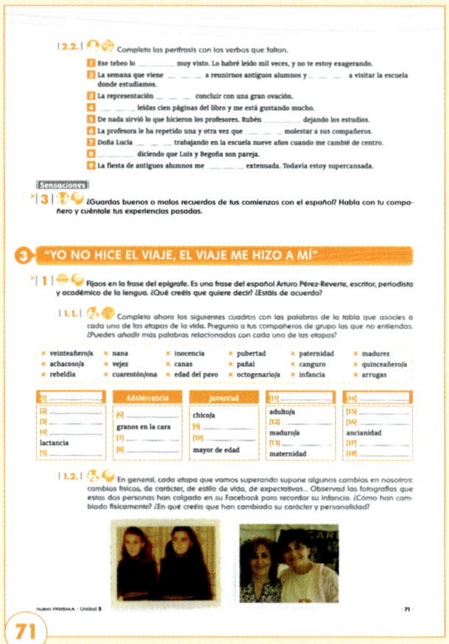

71

72

## 3 "YO NO HICE EL VIAJE, EL VIAJE ME HIZO A MÍ" 71

Se inicia este epígrafe con un juego de palabras con la intención de invitar a una reflexión sobre cómo la experiencia de un viaje puede influir en una persona cambiando su perspectiva sobre la vida. Se introduce el léxico relacionado con las etapas de la vida y los viajes, y se presentan los verbos de cambio.

**> 1** Iniciamos este epígrafe trabajando su título. Proponga a los estudiantes que en clase abierta reflexionen sobre el significado de la frase, que expliquen su significado y que opinen si están o no de acuerdo con lo que dice.

**i+ ELEteca**

**19. Arturo Pérez-Reverte.**

**1.1.** Se propone ahora una actividad de léxico ideada para llevarse a cabo en pequeños grupos. Informe a los estudiantes que van a leer una serie de palabras que están relacionadas con las diferentes etapas de la vida. Recomiéndeles que lean primero las palabras y que se aseguren de que entienden el significado de todas ellas. Si no es así, puede preguntarles a sus compañeros de grupo, consultar en un diccionario monolingüe, o usted mismo puede explicarles su significado. A continuación, deben clasificar cada palabra en la columna correspondiente dependiendo a la etapa de la vida a la que crean que pertenecen.

Posible respuesta. 1. Infancia; 2. nana; 3. inocencia; 4. pañal; 5. canguro; 6. edad del pavo; 7. pubertad; 8. quinceañero/a; 9. veinteañero/a; 10. rebeldía; 11. Madurez; 12. cuarentón/ona; 13. paternidad; 14. Vejez; 15. achacoso/a; 16. canas; 17. octogenario/a; 18. arrugas.

**1.2.** Mantenga los grupos de la tarea anterior. Propóngales que observen con atención las fotografías que han colgado en Facebook dos personas y que representan dos etapas diferentes de su vida para que comenten los cambios físicos que aprecian. Anímeles también a que intuyan los cambios que creen que se han podido producir en su carácter a través de la imagen que sus expresiones que proyectan.

**1.3.** Propóngales ahora que expliquen cómo eran ellos en otras etapas de su vida: infancia, juventud...: cómo eran físicamente, cómo vestían, su carácter..., y que comenten si eran muy diferentes de como son ahora.

**> 2** Mediante esta actividad de comprensión auditiva, los estudiantes se van a adentrar en el concepto de viaje y en su mundo. Pídales que escuchen con atención el texto en el que se habla de los viajes como proceso de evolución del mundo interior, y que intenten relacionar el tipo de viaje correspondiente a cada etapa de su vida. Si lo cree conveniente, puede proceder a una segunda escucha. A continuación, sugiera a los estudiantes que, en plenario, se animen a comentar y justificar sus respuestas, explicando por qué creen que cada etapa de la vida conlleva un tipo de viaje diferente.

| 29 |

El hombre siempre ha tenido el afán de viajar. Al principio lo hacía por necesidad, luego por curiosidad o por ambición de conquista y, actualmente, aunque repuntan los motivos laborales, la mayoría de los viajes que realizamos tienen carácter lúdico. Pero, ¿qué es viajar? Cada uno tiene su destino y razón, y cada edad tiene su modalidad. No se viaja igual a los 20 años que a los 50, ni de la misma forma, ni a los mismos lugares. Pero viajar es moverse, y para hacerlo, no es necesario recorrer mil kilómetros, puedes viajar incluso por tu misma ciudad; es solo cuestión de poner "ojos viajeros" para observar el entorno con una nueva perspectiva.

Por ejemplo, para mí viajar es algo más que conocer nuevos lugares, viajar es una forma de vivir, de desarrollarme como persona y de adquirir un bagaje cultural que me enriquece como ser humano. Al volver de cada viaje, siempre llegas con la sensación de haber recargado tu mente y tu espíritu".

Adaptado de http://viajeropermanente.blogspot.com.es/2013/08/viajero-proverbios-citas-refranes-y.html

**2.1.** En pequeños grupos o en plenario, continuando así con la dinámica de debate anterior, pídales a los estudiantes que expresen sin están de acuerdo con la idea de que los viajes cambian a las personas y ayudan a desarrollarse. Anímeles a que pongan un ejemplo de sus propias vidas para que comenten cuáles de los viajes que han hecho han cambiado más su vida y que lo expliquen.

**>3** Se propone ahora una tarea de comprensión lectora y reflexión gramatical sobre los verbos de cambio. De manera individual y a través de una lectura silenciosa del texto que trata sobre los cambios que se producen en la vida de las personas cuando viven en otro país, los estudiantes deben completar los espacios en blanco con las palabras del recuadro. En el caso de que no entiendan alguna palabra, anímeles a consultar un diccionario monolingüe. Luego, pídales que vuelvan a leer el texto y que se fijen en los verbos resaltados en negrita. Pregúnteles: "¿Qué expresan estos verbos?" (algún tipo de cambio).

1. tu vida; 2. quieto; 3. en un vaivén de emociones; 4. adictiva; 5. triste; 6. uno más; 7. una persona más humana.

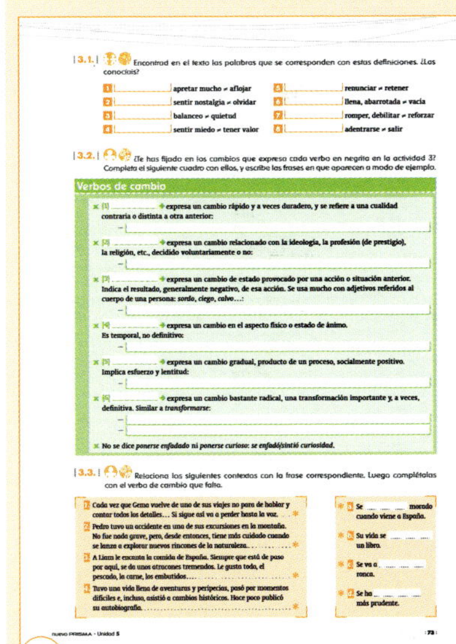

**3.1.** Tarea de léxico en parejas. Pida a los estudiantes que lean con atención las definiciones. Para ayudarles a entender el significado, se facilita el antónimo de la palabra. A continuación, deben leer el texto de nuevo con el objetivo de encontrar las palabras que se correspondan con las definiciones. Antes de llevar a cabo una corrección conjunta, indíqueles que comparen y comenten sus respuestas con otras parejas de la clase.

1. apretujar; 2. añorar; 3. vaivén; 4. asustarse; 5. desprenderse; 6. repleta; 7. resquebrajar; 8. sumergirse.

**3.2.** Actividad de reflexión gramatical para realizar individualmente, con el objetivo de presentar los verbos que expresan cambios. Pídales que se fijen en los verbos resaltados en negrita en el texto (los verbos de cambio) y que analicen el tipo de cambio que indican ayudándose del contexto en que aparecen para completar con ellos los espacios en blanco del cuadro y el ejemplo correspondiente. Para llevar a cabo la corrección, utilice la proyección 17.

**Proyección 17.** Verbos de cambio.

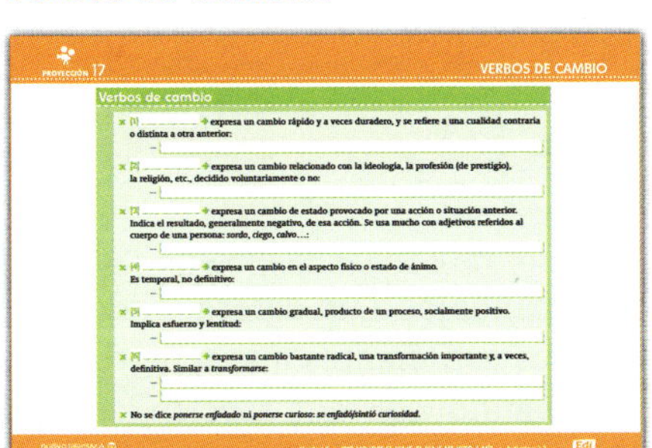

**Dinámica.** Proyecte el cuadro en la pizarra y pida a los estudiantes que, por turnos, vayan completando los verbos y los ejemplos. Aclare todas las dudas que surjan y ponga más ejemplos de cada verbo para que queden claras las diferencias entre unos y otros.

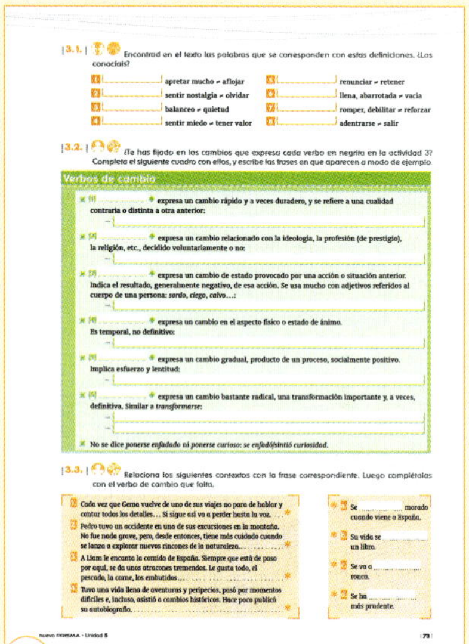

73

1. Volverse; La sensación de comenzar de cero debería asustarte, pero se vuelve adictiva; 2. Hacerse; Te haces una persona más humana y más empática; 3. Quedarse; Renuncias a quedarte quieto; 4. Ponerse; Perfeccionas el equilibrio entre crear lazos y saber desprenderte de objetos y recuerdos sin ponerte triste; 5. Llegar a ser; Llegas a ser uno más en el lugar en el que te encuentras; 6. Convertirse en; Cuando conviertes tu vida en viaje e incertidumbre, creces; Tu vida se convierte en un vaivén de emociones.

**3.3.** Actividad de práctica controlada de los verbos de cambio. Si lo considera más oportuno, puede pedir a los estudiantes que trabajen en parejas. En la columna de la izquierda aparecen una serie de situaciones que deben relacionar con una frase de la columna derecha. Indíqueles que las situaciones les permitirán deducir el tipo de cambio que se produce para poder luego completar con el verbo adecuado la frase correspondiente. Una vez corregida la actividad, pregúnteles qué frases reflejan un cambio duradero y cuáles un cambio más o menos momentáneo.

1. c, quedar; 2. d, vuelto; 3. a, pone; 4. b. convirtió en.

Antes de continuar, y si así lo considera oportuno, puede realizar el ejercicio 6 de la unidad 5 del *Libro de ejercicios*.

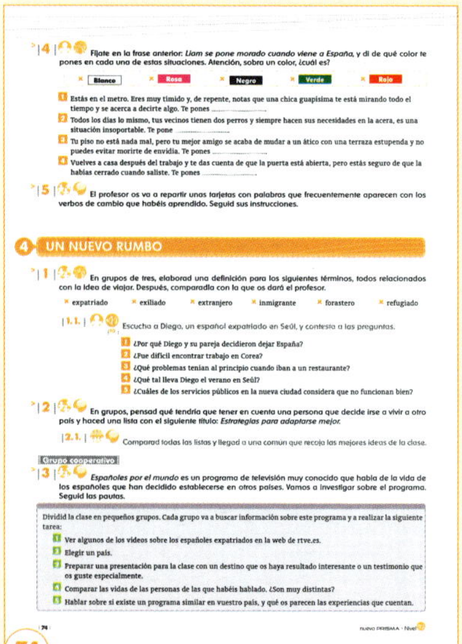

74

**>4** Tarea de léxico en la que se trabajan expresiones idiomáticas que indican un cambio con el verbo *ponerse* y los colores. Si lo considera conveniente, pregunte a los estudiantes si en su lengua se utilizan también expresiones con colores, y qué significan, propiciando de esta manera un intercambio intercultural.

1. rojo; 2. negro; 3. verde; 4. blanco. Sobra el color rosa.

**>5** Lleve a cabo la siguiente actividad de cierre de epígrafe con la ficha 14. Se trata de una actividad más abierta y lúdica que permitirá a los estudiantes poner en práctica de manera más libre los contenidos aprendidos.

**Ficha 14.** Verbos de cambio y léxico asociado.

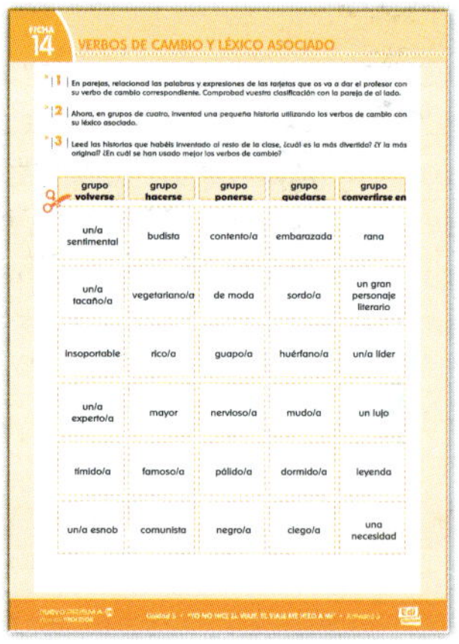

| grupo volverse | grupo hacerse | grupo ponerse | grupo quedarse | grupo convertirse en |
|---|---|---|---|---|
| un/a sentimental | budista | contento/a | embarazada | rana |
| un/a tacaño/a | vegetariano/a | de moda | sordo/a | un gran personaje literario |
| insoportable | rico/a | guapo/a | huérfano/a | un/a líder |
| un/a experto/a | mayor | nervioso/a | mudo/a | un lujo |
| tímido/a | famoso/a | pálido/a | dormido/a | leyenda |
| un/a esnob | comunista | negro/a | ciego/a | una necesidad |

**Dinámica.** El objetivo de esta ficha es llevar a cabo la práctica de diferentes verbos de cambio asociándolos a un determinado léxico, pero de una manera más lúdica. Pida a los estudiantes que se agrupen en parejas, recorte las tarjetas y repártalas, e indíqueles que asocien las palabras y expresiones de sus tarjetas con el verbo de cambio correspondiente. Corrija y dígales que van a crear una pequeña historia utilizando los verbos de cambio con su léxico asociado. Para finalizar, hagan una puesta común de todas las historias y pídales que elijan la más divertida y original, además de analizar si se han utilizado los verbos de cambio adecuadamente.

## 4 UN NUEVO RUMBO 74

En este epígrafe, de carácter marcadamente cultural, se propone una reflexión sobre el fenómeno de la emigración. Para ello, los estudiantes van a llevar a cabo una tarea de grupo cooperativo consistente en un trabajo de investigación en colaboración sobre un popular programa de la televisión pública española: *Españoles en el mundo*. Se concluye con una interacción oral de intercambio intercultural sobre el tema de la inmigración.

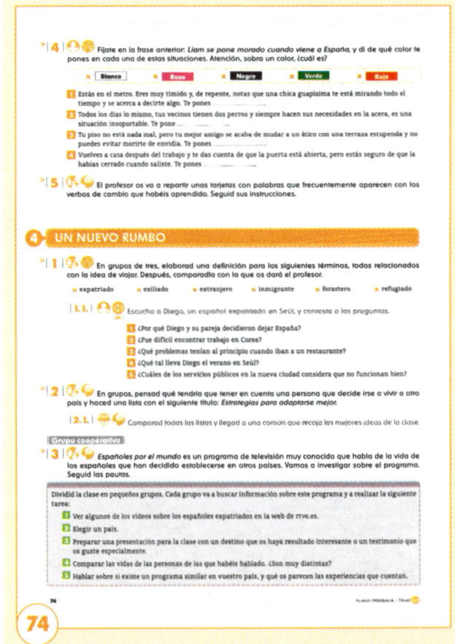

4 | Fíjate en la frase anterior: *Liam se pone morado cuando viene a España*, y di de qué color te pones en cada una de estas situaciones. Atención, sobra un color, ¿cuál es?

Blanco · Rosa · Negro · Verde · Rojo

1. Estás en el metro. Eres muy tímido y, de repente, notas que una chica guapísima te está mirando todo el tiempo y se acerca a decirte algo. Te pones .......
2. Todos los días lo mismo, tus vecinos tienen dos perros y siempre hacen sus necesidades en la acera, es una situación insoportable. Te pone .......
3. Tu piso no está nada mal, pero tu mejor amigo se acaba de mudar a un ático con una terraza estupenda y no puedes evitar morirte de envidia. Te pones .......
4. Vuelves a casa después del trabajo y te das cuenta de que la puerta está abierta, pero estás seguro de que la habías cerrado cuando saliste. Te pones .......

5 | El profesor os va a repartir unas tarjetas con palabras que frecuentemente aparecen con los verbos de cambio que habéis aprendido. Seguid sus instrucciones.

4 UN NUEVO RUMBO

1 | En grupos de tres, elaborad una definición para los siguientes términos, todos relacionados con la idea de viajar. Después, comparadla con la que os dará el profesor.

expatriado · exiliado · extranjero · inmigrante · forastero · refugiado

1.1. | Escucha a Diego, un español expatriado en Seúl, y contesta a las preguntas.

1. ¿Por qué Diego y su pareja decidieron dejar España?
2. ¿Fue difícil encontrar trabajo en Corea?
3. ¿Qué problemas tenían al principio cuando iban a un restaurante?
4. ¿Qué tal lleva Diego el verano en Seúl?
5. ¿Cuáles de los servicios públicos en la nueva ciudad considera que no funcionan bien?

2 | En grupos, pensad qué tendría que tener en cuenta una persona que decide irse a vivir a otro país y haced una lista con el siguiente título: *Estrategias para adaptarse mejor.*

2.1. | Comparad todas las listas y llegad a una común que recoja las mejores ideas de la clase.

Grupo cooperativo

3 | *Españoles por el mundo* es un programa de televisión muy conocido que habla de la vida de los españoles que han decidido establecerse en otros países. Vamos a investigar sobre el programa. Seguid las pautas.

Dividid la clase en pequeños grupos. Cada grupo va a buscar información sobre este programa y a realizar la siguiente tarea:

1. Ver algunos de los vídeos sobre los españoles expatriados en la web de rtve.es.
2. Elegir un país.
3. Preparar una presentación para la clase con un destino que os haya resultado interesante o un testimonio que os guste especialmente.
4. Comparar las vidas de las personas de las que habéis hablado. ¿Son muy distintas?
5. Hablar sobre si existe un programa similar en vuestro país, y qué os parecen las experiencias que cuentan.

74

**> 1** Actividad de léxico para realizar en pequeños grupos, en la que se introducen palabras relacionadas con la idea de viajar. Pida a los estudiantes que, en pequeños grupos, elaboren una definición para cada una de las palabras que aparecen debajo. Antes de comenzar el trabajo grupal, haga que reflexionen sobre el tipo de viaje al que aluden las palabras: un viaje por necesidad y el viaje a otro país en busca de una vida mejor. Una vez realizadas las definiciones, haga una puesta en común para comentar las definiciones matizando y corrigiendo aquellas que considere necesarias.

Expatriado. Que vive fuera de su patria generalmente por motivos políticos o económicos.

Exiliado: que vive fuera de su patria generalmente por motivos políticos.

Extranjero. Que es o viene de otro país.

Inmigrante. Persona que se establece en otro país generalmente para trabajar.

Forastero. Persona que vive o está en un lugar de donde no es vecina y donde no ha nacido. Se usa, generalmente, de manera negativa.

Refugiado. Persona que, a consecuencia de guerras, revoluciones o persecuciones políticas, se ve obligada a buscar refugio fuera de su país.

**1.1.** Para entrar de lleno en el tema del epígrafe y como preparación para la tarea de grupo cooperativo, se presenta a Diego, un español expatriado en Corea del Sur por razones económicas, que cuenta su experiencia y su proceso de adaptación. Antes de llevar a cabo la escucha, pida a los estudiantes que lean las preguntas que tienen que contestar para que la actividad sea más provechosa. Sugiérales que comparen, comenten y justifiquen sus respuestas en parejas, para luego proceder a una segunda escucha con la finalidad de llevar a cabo la corrección.

| 30 |

**Diego:** Pues… Me llamo Diego, estoy casado con una hermosa chica británica, tengo 42 años, nací en Cáceres y les quiero hablar acerca de mi experiencia como expatriado en Corea del Sur. Elegimos vivir en Corea del Sur en el año 2012, justo en el momento más álgido de la crisis en España, país donde mi mujer y yo nos conocimos y en el cual trabajábamos hasta que la crisis nos afectó y decidimos buscar nuevos horizontes. Mi esposa se presentó para un puesto de trabajo en Seúl como coordinadora de proyectos digitales para la enseñanza de inglés, bueno… y la aceptaron… Fue esta la razón por la cual llegamos a este maravilloso país.

**Entrevistadora:** ¿Y por qué Corea?

**Diego:** Decidimos optar por Corea porque las condiciones laborales que le ofrecían a mi mujer en su contrato eran muy buenas, ya que incluían ayudas para vivienda y un sueldo alto teniendo en cuenta el nivel de vida en Seúl; también nos atraía mucho la idea de viajar al lejano Oriente y sumergirnos en una cultura completamente diferente a la europea.

**Entrevistadora:** ¿Has tenido dificultades de adaptación? ¿Con las comidas, las costumbres, el clima…?

**Diego:** Gastronómicamente, los primeros días fueron un verdadero choque, ya que, por mucho que intentáramos interpretar los platos, siempre nos resultaban completamente diferentes a lo que las fotos en el menú nos enseñaban. También se nos hacía muy raro tener que quitarnos los

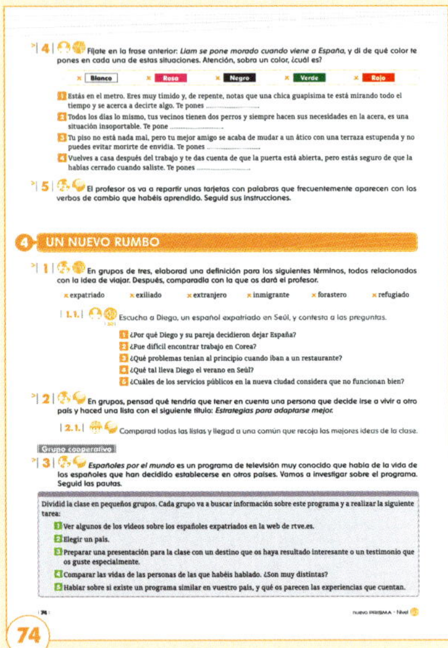

>| 4 | Fíjate en la frase anterior: *Liam se pone morado cuando viene a España*, y di de qué color te pones en cada una de estas situaciones. Atención, sobra un color, ¿cuál es?

× Blanco × Rosa × Negro × Verde × Rojo

1. Estás en el metro. Eres muy tímido y, de repente, notas que una chica guapísima te está mirando todo el tiempo y se acerca a decirte algo. Te pones ..........
2. Todos los días lo mismo, tus vecinos tienen dos perros y siempre hacen sus necesidades en la acera, es una situación insoportable. Te pone ..........
3. Tu piso no está nada mal, pero tu mejor amigo se acaba de mudar a un ático con una terraza estupenda y no puedes evitar morirte de envidia. Te pones ..........
4. Vuelves a casa después del trabajo y te das cuenta de que la puerta está abierta, pero estás seguro de que la habías cerrado cuando saliste. Te pones ..........

>| 5 | El profesor os va a repartir unas tarjetas con palabras que frecuentemente aparecen con los verbos de cambio que habéis aprendido. Seguid sus instrucciones.

4 UN NUEVO RUMBO

>| 1 | En grupos de tres, elaborad una definición para los siguientes términos, todos relacionados con la idea de viajar. Después, comparadla con la que os dará el profesor.

× expatriado × exiliado × extranjero × inmigrante × forastero × refugiado

| 1.1. | Escucha a Diego, un español expatriado en Seúl, y contesta a las preguntas.

1. ¿Por qué Diego y su pareja decidieron dejar España?
2. ¿Fue difícil encontrar trabajo en Corea?
3. ¿Qué problemas tenían al principio cuando iban a un restaurante?
4. ¿Qué tal lleva Diego el verano en Seúl?
5. ¿Cuáles de los servicios públicos en la nueva ciudad considera que no funcionan bien?

>| 2 | En grupos, pensad qué tendría que tener en cuenta una persona que decide irse a vivir a otro país y haced una lista con el siguiente título: *Estrategias para adaptarse mejor*.

| 2.1. | Comparad todas las listas y llegad a una común que recoja las mejores ideas de la clase.

Grupo cooperativo

>| 3 | *Españoles por el mundo* es un programa de televisión muy conocido que habla de la vida de los españoles que han decidido establecerse en otros países. Vamos a investigar sobre el programa. Seguid las pautas.

Dividid la clase en pequeños grupos. Cada grupo va a buscar información sobre este programa y a realizar la siguiente tarea:

1. Ver algunos de los videos sobre los españoles expatriados en la web de rtve.es.
2. Elegir un país.
3. Preparar una presentación para la clase con un destino que os haya resultado interesante o un testimonio que os guste especialmente.
4. Comparar las vidas de las personas de las que habéis hablado. ¿Son muy distintas?
5. Hablar sobre si existe un programa similar en vuestro país, y qué os parecen las experiencias que cuentan.

74 nuevo PRISMA · Nivel

74

zapatos para entrar a un restaurante... Una vez dentro, empezaban los problemas de comunicación. En cuanto al clima, si bien es cierto que yo estaba acostumbrado a los fríos inviernos europeos, no me esperaba que justo ese año fuera uno de los inviernos más fríos en décadas. Menos mal que llegamos bien preparados para el frío... Después ya vendrían las otras estaciones, hasta que llegó el verano... ¡Nunca imaginé que anhelase tanto que volviera el frío...! El calor y la humedad ambiental hacían insoportable estar en la calle. Pasamos el verano recluidos en lugares con aire acondicionado.

**Entrevistadora:** ¿Lo que más te sorprendió?

**Diego:** Lo que más me sorprendió de Seúl fue ver que es una ciudad que nunca duerme, siempre tienes una tienda muy cerca de ti las 24 horas todos los días del año. Es muy fácil volverse un noctámbulo en una ciudad como esta. También me sorprendió el ambiente de seguridad que se respira.

**Entrevistadora:** Dime un aspecto positivo y uno negativo de la ciudad. Lo que más te gusta y lo que más te molesta.

**Diego:** Lo mejor es que en una ciudad tan cosmopolita como Seúl encuentras todo tipo de personas, y en general la gente local es muy amable. Y otro aspecto que me gusta mucho de Seúl es su sistema de transporte, que es excelente, muy bien organizado. ¿Algo que me moleste? Quizá el sistema de recogida de basuras. Como la gente saca bolsas con basura a cualquier hora del día y no hay contenedores para ello, pues casi siempre ves basura por todos lados. Esto no quiere decir que no la recojan todos los días, yo solo hago énfasis en que no hay unos horarios establecidos y unos contenedores destinados a tal efecto.

1. Porque les afectó la crisis económica de España y se quedaron sin trabajo; 2. No, no fue difícil para su mujer y las condiciones laborales son muy buenas en ese país; 3. La lengua, pues no entendían qué tenían los platos y también les chocó tener que descalzarse cuando entraban en ellos; 4. Muy mal, porque hace mucho calor y es muy húmedo; 5. El sistema de recogida de basuras, porque no hay un horario de recogida y tampoco hay contenedores, por lo que hay basura por todos lados.

**> 2** y **2.1.** Secuencia de actividades de interacción oral en la que los estudiantes en pequeños grupos deben reflexionar y proponer una serie de estrategias para adaptarse a vivir en otro país de manera rápida y eficaz. Recomiéndeles que piensen en su propia experiencia y en los recursos que ellos mismos han adoptado para sentirse mejor en un país extranjero. En el caso de que no lo hayan hecho, pueden recurrir a las experiencias de personas que conozcan o pensar simplemente en lo que harían ellos si estuvieran en su lugar. Una vez que los grupos han elaborado su lista, haga una puesta en común de todas ellas llegando por consenso a una lista única. Este trabajo incentivará su conciencia intercultural haciéndolos más abiertos a las diferencias. Le recomendamos que cuelgue esa lista en un lugar visible de la clase.

**> 3** Actividad de corte cooperativo consistente en la investigación en grupo y de manera colaborativa sobre un popular programa de la televisión pública española: *Españoles en el mundo*, que trata sobre la vida de diferentes españoles que viven en la actualidad en distintas partes del mundo. Divida la clase en pequeños grupos indicándoles con precisión las pautas a seguir. Pueden ver capítulos de este programa en http://www.rtve.es/tele vision/espanoles-en-el-mundo/ y http://www.rtve.es/alacarta/videos/espanoles-en-el-mundo/

Como cierre de actividad, puede realizar las actividades de la ficha 15, en la que, a través de un texto, se explica la situación actual de la juventud española derivada de la crisis económica.

## Ficha 15. Los españoles vuelven a ser emigrantes.

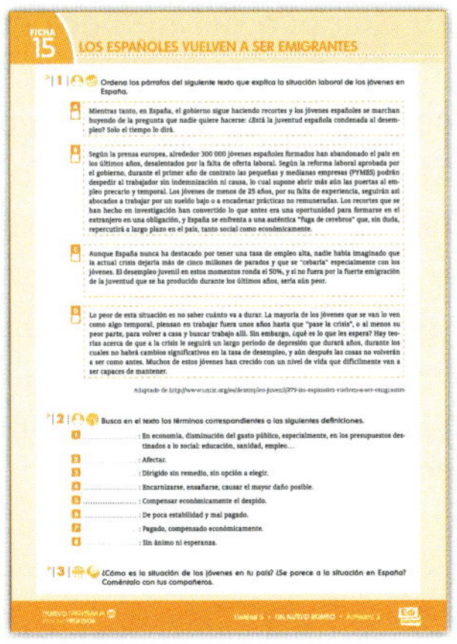

**Dinámica.** Reparta una copia de la ficha a cada estudiante y lleve a cabo las actividades que se proponen. Las actividades 1 y 2 se han diseñado para hacer de manera individual. La actividad 3, de interacción oral, permite a los estudiantes hablar de la situación laboral de los jóvenes en su país, comparándola con España.

**1.** A. 4; B. 2; C. 1; D. 3. **2.** 1. Recorte; 2. Repercutir; 3. Abocado; 4. Cebarse; 5. Indemnización; 6. Precario; 7. Remunerado; 8. Desalentado.

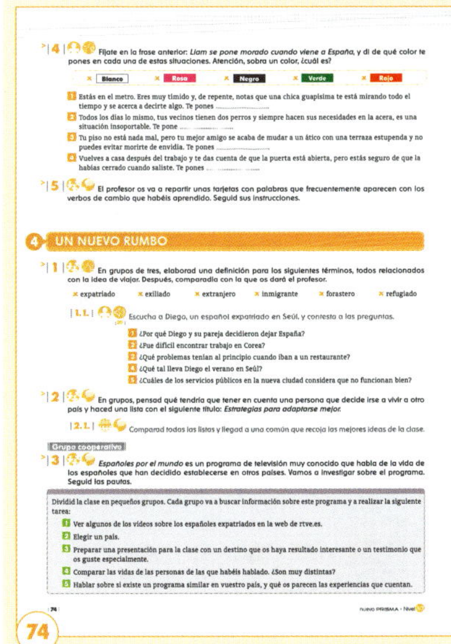

**>4** Actividad de interacción oral para conocer la otra cara la de la moneda: la inmigración en España. Pídales que lean los titulares y que los comenten en parejas, explicando el léxico si es necesario.

Patera: embarcación pequeña usada para el transporte de inmigrantes ilegales.

Jornalero: persona que cobra su salario a diario, según las horas que trabaje. Se refiere generalmente a los trabajadores temporales del campo.

Sin papeles: sin documentación, ilegal.

**4.1.** y **4.2.** Tarea de interacción oral propuesta en clase abierta para que los estudiantes puedan comentar e intercambiar los conocimientos que tienen sobre el fenómeno de la inmigración en España. Después del intercambio, ponga el audio de la actividad 4.2. para que, a través de una escucha global, comprueben si la información que tenían es la correcta. Proceda a una segunda escucha selectiva para realizar la tarea de la actividad: completar los datos estadísticos que se piden en la tabla.

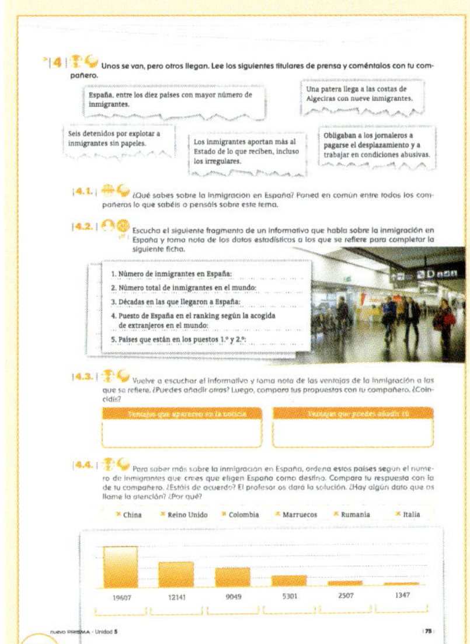

| 31 |

España es uno de los diez países con mayor número de inmigrantes, unos 6,5 millones, según un estudio de la ONU, que destacó que en los últimos años viven fuera de su nación de origen 232 millones de personas, el 3,2 por ciento de la población mundial.

De esos 6,5 millones de inmigrantes que viven hoy en España, la inmensa mayoría, 6 millones, llegaron entre 1990 y 2013, lo que lo convierte en el tercer país con la mayor acogida de extranjeros en los últimos 23 años, solo por detrás de EE.UU. (con 23 millones) y Emiratos Árabes Unidos (con 7 millones).

El secretario general de la ONU se refirió a la importancia de este fenómeno, ya que, según él, “es un medio esencial para aumentar el acceso a los recursos y reducir la pobreza. Si la migración se regula debidamente, puede contribuir al desarrollo social y económico de los países de origen y los países de destino, además de dar lugar a un enriquecedor intercambio cultural debido a que este contacto con otras culturas nos hace personas más humanas, comprensivas y empáticas”, asegura.

Sin embargo, es importante desmontar algunos tópicos o prejuicios que hoy en día todavía existen sobre la inmigración para que esta no se convierta en

75

un problema. Entre ellos está, por ejemplo, la idea de que este fenómeno es algo negativo, y termine fomentando actitudes xenófobas. Muchos pueden pensar que un aumento excesivo del número de extranjeros que llegan a un país para trabajar puede hacer que los que ya viven en esa región se vuelvan más intolerantes, generalmente por miedo a lo desconocido o porque crean que puede afectar a su trabajo. A esto responde el catedrático de Economía de la Universidad Carlos III, Juan José Dolado, señalando que la inmigración representa todo lo contrario: "Es una ventaja, sobre todo para un país que envejece, como España", afirma. El *Informe semestral sobre la economía española y contexto internacional*, elaborado por Caixa Catalunya, revela, además, que en la última década, la economía creció un 2,6% anual gracias a las aportaciones de los inmigrantes.

Adaptado de http://elpais.com/diario/2006/11/05/madrid/1162729456_850215.html

1. 6,5 millones; 2. 232 millones; 3. De 1990 a 2013; 4. El tercer país; 5. Estados Unidos y Emiratos Árabes Unidos.

**4.3.** En una tercera escucha, los estudiantes han de anotar las ventajas que según el audio tiene la inmigración tanto para los propios inmigrantes como para el país de acogida. Una vez corregida la actividad, déjeles unos minutos para que piensen ellos en otras ventajas y, luego, pídales que, en parejas, intercambien sus ideas. Puede hacer una puesta en común en plenario si cree que el tema es de su interés.

Ventajas que aparecen en la noticia: Aumentar el acceso a los recursos y disminuir la pobreza; contribuir al desarrollo social y económico de los países de origen y de destino; favorecer el intercambio cultural que nos convierte en personas más humanas, comprensivas y empáticas.

**4.4.** Manteniendo las parejas de la actividad anterior, pídales que observen con atención el cuadro estadístico sobre la inmigración en España y que ordenen de mayor a menor los países de los que son originarias las personas que escogen España como destino. Antes de llevar a cabo la corrección, pídales que lo comenten con otros compañeros de la clase para comprobar si hay disparidad de opiniones y que justifiquen su elección. A continuación, facilíteles los datos correctos para que comenten aquellos que les sorprendan más.

Marruecos, Rumanía, China, Colombia, Italia, Reino Unido.

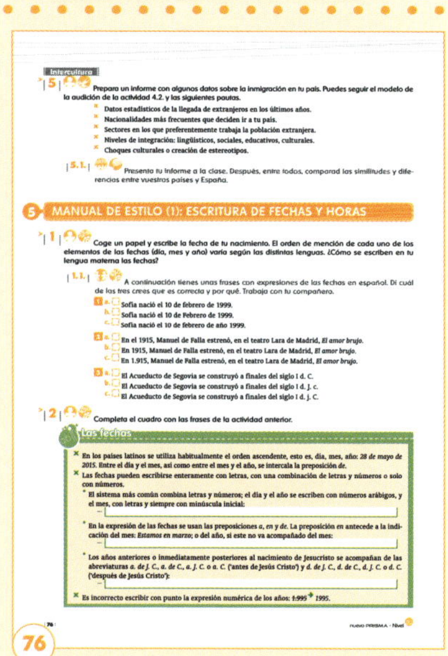

76

**>5** y **5.1.** Se llega al final del epígrafe con dos actividades de corte intercultural. Pídales que piensen en cómo es la situación actual de la inmigración en su país y que elaboren un informe explicándolo. Antes, en plenario, lean las pautas que se dan para hacer dicho informe. Una vez elaborado, pídales que lo presenten al resto de la clase y que comenten qué es lo que más les llama la atención de los otros países estableciendo también una comparación con la situación en España.

**i+ ELEteca**
**20. Algunas características de la población inmigrante en España.**

## 5 MANUAL DE ESTILO (1): ESCRITURA DE FECHAS Y HORAS 76

Este último epígrafe de la unidad dedica su atención al apartado ortográfico, centrándose en las pautas para la escritura de fechas y horas.

**> 1** Como introducción, se propone una actividad de carácter contrastivo en el que se los estudiantes escriben su fecha de nacimiento tal y como lo hacen en su lengua y comparan los distintos procedimientos que existen.

**1.1.** Para entrar en materia, y como es un tema que seguramente conocen, pídales que, en parejas, elijan de las opciones que se dan, la que piensan que es correcta. Esta actividad tiene como objetivo activar los conocimientos previos que los estudiantes tengan sobre el tema.

1. a; 2. b; 3. a.

**>2** A continuación, se presenta un cuadro explicativo sobre la escritura de las fechas en español. Pídales que lean con atención el cuadro, que comprueben sus respuestas anteriores y que completen los espacios en blanco con las frases de la actividad anterior.

Sofía nació en 10 de febrero de 1999; 2. En 1915, Manuel de Falla estrenó, en el teatro Lara de Madrid, *El amor brujo*; 3. El Acueducto de Segovia se construyó a finales del siglo I d. C.

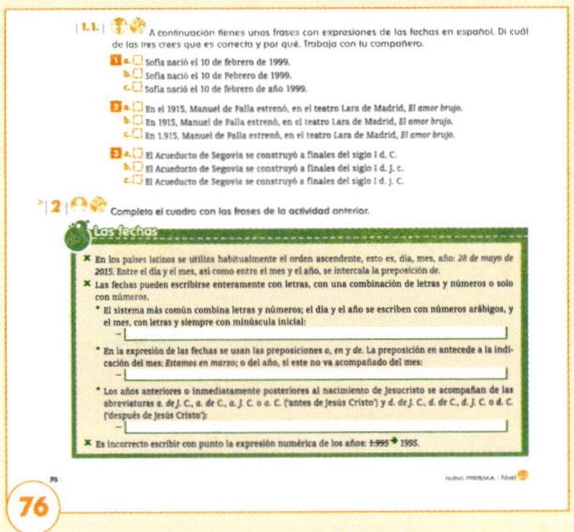

**>3** Actividad de comprensión auditiva para aprender a escribir las horas en español. Dígales que van a escuchar un diálogo en el que se mencionan unas horas. Pídales que las escriban en número. No corrija. Diga a los estudiantes que lean el cuadro para comprobar si han escrito las horas correctamente. Una vez que han hecho la comprobación, resuelva las dudas que tengan, si es necesario.

32

**Águeda:** ¡Hola, Esther!

**Esther:** ¡Hola, Ague!

**Águeda:** ¿Vamos a quedar esta noche para ir al teatro?

**Esther:** Sí, sí. Al final voy a poder ir... Mira, te cuento: he adelantado un poco todo para que me diera tiempo. Me he levantado a las seis y media, he ido a correr a las siete menos cuarto, a las siete y cuarto he vuelto a casa y me he arreglado, y a las ocho y cuarto ya estaba en el despacho. He comido a las dos y media y a las cinco menos diez he terminado el curro. Llegaré a casa a las cinco y media de la tarde. Tengo que cambiarme de ropa y tal, así que, si te parece bien, quedamos a las siete y veinte en la puerta del teatro. Besos.

**Águeda:** ¡Genial! Allí te veo... Un beso...

1. 6.30 (h)/6:30 (h)/6:30 (h) de la mañana/a. m.; 2. 6.45 (h)/6:45 (h)/6:45 (h) de la mañana/6:45 a. m.; 3. 7.15 (h)/7:15 (h)/7:15 (h) de la mañana/7:15 a. m.; 4. 8.15 (h)/8:15 (h)/8:15 (h) de la mañana/8:15 a. m.; 5. 14.30 (h)/14:30 (h)/14:30 (h) del mediodía/de la tarde/14:30 p. m.; 6. 16.50 (h)/16:50 (h)/16:50 (h) de la tarde/16:50 p. m.; 7. 17.30 (h)/17:30 (h)/17:30 (h) de la tarde/17:30 p. m.; 8. 19.20 (h)/19:20 (h)/19:20 (h) de la tarde/19:20 p. m.

**3.1.** Por último, pídales a los estudiantes que formen pequeños grupos y que busquen en Internet textos que presenten errores en las escrituras de las horas y que lo corrijan justificando sus respuestas.

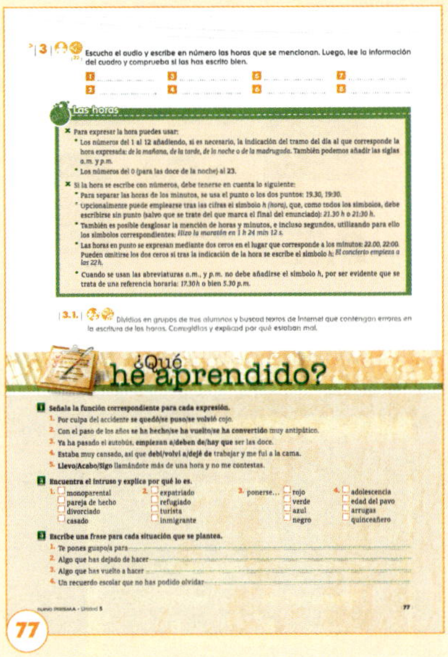

## ¿QUÉ HE APRENDIDO? 77

1. 1. se quedó; 2. se ha vuelto; 3. deben de; 4. dejé de; 5. Llevo.

2. 1. *monoparental*, no es un estado civil; 2. *turista*, se trata de un viaje de placer, no por motivos políticos o económicos; 3. *azul*, no es una expresión idiomática; 4. *arrugas*, no es una palabra asociada a la adolescencia sino a la vejez.

**ELEteca**
**Léxico. Fotos para el recuerdo.**

# 6 IMAGINARTE

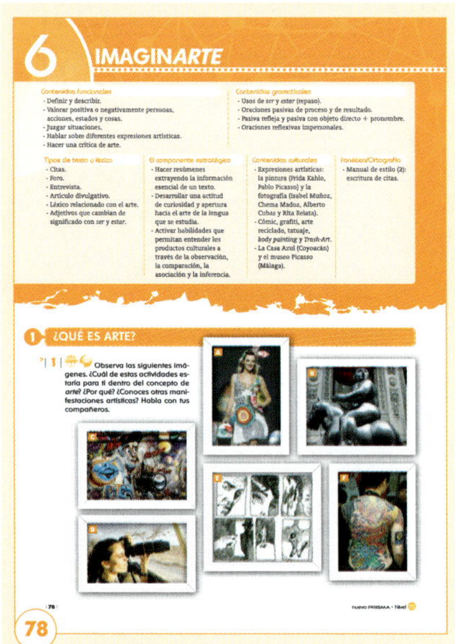

Esta unidad gira en torno al arte, manifestado a través de la fotografía, pintura y escultura. Se hará un recorrido por algunos de los artistas más relevantes de estas disciplinas en el mundo hispano. Los contenidos gramaticales focalizan su atención en la revisión de los usos de *ser* y *estar*, y se presentan las oraciones pasivas de proceso y de resultado, además de la pasiva refleja y pasiva con objeto directo + pronombre.

Se juzgarán situaciones, se hablará sobre diferentes expresiones artísticas y el estudiante aprenderá a realizar una crítica de arte. En el apartado de fonética y ortografía se sigue profundizando en el manual de estilo con la escritura de citas.

## 1 ¿QUÉ ES ARTE? 78

Se comienza este primer epígrafe de la unidad con una reflexión sobre el arte y sus diferentes manifestaciones. El estudiante conocerá a tres artistas de vertientes distintas como son el escultor Eduardo Chillida, el muralista Diego Rivera y el fotógrafo Pedro Luis Raota. Se hace una revisión de los usos de *ser* y *estar*, y se practica la descripción. Se presenta también la actividad de sensaciones de la unidad, proponiendo una reflexión metafórica en la que los estudiantes van a hacer uso de sus recién adquiridos conocimientos sobre pintura corporal, asignando un color a diferentes aspectos del aprendizaje del español y explicando el significado de dichos colores.

**> 1** En esta actividad de interacción oral planteada para realizar en clase abierta, pida a los estudiantes que observen con atención las fotografías y pregúnteles si considerarían obras de arte las actividades a las que se refieren. Si hay disparidad de opiniones, pídales que debatan la cuestión justificando sus respuestas.

Las manisfestaciones artísticas que se reflejan son: A. diseño de ropa; B. escultura; C. grafiti; D. fotografía; E. cómic; F. pintura corporal.

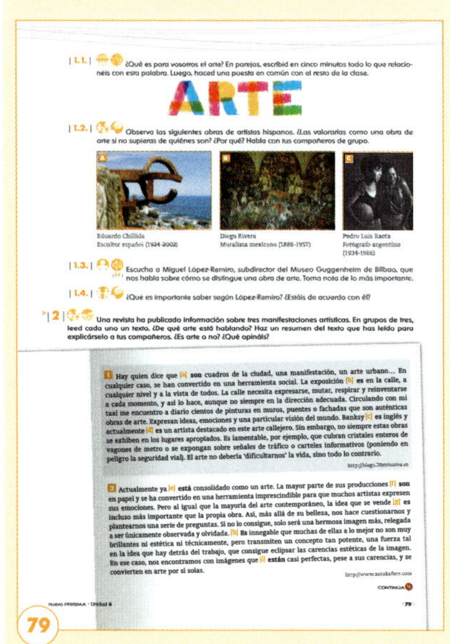

**1.1.** Se continúa reflexionando sobre el concepto de arte. Indíqueles que formen parejas y escriban brevemente todo aquello que relacionan con esta palabra. A continuación, haga una puesta en común para intercambiar ideas. Si lo considera conveniente, sugiera que entre todos elijan aquella definición que consideren más completa, o que elaboren, entre todos, una que recoja las mejores ideas planteadas con anterioridad.

**Alternativa.** Reparta copias de la ficha 16 y lleve a cabo las actividades que se indican.

**Ficha 16. Definiciones de arte.**

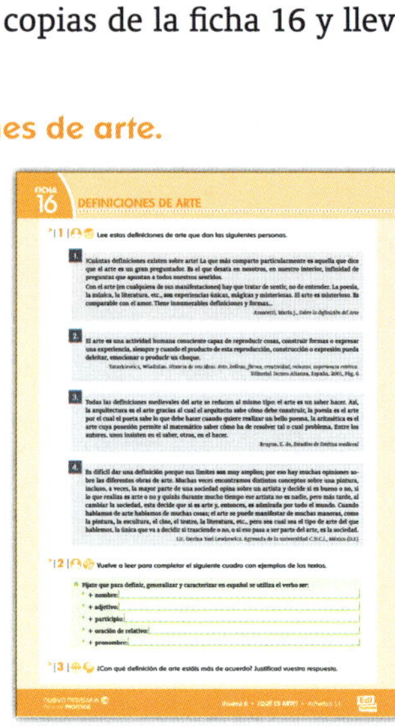

**Dinámica.** Entregue copias de la ficha 16 e indique a los estudiantes que, de manera individual, lean las definiciones de arte que se dan. Resuelva las dudas de vocabulario que puedan surgir. Una vez leídos y comprendidos los textos, pídales que se fijen en el verbo *ser* resaltado en negrita y dirija su atención al cuadro de la actividad 2. Luego, pídales que completen las estructuras con ejemplos de los textos. Por último, lleve a cabo una actividad de interacción oral en la que, en grupo plenario, elijan una de las definiciones justificando su elección.

**2.** + nombre: El arte es una actividad humana consciente (...); + adjetivo: Es comparable con el amor; + participio: es admirada por todo el mundo; + oración de relativo: Es el que desata en nosotros (...); + pronombre: ese artista no es nadie.

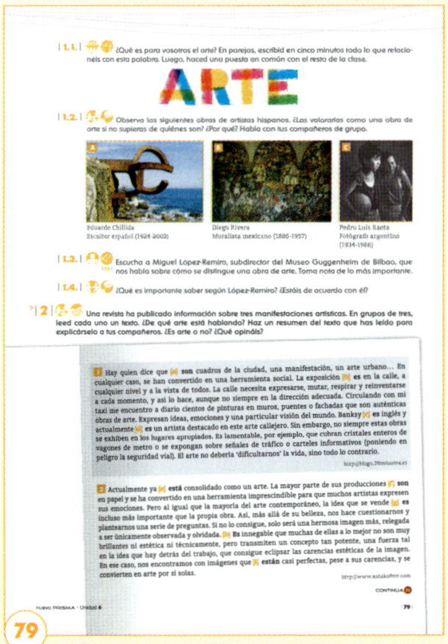


**1.2.** Proponga a los estudiantes que en pequeños grupos observen con atención las siguientes fotografías y que valoren si deben ser o no consideradas como obras artísticas. Sugiera que pongan en común sus opiniones con el resto de la clase y que las justifiquen.

**i+ ELEteca**

**21. Eduardo Chillida, Diego Rivera y Pedro Luis Raota.**

**1.3.** Tarea de comprensión auditiva. Informe a los estudiantes de que van a escuchar hablar al director del Museo Guggenheim de Bilbao sobre los criterios que distinguen a una buena obra de arte. Pídales que escuchen con atención y que tomen nota de la información que les parezca más relevante. Si lo considera necesario, puede poner el audio dos veces.

|33|

● **Entrevistadora:** ¿Cómo se distingue una buena obra de arte? ¿Cómo tener buen criterio?

○ **Miguel:** En primer lugar, poniéndose en contacto con las obras, fomentando una nueva sensibilidad, un gusto, un sentido crítico. Quizá nunca has visto una obra de arte contemporáneo, pero tienes costumbre de ir al monte, y tienes facilidad para apreciar la luz, las formas, la belleza. Entonces, cuando te enfrentas a una obra de arte y la ves, te sugiere algo. La buena obra de arte es la que busca una aportación, una nueva forma de ver la vida. Es difícil dar "guiones" para aprender a distinguir: acudir a buenos centros de arte, garantes de cierta calidad... No hace falta ser crítico de arte para disfrutar de una obra, como no hace falta ser crítico de cine para disfrutar de una película. Por otro lado, no todo el mundo tiene la misma sensibilidad y no para las mismas cosas: a unos les atrae la pintura, a otros la música... La cultura se cultiva, y aporta mundos nuevos, formas nuevas de entender las cosas. Otra manera de acercarse al arte es hablar con los artistas; "somos" gente muy peculiar, un poco filósofos, siempre pensando sobre la vida, la belleza... y apasionada por lo que hace.

● **Entrevistadora:** Cuando Duchamp presentó un urinario del revés, en su momento fue un escándalo, pero hoy sí se puede entender que tenía cierto sentido, que respondía a un fundamento filosófico o antropológico. Sin embargo, las obras de arte actuales despiertan el recelo de no tener ningún fundamento. ¿El arte actual está comprometido con algo?

○ **Miguel:** Como en todo, hay gente y artistas que sí están comprometidos con la búsqueda de algo. Lo que busca el buen artista es crear algo verdadero, algo que tenga sentido, que aporte, que signifique algo. La pura representación de un simulacro es una pérdida de tiempo, aunque una obra que no tiene ningún significado también puede tener cierto sentido filosófico... Sobre lo de Duchamp, es verdad que inicia el planteamiento posmoderno: "todo es arte". Y ahí empieza un gran dilema: si todo es arte, si todo el mundo puede ser artista, ¿dónde está el límite?

● **Entrevistadora:** En el momento en que todo es arte, se acaba el arte...

○ **Miguel:** Puede parecer así, aunque creo que el arte siempre existirá.

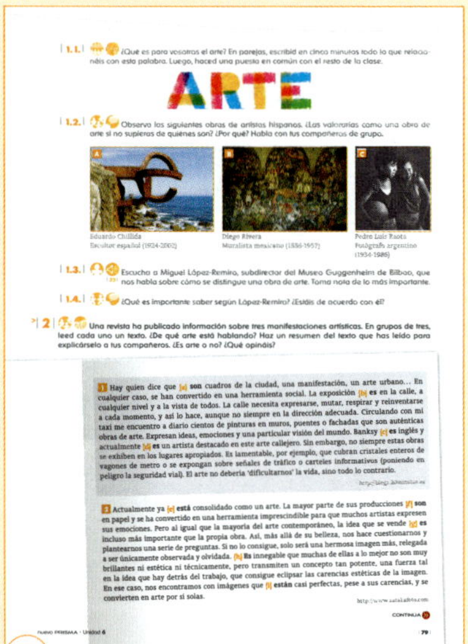
79

ELEteca

**22. El museo Guggenheim de Bilbao.**

**1.4.** Pida a los estudiantes que, en parejas, comenten qué criterios se deben tener, según el director del Museo Guggenheim de Bilbao, para poder distinguir una obra de arte y digan si están de acuerdo con él o no. Puede cerrar proponiendo que, en plenario, den su opinión y la justifiquen.

Establecer contacto con las obras y fomentar una nueva sensibilidad hacia el arte contemporáneo, dejándose llevar por las sensaciones que te provoca su contemplación. Es necesario acudir a buenos centros de arte, cultivarse, hablar con los artistas y buscar el sentido filosófico de la obra de arte.

**>2** Se procede ahora a una tarea de comprensión lectora. Indique a los estudiantes que formen grupos de tres. Cada miembro del grupo debe leer uno de los textos que se ofrecen e inferir a qué tipo de actividad se refiere. Una vez identificados, cada estudiante hace un resumen del texto para explicárselo a sus compañeros de grupo y, entre los tres, opinan si para ellos entra dentro de la categoría de arte. Si lo considera oportuno, haga una puesta en común.

1. grafiti; 2. fotografía; 3. tatuaje.

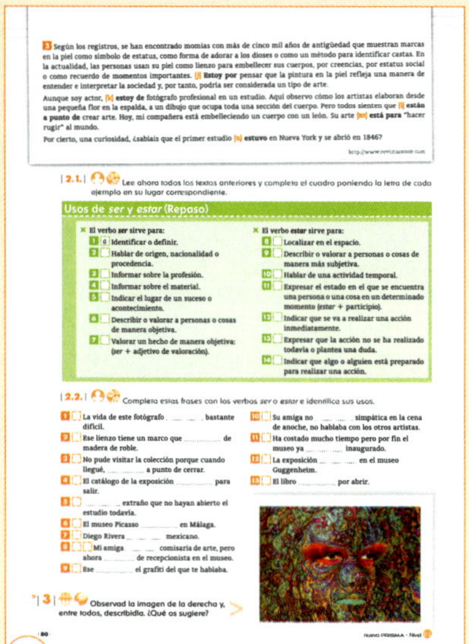
80

**2.1.** Se continúa con una tarea de reflexión gramatical de repaso de los usos de *ser* y *estar* planteada para realizar de manera individual. Pida al estudiante que relea los tres textos de la actividad anterior fijándose en los verbos resaltados en negrita para completar con ellos el cuadro. Antes de llevar a cabo la corrección, haga que cotejen sus respuestas en parejas.

Verbo *ser*: 1. a; 2. c; 3. d; 4. f; 5. b; 6. g; 7. h. Verbo *estar*: 8. n; 9. i; 10. k; 11. e; 12. l; 13. j; 14. m.

**2.2.** Actividad de práctica controlada diseñada para realizar de modo individual cuyo objetivo es consolidar los conocimientos adquiridos en la actividad anterior.

1. es/fue, uso 6; 2. es, uso 4; 3. estaban, uso 12; 4. está, uso 14; 5. Es, uso 7; 6. está, uso 8; 7. era, uso 2; 8. es, uso 3; está, uso 10; 9. es, uso 1; 10. estuvo, uso 9; 11. está, uso 11; 12. es/fue, uso 5; 13. está, uso 13.

Si cree que su grupo necesita una práctica extra de estos contenidos, puede llevar a cabo los ejercicios 1y 2 de la unidad 6 del *Libro de ejercicios*.

**>3** Actividad de interacción oral diseñada con la intención de que los estudiantes, tras observar la foto con atención, la describan y verbalicen lo que les sugiere. Es una actividad introductoria de una secuencia en la que van a conocer el arte del *body painting* o pintura corporal.

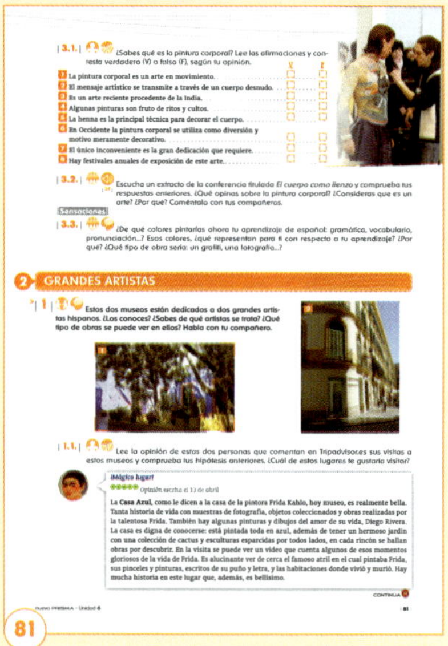
81

**3.1.** Actividad previa a la tarea de comprensión auditiva de la actividad 3.2. El plenario, pregúnteles en qué consiste la pintura corporal. Si no lo saben, dirija su atención hacia las fotografías que les darán pistas sobre el tema. A continuación, pídales que, de modo individual, hagan hipótesis sobre las afirmaciones que aparecen para decidir si son verdaderas o falsas. De este modo, activará sus conocimientos previos sobre el tema y creará interés por conocer la respuesta correcta. No corrija la actividad de momento.

1. V; 2. V; 3. F; 4. V; 5. F; 6. V; 7. F; 8. V.

**3.2.** Actividad de comprensión auditiva cuyo objetivo es confirmar o desmentir sus suposiciones anteriores. Pídales que escuchen atentamente y comprueben sus respuestas a la actividad 3.1. Luego, déjeles unos minutos para corregir las respuestas que no han acertado. A continuación, propónganles que, en plenario, den su opinión sobre la pintura corporal y si creen que debe incluirse dentro del concepto de arte o no.

34 La pintura corporal o *body painting* es la modalidad más artística del maquillaje. La pintura se funde con el cuerpo, dando como resultado una obra de arte en movimiento. Se requiere una gran dedicación al trabajo y un buen conocimiento de las técnicas y los materiales por parte de los artistas que realizan la obra. La pintura en un cuerpo desnudo o semidesnudo es una forma de transmitir un mensaje y convertirlo en una obra de arte viviente.

El *body painting* ha evolucionado desde que fuera una de las primeras formas de expresión utilizadas por el hombre. En la prehistoria, el hombre descubrió que la tierra coloreada, la tiza, la sangre de los animales o el carbón se podían utilizar para decorar el cuerpo, para identificar a la tribu, intimidar al enemigo, cazar o en diferentes ritos.

Actualmente, muchas culturas continúan con la tradición de pintar sus cuerpos por diferentes motivos. Los pueblos de Kau, Nyaro y Fungor realizan un arte de pintura corporal y facial de gran nivel. El significado de pintar sus cuerpos de diferentes formas se convierte en una especie de marca que identifica a cada grupo de edad.

Algunos pueblos indígenas de Sudamérica utilizan el huito –algo parecido a la henna– y el carbón para decorar su cuerpo, con los que expresan un significado dependiendo del tipo de dibujo o símbolo. Las mujeres de la India o el Magreb continúan aplicándose pintura corporal como la henna en celebraciones religiosas.

En la sociedad occidental, la pintura corporal se utiliza como mero divertimiento o como elemento decorativo en carnavales, fiestas, convenciones o, incluso, en desfiles de moda. Los publicistas lo usan como herramienta promocional, pues no hay mejor forma de darte a conocer que con una obra de arte en el cuerpo de una persona semidesnuda.

El éxito de un buen trabajo con el *body painting* permite exhibir el cuerpo desnudo sin que se aprecien las zonas. Su único inconveniente –sobre todo para el artista que lo realiza–, es que se trata de un arte efímero, es decir, que dura poco tiempo en el cuerpo. La única forma de inmortalizar esa obra de arte es mediante los medios visuales: vídeos o fotografías.

Anualmente se celebra el World Body Painting Festival. Es el más importante del mundo y se ha convertido en la meca del *body painting*. El evento dura una semana, y durante los cuatro primeros días se imparten talleres especiales y clases de aprendizaje, mientras que los tres últimos están dedicados a la competición de los artistas en diferentes categorías. Todo un espectáculo de colores para los aficionados a este tipo de arte.

**3.3.** Para concluir el epígrafe, se propone una actividad oral en plenario bajo la etiqueta de sensaciones. Se trata de un juego en el que, asociando los colores a diversos sentimientos, deben "colorear" cómo sienten que es su aprendizaje de español en sus diferentes dimensiones. Para concluir, pregúnteles qué tipo de obra de arte sería su aprendizaje: un grafiti, una fotografía… justificando su respuesta.

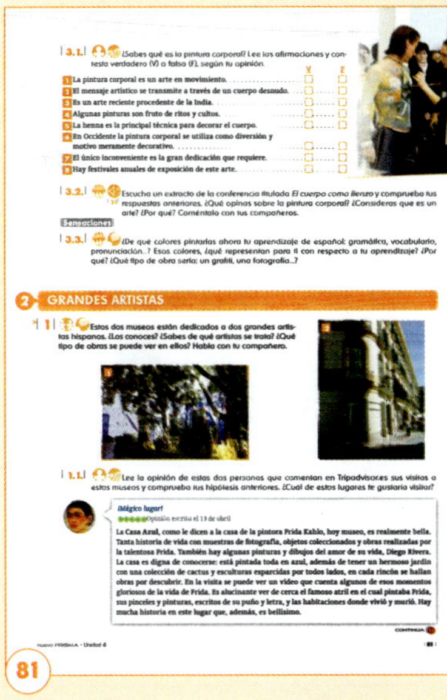

## 2 GRANDES ARTISTAS 81

Este epígrafe prosigue con la presentación de diferentes artistas hispanos, siendo el turno ahora de los pintores Frida Kahlo y Pablo Picasso, sus museos (la Casa Azul y el museo Picasso de Málaga) y algunas de sus obras más representativas. Se introducen también las oraciones pasivas de proceso y resultado y las oraciones reflexivas impersonales, cerrándose el epígrafe con una propuesta de actividad de grupo cooperativo con el objetivo de realizar una crítica de arte de manera conjunta y colaborativa.

81

**> 1** Actividad de interacción oral en parejas. Haga que se fijen en las fotografías y dígales que son dos museos dedicados a dos pintores hispanos de fama mundial. Pregúnteles si reconocen estos lugares y pídales que intercambien lo que saben sobre ellos. Puede hacer una puesta en común con toda la clase para reunir toda la información.

1. La Casa Azul, Frida Kahlo; Se pueden ver fotografías, objetos y cuadros de Frida Kahlo y algunas obras de Diego Rivera, su marido. También algunos objetos personales, como el atril en el que pintaba Frida, pinceles y pinturas, manuscritos... 2. El museo Picasso de Málaga, Pablo Picasso; Se puede ver una muestra de sus obras.

**1.1.** Indique a los estudiantes que lean con atención dos opiniones sobre dos personas que comentan sus visitas a los museos anteriores para que comprueben si sus hipótesis anteriores eran acertadas. Una vez leídas las dos opiniones, sugiérales que piensen en cuáles de los dos lugares les gustaría visitar. Luego, haga una puesta en común.

**i+ ELEteca**

**23. Frida Kahlo y Pablo Picasso.**

82

**1.2.** Actividad de comprensión lectora sobre el texto anterior para llevar a cabo de manera individual. Pídales que vuelvan a leer los textos, que subrayen los adjetivos que utilizan los foreros para exaltar las cualidades de estos lugares y que completen el cuadro. Proceda a una corrección grupal.

La Casa Azul; Frida Kahlo; Es la casa donde vivía y actualmente es un museo. Está pintada de azul y tiene un jardín con una colección de cactus y esculturas. En ella se pueden encontrar obras de Frida y algunas de Diego Rivera, su marido, también pintor, además de objetos personales de gran valor histórico. El museo Picasso; Pablo Picasso; Está ubicado en un gran edificio en el centro de Málaga y, aunque los fondos que posee son modestos, el museo está muy bien organizado con información adicional que permite entender en profundidad la obra de Picasso.

**1.3.** Se finaliza esta secuencia de actividades de introducción a los artistas Frida Kahlo y Pablo Picasso con una tarea integradora de intercambio intercultural en la que, después de dar su opinión sobre ellos, los estudiantes hablan sobre el artista que prefieren de su país. Pídales que describan qué tipo de cuadros pinta, a qué corriente artística pertenece y por qué es su pintor favorito.

**> 2** Actividad de comprensión auditiva de selección de información. Antes de comenzar, indique al estudiante que observe con atención cuatro cuadros que representan la vida de Frida Kahlo. A continuación proceda a la escucha para que el estudiante pueda escribir el título de cada cuadro y la descripción correspondiente. Si lo considera necesario, proceda a una segunda escucha de la audición.

Puede realizar una actividad alternativa escribiendo en la pizarra los títulos de los cuadros desordenados y dejándoles un tiempo para que los asocien a las imágenes del libro. Si decide hacer así la actividad, el audio les servirá para comprobar si han hecho bien la relación.

| 35 | Magdalena Carmen Frida Kahlo y Calderón, conocida como Frida Kahlo, fue una pintora mexicana que realizó autorretratos en los que utilizaba una fantasía y un estilo inspirados en el arte popular de su país. Frida nació en 1907 en Coyoacán, en el sur de Ciudad de México. La niñez de Frida fue muy triste. A los seis años contrajo poliomelitis, enfermedad que la dejó con una pierna mucho más corta y delgada que la otra para el resto de su vida, minusvalía que ella intentaba ocultar de joven bajo pantalones y más tarde bajo largas faldas mexicanas. A los 18 años, sufrió un grave accidente

de tráfico al chocar un tren con el autobús que la llevaba, junto a su amigo Alejandro Gómez Arias, de la escuela a su casa, iniciándose en la pintura durante su recuperación.

El cuadro *Accidente* fue pintado por Frida Kahlo en 1926. En este dibujo a lápiz, Frida representa este accidente en forma de pintura votiva popular. A causa de este accidente, nuestra pintora padeció secuelas graves a lo largo de toda su vida.

Más tarde, le llevó a Diego Rivera algunos de sus cuadros para que los viera y este la animó a continuar. Tres años después, se casaron.

La obra *El tiempo vuela. Autorretrato* la pintó en 1929. Como estuvo meses encamada, le instalaron un espejo para que se pudiera ver a sí misma. Dice Frida: "Me pinto ya que estoy mucho tiempo solita y que soy el motivo que mejor conozco".

El cuadro *Frida y Diego Rivera* fue pintado en 1931 y representa su matrimonio con Diego Rivera, quien le llevaba más de 21 años. Se casan el 21 de agosto de 1929. Con él descubre la mexicanidad, o sea, las raíces de la identidad mexicana de hoy.

Al igual que su marido, Frida quería que su obra fuera una afirmación de su identidad mexicana y, por ello, recurría a técnicas y temas extraídos del folclore y del arte popular de su país. Su experiencia personal y los aspectos dolorosos de su vida, gran parte postrada en una cama, están plasmados en sus cuadros.

Expresa la desintegración de su cuerpo y el terrible sufrimiento que padeció en obras como en su autorretrato *La columna rota*, de 1944, en el que aparece con un aparato ortopédico de metal y con el cuerpo abierto mostrando una columna arquitectónica rota en lugar de una columna vertebral. Al empeorar su salud debido al accidente, se vio obligada a llevar un corsé de metal. Este lienzo viene a simbolizar el sufrimiento y la soledad de la artista.

Durante su matrimonio, se sucedieron los amantes por parte de ambos cónyuges. Frida y Diego se divorciaron, pero antes de que transcurriera un año, se volvieron a casar. En abril de 1953, expuso por primera vez en la galería de arte contemporáneo de Ciudad de México. Su vida terminó en una silla de ruedas. Murió el 13 de julio de 1954. Su casa de Coyoacán, la Casa Azul, se transformó en museo en 1958, cuatro años después de su muerte, y actualmente lleva su nombre.

Adaptado de http://www.publispain.com/fridakahlo/biografia.htm

1. *La columna rota*, 1944, en el que aparece con un aparato ortopédico de metal y con el cuerpo abierto mostrando una columna arquitectónica rota en lugar de una columna vertebral; 2. *El tiempo vuela. Autorretrato*, 1929. Como estuvo meses encamada, le instalaron un espejo para que se pudiera ver a sí misma y por esa razón pintó muchos autorretratos, este es uno de ellos; 3. *Frida y Diego Rivera*, 1931. Representa su matrimonio con Diego Rivera, quien le llevaba más de 21 años; 4. *Accidente*, 1926, representa el accidente de tráfico que tuvo con 18 años y que le dejó secuelas para toda la vida, pero que también fue el detonante de su inicio en la pintura.

**2.1.** Actividad de reflexión y análisis gramatical en parejas. Pida a los estudiantes que lean las frases prestando especial atención a las palabras resaltadas en negrita. Si lo cree conveniente, antes de pasar a la siguiente actividad, proponga a los estudiantes que comenten la respuesta con el resto de los compañeros.

Son oraciones pasivas, donde al hablante le interesa más enfatizar una acción o estado que quien la realiza (sujeto).

*Para acercarse a la obra del genial malagueño*

Opinión escrito el 21 de abril

El **museo Picasso** superó mis expectativas y creo que es muy recomendable. El museo recoge una muestra de la obra de este genial pintor. No se puede ir a la ciudad malagueña en la que nació este genial artista y no visitar el museo dedicado a su figura. Está ubicado en un edificio fantástico en el centro de Málaga. La colección es relativamente modesta, pero está muy bien presentada y puesta en valor, en un edificio espectacular. Incluye obras de muchas épocas. Además, cuenta con información adicional sobre el contexto social, político, etc. (breves películas, recortes de periódicos, citas...) que ayudan a entender la obra y la influencia del artista en el arte del siglo XX. Si le tengo que poner un pero es que la exposición temporal no estaba bien indicada.

**1.2.** Con la información anterior, completa el siguiente cuadro.

| Nombre del museo | | |
|---|---|---|
| Pintor | | |
| Descripción | | |

Intercultura

**1.3.** ¿Conoces a estos pintores hispanos? ¿Qué sabes de ellos? ¿Qué pintor de tu país te gusta más? ¿Por qué? Habla con tus compañeros.

Cultura

**2** Aquí tienes cuatro cuadros que representan parte de la vida de Frida Kahlo. Escucha y escribe el título y la descripción de cada uno de ellos.

1 ...... 2 ...... 3 ...... 4 ......

**2.1.** Observa las siguientes frases extraídas del audio. ¿Qué tienen en común? ¿Qué le interesa destacar al hablante en ellas? Analízalo con tu compañero.

- El cuadro *Accidente* **fue pintado** por Frida Kahlo en 1926.
- La obra *El tiempo vuela. Autorretrato* **la pintó** en 1929.
- La Casa Azul **se transformó** en museo en 1958.
- Su experiencia personal y los aspectos dolorosos de su vida **están plasmados** en sus cuadros.

82

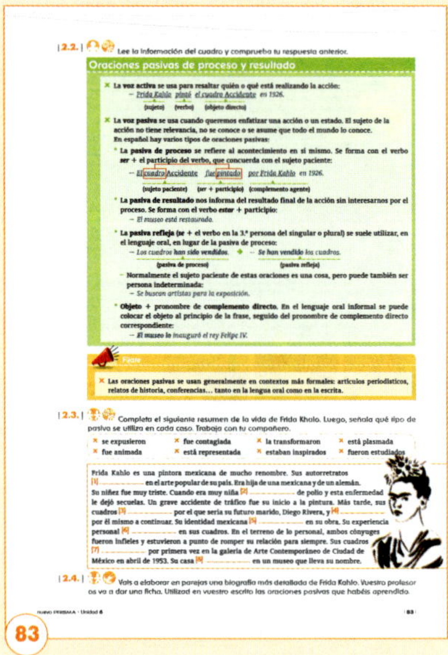

**2.2.** En el cuadro se explican y sistematizan los distintos tipos de oraciones pasivas que hay en español. Antes de explicar el contenido, pida a los estudiantes que hagan una lectura silenciosa del mismo para comprobar su respuesta anterior. Después, proyecte el cuadro para realizar la explicación y resolver las dudas que puedan surgir.

**Proyección 18.** Oraciones pasivas de proceso y resultado.

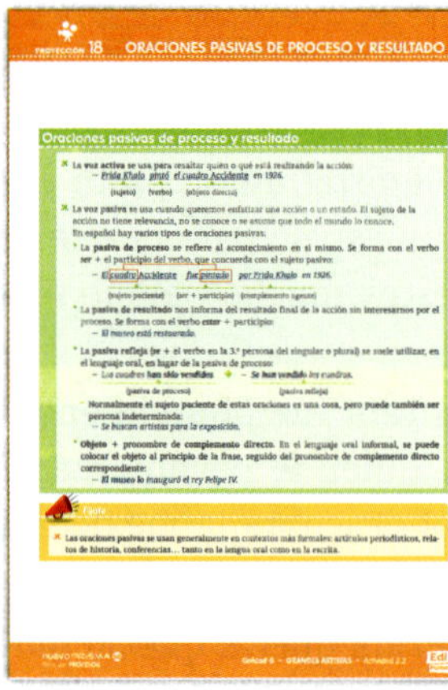


**Dinámica.** Proyecte el cuadro y proceda a la explicación de los diferentes puntos. Puede pedirles que añadan otros ejemplos a los que ya aparecen para comprobar que comprenden la explicación. Recuerde que la proyección le permite focalizar la atención de los estudiantes en los puntos que a usted le interesa resaltar y que todos ellos sigan la explicación al mismo tiempo.

No olvide la nota de atención en la que se explica que la voz pasiva en español es un recurso que se usa más en registros formales, a diferencia de otras lenguas como el inglés.

**2.3.** En parejas, los estudiantes llevarán a cabo una tarea de práctica y consolidación de las oraciones pasivas presentadas en la actividad anterior, completando un resumen de la vida de Frida Kahlo. Durante la corrección, pregunte el tipo de pasiva que es en cada caso.

1. estaban inspirados, pasiva de resultado; 2. fue contagiada, pasiva de proceso; 3. fueron estudiados, pasiva de proceso; 4. fue animada, pasiva de proceso; 5. está plasmada, pasiva de resultado; 6. está representada, pasiva de resultado; 7. se expusieron, pasiva refleja; 8. la transformaron, pasiva con objeto + pronombre de complemento directo.

Antes de seguir adelante, y para consolidar estos contenidos, puede llevar a cabo los ejercicios 8, 9 y 11 de la unidad 6 del *Libro de ejercicios*.

**2.4.** Actividad propuesta para realizar en parejas. Entregue a los estudiantes una copia de la ficha 17 y explíqueles en qué consisten las actividades.

**Ficha 17.** La vida de Frida Kahlo.

**Dinámica.** Indique a los estudiantes que en parejas observen cuidadosamente los cuadros que reflejan parte de la vida de Frida Kahlo y que lean los textos con atención. A continuación, deben relacionar los textos con las fotos. Antes de realizar una corrección común, puede proponer que comparen y comenten sus respuestas con otras parejas de la clase. Una vez corregida la actividad, deben ampliar por escrito la biografía de Frida Kahlo extrayendo nuevos datos de su vida y obra a partir de los textos que acompañan a las imágenes de sus cuadros. Esta tarea, que recomendamos se haga fuera de clase, está diseñada para hacer en parejas y el objetivo es practicar de manera más libre las oraciones pasivas. Por eso, es importante que sigan el modelo textual de la actividad 2.3.

A. 3; B. 2; C. 4; D. 1; E. 5.

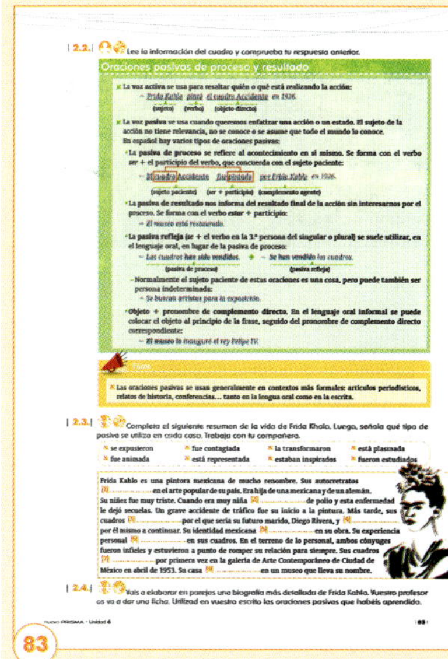

83

**>3** Iniciamos ahora una secuencia de actividades con la finalidad de que el estudiante conozca un poco mejor a Pablo Picasso y una de sus obras, el *Guernica*. Pídales que formen pequeños grupos, observen con atención el cuadro e intenten explicar qué quiere transmitir el artista. Se trata de un primer acercamiento al cuadro, por lo que advierta al estudiante que no debe explicar la simbología de cada elemento sino dar una idea general. Le recomendamos utilizar la proyección 19, con la imagen del cuadro, para facilitar la realización de la actividad.

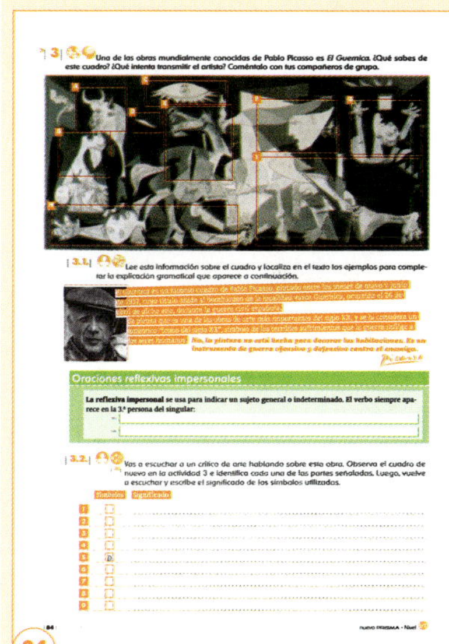

84

**Proyección 19.** ***El Guernica* de Pablo Picasso.**

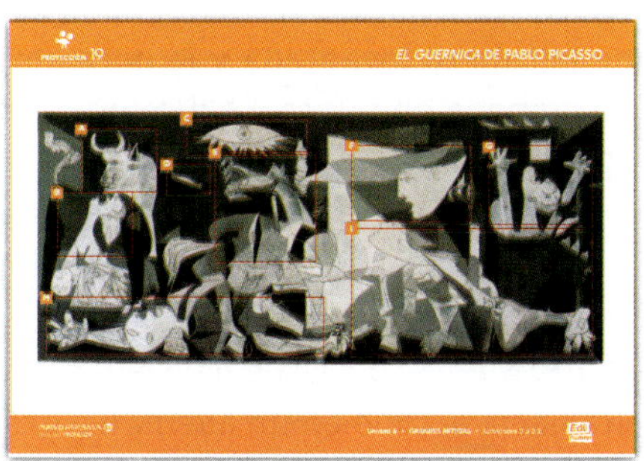


**Dinámica.** Puede utilizar la imagen durante esta secuencia de actividades (3-3.2.) para focalizar la atención de los estudiantes en el cuadro y facilitar, así, la realización de las actividades.

*El Guernica* (1937) es un óleo sobre lienzo, de 3,50 m de alto por 7,80 m de largo. A pesar de su título y de las circunstancias en que fue realizado, no hay en él ninguna referencia concreta al bombardeo de Guernica ni a la guerra civil española. Es un cuadro simbólico. Está pintado utilizando únicamente el blanco y negro, y una variada gama de grises. Su título alude al bombardeo de Guernica, localidad vasca, ocurrido el 26 de abril de dicho año, durante la guerra. Fue realizado por encargo del Director General de Bellas Artes, a petición del gobierno de la República española, para ser expuesto en el pabellón español durante la Exposición Internacional de 1937 en París, con el fin de atraer la atención del público hacia la causa republicana en plena Guerra Civil.

**3.1.** Actividad de reflexión gramatical en la que a través de un breve texto sobre la obra, los estudiantes, de manera individual, completan el cuadro de información sobre las oraciones reflexivas impersonales. Pida a los estudiantes que lean primero la información gramatical y que, a continuación, lean el texto, intentando localizar dos ejemplos para completar el cuadro.

Se piensa que es una de las obras de arte más importantes del siglo XX; Se la considera un auténtico "icono del siglo XX".

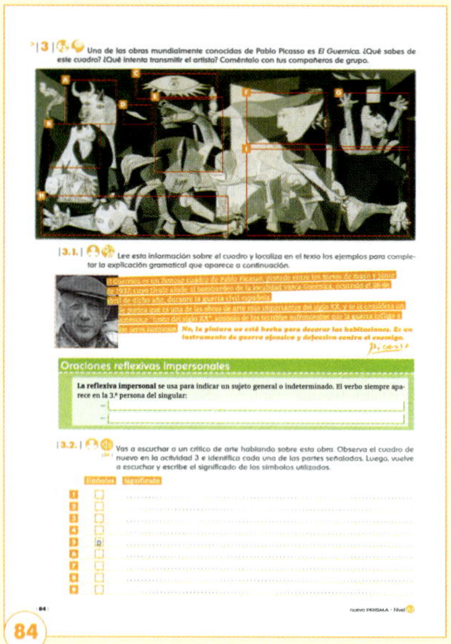

## 24. *El Guernica* de Pablo Picasso.

**3.2.** Tarea de comprensión auditiva de selección de información sobre el simbolismo de las figuras representadas en *El Guernica*. Antes de comenzar, indíqueles que va a escuchar a un crítico hablando sobre la obra. Deben escuchar al mismo tiempo que miran el cuadro en la actividad 3 para poder identificar cada una de las partes señaladas. Una vez identificadas estas partes, proceda a una segunda escucha con la finalidad de que los estudiantes resuman el significado simbólico de cada figura. Le recomendamos utilizar la proyección 19, con la imagen del cuadro, para que la realización de la actividad sea más provechosa.

36

*El Guernica* es un óleo sobre lienzo, con unas dimensiones de 3,50 x 7,80 metros. Está pintado utilizando únicamente el blanco y negro, y una variada gama de grises.

La estructura del cuadro es semejante a la de un tríptico, cuyo panel central está ocupado por el caballo agonizante y la mujer portadora de la lámpara. Los laterales serían, a la derecha, la casa en llamas y una persona implorando, y, a la izquierda, el toro y la mujer con su hijo muerto.

En el cuadro hay nueve símbolos: cinco seres humanos, tres animales (toro, caballo y paloma) y un objeto (la bombilla). A continuación, se describen estos elementos y lo que simbolizan.

1. **El caballo.** Ocupa el centro de la composición. Su cuerpo está hacia la derecha, pero su cabeza, igual que la del toro, se vuelve hacia la izquierda. En su costado se abre una herida vertical y está, además, atravesado por una lanza. Tiene la cabeza levantada y la boca abierta, de donde sobresale la lengua, terminada en punta. Se dice que simboliza a las víctimas inocentes de la guerra.
2. **El toro.** Aparece en la izquierda del cuadro. Este se gira y parece mostrarse aturdido ante lo que ocurre a su alrededor. Picasso indicó que simbolizaba "brutalidad y oscuridad".
3. **La madre con el hijo muerto.** Se sitúa bajo el toro, como protegida por él, con la cara vuelta hacia el cielo en un ademán o grito de dolor. Su lengua es afilada como un estilete y sus ojos tienen forma de lágrimas. Sostiene en sus brazos a su hijo ya muerto. Se interpreta como la Piedad, representación de la Virgen María sosteniendo en sus brazos a su hijo muerto. Otros dicen que simbolizaría a la ciudad de Madrid, sitiada por las tropas de Franco.
4. **La mujer arrodillada.** Esta figura, ubicada en el extremo inferior derecho, recuerda a la María Magdalena de los retablos sobre la crucifixión. Representa el intento de huida de los supervivientes.
5. **La paloma.** Situada entre el toro y el caballo, a la altura de sus cabezas, no resulta visible a simple vista, pues, excepto por una franja de color blanco, es del mismo color que el fondo y únicamente está trazada su silueta. Tiene un ala caída y la cabeza vuelta hacia arriba, con el pico abierto. Generalmente, se ha considerado un símbolo de la paz rota.
6. **El guerrero muerto.** En realidad, solo aparecen los restos de la cabeza y los brazos. Uno de ellos tiene la mano extendida. El otro sostiene una espada rota y una flor, que puede interpretarse como un rayo de esperanza dentro de ese panorama descorazonador.
7. **La bombilla.** Es una de las imágenes que más intriga despierta. Está ubicada en el centro del cuadro. Se interpreta que la bombilla representa la "bomba", una nueva arma en la época que se habría probado en Guernica para analizar sus efectos.
8. **Persona implorando.** Una persona mirando al cielo como rogando a los aviones que dejen de bombardear. Es la forma artística de decir "basta de guerras".

**9. La mujer del quinqué.** Ilumina la estancia con una vela y avanza con la mirada perdida, como en un estado de *shock*. Esta mujer se interpreta como una alegoría de la República. Tiene su otra mano aprisionándose el pecho justo entre sus dos senos, que salen a relucir a través de la ventana.

1. E. Simboliza a las víctimas inocentes de la guerra; 2. A. Simboliza la brutalidad y la oscuridad; 3. B. Se interpreta como la Piedad, representación de la Virgen María sosteniendo en sus brazos a su hijo muerto. Otros dicen que simbolizaría a la ciudad de Madrid, sitiada por las tropas de Franco; 4. I. Representa el intento de huida de los supervivientes; 5. D. Generalmente se ha considerado a la paloma de *El Guernica* como un símbolo de la paz rota; 6. H. Es un guerrero muerto que en una de sus manos lleva una flor; muchos interpretan este detalle como un rayo de esperanza dentro de ese panorama descorazonador; 7. C. La bombilla se puede interpretar como la bomba que destruyó Guernica; 8. G. La persona que está implorando al cielo puede interpretarse como símbolo del "no" a la guerra; 9. F. Esta mujer se interpreta como alegoría de la República.

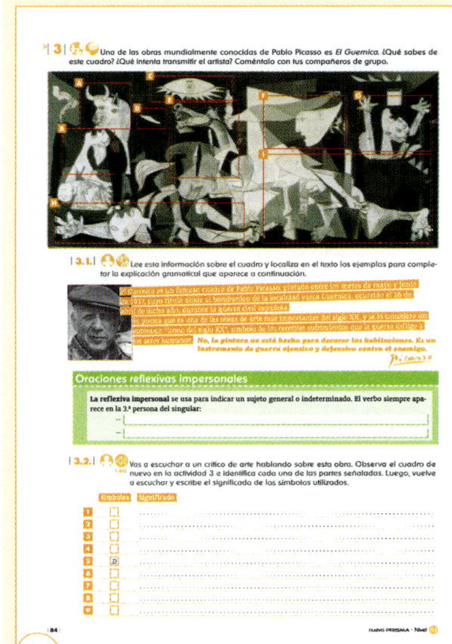


84

**3.3.** Se finaliza este epígrafe con una propuesta de tarea de grupo cooperativo. Pida a los estudiantes que se dividan en grupos de cuatro y que escojan una obra que les guste a todos con el objetivo de hacer una crítica de arte. Lean juntos las pautas del cuadro antes de comenzar. Una vez elegida la obra, cada miembro del grupo, según sus habilidades, se encarga de uno de los puntos. Una vez que cada estudiante haya desarrollado su punto, llega el momento de poner el resultado en común, elaborar la crítica y presentarla al resto de la clase junto a una fotografía o imagen de la obra que pueden obtener en Internet.

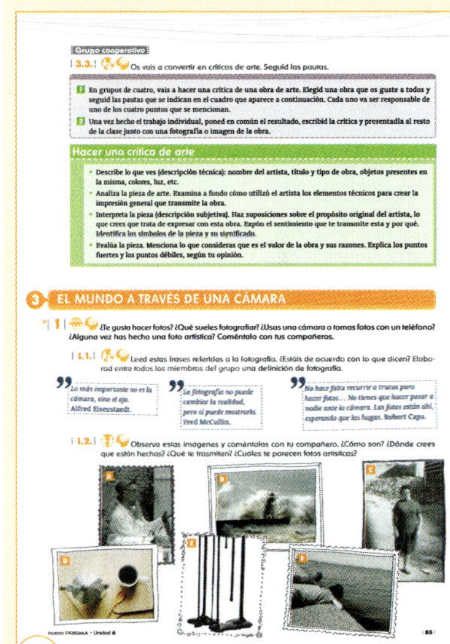


85

## 3 EL MUNDO A TRAVÉS DE UNA CÁMARA 85

Este epígrafe se adentra en otro mundo artístico: la fotografía. Se comienza proponiendo una reflexión sobre el concepto de fotografía, a través de las definiciones de tres fotógrafos de renombre: Albert Eisenstaedt, Fred McCullin y Robert Capa. Se profundiza en los usos de *ser* y *estar* (valoración positiva o negativa de personas o cosas) y desde el punto de vista cultural, las actividades se articulan a través de la obra de tres fotógrafos españoles contemporáneos.

**> 1** Para introducir el tema, se plantea una serie de preguntas para responder en plenario y saber cuál es el grado de interés general por la fotografía. El objetivo de la actividad es crear la motivación y el contexto necesarios para las siguientes actividades.

**1.1.** A partir de las citas de estos tres fotógrafos profesionales mundialmente reconocidos, los estudiantes, en pequeños grupos, han de elaborar una definición de la fotografía como arte. Aquí tiene una para compartir con ellos:

"[…] la fotografía también tiene un costado puramente artístico y estético, que entiende la captura de imágenes como la conservación de un instante único a partir de la combinación de diversos elementos como el encuadre, la composición, la iluminación y otros. Incluso, con la incorporación de la fotografía digital, ha nacido una nueva era en la producción de imágenes, que no solo permite métodos más sofisticados de captura, sino también amplias posibilidades de edición y perfeccionamiento una vez almacenada la foto. Así, el arte fotográfico es un componente innegable de la edición de imágenes, en franco crecimiento actual con la difusión de los medios digitales. Se dispone incluso de seminarios, exposiciones y hasta congresos en relación con esta forma relativamente reciente de actividad artística, que ha ganado en adeptos a lo largo de los años".

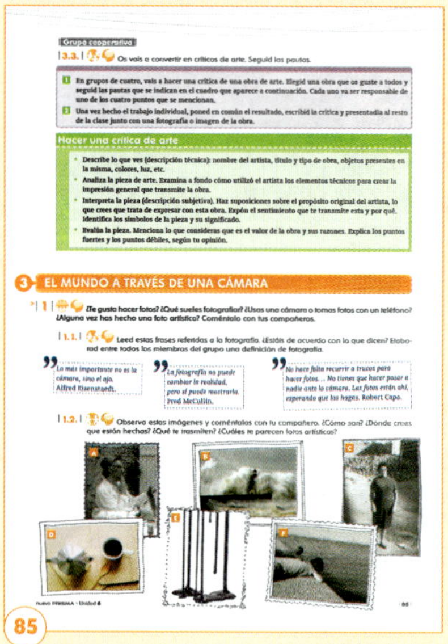

En http://www.definicionabc.com/tecnologia/fotografia.php

**1.2.** Actividad de interacción oral diseñada para llevarse a cabo en parejas. Se ofrecen varias fotografías de diferentes temáticas para que los estudiantes las comenten, digan qué les transmiten y discutan cuáles de ellas les parecen artísticas y cuáles no. Puede utilizar la proyección 20 con las fotografías para que los estudiantes puedan apreciar mejor los detalles de las imágenes.

**Proyección 20.** Proyección 20. Fotografías (1).

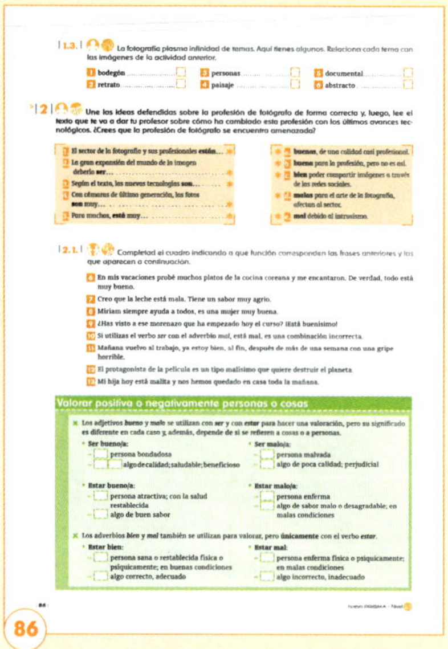

**1.3.** De manera individual o manteniendo las parejas de la actividad anterior si lo considera más oportuno, pídales a los estudiantes que relacione los géneros fotográficos que aparecen con las imágenes de la actividad anterior. Mantenga proyectadas las imágenes. Antes de realizar la corrección, haga una puesta en común para que los estudiantes puedan comentar su elección y justificarla.

Definiciones para algunos de los temas que se pueden tratar en fotografía:

Un **bodegón**, también conocido como **naturaleza muerta**, es una obra de arte que representa animales, flores y otros objetos, que pueden ser naturales (frutas, comida, plantas, rocas o conchas) o hechos por el hombre (utensilios de cocina, de mesa o de casa, antigüedades, libros, joyas, monedas, etc.) en un espacio determinado. Se deben tener en cuenta el diseño, el cromatismo y la iluminación para producir un efecto de serenidad, bienestar y armonía.

http://es.wikipedia.org/wiki/Bodeg%C3%B3n

En el arte, un **retrato** es la representación de la figura humana (principalmente el rostro), de manera tridimensional, cuando es una escultura, o en dos dimensiones, si es dibujo, pintura o fotografía. El retrato fotográfico es el fragmento de vida escogido por el fotógrafo para comunicar una impresión, un acontecimiento, mostrar un sentimiento o una actitud, ir desde la imagen de una persona a nivel físico a la imagen sobre el carácter o la vida del retratado.

http://es.slideshare.net/v1e2r3d4u5g6o/el-retrato-fotogrfico-4179045

La **fotografía documental** consiste en imágenes tomadas con propósitos sociales. Con la fotografía documental se pretende registrar e informar acerca de las formas y las condiciones de vida.

http://es.wikipedia.org/wiki/Fotograf%C3%ADa_documental

La **fotografía abstracta** es uno de los tipos más modernos de fotografía. Se puede decir que solo hay una regla en la fotografía abstracta y esa regla es que no hay reglas. Se trata de un disparo normal y del ángulo y enfoque correctos para crear una obra maestra de colores, diseños y texturas. La fotografía abstracta puede producir imágenes muy espectaculares. Se basa en el sentido más primitivo de la forma, el color y curvas más que en los detalles.

http://clubdefotografia.net/fotografia-abstracta-definicion-y-ejemplos/

1. D; 2. A; 3. F; 4. B; 5. C; 6. E.

**>2** Se propone ahora una tarea de comprensión lectora sobre la profesión del fotógrafo que consta de dos partes. En primer lugar, pida al estudiante que lea con atención las dos columnas y las una, obtenido frases coherentes. A continuación, entregue la ficha 18 para que el estudiante pueda leer el texto y comprobar sus respuestas. Antes de comenzar, explique la palabra *intrusismo*: "Ejercicio de actividades profesionales por persona no autorizada para ello. Puede constituir delito". (Definición del DRAE).

1. e; 2. b; 3. d; 4. a; 5. c.

**Ficha 18.** La problemática de la profesión de fotógrafo.

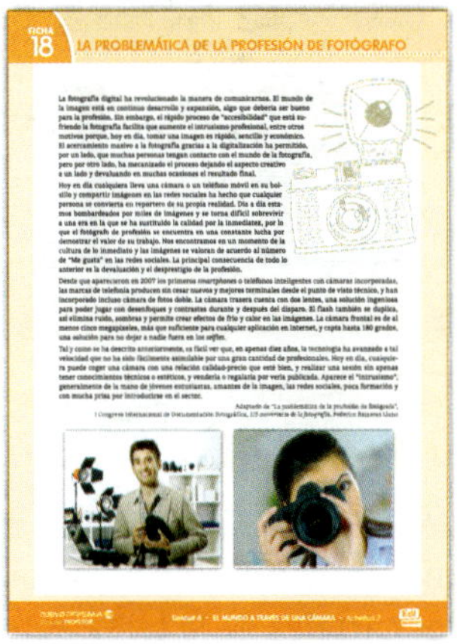

**Dinámica.** Entregue la ficha a los estudiantes para que lean el texto y comprueben sus respuestas. Una vez leído, haga una puesta en común para que puedan dar su opinión y valorar si la profesión de fotógrafo se encuentra amenazada hoy en día.

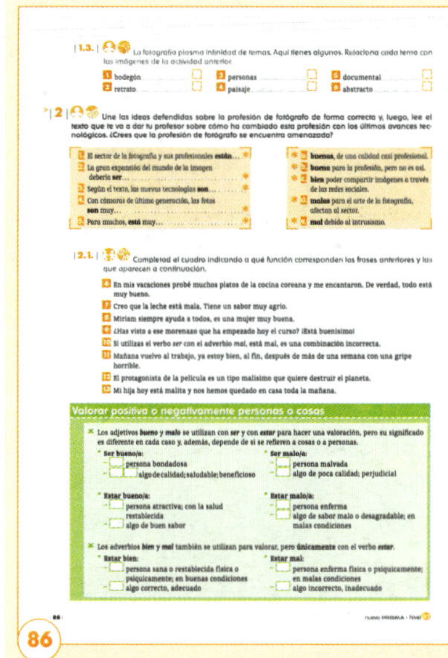

**2.1.** Actividad de reflexión gramatical sobre los valores de *bueno/malo/bien/mal* combinados con *ser/estar* para valorar personas o cosas. Vuelva a la actividad de relaciona de la actividad anterior y haga que los estudiantes se fijen en las palabras resaltadas en negrita. Pregúnteles qué hace el hablante cuando utilizar estas estructuras: valorar positiva o negativamente personas o cosas. Luego, haga que lean el resto de ejemplos que aparecen en 2.1. y pídales que, en parejas, clasifiquen todas las frases (incluidas las de la actividad 2) en el cuadro, fijándose bien en los cambios de significado que experimentan los adjetivos y adverbios según se usen con *ser* o *estar*.

Ser bueno/a: 8, 2, 4; Ser malo/a: 12, 3; Estar bueno/a: 9, 6; Estar malo/a: 13, 7; Estar bien: 11, 5; Estar mal: 1, 10.

**2.2.** Como práctica oral de estas estructuras, se propone una actividad de interacción oral en la que se plantean tres situaciones que los estudiantes, distribuidos en pequeños grupos, tienen que valorar positiva o negativamente, según su opinión. Para guiarles en la dinámica de la actividad, haga que se fijen en el ejemplo de la foto (donde unos estudiantes valoran la situación 1) y pídales que sigan el modelo para practicar las estructuras estudiadas anteriormente.

**>3** Se propone ahora una tarea de interacción oral a través de los carteles de tres exposiciones fotográficas. Pida a los estudiantes que formen pequeños grupos, que observen con atención los carteles y que contesten las preguntas que se plantean. Si muestran interés, puede proporcionarles la información que aparece en la ELEteca sobre estos tres fotógrafos. Utilice la proyección 21 con las imágenes de los carteles para que puedan verlos con más detalle y para que aprecien el valor artístico de las mismas.

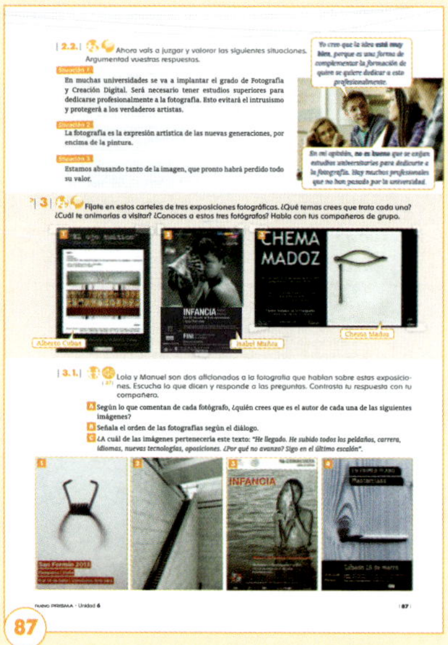

2.2. Ahora vais a juzgar y valorar las siguientes situaciones. Argumentad vuestras respuestas.

Situación 1
En muchas universidades se va a implantar el grado de Fotografía y Creación Digital. Será necesario tener estudios superiores para dedicarse profesionalmente a la fotografía. Esto evitará el intrusismo y protegerá a los verdaderos artistas.

Situación 2
La fotografía es la expresión artística de las nuevas generaciones, por encima de la pintura.

Situación 3
Estamos abusando tanto de la imagen, que pronto habrá perdido todo su valor.

Yo creo que la idea está muy bien, porque es una forma de complementar la formación de quien se quiere dedicar a esto profesionalmente.

En mi opinión, no es bueno que se exijan estudios universitarios para dedicarse a la fotografía. Hay muchos profesionales que no han pasado por la universidad.

3. Fíjate en estos carteles de tres exposiciones fotográficas. ¿Qué temas crees que trata cada una? ¿Cuál te animarías a visitar? ¿Conoces a estos tres fotógrafos? Habla con tus compañeros de grupo.

Alberto Cubas · Isabel Muñoz · Chema Madoz

3.1. Lola y Manuel son dos aficionados a la fotografía que hablan sobre estas exposiciones. Escucha lo que dicen y responde a las preguntas. Contrasta tu respuesta con tu compañero.

A Según lo que comentan de cada fotógrafo, ¿quién crees que es el autor de cada una de las siguientes imágenes?

B Señala el orden de las fotografías según el diálogo.

C ¿A cuál de las imágenes pertenecería este texto: *"He llegado. He subido todos los peldaños, carrera, idiomas, nuevas tecnologías, oposiciones. ¿Por qué no avanzo? Sigo en el último escalón"*.

nuevo PRISMA · Unidad 6 | 87 |

87

## Proyección 21. Fotografías (2).

## ELEteca 25. Alberto Cubas, Rita Relata, Isabel Muñoz y Chema Madoz.

3.1. Actividad de comprensión auditiva planteada para realizar en parejas en la que los estudiantes escucharán a dos aficionados a la fotografía que hablan de las exposiciones de los carteles de la tarea anterior. Antes de proceder a la escucha, pídales que lean las preguntas que deben responder. Si lo considera necesario, puede proceder a una segunda escucha antes de realizar la corrección. Una vez corregida la actividad, ponga la imagen que aparece en la proyección 22 para llevar a cabo una actividad de interacción oral en plenario.

## Proyección 22. "He llegado, he subido todos los peldaños...".

**Dinámica.** Proyecte la imagen y proponga a los estudiantes que comenten su mensaje. ¿A qué situación hace referencia? (el paro juvenil en España), ¿qué tiene que ver la escalera empinada con el mensaje del tuit?, etc.

| 37 |

- **Lola:** Bueno, no me has dicho qué te parece mi propuesta.
- **Manuel:** ¿Cuál? ¿La de ir a la exposición de fotos?
- **Lola:**Sí, claro. Estoy muy interesada en verla y, sobre todo, en asistir a la conferencia después; creo que es una gran oportunidad que la propia Isabel Muñoz explique su trabajo, sus viajes… Me parecen apasionantes las fotos que hace. En este caso, ha tomado imágenes de niños en los cuatro continentes para poner de relieve las diferencias que existen entre ellos.
- **Manuel:** Ya, no está mal, suena muy bien, pero la verdad es que pensaba cambiar el plan. El otro día escuché una entrevista en la radio sobre una exposición con un nombre muy original, "El ojo tuítico", y tengo mucha curiosidad.
- **Lola:** ¿Y de qué va?
- **Manuel:** Pues son dos artistas, Alberto, fotógrafo, y Rita, escritora y publicista, y lo que hacen en esta presentación fotográfica es combinar imáge-

nes con textos. Son textos muy breves, creo que tuits, como si fueran para Twitter. Rita comentaba que su idea era condensar lo que quería decir en un texto mínimo: un tuit. Y de ahí que se hayan inventado la palabra *fotuitgrafía*, o sea, imagen y tuit. Y el tema general va de protesta social. Tiene muy buena pinta.

87

● **Lola:** Sí, suena interesante. Además, siento curiosidad por ver cómo han conseguido hacerlo, pienso que exponer imagen y texto tiene un peligro, porque siempre la imagen va a estar por encima del texto, por muy corto que sea. Ya se sabe que una imagen vale más que mil palabras... Quizá muchos van a ver la foto sin leer lo que dice.

○ **Manuel:** Puede ser, porque he visto algunas y realmente son fotos muy directas, casi podríamos llamarlas imágenes tuíticas.

● **Lola:** Pues..., ¿qué hacemos?

○ **Manuel:** No sé, porque esta era la que escuché por la radio, pero es que, además, también vi un anuncio en el periódico de otra muestra que me llamó mucho la atención, el autor es Chema Madoz.

● **Lola:** ¿Otra? Ya verás como al final me quedo sin ver la de Isabel Muñoz...

○ **Manuel:** No, mujer, no te preocupes, que podemos ver las tres..., seguro que estarán algunas semanas...

● **Lola:** A ver, y entonces, ¿quién es Chema Madoz?

○ **Manuel:** Pues es otro fotógrafo que se está dando a conocer cada vez más y que trabaja sobre todo con temas abstractos; hace fotos superoriginales con pequeños objetos cotidianos.

● **Lola:** Ah, sí, ahora que lo dices, creo que vi una de sus obras. ¿No es ese que hizo un cartel para los Sanfermines con una pieza de una pinza como si fueran los cuernos?

○ **Manuel:** Pues esa en concreto no la conozco. El cartel que salía en el periódico anunciando uno de sus talleres era simplemente una cerilla puesta sobre un mueble.

● **Lola:** Uf, pues me estás convenciendo..., seguro que vale la pena.

A. 1 y 4: Chema Madoz; 2: Alberto Cubas; 3: Isabel Muñoz; B. 3, 2, 1, 4; C. 2.

**3.2.** Actividad de comprensión auditiva de selección de información sobre la exposición *El ojo tuítico*. Antes de comenzar, pídales que observen con atención las tres fotos y que las describan. Luego, proceda a la escucha para que el estudiante pueda localizar el título de cada fotografía según la descripción que se hace en el audio.

88

**Alternativa.** Escriba en la pizarra los títulos desordenados de las tres fotografías y pida a los estudiantes que observen las imágenes y que relacionen los títulos con ellas. Una vez que hayan terminado, ponga el audio para que comprueben sus respuestas.

38

● **Entrevistador:** Entonces, lo que proponen ustedes son *fotuitgrafías*...

○ **Rita:** Una invención de Alberto.

● **Alberto:** Al fin y al cabo, esta exposición tenía un peligro, y es que exponer foto y texto a la vez conlleva que hay una cosa más visual que otra, eso es obvio. Yo lo que he buscado, hablando del tópico de que una imagen vale más que mil palabras, ha sido intentar que una imagen valga lo mismo que 140 caracteres. Las imágenes también son, en ese sentido, muy tuíticas, muy directas, no tienen demasiado adorno, simplemente es una expresión acompañada con el texto, lógicamente, o el texto con la foto, queremos que ambos sean iguales.

● **Entrevistador:** Veamos algunas de ellas. La primera que aparece es *Naufragio social*, son figuras humanas al contraluz ante un amanecer o un ocaso... ¿Dónde fue tomada esta fotografía?

● **Alberto:** Precisamente, esta fotografía es de la parte final, ya cuando

4 EL ARTE DE LAS PEQUEÑAS COSAS

El arte del cómic

Arte reciclado o *Trash Art*

88

teníamos fecha para la exposición y, a diferencia de las demás, ya la hice pensando en un texto. No siempre yo aporto la fotografía y Rita piensa un texto, sino que, en este caso, yo ya me imaginaba el texto. Aunque parezca mentira, yo no tengo Twitter, ja, ja, ja, y tengo cierta actitud crítica, –constructiva, por supuesto–, hacia las redes sociales. En esta imagen, que es un atardecer en el cabo de San Vicente, en Portugal, todo el mundo estaba más preocupado de hacerse la foto y subirla a Instagram, a Twitter, etc., que reàlmente de disfrutar del paisaje.

**Entrevistador:** Ah, ahora lo veo... Es cierto.

**Alberto:** Esto no lo digo en plan anticuado, sino que muchas veces perdemos..., nos interesa más lo que comunicamos que vivir ese momento.

**Entrevistador:** Es cierto. Todas estas figuras están haciendo una foto a un ocaso...

**Rita:** Excepto los dos del medio, que son los náufragos, digamos, los únicos que están disfrutándolo y viviéndolo.

**Entrevistador:** Y es cuando usted compone ese texto que nos puede leer ahora...

**Rita:** "Naufragio social. Náufragos de rozar piel y sentir en carne y hueso, rodeados de tecnoascetas que prefieren publicar intimidad en redes (sociales) a vivirla".

**Entrevistador:** Bueno, pues esa es la primera fotuitgrafía.

**Rita:** Por eso lo llamamos reflexiones fotuitgráficas, como en este ejemplo de las redes sociales. Hace años, y no muchos, teniendo en cuenta que Facebook aparece en 2004 aproximadamente, y en España, en 2007 o 2008, la gente guardaba su intimidad y sus fotos como un tesoro. Se enseñaba solo a los íntimos, a la familia. Hemos pasado de eso, de preservar la intimidad, a publicarla en todas partes. En fin, no sé...

**Entrevistador:** Otra fotuitgrafía: *Distinta*. Alberto, aquí observamos una chica con el rostro y el pelo descubierto, rodeada de monjas con el rostro descubierto también, pero tocadas con el hábito de monja. *Distinta* has llamado la fotografía. ¿Dónde la tomaste?

**Alberto:** Esta fotografía, al contrario que la otra, probablemente sea de las primeras que se hizo para la exposición. Es para un encargo de una institución privada, religiosa, obviamente. Esta imagen a mí me impactó mucho, es una chica joven que no sabe si está a gusto o está incómoda. Y esta es una de esas fotos de las que yo digo que están esperando un texto. Es una imagen muy poética, tampoco es que sea nuestro estilo, porque intentamos ser lo más neutros posible, pero esta era una imagen totalmente libre donde el texto sí te condiciona a pensar. Y el texto de Rita te está hablando de lo inquietante de lo nuevo. Para bien o para mal.

**Entrevistador:** El texto, Rita.

**Rita:** "Distinta. Inquietante, la llegada de un ser distinto, aires renovadores o nuevos tiranos, motores del cambio o víctimas de la inamovible masa uniforme".

**Entrevistador:** Otra de las fotuitgrafías que se pueden ver es esta que se llama *Miedo*. Vemos a Pedro, que es un doctor en biología celular y molecular en paro, tras casi una década dirigiendo un proyecto de investigación I+D, frente a una gran estantería de libros o una biblioteca. ¿Dónde fue tomada esta fotografía?

**Alberto:** Esta es la biblioteca del museo Reina Sofía, en Madrid. Esta obra, para nosotros, es un talismán, porque fue una de las primeras y no solo habla de la situación de Pedro, que está en paro, sino de la situación de la investigación y de los recursos que se están abandonando.

**Entrevistador:** Y en este caso, el tuit de Rita...

**Rita:** "Miedo. Entre libros recupero seguridad, me cuentan secretos de origen y evolución, estudio, investigo; entonces soy. En la vida real me extingo".

Adaptado de http://www.rtve.es/alacarta/audios/el-ojo-critico/ojo-critico-11-10-13/2060371/

1. *Miedo;* 2. *Distinta;* 3. *Naufragio social.*

**3.3.** Como cierre de epígrafe, se propone una actividad de expresión escrita. Vuelva a poner el audio de la actividad anterior con la finalidad de que el estudiante tome notas sobre lo que se dice de las tres fotos y pueda elaborar con ellas una descripción de cada imagen. Utilice la proyección 23 donde aparecen las *fotuitgrafías* completas, imagen y texto. Anímele a que finalice la descripción, aportando su opinión personal sobre la crítica social que expresan las imágenes a través del tuit.

**Proyección 23.** *Fotuitgrafías.*

**Altenativa.** En pequeños grupos de dos o tres estudiantes, pídales que tomen una fotografía, a poder ser en la calle, con una imagen a la que puedan añadir un texto de 140 caracteres como en la exposición *El ojo tuítico*. La idea es que realicen una *fotuitgrafía*.

Una vez que hayan terminado el trabajo, haga una puesta en común en la que los grupos presenten su *fotuitgrafía* al resto de la clase. Si le parece oportuno, plantee la actividad como un concurso en el que los estudiantes elijan la mejor en varias categorías: la más artística, la más poética, la más ingeniosa, la más divertida, etc.

Habilite un espacio en clase para hacer un mural con ellas o publíquelas en la web de la escuela, si es posible.

## 4 EL ARTE DE LAS PEQUEÑAS COSAS 88

Se cierra con este epígrafe la presentación de otras manifestaciones artísticas alternativas: el cómic y el arte reciclado o *Trash Art*. Se finaliza la revisión de los usos de *ser* y *estar* con los adjetivos que cambian de significado según se usen con uno u otro verbo y, mediante una tarea de estrategias, se pretende activar habilidades que ayuden a entender la cultura de la lengua que se estudia a través de la observación, la comparación, la asociación y la inferencia.

**> 1** Iniciamos el epígrafe con una actividad que tiene como finalidad una reflexión por parte de los estudiantes sobre las actividades artísticas que pertenecen a las Bellas Artes. En pequeños grupos, los estudiantes hacen la lista de estas nueve artes y, luego, en plenario, realizan la lista definitiva, contrastando sus opiniones, en el caso de no coincidir.

Las Bellas Artes son: Música (y Teatro); Danza (y Teatro); Literatura y Teatro; Dibujo y Pintura; Escultura; Arquitectura; Cine; Fotografía; Cómic.

**1.1.** Actividad de interacción oral en parejas en la que los estudiantes hacen hipótesis sobre el arte del cómic y el arte reciclado. Para comprobar sus respuestas, se ofrecen dos textos que han de leer para saber si sus suposiciones eran o no correctas.

**1.2.** Actividad de interacción oral en plenario sobre si creen que el cómic y arte reciclado puede considerarse parte o no de las Bellas Artes, argumentando su opinión.

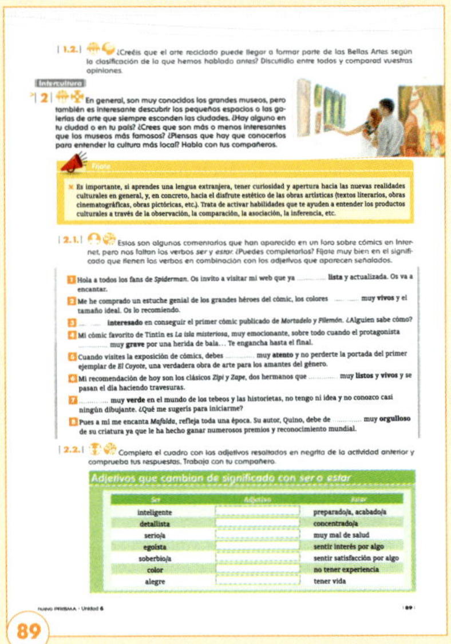

89

**>2** Se propone ahora una tarea para fomentar las estrategias de aprendizaje de los estudiantes con el objetivo de potenciar una actitud de curiosidad y apertura hacia el arte de la lengua que se estudia. Sugiérales que piensen en un pequeño museo, espacio cultural o galería de su país que les guste, que den su opinión sobre él y que valoren si creen que es necesario conocer estos espacios artísticos para conocer y entender la cultura de un país.

**2.1.** y **2.2.** Actividad individual de reflexión gramatical de carácter inductivo, para completar el texto de un foro sobre cómics en Internet con los verbos *ser* o *estar*. En este caso, van a repasar y ampliar los cambios de significado que se producen cuando determinados adjetivos se combinan con uno u otro verbo. Antes de comenzar, y para entrar en materia, ponga un ejemplo con el adjetivo *listo* (*ser listo* que significa *ser inteligente* frente a *estar listo*, *estar preparado*). Dígales que el resto de adjetivos que aparecen resaltados en negrita tienen el mismo comportamiento. A continuación, pase a la actividad 2.2. y pídales que, en parejas, completen la tabla analizando las frases de 2.1. (el contexto en que aparecen los adjetivos) para comprobar sus respuestas.

1. está; 2. son; 3. Estoy; 4. está; 5. estar; 6. son; 7. Estoy; 8. estar.

listo/a; atento/a; grave; interesado/a; orgulloso/a; verde; vivo/a.

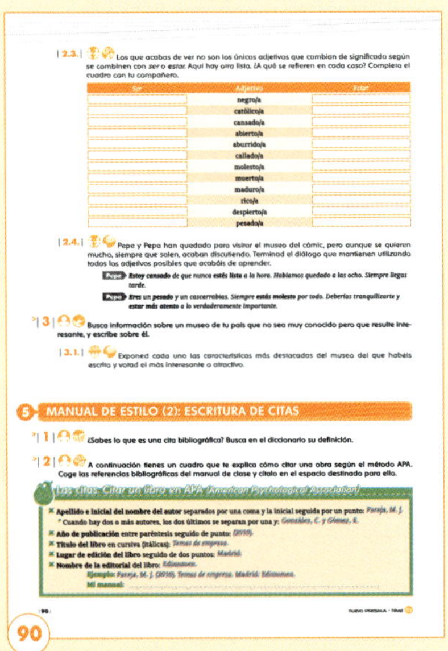

90

**2.3.** Con esta actividad se amplía la lista de adjetivos que cambian el significado según se combinen con *ser* o *estar*. Propóngales que mantengan las parejas de la actividad anterior y que completen la lista, pero esta vez encontrando un sinónimo o definición para cada uno. Corrija y explique que la expresión *no estar católico/a* solo se usa en forma negativa.

**Alternativa.** Divida la clase en grupos de tres estudiantes (A, B y C) y repártales su parte correspondiente de la ficha 19.

**Ficha 19.** *Ser/estar* **+ adjetivo.**

**Dinámica.** Pida a los estudiantes que, individualmente, relacionen las definiciones que aparecen con los adjetivos de la tabla y que, luego, escriban un ejemplo de cada uno. Una vez terminado el trabajo individual, deben intercambiar la información de las tres tablas para completar el cuadro del libro.

Ser/Estar negro-a: color/enfadado-a; Ser/No estar católico-a: religión/encontrarse enfermo-a; Ser/Estar cansado-a: producir cansancio/sentir cansancio; Ser/Estar abierto-a: extrovertido-a /no estar cerrado-a; Ser/Estar aburrido-a: producir aburrimiento/sentir aburrimiento; Ser/Estar callado-a: no hablar mucho por carácter/en silencio en un momento determinado; Ser/Estar molesto-a: producir molestias/sentir molestias, sentirse un poco enfadado-a; Ser/Estar muerto-a: aburrido-a, soso-a/sin vida, sentirse muy cansado-a; Ser/Estar maduro-a: adulto-a, responsable/referido a un alimento, listo para comer, en su punto; Ser/Estar rico-a: tener mucho dinero/con buen sabor; Ser/Estar despierto-a: inteligente, espabilado-a/no dormido-a; Ser/Estar pesado-a: insoportable, no ligero-a/tener un carácter insoportable en un momento determinado.

Antes de pasar a la siguiente actividad, puede llevar a cabo el ejercicio 4 de la unidad 6 del *Libro de ejercicios*.

**2.4.** Actividad de práctica oral lúdica que tiene el objetivo de consolidar los adjetivos aprendidos en las actividades anteriores. Diga a los estudiantes que terminen el diálogo utilizando todos los adjetivos posibles que han aprendido combinándolos con los verbos *ser* o *estar*. Luego, pida a las parejas que lean sus diálogos (interpretando cada uno un papel) e indique a sus compañeros que estén atentos e intervengan para corregir, si es necesario.

**>3** y **3.1.** Se cierra el epígrafe con dos actividades integradoras en las que primero, de manera individual, se pide al estudiante que busque información en Internet sobre un museo de su país que no sea muy conocido, pero que le parezca interesante y que escriba una explicación sobre él. Luego, cada estudiante va a explicar al resto de la clase cómo es el museo que ha escogido. Al finalizar, se votará al museo más interesante.

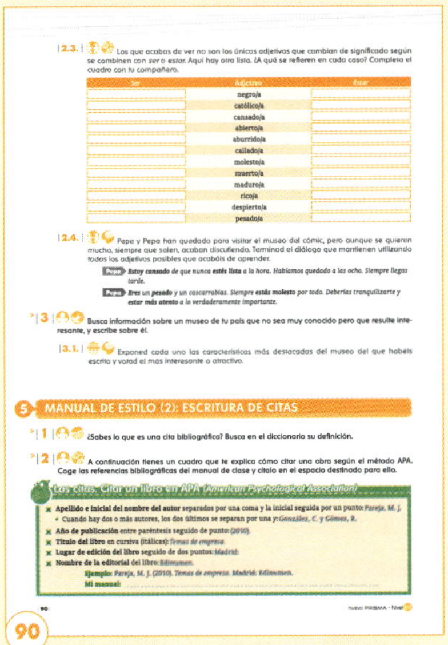

## 5 MANUAL DE ESTILO (2): ESCRITURA DE CITAS 90

Secuencia de actividades donde se le enseña a los estudiantes a escribir una cita bibliográfica.

**>1** Proponga a los estudiantes que, de manera individual, escriban qué es una cita bibliográfica. Antes de corregir, haga que comparen sus definiciones para compartir sus conocimientos previos.

La cita o referencia bibliográfica es un conjunto mínimo de datos que permite la identificación de una publicación o de una parte de la misma.

**>2** Pida al estudiante que lea el cuadro sobre cómo citar una obra según el método APA. Luego indíquele que coja las referencias biográficas del manual de clase y escriba su cita.

Isa de los Santos, D. y Molina, S. (2015). *Nuevo Prisma B2*. Madrid: Edinumen.

i+ **ELEteca**
**26. El método APA.**

**2.1.** Finalizamos este epígrafe con una propuesta de trabajo en pequeños grupos. Indique a los estudiantes que busquen en Internet cinco libros que hablen sobre *El Quijote*, *La Celestina* o *El Lazarillo de Tormes* y los citen según las normas estudiadas en la actividad anterior.

## ¿QUÉ HE APRENDIDO? 91

1. Ser/Estar rico-a: tener mucho dinero/con buen sabor; 2. Estar mal; 3. Ser de papel; 4. Ser/Estar abierto-a: extrovertido-a /no estar cerrado-a; 5. Estar a punto; 6. Estar bien; 7. Ser innegable; 8. Estar en la calle; 9. Ser/Estar despierto-a: inteligente, espabilado-a/no dormido-a; 10. Ser artista; 11. Ser/Estar orgulloso-a: soberbio-a/sentir satisfacción por algo; 12. Ser argentino-a.

abc **ELEteca**
**Léxico. El arte español.**

# 7 ¡NI PUNTO DE COMPARACIÓN!

El objetivo de la unidad es aprender a comparar determinadas realidades: a las personas por su aspecto físico, diferentes lugares, diferentes tipos de viviendas y diferentes formas de diversión.

Desde el punto de vista gramatical, se tratan los grados de comparación: comparativo de superioridad, inferioridad e igualdad y el superlativo relativo y absoluto, así como aquellos verbos que rigen una determinada preposición. El apartado funcional focaliza su atención en hablar de las apariencias y parecidos, valorar una información, dar opiniones y hacer comparaciones o establecer diferencias. Se trabajará también el léxico para realizar descripciones físicas y para hablar de un lugar.

## 1 DE TAL PALO, TAL ASTILLA 92

El título del epígrafe: *De tal palo, tal astilla*, es un refrán que significa que, por lo general, el carácter y las costumbres se transmiten de padres a hijos. Se aplica también a todo aquello que se parece a su origen. Este refrán nos facilita información sobre el contenido del epígrafe: hablar de apariencias y parecidos entre las personas. Gramaticalmente, se repasan y amplían las estructuras que sirven para comparar: comparativos de superioridad, igualdad e inferioridad. Desde el punto de vista léxico, se repasan y practican los diferentes significados del verbo *parecer(se)*.

**> 1** Antes de empezar, pregunte a los estudiantes por el título del epígrafe, si saben qué es y qué significa. De esta manera, introducirá el tema: hablar de los parecidos entre las personas. Luego, pase a la actividad de interacción oral en parejas, pidiéndoles que se fijen en las fotografías y que describan a las personas de las fotos comparándolas. Antes de que comiencen a hablar, dirija la atención del grupo al cuadro en el que se ofrecen estructuras que sirven para hablar de los parecidos entre las personas.

**1.1.** Se presenta a continuación una tarea de comprensión lectora. Sugiera a los estudiantes una lectura atenta pero rápida de los tres textos para relacionarlos luego con las imágenes correspondientes de la actividad anterior. Si lo cree conveniente, antes de llevar a cabo la corrección en conjunto, pídales que comparen sus respuestas en parejas.

Fotografías A, C y F, respectivamente.

**1.2.** Indique a los estudiantes que, en parejas, vuelvan a leer los textos anteriores fijándose en las formas de *parecer/parecerse* que están numeradas y en color. Una vez leídos de nuevo los textos, lleve a cabo la actividad de léxico: los estudiantes, en parejas, tienen que asignar a cada significado del verbo *parecer(se)* dos ejemplos de los que aparecen numerados en los textos.

Hablar de apariencias: 1, 3; Hablar de parecidos: 6, 8; Pedir y dar opiniones: 4, 7; Valorar: 2, 5.

Antes de continuar, puede consolidar este contenido léxico con los ejercicios 1, 2 y 3 de la unidad 7 del *Libro de ejercicios*.

**1.3.** Continuamos con una tarea de léxico propuesta con el objetivo de que el estudiante pueda ampliar el léxico utilizado para realizar una descripción física. Indíqueles que, de nuevo en parejas, lean otra vez los textos, extrayendo aquellos adjetivos que describen el físico y lo clasifiquen en el apartado correspondiente.

Cara: redonda, dulce, ancha, expresiva, chupada, larga, simpática, llenita; Frente: amplia, estrecha; Cejas: separadas, espesas; Ojos: vivos, inexpresivos, mirada triste, negrísimos, impenetrables; Nariz: larga, chata, recta, puntiaguda, aguileña; Mejillas: rollizas; Boca: pequeña, redonda; Labios: finos; Dientes: alineados, blancos; Orejas: de soplillo, redonditas, pequeñas; Cuello: cortito; Manos: finas, delicadas; Piel: morena, bronceada, rosada; Pelo: lacio, sedoso, rizado, fino; Aspecto general: joven, esbelto, atlético, flaco.

**1.4.** Se cierra esta secuencia de actividades sobre las descripciones físicas y los parecidos con una tarea de interacción oral diseñada para realizarse en plenario. El objetivo es que los estudiantes puedan poner en práctica el léxico y las estructuras aprendidas hablando de los parecidos y similitudes con sus padres. Si lo considera oportuno puede ampliar esta actividad proponiendo a los estudiantes que comenten los parecidos que tienen con otros miembros de la familia como, por ejemplo, sus abuelos o hermanos.

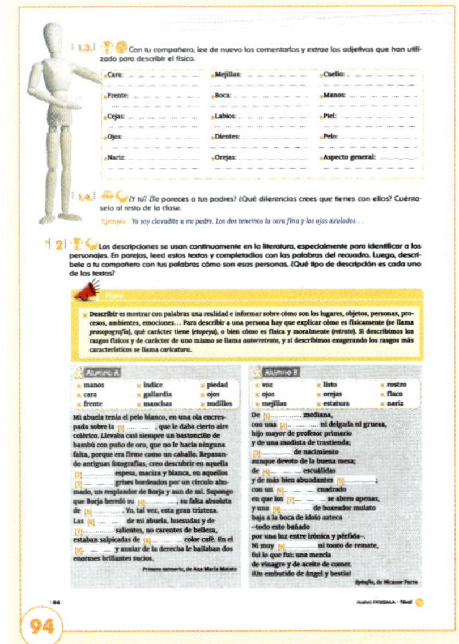

**>2** Se aborda en esta actividad la descripción literaria para poner en práctica todos los contenidos aprendidos hasta el momento. Se trata de un fragmento en prosa de la obra *Primera memoria* de la escritora española Ana M.ª Matute, y otro en verso del escritor chileno Nicanor Parra. Antes de llevar a cabo la actividad, lea detenidamente con ellos el cuadro en el que se define el concepto de describir y, particularmente, los tipos de descripciones físicas de personas que se pueden hacer. Una vez que han quedado claros los conceptos, los estudiantes, en parejas, leen uno de los textos y lo completan con las palabras del recuadro. Sugiérales que usen el diccionario para consultar las palabras que no conozcan. A continuación, cada estudiante describe con sus propias palabras a su compañero cómo son esas personas, e identifican el tipo de descripción de cada texto.

Alumno A: 1. frente; 2. cara; 3. ojos; 4. gallardía; 5. piedad; 6. manos; 7. nudillos; 8. manchas; 9. índice. Caricatura. Alumno B: 1. estatura; 2. voz; 3. flaco; 4. mejillas; 5. orejas; 6. rostro; 7. ojos; 8. nariz; 9. listo. Autorretrato.

**i+ ELEteca**
**27. Ana M.ª Matute y Nicanor Parra.**

**>3** Pida a los estudiantes que formen pequeños grupos y que se fijen en el aspecto de los dos jóvenes de la fotografía. Haga que los describan y que opinen sobre su aspecto: ¿Creen que cuidan su imagen? ¿Por qué? Sugiérales también que hablen de sí mismos y expliquen qué importancia le dan a su imagen y al cuidado de la misma.

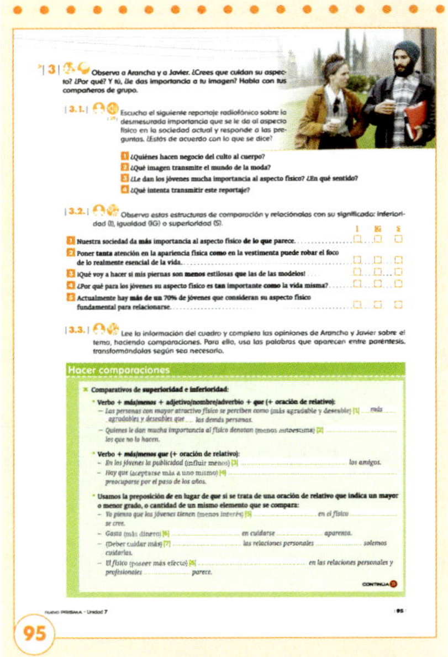

**3.1.** Se continúa ahora con la primera actividad de comprensión auditiva de la unidad. Indíqueles que van a escuchar un reportaje radiofónico en el que se aborda la excesiva importancia que se le presta al aspecto físico en la sociedad actual. Dígales que lean primero las preguntas que deben responder y proceda a la escucha de la audición. Si lo considera necesario, puede hacer una segunda escucha.

39 Hoy en día, la apariencia física está sobrevalorada en nuestra sociedad, y el culto al cuerpo, fomentado por los medios de comunicación, se ha convertido en un factor de discriminación entre sus miembros.

Para algunos, este fenómeno se ha convertido en un negocio: gimnasios, industria de la moda, clínicas de estética…, pues la obsesión por estar perfec-

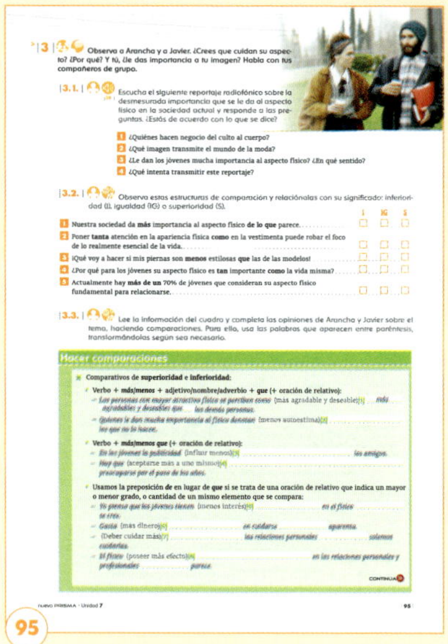

to las veinticuatro horas del día hace que la gente consuma estos productos y servicios.

En la industria de la moda se ha creado una fuerte polémica en relación al tema de las tallas y la extrema delgadez de las modelos. Nos venden una imagen que ellos creen que es la perfección, basada en la delgadez y el culto excesivo al cuerpo, y motivada por sus intereses económicos. Muchas firmas carecen de tallas más allá de una 38, de modo que las personas que gastan una talla 40 o 42 piensan que están gordas, dando lugar, de esta manera, al aumento de casos de enfermedades tan graves como la anorexia y la bulimia. Cada persona tiene una constitución física determinada y no se debe confundir la vida sana con la perfección.

Vivimos en una sociedad donde no podemos ser nosotros mismos, porque estamos muy influenciados por la moda y todo lo que la rodea, pero debemos intentar tener una personalidad propia y guiarnos por nuestros propios criterios.

Actualmente hay más de un 70% de jóvenes que consideran su aspecto físico como un factor muy importante para poder relacionarse con los demás y ser aceptados socialmente, y una gran mayoría quisiera ganarse la vida con su físico, como modelos publicitarios, en la pasarela..., salir en la televisión y hacerse famosos.

Si bien el aspecto físico es nuestra "envoltura", y debemos cuidar y querer nuestro cuerpo, esto no significa que sea necesario tener una silueta perfecta, un cabello ideal, un rostro sin imperfecciones, un vientre plano... El excesivo culto al cuerpo viene propiciado por la sociedad actual y los medios de comunicación, y hace que se robe el foco de lo realmente esencial de la vida. Cuando uno encuentra su verdadero valor más allá de la apariencia y logra que su propia belleza interior rebase la forma de su cuerpo, entonces puede sentirse seguro de su envoltura. No importa si tienes los ojos verdes o negros, todos los ojos son hermosos, no por el color, sino por lo que hay detrás de ellos, y por la forma en la que miran y entienden el mundo. ¿De qué sirven unos ojos bellos si no transmiten la belleza que hay en el ser humano que los posee?

1. Todos los negocios relacionados con el cuidado físico y estético: gimnasios, la industria de la moda, las clínicas de estética...; 2. Una imagen ideal de perfección física basada en la delgadez extrema; 3. Sí, le dan mucha importancia porque piensan que es el modo de relacionarse en sociedad y ser aceptados, y también aspiran a ganarse la vida en profesiones relacionadas con el aspecto físico; 4. La necesidad de ser uno mismo y ser capaz de ver la belleza interior de las personas.

**3.2.** Actividad de reflexión gramatical que introduce las estructuras de comparación. Pídales que lean las frases extraídas del audio anterior y que, de manera individual, las clasifiquen según el grado de comparación que indican.

Inferioridad: 3; Igualdad: 2, 4; Superioridad: 1, 5.

**3.3.** Mediante el cuadro se profundiza en las diferentes estructuras para comparar que existen en español. Los estudiantes, de manera individual, han de transformar las frases que aparecen entre paréntesis reproduciendo la estructura comparativa que se indica. Antes de llevar a cabo la corrección, puede proponerles que comparen sus respuestas en parejas o en pequeños grupos. A continuación, corrija la actividad con la proyección 24.

## Proyección 24. Hacer comparaciones.

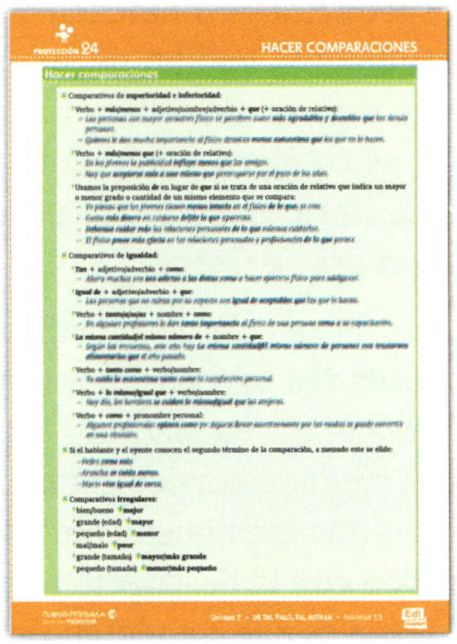

2. menos autoestima que; 3. influye menos que; 4. aceptarse más a uno mismo que; 5. menos interés [...] de lo que; 6. más dinero [...] del/de lo que; 7. Debemos cuidar más [...] de lo que; 8. posee más efecto [...] de lo que; 9. tan adictos a las dietas como; 10. igual de aceptables que; 11. tanta importancia [...] como; 12. la misma cantidad/el mismo número de personas con trastornos alimentarios que; 13. cuido la autoestima tanto como; 14. se cuidan lo mismo/igual que; 15. opinan como; 16. come más; 17. se cuida menos; 18. vive igual de cerca.

**Para practicar y consolidar el uso de las estructuras comparativas, puede llevar a cabo los ejercicios 4, 5 y 6 de la unidad 7 del *Libro de Ejercicios*.**

**3.4.** Se finaliza el epígrafe con una propuesta de tarea de expresión escrita en parejas. Sugiérales primero que reflexionen sobre las medidas que pueden tomarse para solucionar el problema de la desmesurada importancia que se le da al aspecto físico en la sociedad actual pensando en cinco medidas que podrían tomarse para solucionar el problema. Tienen que utilizar las estructuras comparativas estudiadas. Déjeles un tiempo para elaborar el trabajo y, luego, en plenario, pida a las parejas que lean sus propuestas, corrigiendo si es necesario. Para finalizar, haga que elijan dos o tres propuestas de las expuestas como las más efectivas para combatir el problema.

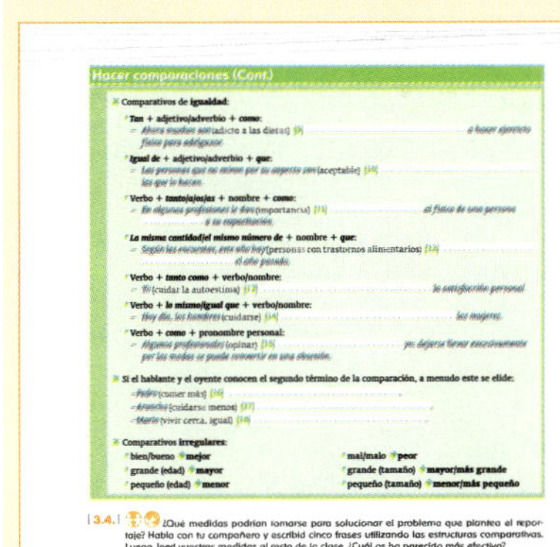

## 2 SUPERESTILOSOS 96

A través de la comparación de dos lugares, el barrio de Malasaña en Madrid y el barrio de Palermo en Buenos Aires, se presenta y practica el superlativo. Desde el punto de vista léxico, se profundiza en el vocabulario relacionado con el aspecto físico de las personas.

**> 1** y **1.1.** Se comienza el epígrafe con una propuesta de interacción oral en clase abierta. Pida a los estudiantes que observen con atención la fotografía y que definan el estilo de las dos personas que aparecen, fijándose en su físico y en su ropa. A continuación, contrastan sus opiniones leyendo el texto que aparece en la actividad 1.1.

**ELEteca**
**28. Definición de *hipster*.**

**1.2.** Actividad para la adquisición de léxico en parejas. Teniendo en cuenta la definición anterior y la fotografía de la actividad 1, deben elegir aquellos adjetivos que mejor describen a un *hipster*. Haga una puesta en común, para

ver si coinciden. Aproveche para explicar los términos que no estén claros.

**1.3.** Actividad oral en grupos reducidos enmarcada dentro de la etiqueta de sensaciones. En ella, los estudiantes hablan de su estilo en el vestir: qué ropa llevan habitualmente, qué ropa no llevarían nunca... Puede ampliar las preguntas a un ámbito más psicológico planteando si la ropa define en cierto modo a la persona que la lleva, si se dejan influir por la apariencia de la gente a la que ven por primera vez, etc.

**>2** Se inicia con esta tarea una secuencia de actividades de corte cultural, donde los estudiantes van a conocer dos barrios emblemáticos de dos grandes ciudades hispanas: El barrio de Malasaña en Madrid y el barrio de Palermo en Buenos Aires. Pregunte primero si alguien conoce estas ciudades y estos barrios en concreto. De ser así, pídales que expliquen cómo son, para luego observar las fotografías y ver si coinciden con la descripción. En el caso de que nadie haya estado en estas ciudades, pídales que comenten la impresión que les causan las fotos, qué tipo de barrio creen que son y qué creen que tienen en común.

**2.1.** Procedemos ahora a una tarea de comprensión auditiva, en la que los estudiantes van a escuchar información sobre ambos barrios. La tarea consiste en asignar las afirmaciones que tienen debajo con su barrio correspondiente. Antes de la escucha, deje unos minutos para que lean las frases, así la actividad será más efectiva. Explique los siguientes términos propios del español de Argentina y otros países hispanoamericanos: *disquería* (tienda de discos) y *carrete* (actividad de diversión nocturna).

**Alternativa.** Antes de escuchar, pídales que realicen la actividad teniendo en cuenta lo comentado en la actividad anterior. Luego, ponga el audio para que comprueben sus hipótesis y las rectifiquen, en caso necesario.

### 1. Barrio de Malasaña

40 En el centro de Madrid encontramos el archiconocido barrio de Malasaña. Es el barrio más de moda y con más personalidad de Madrid, con un ambiente alternativo y una animadísima vida nocturna.

La diversidad cultural que caracteriza Malasaña se refleja también en su amplia oferta de ocio: restaurantes, bares y tabernas con una gran variedad gastronómica, tiendas de moda y de segunda mano, galerías de arte urbano, además de cafés y animadas terrazas para disfrutar del barrio y su gente.

Durante las noches del fin de semana encontraréis numerosos bares, sobre todo pequeños locales donde disfrutar de música de distintas épocas, aunque a pesar de toda esa animación de los días festivos, resulta un sitio la mar de tranquilo para vivir el resto del tiempo: no hay prácticamente tráfico y sigue teniendo espíritu de pueblecillo, un oasis entre los bulevares y la Gran Vía.

Malasaña se puso muy de moda en la época de la movida madrileña, entre los años 70 y 80, y desde entonces cuenta con la mejor oferta de ocio de la ciudad. Destaca la calle Fuencarral, donde se mezclan tiendas de firmas con otras independientes y franquicias.

Se puede comparar con Camden Town o Portobello de Londres, y el East Village de Nueva York, con la ventaja de que su céntrica ubicación te permite visitar a pie los museos y monumentos históricos más famosos de Madrid.

Arquitectónicamente, la mayoría de los edificios son del siglo XIX y primeros del XX, algunos tipo corrala, con estructuras de madera y balcones de hierro, aunque existen otros más antiguos, tipo palacete, de los siglos XVII y XVIII.

En definitiva, un barrio antiquísimo, céntrico, con todo el sabor de lo añejo, pero con la más variada oferta moderna y actual de la capital.

Adaptado de http://apimonteleon.com/?p=2061

### 2. Barrio de Palermo

Palermo es el barrio porteño más bohemio y *top*. Este barrio es la capital *hipster* y *cool* de Buenos Aires, especialmente su zona conocida como Palermo Soho. ¡Palermo ha sido tomado por las bicis, los tupés y las barbas!

Sus precios pueden ser un poco elevados comparados con el resto de la ciudad, ya que es un sector de moda. Hace apenas diez años, el barrio era una zona gris y apartada; hoy, la gente linda y con aspiraciones artísticas (algo bastante común entre los porteños) se reúne en los bares y restaurantes de este renacido barrio de casas bajas y calles empedradas. Ahí se encuentran los mejores restaurantes de la ciudad, con una amplia oferta gastronómica, y también muchos bares y lugares para beber al aire libre. Además, se pueden encontrar pequeños locales bastante interesantes: de arte y diseño, librerías, objetos de autor y disquerías.

Pasear por sus calles también es un buen plan, ya que el lugar es limpio y tranquilo, aun cuando está tan lleno de vida y carrete en la noche. En el barrio se encuentran el parque Los Bosques de Palermo y su jardín japonés, el paseo Rosedal y el zoológico de Buenos Aires, así que es sumamente fácil encontrar un lugar para dar un agradable paseo. En realidad, es una enorme zona residencial dividida en varias áreas: Palermo Viejo, Palermo Soho, cuya comparación con su homónimo neoyorquino es indudable, y Palermo Hollywood, bautizado de este modo por ser el lugar en que se congregan la mayoría de las productoras de cine.

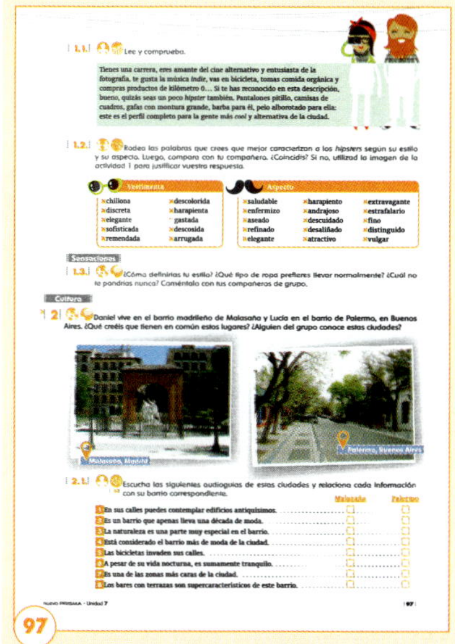

97

Malasaña: 1, 4, 6, 8; Palermo: 2, 3, 5, 7.

**2.2.** Para llevar a cabo la siguiente actividad de reflexión gramatical, entregue a los estudiantes la ficha 20 y siga las pautas.

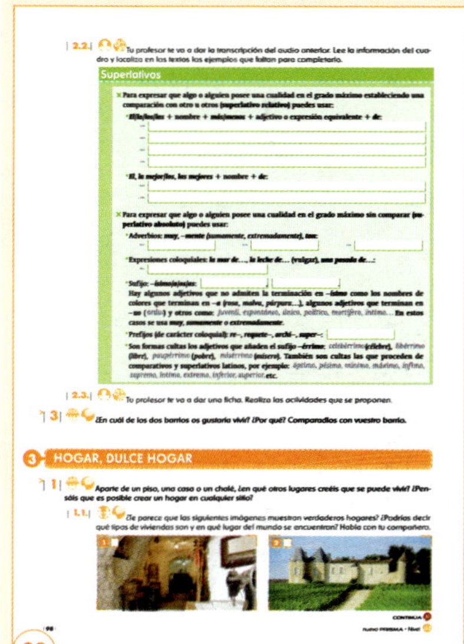

98

**Ficha 20.** Barrios de Malasaña (Madrid) y Palermo (Buenos Aires).

**Dinámica.** Pida a los estudiantes que, de manera individual, lean con atención el cuadro explicativo sobre el superlativo. A continuación, entrégueles copias de la ficha 20, con la transcripción del audio anterior, para que localicen en ambos textos los ejemplos para completar el cuadro. Antes de realizar la corrección final, puede pedir a los estudiantes que formen parejas, comparen y justifiquen sus respuestas.

Superlativo relativo: El barrio más de moda y con más personalidad de Madrid; Los museos y monumentos históricos más famosos de Madrid; La más variada oferta moderna y actual de la capital; El barrio porteño más bohemio y top; La mejor oferta de ocio de la ciudad; Los mejores restaurantes de la ciudad; Superlativo absoluto: muy de moda; tan lleno de vida; sumamente fácil; la mar de tranquilo; animadísima; antiquísimo; archiconocido.

**2.3.** Actividad de práctica controlada sobre el superlativo. Para la realización de esta actividad, entregue a los estudiantes la ficha 21.

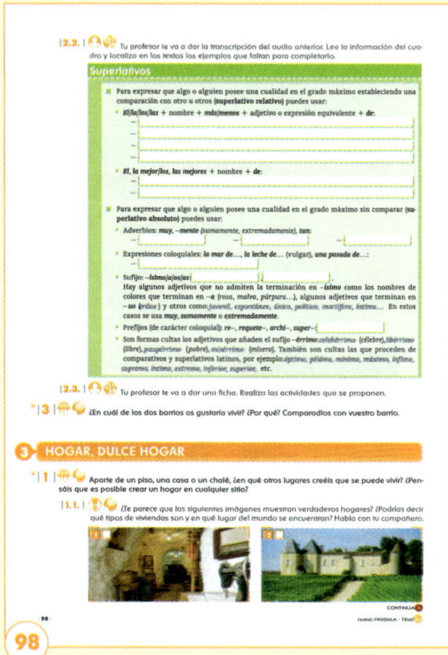

## Ficha 21. Practiquísimo.

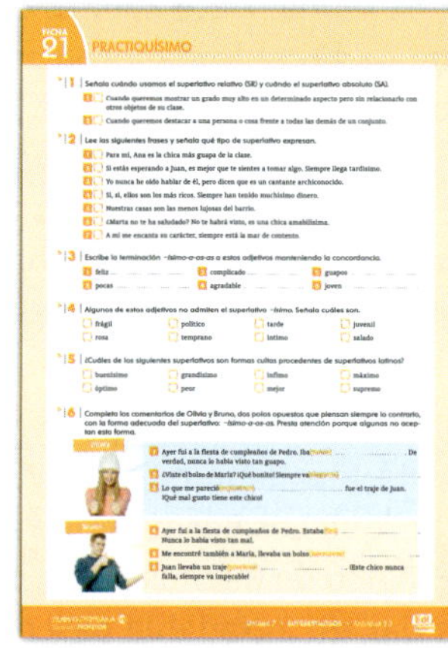

**Dinámica.** Entregue a cada estudiante una copia de la ficha con el objetivo de practicar y consolidar los conocimientos adquiridos sobre el superlativo. La ficha está diseñada para realizar de modo individual, pero, si lo cree oportuno, puede proponer su realización en parejas. También puede realizarse como tarea de casa. Si tiene tiempo suficiente, corrija en plenario para detectar posibles fallos y volver a la explicación, si es necesario.

**1.** 1. SA; 2. SR; **2.** 1. SR; 2. SA; 3. SA; 4. SR; 5. SR; 6. SA; 7. SA; **3.** 1. felicísimo/a; 2. poquísimas; 3. complicadísimo; 4. agradabilísimo/a; 5. guapísimos; 6. jovencísimo/a; **4.** rosa; político; íntimo; juvenil; **5.** óptimo; ínfimo; máximo; supremo; **6.** Olivia: 1. monísimo; 2. elegantísima; 3. No admite la terminación *–ísimo/a*; se puede decir *superespantoso*, por ejemplo. Bruno: 4. feísimo; 5. No admite la terminación *–ísimo/a* porque ya es un superlativo en sí mismo de *feo*; 6. En el lenguaje coloquial se puede decir *preciosísimo*, aunque *precioso* es el superlativo de *bonito* y, por tanto, no necesitaría añadirse terminación o superlativo alguno.

Puede seguir practicando los superlativos con el ejercicio 8 de la unidad 7 del *Libro de ejercicios*.

**>3** Concluimos el epígrafe con una tarea de interacción oral en plenario en la que los estudiantes darán su opinión sobre los dos barrios que han conocido comparándolos con sus propios barrios: sus similitudes y diferencias. Si lo considera oportuno, puede proponer como tarea para casa una breve redacción en la que comparen por escrito estos barrios con el suyo, utilizando las estructuras comparativas y los superlativos que han aprendido.

**Alternativa.** Pídales que realicen el mismo tipo de actividad de comparación pero con las ciudades de San Sebastián (España) y Monterrey (México) que se encuentran en la lista de las 10 ciudades más felices del mundo, según un estudio elaborado por *National Geographic*. Para ello, utilice la ficha 22.

## Ficha 22. San Sebastián y Monterrey, dos de las ciudades más felices del mundo.

**Dinámica.** Entregue una copia de la ficha a cada estudiante para que la lean y comparen las características que se indican con su propia ciudad. Deben decir en su escrito si su ciudad podría entrar en el ranking de las diez ciudades más felices del mundo, justificando su elección.

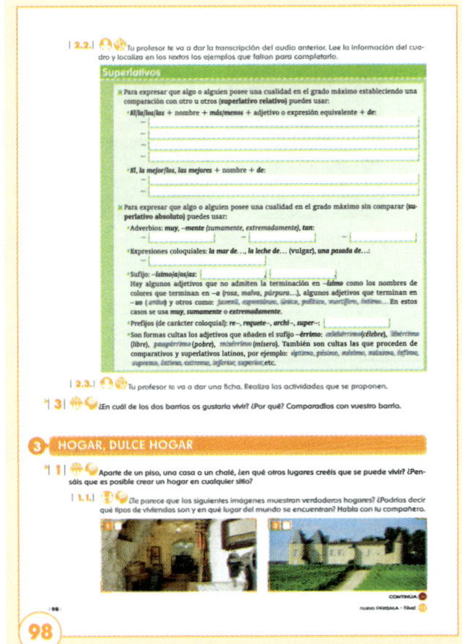

## 3 HOGAR, DULCE HOGAR 98

Se plantea en este epígrafe una actividad de componente estratégico con el objetivo de que el estudiante aprenda a prescindir del vocabulario que no pertenezca al léxico que se presenta. Se introduce un nuevo contenido gramatical: los usos de *como si/ni que* + imperfecto/pluscuamperfecto de subjuntivo. Desde el punto de vista cultural se presenta una secuencia de actividades en la que se reflejan las costumbres en España a la hora de elegir vivienda y la disyuntiva: ¿alquiler o compra?

**> 1** Actividad de interacción oral en plenario como precalentamiento para para introducir el tema del epígrafe: la vivienda. Pida a los estudiantes que piensen en tipos de viviendas no tradicionales (piso, casa o chalé) para que comenten qué características deberían tener para considerarlas un hogar. Luego plantee la pregunta general: ¿se puede crear un hogar en cualquier sitio? Y amplíela si lo cree oportuno: ¿el hogar depende del lugar físico de las personas que lo componen? Puede aportar la siguiente definición:

"La palabra *hogar* se usa para designar un lugar donde un individuo o grupo habita, creando la sensación de seguridad y calma. En esta sensación se diferencia del concepto de casa, que sencillamente se refiere a la vivienda física. La palabra *hogar* proviene del lugar donde se encendía el fuego, a cuyo alrededor se reunía la familia para calentarse y alimentarse".

**1.1.** Actividad de interacción oral en parejas, donde, a través de una serie de imágenes, se muestran diferentes tipos de viviendas. Diga a los estudiantes que observen las fotografías y que, en parejas y según lo hablado en la actividad anterior, opinen sobre si estas viviendas pueden considerarse hogares o no. Luego, echando mano de sus conocimientos previos, pídales que identifiquen en qué lugar del mundo están esas viviendas. Haga una puesta en común, pero no dé las soluciones. Si le parece oportuno, puede realizar la actividad en plenario desde el principio.

1. casa cueva (Granada); 2. *chateau* (Francia); 3. rascacielos (Hong Kong); 4. tienda beduina (Sáhara); 5. *loft* (Nueva York); 6. palafito (Chile).

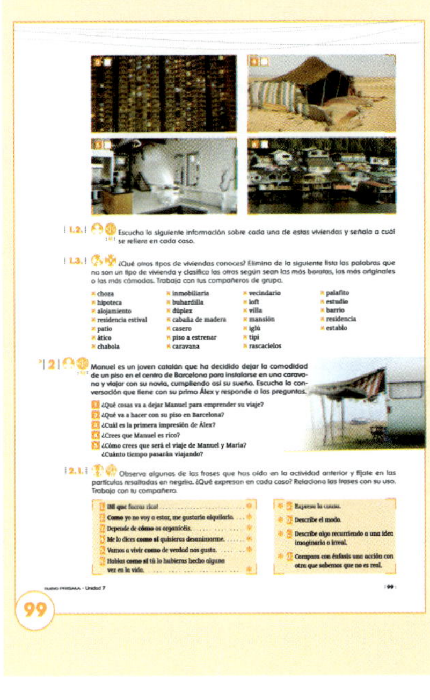

**1.2.** Actividad de comprensión auditiva en la que van a escuchar una descripción de las viviendas anteriores. La tarea consiste en relacionar cada descripción con su fotografía correspondiente. Una vez corregida la actividad, dígales cómo se llaman estas viviendas y dónde están. Puede ampliar la actividad preguntándoles por las características de las personas que podrían vivir en cada lugar, su modo de vida, a qué se dedican…

| 41 |

**A.** Este tipo de vivienda muestra cómo la casa se fusiona con el entorno y permite disfrutar de la magia del paisaje, pese a los problemas de humedad o de accesibilidad que muchas veces conlleva.

**B.** Como no hay mucho espacio, se construyen ciudades verticales. Estas torres tienen ascensores y escaleras mecánicas para transitar entre los pisos, donde también hay supermercados y guarderías. Son un símbolo indiscutible de modernidad.

**C.** Sus grandes espacios diáfanos, los techos altos, las paredes de ladrillo o las instalaciones a la vista son, para muchos, parte de una estética cautivadora que les recuerda a las viejas fábricas y que resulta tremendamente inspiradora.

**D.** A veces te llegas a sentir como si fueras una princesa y estuvieras viviendo en un cuento de hadas, pero otras puedes pasar un poco de miedo perdiéndote por las innumerables habitaciones y salones.

**E.** El material que se utiliza para su construcción es la lona, un tejido muy pesado que protege bastante bien de la humedad y del frío. Suele ser la vivienda de nómadas y pastores.

**F.** La temperatura en su interior es prácticamente constante tanto en invierno como en verano, por lo que apenas necesitan energía para ser climatizadas.

1. F; 2. D; 3. B; 4. E; 5. C; 6. A.

**1.3.** Se plantea ahora una actividad de estrategias sobre el léxico, en la que se entrena a los estudiantes a centrarse en el vocabulario que se quiere aprender, prescindiendo del resto. Escriba en la pizarra "Tipo de viviendas" y diga a los estudiantes que nos vamos a centrar en todas las palabras relacionadas con ese tema. Para ello deben realizar dos tareas consecutivas: eliminar del listado de palabras las que no pertenecen a ese campo semántico y clasificar las que queden según las categorías que se indican. Pida que comparen sus resultados con el grupo de al lado. Una vez corregida la actividad, puede ampliarla pidiéndoles que añadan otros tipos de viviendas que no estén en el listado.

No son tipos de viviendas: hipoteca, alojamiento, patio, inmobiliaria, casero, vecindario, barrio y establo. *Piso a estrenar* es una expresión que se usa comúnmente en el lenguaje inmobiliario para indicar que un piso es nuevo y no ha vivido nadie antes en él.

**> 2** El contenido gramatical del epígrafe se introduce a través de una comprensión auditiva en la que dos amigos conversan sobre las causas que ha llevado a uno de ellos a realizar un cambio de vivienda. Antes de escuchar el audio, pídales que lean con atención las preguntas a las que deben responder terminada la escucha.

42

- **Álex:** Hola, Manuel, ¡cuánto tiempo! ¿Cómo te van las cosas?
- **Manuel:** ¿Qué pasa? Muy bien todo la verdad, sí que hace tiempo que no te veía...
- **Álex:** Me dijo Carol que estabas pensando en mudarte.
- **Manuel:** Pues sí, de hecho ya he dejado el piso. Como yo no voy a estar, me gustaría alquilárselo a alguien una temporada.
- **Álex:** ¿Y dónde vives ahora?
- **Manuel:** Pues me he ido a vivir con María, tenemos un gran proyecto... No te lo vas a creer...
- **Álex:** A ver...
- **Manuel:** Nos hemos comprado una caravana y vamos a vivir en ella. Vamos a viajar durante algunos meses y también pasaremos temporadas en algunos lugares que queremos conocer mejor.
- **Álex:** ¿En serio? ¿Y dejáis el piso aquí en Barcelona? ¿Y el trabajo?
- **Manuel:** Sí, ahora o nunca. Este es el momento, lo tengo claro. Por fin vamos a vivir como de verdad nos gusta y no como la gente espera que vivamos.
- **Álex:** Hombre, Manuel, es una idea atractiva pero tiene sus inconvenientes, ¿no crees? ¿Cómo vais a vivir sin trabajar? Ni que fueras rico...
- **Manuel:** Claro, pero trabajaremos algunas temporadas, en el campo o en la hostelería. Ya veremos. Además, tampoco hace falta tanto dinero para vivir si tenemos la caravana.
- **Álex:** Bueno, eso depende de cómo os organicéis. Pero la gasolina no te la regalan...
- **Manuel:** Ya, ese será el mayor gasto. Y tenemos algunos ahorros.
- **Álex:** ¿Y no crees que os cansaréis de esa vida nómada? La vida os va a pare-

cer como si estuvierais siempre de vacaciones y al final perderá su encanto.

**Manuel:** Eso no lo sabes. Hablas como si tú lo hubieras hecho alguna vez en tu vida y supieras de qué va. Vamos, que me lo dices como si quisieras desanimarme...

**Álex:** No, desanimarte no. Pero quiero que tengas en cuenta todo antes de tomar una decisión así. Tienes un trabajo aquí en Barcelona que no está nada mal.

**Manuel:** Sí, no está nada mal, pero cada uno debe vivir la vida como quiera, creo yo. Y María y yo estamos seguros de que ahora es el momento de vivir esta aventura.

**Álex:** Bueno, si es lo que queréis... Yo no tengo novia ni caravana, así que... ni me lo planteo.

1. Su trabajo y su piso de Barcelona; 2. Alquilárselo a alguien una temporada; 3. Le parece una idea atractiva, pero le ve varios inconvenientes; 4. No lo es; 5. Respuesta abierta.

**2.1.** Comienza el trabajo de reflexión gramatical a través de una serie de muestras de lengua extraídas del audio anterior. Pídales que, en parejas, las analicen, fijándose especialmente en las partículas resaltadas en negrita, para relacionarlas con el uso que expresa cada una de ellas. Antes de corregir, deben comparar sus respuestas con otra pareja.

1. c; 2. a; 3. b; 4. d; 5. b; 6. d.

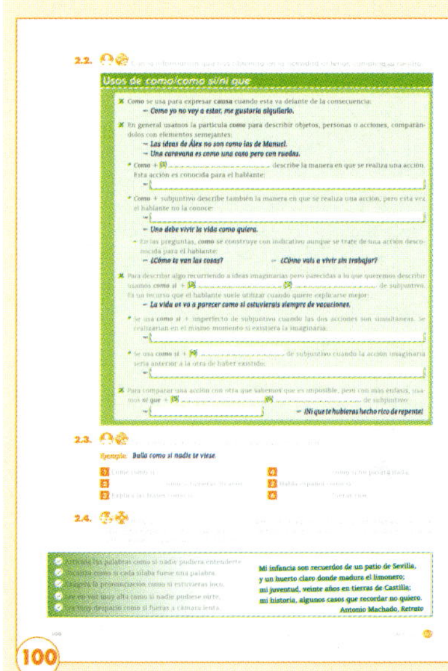

**2.2.** Tarea de reflexión gramatical diseñada para trabajar individualmente en la que se sistematizan los usos de estas partículas. Los estudiantes deben colocar las frases de la actividad anterior en su lugar correspondiente y analizar su estructura para completar el cuadro correctamente. Para corregir, utilice la proyección 25.

**Proyección 25. Usos de *como/como si/ni que*.**

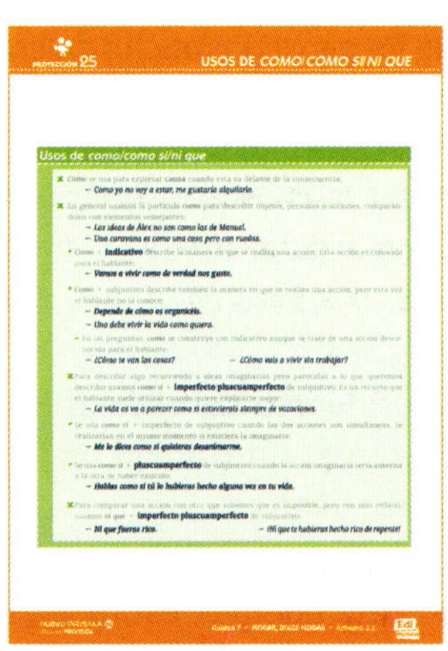


**Dinámica.** Mantenga la imagen proyectada para llevar a cabo la corrección de la actividad. Incida en el tipo de frases irreales de la segunda parte del cuadro, haciendo hincapié en su carácter solo imaginario, no real.

1. indicativo, Vamos a vivir como de verdad nos guste; Depende de cómo os organicéis; 2. imperfecto; 3. pluscuamperfecto; Me lo dices como si quisieras desanimarme; 4. pluscuamperfecto; Hablas como si tú lo hubieras hecho alguna vez en tu vida; 5. imperfecto; 6. pluscuamperfecto; Ni que fueras rico.

**2.3.** Actividad de práctica controlada en la que los estudiantes, de modo individual, completan las frases con una comparativa imaginaria.

Para consolidar estos contenidos gramaticales, puede llevar a cabo el ejercicio 9 de la unidad 7 del *Libro de ejercicios*.

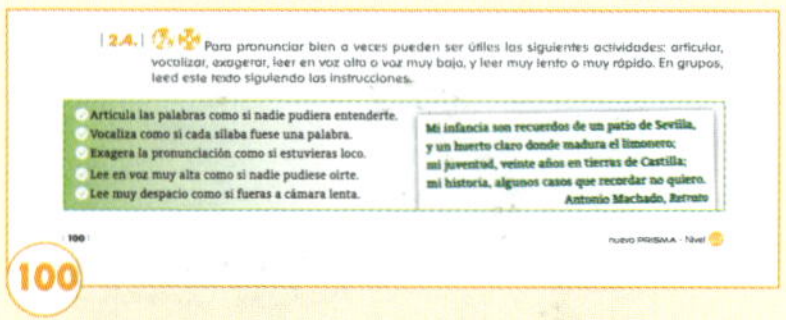

**2.4.** Actividad planteada con un doble objetivo: seguir practicando las estructuras aprendidas y fomentar estrategias de pronunciación haciendo conscientes a los estudiantes de la articulación correcta de un pequeño texto. Pídales que formen pequeños grupos y lean el texto siguiendo las diferentes instrucciones. Divida la clase en pequeños grupos y pídales que lean por turnos el texto siguiendo las instrucciones que se dan en la columna de la izquierda. Planteélo como una actividad lúdica.

**>3** y **3.1.** Continuamos con una secuencia de actividades en la que se aborda el debate sobre la compra vs. alquiler de la vivienda. Los estudiantes, en parejas, leen dos anuncios de una inmobiliaria y realizan una lista por escrito con los pros y contras de alquilar o comprar una vivienda. En España, una de las mayores aspiraciones de las personas es poseer una casa en propiedad, aunque, en la última década y debido a la crisis económica, el paro y la precariedad laboral, es una aspiración que se está perdiendo, en especial entre la juventud. Una vez escrita la lista, ponga el audio de la actividad 3.1. para que comparen las conclusiones de Noelia y su padre con las suyas, y ver si coinciden. Para finalizar, y en plenario, pídales que digan qué harían ellos si estuvieran en la situación de Noelia.

43

- **Padre:** Bueno, ¿qué? ¿Ya tienes piso?
- **Noelia:** ¡Qué va! He estado dándole muchas vueltas al tema y todavía no sé qué hacer. Mi plan era meterme en una hipoteca y por fin tener algo mío, pero no lo tengo muy claro. Cuanto más lo pienso, más pegas encuentro.
- **Padre:** Pero yo creo que sería la mejor opción. Es verdad que tiene más riesgo y supone más esfuerzo, pero así sabrás que tienes tu piso.
- **Noelia:** Ya, pero un piso de 45 metros cuadrados y con una habitación solamente… Dentro de unos años me parecerá pequeño y tendré que seguir pagando la hipoteca.
- **Padre:** Eso no es un problema, siempre lo podrás vender si ya no te viene bien, o alquilarlo. Pero no tiras el dinero pagando un alquiler.
- **Noelia:** Sí, pero es que he pensado mucho en esa idea tuya de tirar el dinero y no me parece que alquilar sea tirarlo. Mira, este piso cerca del puerto es bastante barato, son 650 euros al mes y tiene dos habitaciones. Igual podría compartirlo con alguien más. Nunca podría comprarme un piso así, con terraza y todo, sería demasiado caro. Pero sí que puedo alquilarlo.
- **Padre:** Me parece mucho dinero cada mes. Y dentro de unos años sigues sin tener nada.
- **Noelia:** Pero a lo mejor dentro de unos años bajan los precios, o decido cambiar de ciudad, o tengo un trabajo mejor y puedo permitirme comprar algo mejor… Quién sabe…
- **Padre:** Bueno, eso es verdad, pero 650 me sigue pareciendo mucho dinero.
- **Noelia:** No tanto, porque además están incluidos todos los gastos. No tendré que pagar impuestos, ni comunidad, ni el alta en los servicios. Pagaré solo agua y luz. Y si finalmente me decido por compartir, todo se dividirá entre dos.
- **Padre:** Pero lo que deberías negociar con el casero es lo de la fianza, tres meses me parece una exageración.
- **Noelia:** Tienes razón, es una pasta. Le voy a proponer solo un mes. Parece muy simpático, lo conocí cuando me lo enseñó y yo creo que podemos llegar a un acuerdo.
- **Padre:** Pues entonces, si es lo que quieres…, me parece bien. Al fin y al cabo, es verdad que firmar una hipoteca tiene muchas desventajas siendo tú sola, y te va a atar más.
- **Noelia:** Es que en España la gente siempre piensa en comprar y muy pocos alquilan. Al final, lo que me ha convencido de la idea de alquilar es, sobre todo, la flexibilidad y la libertad que te da. Cuando ya no te guste o no te interese vivir ahí, te vas y punto.

**3.2.** Tarea de ampliación de léxico relacionado con el tema de la vivienda. Pida a los estudiantes que lean con atención las expresiones que aparecen y vuelva a poner el audio para que puedan situarlas en su contexto correspondiente. Después de la escucha, pídales que escriban una definición y que, luego, en parejas, comparen los resultados.

Meterse en una hipoteca: comprometerse a pagar un crédito a un banco para comprar una casa; Fianza: dinero que paga el arrendatario de un alquiler al propietario para garantizar el cumplimiento de su obligación. Este dinero se devuelve al final del contrato; Encontrar pegas: ver inconvenientes; Pasta: dinero; Atarse: comprometerse con algo que no quieres; Tirar el dinero: desperdiciar el dinero en algo que no merece la pena.

**3.3.** Se continúa ampliando el campo léxico proponiendo un listado de utensilios típicos de una casa. Proponga a los estudiantes que de manera individual o en parejas, si lo considera más oportuno, elaboren una definición para cada palabra ayudándose de un diccionario monolingüe en caso necesario. Haga hincapié en la posibilidad de utilizar la partícula *como* para describir comparando, y ponga un ejemplo: “una freidora es como una sartén honda que sirve para freír y que es eléctrica”.

Posible respuesta. Fregona y cubo: utensilio y recipiente para fregar los suelos sin necesidad de arrodillarse; Estor: cortina de una sola pieza que se recoge verticalmente; Freidora: pequeño electrodoméstico usado para freír; Estantería: mueble que sirve para poner libros; Escoba y recogedor: utensilio y recipiente que sirven para quitar la basura del suelo y limpiarlo; Mesa de centro: mesa baja auxiliar que se suele colocar delante del sofá y que sirve para poner cosas; Batidora: pequeño electrodoméstico que sirve para triturar los alimentos; Bombilla: aparato de vidrio que, conectado a la electricidad, da luz.

**3.4.** Actividad de interacción oral. Proponga a los estudiantes que, en parejas, hablen de cómo ven o creen que es en España la situación en relación al tema compra vs. alquiler de la vivienda.

**>4** Para comprobar sus conclusiones de la actividad anterior, se ofrece un texto con una estadística sobre el tema. Pídales que, de manera individual, lean el texto y comprueben si sus conclusiones anteriores son correctas. En una segunda lectura del texto, los estudiantes han de resumir las razones que avalan cada opción (alquilar/comprar).

Razones para alquilar: Ya no existe la sensación de que es tirar el dinero; La vivienda es muy cara en la actualidad y muchos no pueden hacer frente a los gastos; Se espera a que el precio de los pisos baje; Razones para comprar: A la larga sale más rentable que pagar un alquiler de por vida; Es la mejor herencia que se le puede dejar a un hijo.

**>5** Llegamos al final del epígrafe con una actividad que fomenta el conocimiento intercultural. En pequeños grupos, los estudiantes comparan la situación de España con la de sus países y su propia situación personal y dan su opinión sobre los datos que se presentan referidos a España comparándolos con los de sus países.

**Ampliación.** Si dispone de los medios necesarios, puede ver con ellos la película *Cinco metros cuadrados*, que trata sobre este tema.

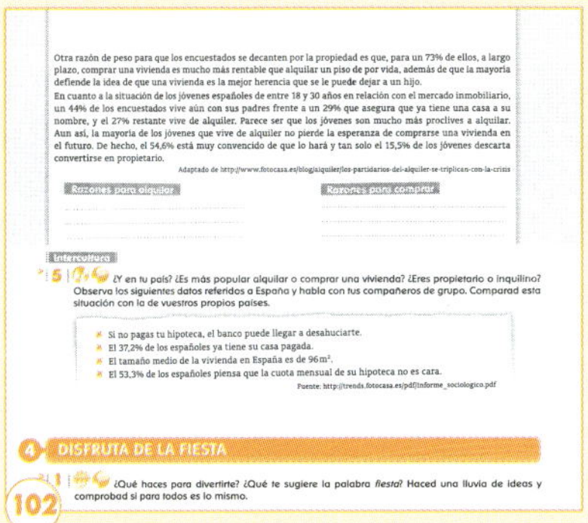

## 4 DISFRUTA DE LA FIESTA 102

Epígrafe de carácter marcadamente cultural que centra su atención en tres fiestas tradicionales del mundo hispano: el descenso del Sella (Asturias, España), Inti Raymi (Ecuador y Perú) y el Carnaval de Cádiz (España). Los estudiantes investigarán sobre una fiesta hispana a través de una actividad de grupo cooperativo.

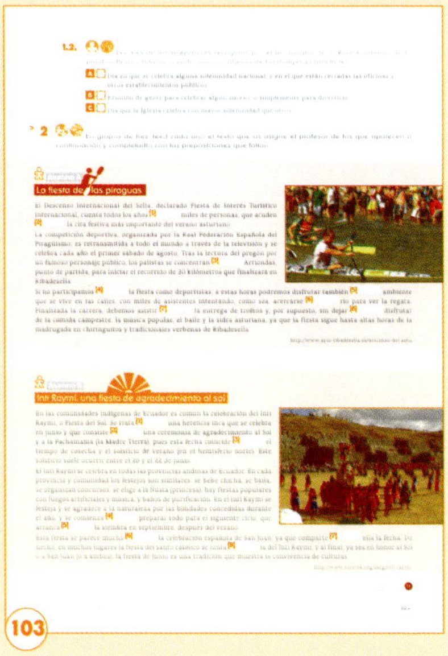

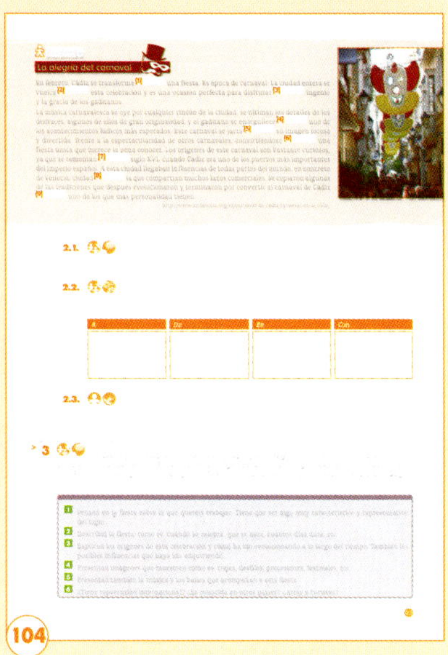

**> 1** Se introduce el epígrafe con una actividad de interacción en plenario en la que los estudiantes hablarán sobre lo que le sugiere la palabra *fiesta*. Hagan una lluvia de ideas en torno a este concepto. ¿Significa lo mismo para todos?

**1.1.** Con esta tarea se comienza una secuencia de actividades de corte cultural en la que los estudiantes se adentrarán en el mundo de las fiestas hispanas. Propóngales que, en parejas, observen con atención las fotos y señalen aquellas que entren dentro de su concepto de fiesta y justifiquen su respuesta. Si lo considera oportuno, puede concluir la actividad invitando a que compartan sus opiniones en plenario. Las imágenes hacen referencia a las siguientes celebraciones:

1. Semana Santa (España); 2. Día de Muertos (México); 3. Feria de Abril (Sevilla); 4. Descenso del Sella (Asturias); 5. Carnaval (Cádiz); 6. Inti Raymi (Ecuador y Perú).

**1.2.** Se propone ahora un ejercicio de léxico planteado para llevarse a cabo de manera individual. Indique a los estudiantes que lean con atención las tres definiciones de la palabra *fiesta* y que las relacionen con alguna de las imágenes anteriores. Propóngales que comparen y comenten sus respuestas en pequeños grupos de tres.

Posible respuesta. A. **3, 5, 6;** B. **2, 4;** C. **1.**

**> 2** y **2.1.** Actividad de reflexión gramatical sobre los verbos que rigen una preposición. Mantenga los grupos formados en la actividad anterior y asigne a cada miembro del grupo uno de los textos. Los estudiantes, individualmente, deben completar los espacios en blanco con una preposición. No corrija aún la actividad. Una vez completados, cada estudiante explica a su grupo la fiesta sobre la que ha leído y hace una pequeña reflexión sobre las estrategias que ha utilizado para inferir el léxico desconocido.

Alumno A: 1. **con;** 2. **a;** 3. **en;** 4. **en;** 5. **del;** 6. **al;** 7. **a;** 8. **de.** Alumno B: 1. **de;** 2. **en;** 3. **con;** 4. **a;** 5. **con;** 6. **a;** 7. **con;** 8. **con.** Alumno C: 1. **en;** 2. **en/con;** 3. **del;** 4. **de;** 5. **de;** 6. **en;** 7. **al;** 8. **con;** 9. **en.**

**2.2.** Actividad de reflexión gramatical con una puesta en común en cada grupo de los verbos con preposición que han completado y su posterior clasificación. Anímeles a que piensen en verbos que ya conocen y que rigen alguna de las preposiciones del cuadro para añadirlos a los que ya tienen. Una vez corregido y si lo considera oportuno, utilice la proyección 26 para ampliar la lista.

A: **acudir, acercarse, asistir, comenzar, parecerse, remontarse;** De: **disfrutar, dejar, tratarse, enorgullecerse, jactarse;** En: **concentrarse, participar, consistir, transformarse, volcarse, convertirse/convertir;** Con: **contar, coincidir, arrancar, compartir, juntarse, volcarse.**

**Proyección 26. Otros verbos con preposición..**

**Dinámica.** Anote los verbos que propongan los estudiantes y proyecte el cuadro para ver si alguno de ellos está en la lista. Déjeles un tiempo para que añadan los verbos del cuadro que no tienen en su lista o no conozcan, o reparta copias de la proyección, si lo considera más útil.

**2.3.** En esta tarea de práctica de la destreza escrita, el estudiante elaborará un texto sobre una fiesta de su país, tomando como ejemplo el modelo de texto que ha leído y utilizando diferentes verbos con preposiciones. Al finalizar, puede realizar una actividad oral en plenario donde los estudiantes expliquen a sus compañeros cómo es esa fiesta de su país que han descrito, fomentando así el componente intercultural.

**>3** Cerramos el cuarto epígrafe de la unidad con una propuesta de trabajo en grupo cooperativo con el objetivo de conocer con más profundidad una fiesta del mundo hispano y organizar una exposición en clase. Con los estudiantes distribuidos en pequeños grupos, explíqueles en qué consiste la actividad y pídales que elijan una fiesta o celebración del mundo hispano que les guste o que les llame la atención. Una vez elegido el tema, han de realizar una búsqueda de información e imágenes para elaborar el trabajo. Cada miembro del grupo ha de centrarse en un aspecto para que el trabajo cooperativo sea más efectivo. Una vez recopilados los datos, deben realizar un póster o una presentación digitalizada con toda la información e imágenes sobre la fiesta. Cada grupo expone en clase mientras el resto toma notas y prepara algunas preguntas. Puede habilitar un espacio en la clase para colgar los trabajos o copia de las presentaciones.

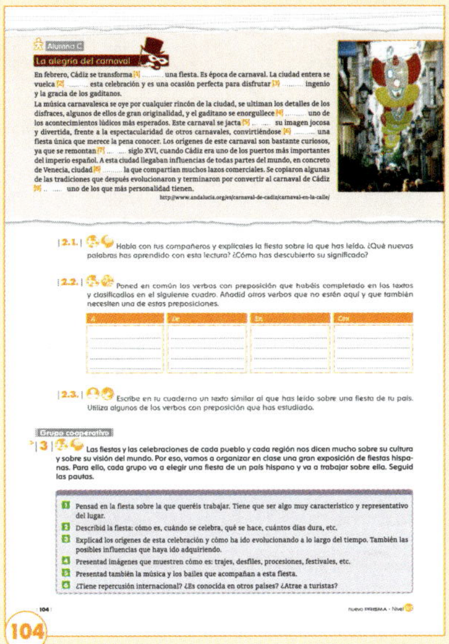

104

## 5 ACENTO ENFÁTICO, EXPRESIVO U ORATORIO 105

En este último epígrafe de la unidad dedicado a la ortografía y fonética se explicará la función del acento enfático, expresivo u oratorio.

**>1** Actividad de escucha cuya finalidad es mostrar un tipo de discurso con una pronunciación enfática. Diga a los estudiantes que van a escuchar un pequeño discurso y explíqueles el objetivo: escuchar la pronunciación de las palabras para ver si se pronuncian de manera normal o no, e intentar identificar en qué consisten los cambios: alterar o resaltar el acento normal de la palabra para enfatizarla.

|44| Desde que España recuperó la DEmocracia y la LIbertad, hemos dado un gran paso histórico. Tenemos confianza en la España libre y unida. Nuestro país puede continuar avanzando y ese avance lo podemos hacer trabajando unidos. En toda MI vida política he servido a España con LEaltad y RESponsabilidad, colaborando en los asuntos de Estado. He aprobado la Ley de igualdad y la ley de DEpendencia. He dedicado MI energía para convertir España en un país más próspero. Nos proponemos llegar a la Igualdad en derechos y en salarios entre hombres y mujeres, avanzando en la CONciliación entre la vida FAmiliar y la LAboral. También queremos trabajar en la lucha contra el cambio climático, en la calidad de la educación y en las infraestructuras. No podemos prometer que todas las personas tengan éxito en su vida, pero sí nos comprometemos a trabajar para que TOdos tengan las mismas oportunidades. Y para que quienes no lo alcancen tengan siempre el amparo de nuestro país y la SOlidaridad de todos.

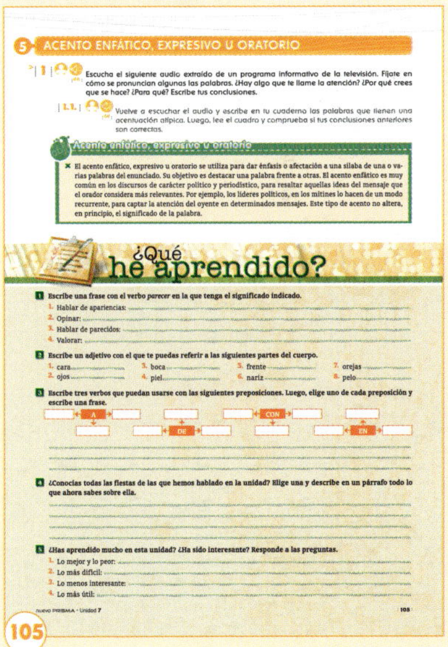

105

**1.1.** Una vez identificado el fenómeno, pase al cuadro de explicación en el que podrán comprobar su respuesta anterior. Proceda a una segunda escucha, esta vez más atenta, pidiéndoles que identifiquen las palabras que modifican su acentuación.

DEmocracia, LIbertad, MI vida, LEaltad, RESponsabilidad, DEpendencia, MI energía, Igualdad, CONciliación, FAmiliar, LAboral, TOdos, SOlidaridad.

**ELEteca**
LÉXICO. Comparaciones odiosas.

# 8 DE PELÍCULA

8 DE PELÍCULA

1 VA DE CINE

106

El núcleo temático de esta unidad gira en torno al cine. El estudiante se adentrará en el mundo del cine actual español e hispanoamericano con diversas películas, actores, actrices y directores, además de festivales y premios de cine. En el apartado gramatical se trabaja el discurso referido o estilo indirecto y la correlación de tiempos correspondiente. Se practicarán diversos contenidos funcionales como reproducir una conversación, expresar sorpresa, indiferencia o incredulidad, y escribir una crítica de cine. El apartado de fonética y ortografía focaliza su atención en la acentuación gráfica.

## 1 VA DE CINE 106

Este primer epígrafe sirve de introducción a la temática del cine desde un punto de vista emotivo. El estudiante hablará sobre sus preferencias cinematográficas y reflexionará sobre el cine como herramienta de aprendizaje de una lengua extranjera.

**> 1** Actividad oral en plenario que supone una primera toma de contacto por parte de los estudiantes con el tema que articula la unidad. Lance la pregunta y permita que vayan contestando según sus preferencias. Haga hincapié en el campo de las emociones: qué sienten cuando están en una sala de cine, qué tipo de películas les gusta ver y por qué... Luego, pídales que comenten alguna película que hayan visto últimamente y que les haya gustado.

**1.1.** Sugiera a los estudiantes que formen parejas, lean el texto que trata la relación del cine con las emociones y lo comenten haciendo especial hincapié en las últimas frases: "El cine es una asombrosa fábrica de emociones inscrita en nuestra biografía y nadie parece estar libre de su influencia...". Pídales que den su opinión al respecto y, si están de acuerdo, que indiquen cuáles son aquellas películas que forman parte de su propia biografía.

**1.2.** Manteniendo las parejas de la actividad anterior, pídales que elaboren una lista de emociones asociadas a una película o a una escena concreta. Para ello, deben echar mano de su propia experiencia reviviendo películas o escenas que, por diferentes razones, les hayan impactado, provocando una sensación o sentimiento determinado. Para guiar la actividad, puede lanzar las siguientes preguntas: ¿Qué película os hace llorar irremediablemente? ¿Con cuál no podéis parar de reír? ¿Cuál os dio ganas de vomitar? y proporcionarles el siguiente vocabulario: *pena, risa, asco, sorpresa, frustración, impotencia, miedo, terror, desconcierto, alegría, buen humor, buen rollo, mal rollo, emoción, sueño, angustia, agobio, vergüenza, preocupación*.

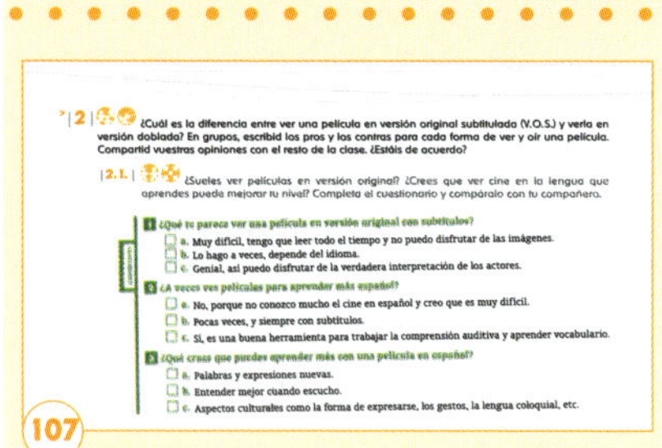
107

**> 2** Para llevar a cabo esta actividad de expresión escrita, pida a los estudiantes que formen pequeños grupos para reflexionar sobre la diferencia existente entre ver una película en versión original y verla doblada, escribiendo los pros y los contras de cada opción. Para finalizar, haga una puesta en común de todas las opiniones vertidas.

**2.1.** Se propone ahora la primera actividad estratégica de la unidad que invita al estudiante a reflexionar sobre la importancia que puede tener ver películas en versión original para mejorar el nivel de dominio de una lengua. Dígales que, de manera individual, lean y contesten el cuestionario para luego comentar sus respuestas con su compañero/a.

**2.2.** Actividad de reflexión estratégica sobre el aprendizaje a través del cine. Reparta una copia a cada estudiante de la ficha 23 y siga las indicaciones.

**Ficha 23. El cine en el aprendizaje de una lengua extranjera.**

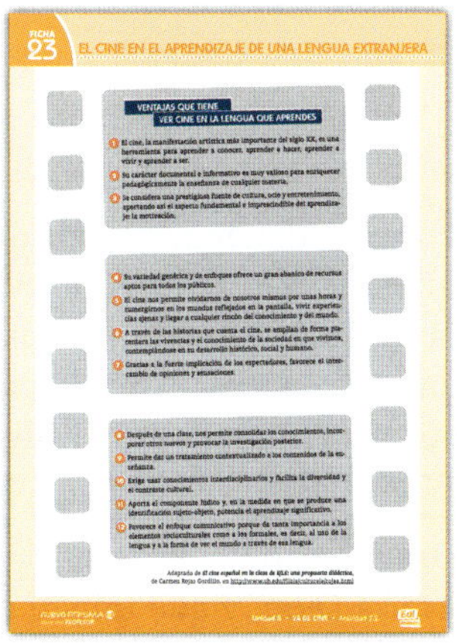


**Dinámica.** Entregue a los estudiantes la ficha e indíqueles que de manera individual lean con atención las ventajas que tiene ver el cine en la lengua que están aprendiendo y escojan las cinco que consideren más relevantes para luego comentarlas con sus compañeros. Si lo considera oportuno, puede cerrar esta actividad con una puesta en común en clase abierta en la que todos los estudiantes puedan comentar los aspectos más importantes y justificar su elección.

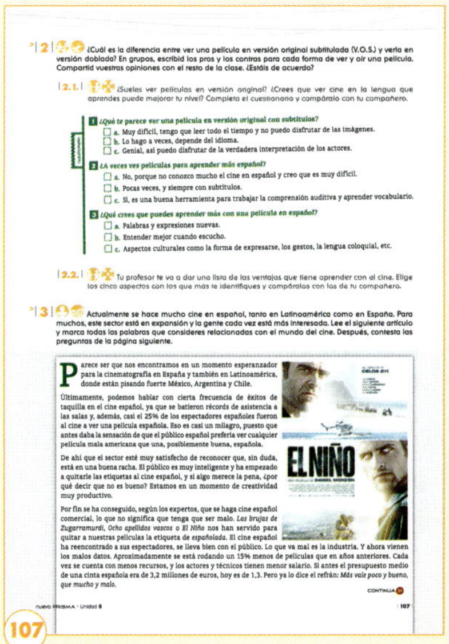


**> 3** Con este ejercicio se introduce la primera actividad de comprensión lectora de la unidad. Pídales que individualmente lean con atención este artículo que trata sobre el fenómeno de expansión que vive en la actualidad el cine español y señalen aquellas palabras que están relacionadas con el ámbito del cine. A continuación, indíqueles que contesten las preguntas de comprensión del texto. Si es necesario, pueden realizar una segunda lectura.

cinematografía, éxito de taquilla, batir récords de asistencia, sala, espectador, película, público, cine comercial, rodar una película, actor, técnico, cinta.

1. Estar en un momento de buena suerte; 2. Según el DRAE: "Acción, espectáculo u obra literaria que exagera el carácter español"; 3. La crisis de la industria y los bajos presupuestos para hacer películas; 4., 5. y 6. Respuesta abierta.

**ELEteca**
**29. Algunas películas españolas.**

## 2 DE AQUÍ Y DE ALLÍ 108

En este epígrafe los estudiantes conocerán a diferentes actores, actrices, festivales y películas de España e Hispanoamérica. Gramaticalmente, se aborda el discurso referido o estilo indirecto, explicando la correlación de tiempos y otras transformaciones que implican el uso de este tipo de discurso: pronombres, determinantes, marcadores temporales, etc.

**> 1** Iniciamos el epígrafe con una secuencia de actividades de corte cultural. Pida a los estudiantes que, en pequeños grupos, observen con atención las fotografías de diversos actores, actrices, festivales y películas de cine y señalen cuáles pertenecen a España y cuáles a Hispanoamérica, echando mano de sus conocimientos previos. Si no conocen a todos, puede sugerirles que busquen información en Internet.

**Alternativa.** Si quiere hacer la actividad más guiada, haga copias de la información extra n.º 30 de la ELEteca (una copia por grupo), y repártala. Pídales

1 ¿Qué significa "estar en buena racha"?
2 Por el contexto, ¿qué piensas que es "una españolada"?
3 ¿Cuál es el problema que existe en la cinematografía española?
4 Después de leer el texto, ¿puedes imaginar cómo estaba el sector antes? ¿Qué ha cambiado?
5 ¿Estás de acuerdo con el refrán?
6 Decide un título para este artículo.

2 DE AQUÍ Y DE ALLÍ

Cultura

1 En una clase de español han hecho este cartel con personajes y eventos relacionados con el cine en el mundo hispano. ¿Cuáles son de España y cuáles de Hispanoamérica? Decídelo con tus compañeros de grupo.

FESTIVALES | PELÍCULAS | DIRECTORES | ACTRICES

1.1. ¿Conocéis otros? Habla con tu compañero e intercambiad información. Después, haced una puesta en común y comprobad cuántos festivales, películas, actores, actrices o directores podríais añadir a este mural.

1.2. Francesca es una de las estudiantes que ha elaborado el mural. Para continuar con su trabajo esta semana también tiene que hacer algunas entrevistas sobre cine. Escucha lo que le cuentan algunos de sus compañeros y toma nota en tu cuaderno de lo que dicen sobre estas dos conocidas actrices.

Sobre Soledad Villamil dicen que... | Sobre María León dicen que...

108

que la lean y que digan qué parte de la información conocían y qué parte es nueva para ellos.

De Hispanoamérica: Festival Internacional de Cine de Cartagena de Indias, *Relatos salvajes*, Alejandro González Iñárritu, Soledad Villamil; De España: Festival de Cine de San Sebastián, *Ocho apellidos vascos*, David Trueba, María León.

**i+ ELEteca**

**30. *De aquí y de allí.* Información para la actividad 1.**

**1.1.** En parejas o manteniendo los pequeños grupos de la actividad anterior, pida a los estudiantes que añadan más actores, actrices, películas y festivales a la lista anterior. De esta manera, activarán todos los conocimientos previos que tengan sobre el tema. A continuación, proponga una puesta en común con todos los estudiantes para completar la lista.

**1.2** Actividad de comprensión auditiva de carácter global. Indique a los estudiantes que escuchen con atención la información que se da sobre las actrices Soledad Villamil y María León, y que tomen nota de lo más importante. Si lo considera necesario, proceda a una segunda escucha antes de realizar la corrección.

45

- **Francesca:** Hola, soy Francesca, de Estados Unidos, y me gustaría saber cuál es tu actor o actriz favorito y por qué.
- **Roberto:** Hola, Francesca, pues a mí me gusta mucho una actriz argentina, Soledad Villamil, la protagonista de *El secreto de sus ojos*. ¿La conoces? Creo que en Estados Unidos también es conocida.
- **Francesca:** No, la verdad es que por el nombre no... ¿Y por qué te gusta?
- **Roberto:** Me parece que entra muy bien en la piel de los personajes y, sobre todo, que interioriza mucho los papeles. Además, es una mujer muy guapa, me encantan su voz y su manera de actuar. Algo que destacaría especialmente es que es muy seria, no es de ese tipo de artistas que se ríen todo el tiempo y parecen un poco superficiales.
- **Francesca:** ¿Y qué sabes de su carrera artística?
- **Roberto:** Pues es una actriz que ha hecho varias películas desde los noventa... Por ejemplo, otra que tuvo mucho éxito fue *El mismo amor, la misma lluvia*, también con Ricardo Darín. Tiene algo..., no sé, que no deja ver, solo intuir... En *El secreto de sus ojos* la verdad que su mirada decía tantas cosas... Creo que es así en la vida real, por eso te enamoras del personaje cuando la ves. Parece una persona modesta, pero con mucha vida interior. Vamos, una artista en todo el sentido de la palabra. Me alegro mucho de que ganara el Goya en 2010 a la mejor actriz revelación, sin duda alguna se lo merecía por su trabajo en *El secreto de sus ojos*.
- **Francesca:** Veo que eres un fiel seguidor.
- **Roberto:** Sí, la verdad es que sí. Y ahora por partida doble, porque hace unos años inició también una carrera musical con bastante éxito. Es un lujo que podamos disfrutar de ella no solo en la gran pantalla, sino ahora también en los escenarios musicales.
- **Francesca:** ¿En serio? Qué polifacética.
- **Roberto:** Sí, ha sido una grata sorpresa para sus fans. Escúchala, vale la pena.
- **Francesca:** Lo haré, muchas gracias.

[...]

- **Francesca:** Hola, Elena, ¿tienes un momentito? Estoy recogiendo información para un trabajo sobre cine.
- **Elena:** Sí, claro, dime.
- **Francesca:** Háblame sobre un actor o actriz actual que te guste.
- **Elena:** Actor o actriz... déjame pensar... hay tantos... Pues mira, ahora está apareciendo mucho en cine y televisión una actriz muy joven que se llama María León, ¿te suena?

**Francesca:** Sí, creo que la he visto en alguna serie, pero no sé mucho de ella. Cuéntame.

**Elena:** Pues lo que yo sé es que es andaluza, muy guapa y que, últimamente, está cosechando muchos éxitos. Yo la conocí con una película muy triste, *La voz dormida*, donde tenía un papel muy trágico. Es una historia ambientada en la posguerra y sobre las mujeres presas, tremenda, que además es la adaptación de un libro... Bueno, la cosa es que hizo un trabajo excelente y con el que ganó varios premios. Lo que más me sorprende es que después la he visto en papeles más bien cómicos, y la verdad es que también los borda, así que por eso me gusta, porque creo que es capaz de adaptarse a cualquier papel. Otros actores suelen ser más de un estilo, o son cómicos o son más del drama. Los buenos de verdad, los que tienen talento, como María, se meten en la piel de cualquier personaje.

**Francesca:** Vaya, me dan ganas de ver sus películas.

**Elena:** Sí, espero que lo hagas. María viene de una familia de artistas, su madre y su hermano también son actores. Parece que lo llevan en la sangre. Una película bastante popular también ha sido *Carmina o revienta*, donde actúa junto con su madre y las dirige su hermano, Paco León. Y una curiosidad: ha sido la primera película en España que se ha estrenado simultáneamente en las salas de cine, en Internet y con copia digital. Así que las críticas le han dado una acogida estupenda.

De Soledad Villamil dicen que es muy buena actriz porque entra muy bien en la piel de los personajes e interioriza mucho los papeles; es una mujer muy guapa y muy seria; es una persona modesta, pero con mucha vida interior; una artista en el sentido completo de la palabra; es polifacética porque además de cine, hace musicales. De María León dicen que es andaluza, muy joven y guapa; se hizo famosa por su trabajo en *La voz dormida*, donde realizó un trabajo excelente y con el que ganó varios premios; es capaz de adaptarse a cualquier papel, trágico o cómico, y puede meterse en la piel de cualquier personaje.

**1.3.** Actividad de comprensión auditiva de selección de información. Dígales que van a escuchar ahora una conversación en la que se aporta información sobre las películas *Vivir es fácil con los ojos cerrados* y *Relatos salvajes*. Antes de proceder a la escucha de la conversación, pídales que lean las frases, para facilitar la tarea. Deben escuchar y clasificar las frases según se refieran a una u otra película. Si lo considera necesario, puede proceder a una segunda escucha.

**ELEteca**
***31. Vivir es fácil con los ojos cerrados* y *Relatos salvajes*.**

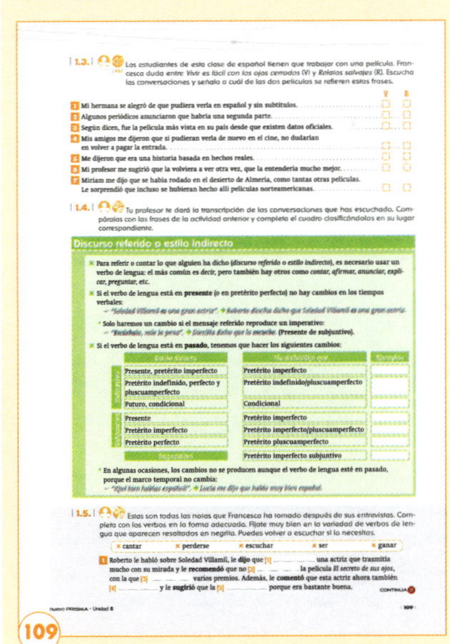

46

**Francesca:** Necesito decidirme entre dos películas para terminar mi trabajo sobre el cine. La primera opción que tengo es una película preciosa del director David Trueba: *Vivir es fácil con los ojos cerrados*. ¿La conocéis? ¿Qué me podéis contar sobre ella?

**Roberto:** Esta película cuenta la historia de Juan Carrión, un profesor de inglés de Cartagena que, cuando se enteró de que John Lennon estaba rodando una película en Almería, decidió irse para allá con el objetivo de conocerlo. No era un fanático enloquecido, sino un tipo práctico. Carrión enseñaba inglés utilizando las canciones de los Beatles, las transcribía y se las enseñaba a los chicos en la clase, pero tenía un problema: que había palabras que no lograba entender. Así que, cuando por fin consiguió encontrarse con Lennon en Almería, este le corrigió las transcripciones y le dijo que iría a visitarlo a la escuela en Cartagena. Nunca lo hizo, pero lo sorprendente fue que, a partir del siguiente disco que sacaron los Beatles, se empezaron a incluir las letras de las canciones.

**Miriam:** Se rodó en Almería, en el Cabo de Gata. En esta localidad ya están

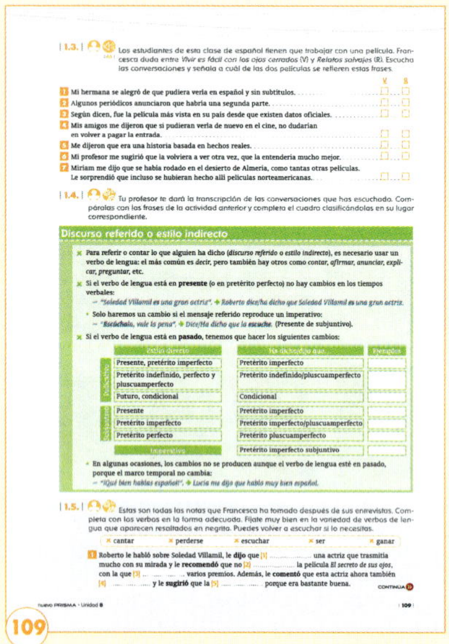

acostumbrados a tener equipos de rodaje trabajando, así que no hay problemas con los extras, que suelen ser muchas veces gente de la zona. Es un lugar con un paisaje desértico impresionante, que ha servido para muchas películas del oeste o históricas que se han hecho aquí, por ejemplo, *Indiana Jones y la última cruzada*, ¿a que no lo sabías? A mí me sorprende mucho que equipos completos de rodaje hayan venido hasta Almería desde los Estados Unidos para rodar.

**Su hermana:** Me alegro mucho de que tu nivel de español te permita ya poder ver una película en versión original. Además, en este caso, sin subtítulos. La película argentina imagino que es más difícil y ahí sí que los habrás necesitado. Supongo que estás más acostumbrada al acento de España desde que estudias allí.

**Francesca:** Ahora voy a ver *Relatos salvajes*, una película argentina que ha tenido también mucho éxito. ¿La habéis visto?

**Rafa:** Vaya película tan impresionante. Son seis historias que empiezan de forma bastante normal, en contextos más o menos cotidianos pero que, en un momento dado, se tuercen porque los personajes deciden perder el control, llegando incluso a reacciones muy violentas. En esta película no hay límites y el resultado es como un delirio. Está muy bien hecha y algunas escenas te dejan sin palabras porque no imaginás hasta dónde va a llegar la exageración.

**Carlos:** Esta película hay que verla en pantalla grande. Si pudiéramos verla de nuevo en el cine, no dudaríamos en ir, porque en casa pierde espectacularidad. Por lo visto, ha sido la peli argentina de mayor éxito en la historia de su cine, incluso ha estado nominada al Óscar. Así que es muy probable que vuelva a las salas de cine en algún momento con motivo de algún ciclo, evento o festival. Ojalá.

**Malena:** El director escribió creo que hasta catorce historias, pero en esta película solo salen seis, por eso seguramente habrá más relatos salvajes y podremos seguir disfrutando del trabajo estupendo que hacen Damián Szifrón y todo su equipo. Espero que hayan empezado ya a trabajar en este proyecto, porque seguro que va a ser otro triunfo.

**El profesor:** Vuelve a ver esta película si tienes oportunidad, porque seguro que la entenderás mejor después de verla un par de veces. Ya verás como vas a ir percibiendo más detalles y encontrando más palabras nuevas en cada secuencia. Además, como la vas a ver con subtítulos, no estarás tan centrada en la genial interpretación de los actores. En una segunda o tercera vez, podrás fijarte mejor en Erica Rivas, Ricardo Darín o Leonardo Sbaraglia, metidos en la piel de estos salvajes personajes.

*Vivir es fácil con los ojos cerrados:* 1, 5, 7; *Relatos salvajes:* 2, 3, 4, 6.

**1.4.** Actividad de reflexión gramatical para introducir el discurso referido o estilo indirecto. Para llevar a cabo la actividad, utilice la ficha 24 y la proyección 27.

**Ficha 24. Transcripción del audio 46.**

**Proyección 27. Discurso referido o estilo indirecto.**

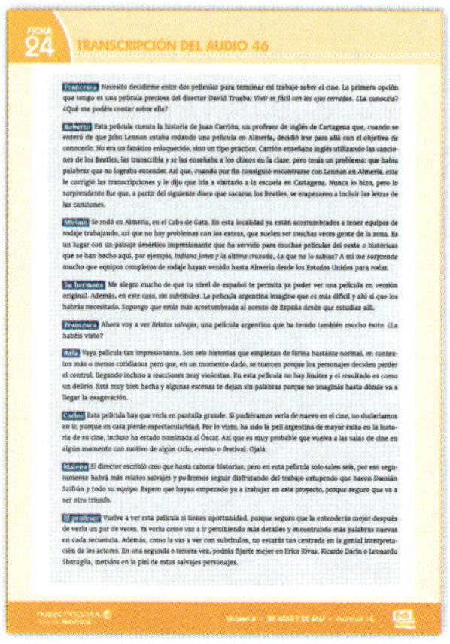

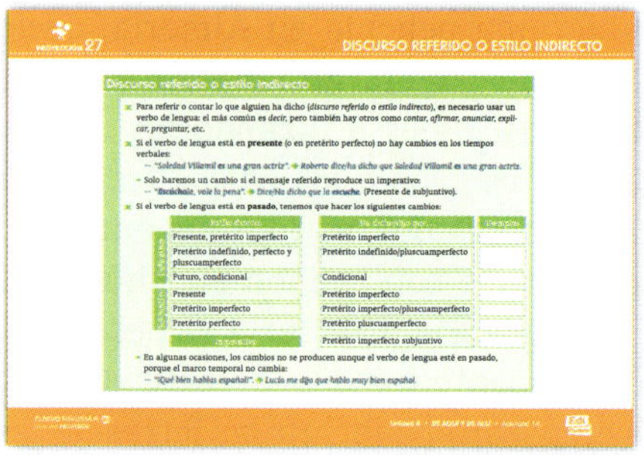

**Dinámica.** Entregue a los estudiantes una copia de la ficha que contiene las conversaciones de la actividad anterior, pídales que las lean con atención, que las comparen con las frases de la tarea anterior para comprobar si sus respuestas son correctas, y corregirlas en caso necesario. A continuación, pregúnteles qué diferencia hay entre las conversaciones que han escuchado y las frases que aparecen en la actividad anterior desde el punto de vista lingüístico: las conversaciones están en estilo directo y las frases las resumen a través del discurso referido. Ponga la proyección 27 y focalice la atención de los estudiantes en los dos primeros puntos del cuadro donde se aclaran estos conceptos. Una vez que haya realizado la explicación, indíqueles que analicen el cuadro de transformaciones verbales del discurso referido en pasado y que lo completen con las frases anteriores. Déjeles un tiempo para hacer la actividad y corrija.

| | Estilo directo | Ha dicho/dijo que… | Ejemplos |
|---|---|---|---|
| Indicativo | Presente, pretérito imperfecto | Pretérito imperfecto | 5 |
| Indicativo | Pretérito indefinido, perfecto y pluscuamperfecto | Pretérito indefinido/ pluscuamperfecto | 3, 7 |
| Indicativo | Futuro, condicional | Condicional | 2, 6 |
| Subjuntivo | Presente | Pretérito imperfecto | 1 |
| Subjuntivo | Pretérito imperfecto | Pretérito imperfecto/ pluscuamperfecto | 4 |
| Subjuntivo | Pretérito perfecto | Pretérito pluscuamperfecto | 7 |
| Imperativo | | Pretérito imperfecto subjuntivo | 6 |

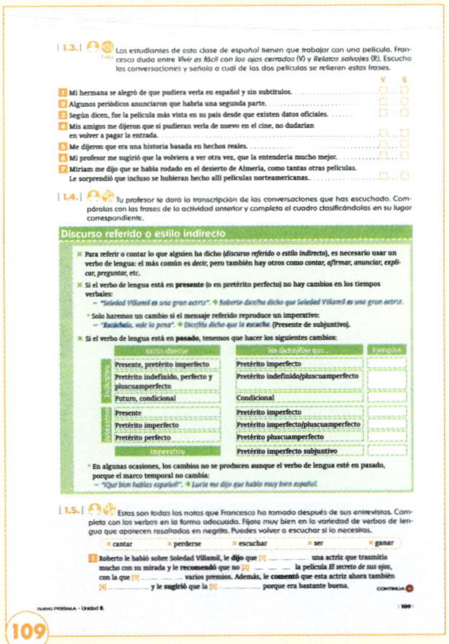

109

**1.5.** Actividad de práctica controlada sobre el discurso referido. Explíqueles que van a completar las notas que Francesca ha tomado de las conversaciones que ha mantenido. Dígales que estas notas están en estilo indirecto y que deben poner un verbo en el tiempo adecuado según lo que han aprendido en la actividad anterior. Déjeles un tiempo para realizar la actividad y corrija con la proyección 28. Si lo considera oportuno, puede volver a poner el audio para refrescar las conversaciones. Una vez corregida la actividad, pídales que se fijen en los verbos que están resaltados en negrita en los diferentes textos. Explíqueles que además de los verbos *decir* y *preguntar*, existen muchos verbos de lengua que permiten matizar, resumir, completar, etc., cuando se usa el discurso referido para que este no resulte monótono o artificial. Este tema se retomará en la actividad 4.

1. era; 2. se perdiera/perdiese; 3. había ganado/ganó; 4. cantaba/canta; 5. escuchara/escuchase; 6. era/es; 7. se dedicaba/se dedica; 8. había hecho/hizo; 9. había estrenado/estrenó; 10. habían dejado/dejaron; 11. fuera/fuese; 12. viera/viese; 13. habría; 14. se trataba; 15. llegó; 16. había pedido/pidió; 17. empezaron.

110

**Proyección 28. Notas de Francesca.**

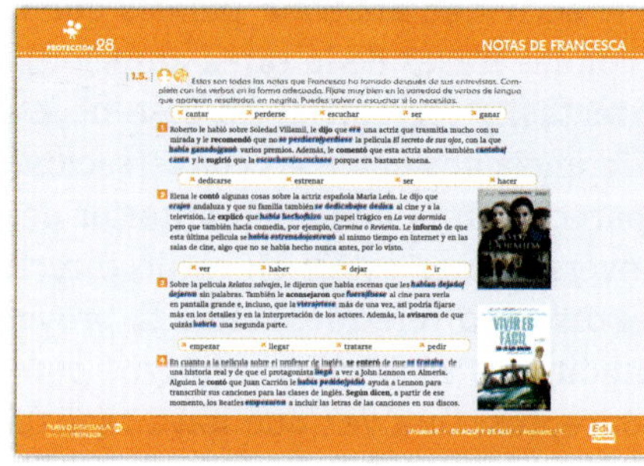

**Dinámica.** Mantenga la imagen proyectada, mientras procede a la corrección de la actividad.

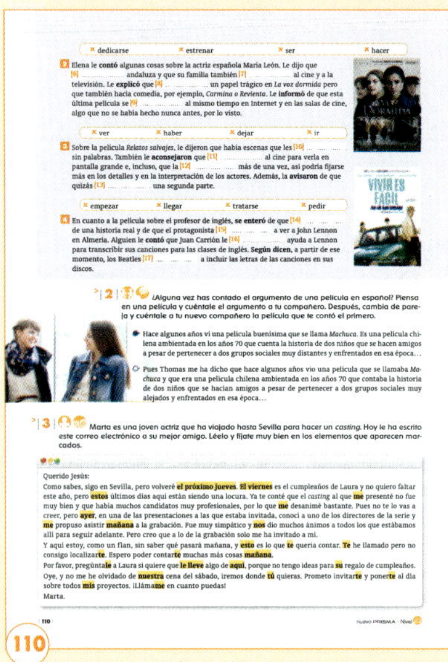

**>2** Actividad de interacción oral cuyo objetivo es poner en práctica de manera menos controlada el uso del discurso referido o estilo indirecto. Pídales que formen parejas, que piensen en una película y que se cuenten el argumento. A continuación, intercambian de pareja y cuentan el argumento de la película de su primer compañero al segundo, tal y como se indica en el ejemplo del libro.

Para seguir practicando el estilo indirecto, proponga los ejercicios 2, 3 y 4 de la unidad 8 del *Libro de ejercicios*.

**>3** Actividad de comprensión lectora que sirve de muestra para profundizar en los cambios gramaticales que se producen en el discurso referido. Ponga a los estudiantes en situación contándoles que Marta, una joven actriz, se ha presentado a un *casting* en Sevilla para participar en una serie. Le escribe un correo a su amigo Jesús, contándole cómo le ha ido, entre otras cosas. Pídales que lean el correo y que se fijen muy bien en los elementos que aparecen resaltados. Si quiere ampliar la actividad, reparta una copia de la ficha 25 y siga las indicaciones.

**Ficha 25. Otras transformaciones en el discurso referido.**

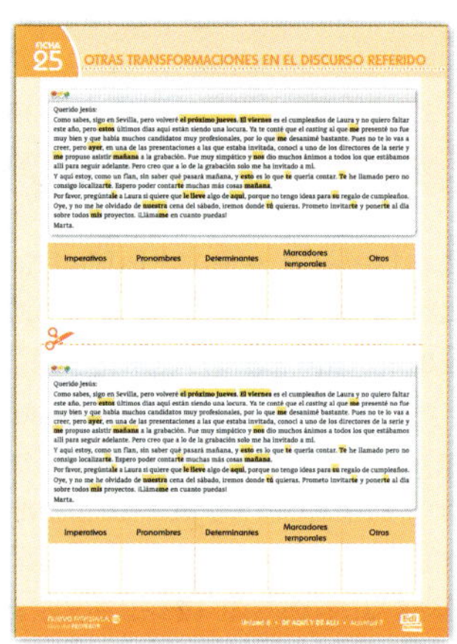

**Dinámica.** Reparta una copia de la ficha a cada estudiante y pídales que clasifique los elementos resaltados dentro de su categoría gramatical correspondiente. Una vez realizada la actividad y antes de corregir, sugiérales que comparen sus resultados en parejas.

Imperativos: pregúntale, llámame; Pronombres: me, nos, esto, te, le, tú; Determinantes: estos, su, nuestra, mis; Marcadores temporales: el próximo jueves, el viernes, ayer, mañana; Otros: le lleve, aquí.

**3.1.** Actividad de reflexión en la que los estudiantes, en parejas, transforman el texto al discurso referido. Ponga a los estudiantes en situación y dígales que hoy es jueves y que Jesús le cuenta a Laura todo lo que Marta le ha dicho en el correo. La tarea consiste en escribir el hipotético diálogo que mantienen Jesús y Laura. Si ha hecho la ficha 25 en actividad anterior, vuelva a su clasificación y dígales que, además de las transformaciones de los tiempos verbales que han aprendido en las actividades anteriores, esos elementos también cambian. Deténgase en el ejemplo del libro y, si lo cree necesario, ponga algún ejemplo más. Luego, déjeles un tiempo para realizar la actividad y, a continuación, ponga el audio para que comprueben sus respuestas y las corrijan.

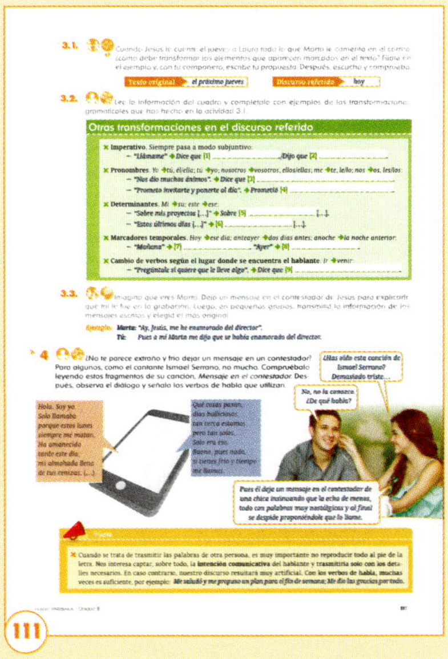

47

**Jesús:** Hola, Laura, ¿qué tal?

**Laura:** Hola, bien, ¿y tú? Oye, ¿has sabido algo de Marta? Llevo dos días sin tener noticias suyas, solo me mandó un mensaje diciéndome que el *casting* no había ido bien.

**Jesús:** Sí, no está muy pendiente del teléfono que digamos, pero a mí me escribió un correo el otro día.

**Laura:** ¿Ah sí? Cuenta, cuenta…

**Jesús:** Me dijo que volvería hoy jueves porque mañana quiere estar en tu fiesta de cumpleaños.

**Laura:** Uf, menos mal…, ya pensaba que este año me iba a dar plantón otra vez.

**Jesús:** Bueno, eso dijo, pero ya veremos si finalmente viene, porque también me comentó que esos últimos días estaban siendo una locura. El *casting* al que se había presentado, ya sabes que no fue bien y que se desanimó mucho. Pero, por lo visto, el día anterior había conocido a un director de no sé qué serie y que le propuso asistir a la grabación al día siguiente, así que, imagínate, estaba de los nervios y muy emocionada con la idea.

**Laura:** ¡Madre mía! Ya me la imagino, atacada. Pero qué suerte… Al menos valdrá la pena haber ido hasta allí.

**Jesús:** Esperemos… Me dijo que ese director, que no me acuerdo del nombre, les había animado mucho a todos los del *casting*, pero que a la grabación solo la habían invitado a ella. Y nada, me escribía para contármelo porque había intentado llamarme pero no me localizó. Me dijo que ya me contaría más cosas, pero sigo sin tener noticias.

**Laura:** A ver si ese director la ha secuestrado…

**Jesús:** Ah, también me pidió que te preguntara si querías que te trajera algo de allí como regalo por tu cumple.

**Laura:** Pues a este paso, ni regalo, ni esa cena que teníais planeada, porque la tía no da señales de vida.

**Jesús:** Pues prometió invitarme el sábado, me dijo que no había olvidado nuestra cita y dijo que me pondría al día de todos sus proyectos. Me dijo que la llamara, pero es que está siempre apagado.

**Laura:** Esta chica o ha perdido el móvil o se ha fugado con el director de la serie.

**Jesús:** Anda ya…

el próximo jueves: **hoy;** El viernes: **Mañana;** estos: **esos;** me: **se;** me: **se;** ayer: **el día anterior;** me: **le;** mañana: **al día siguiente;** nos: **les;** esto: **eso;** te: **me;** Te: **Me;** localizarte: **localizarme;** contarte: **contarme;** mañana: **al día siguiente;** pregúntale: **te preguntara;** le lleve: **te trajera;** aquí: **allí;** su: **tu;** nuestra: **nuestra;** tú: **yo;** invitarte: **invitarme;** ponerte: **ponerme;** mis: **sus;** llámame: **la llamara.**

**3.2.** Actividad de reflexión y sistematización de contenidos lingüísticos. Una vez corregida la actividad anterior, pídales que, individualmente, completen el

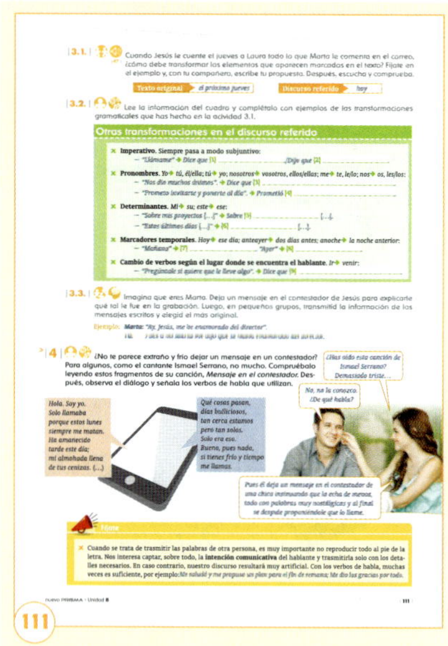

cuadro con ejemplos de su escrito. Una vez corregido, deténgase un momento en el último punto recordándoles que algunos verbos de movimiento cambian según el lugar en el que esté el hablante en esos momentos: son los verbos *llevar*/*traer* e *ir*/*venir*.

1. lo/la llame; 2. lo/la llamara; 3. Dice que les había dado/dio muchos ánimos; 4. Prometió invitarme y ponerme al día; 5. Sobre sus proyectos...; 6. Esos últimos días...; 7. Al día siguiente; 8. El día anterior; 9. Dice que si quieres que te traiga algo.

**3.3.** Actividad de interacción oral en grupos de tres. Cada estudiante, en el papel de Marta, escribe en un papel un mensaje para Jesús. Pídales que utilicen su imaginación para que los mensajes sean divertidos. Recoja todos los mensajes y repártalos al azar entre los miembros de los diferentes grupos. Cada uno debe transmitir el mensaje que le ha tocado a sus compañeros. Una vez hecha la tarea, eligen cuál de ellos les ha parecido más divertido. Haga una puesta en común para que cada grupo transmita al resto de la clase el mensaje elegido.

**>4** Última secuencia de actividades relacionadas con el discurso referido. Nos centramos en los verbos de lengua y las posibilidades que ofrecen para, por un lado, resumir lo que otra persona ha dicho, y para interpretar la intención comunicativa del hablante, por otro. Para ello, se les ofrece un ejemplo extraído de una canción de Ismael Serrano, cantautor español. Pídales que lean el mensaje del contestador y que luego lo comparen con el diálogo que aparece a la derecha. Hágales la siguiente pregunta: "¿utiliza la chica las mismas palabras que hay en el mensaje?". Evidentemente no. "¿Creéis que consigue transmitir lo que dice el mensaje?". Está claro que sí. "¿Cómo lo consigue?". Ha interpretado el texto, ha captado la intención del hablante y, mediante los verbos *insinuar*, *despedirse* y *proponer*, ha podido transmitir el mensaje sin necesidad de hacerlo de manera literal. Una vez hecha esta reflexión, pídales que lean el cuadro de atención para reforzar la explicación.

1. hablar; 2. insinuar; 3. despedirse; 4. proponer.

Si los estudiantes están interesados en escuchar la canción completa, pueden hacerlo en el siguiente enlace:
https://www.youtube.com/watch?v=hi48l5EgmRo

**i+ ELEteca**
**32. Ismael Serrano.**

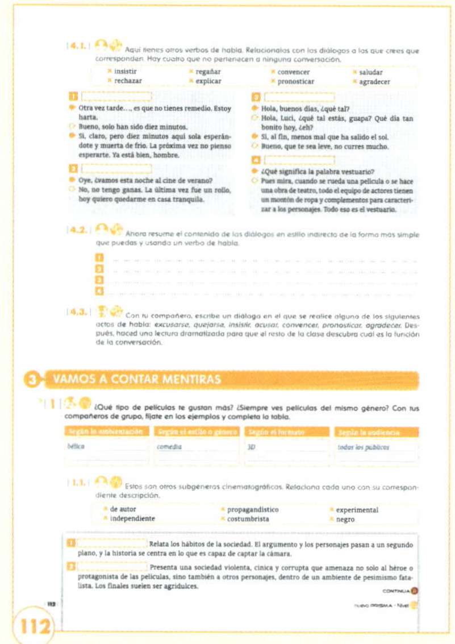

**4.1.** y **4.2.** Secuencia de actividades de práctica controlada y ampliación de léxico sobre los verbos de habla. Antes de comenzar, pida a los estudiantes que lean los verbos que se proponen resolviendo las dudas de vocabulario que puedan surgir. Después, los estudiantes, individualmente, leen los diálogos y escogen, de entre las opciones que se dan, el que resulte más adecuado para resumirlo. Corrija y pase a la actividad 4.2. De nuevo individualmente, los estudiantes deben transmitir el contenido de cada diálogo utilizando los verbos de habla elegidos resumiendo el contenido. Deje un tiempo para realizar la actividad y luego, aleatoriamente, elija a varios estudiantes para que lean sus propuestas.

1. regañar; 2. rechazar; 3. saludar; 4. explicar.

Para la práctica y consolidación de los verbos de habla, puede utilizar el ejercicio 5 de la unidad 8 del *Libro de ejercicios*.

**4.3.** Como final de esta secuencia de actividades se propone una tarea integradora. Pida a los estudiantes que formen parejas y elaboren un diálogo en el que se realice algunos de los actos de habla que expresan los verbos que se detallan en la instrucción. A continuación, deben representar su diálogo delante de la clase. La tarea consiste en que los demás interpreten el diálogo y digan a qué acto de habla corresponde. Puede plantear la actividad como una competición. En este caso, el que primero descubra el acto de habla escondido en cada diálogo gana un punto. Si lo cree conveniente, puede añadir otros actos de habla, como los que aparecen en la actividad anterior.

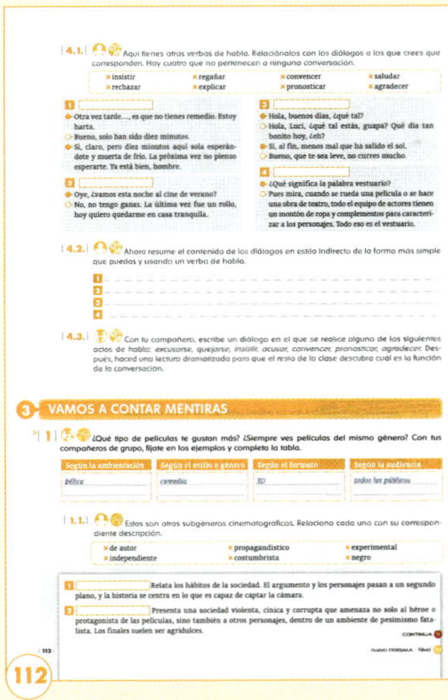

## 3 VAMOS A CONTAR MENTIRAS 112

En este epígrafe se amplía el léxico relacionado con el cine, en concreto con los géneros y subgéneros cinematográficos y se presenta y practica un modelo textual: la ficha técnica. Culturalmente se trabaja la película *La vida de nadie* y con ella se presenta un contenido de carácter intercultural: la mentira y su uso como elemento de cortesía.

**> 1** Se inicia el epígrafe con una tarea de ampliación del léxico cinematográfico. Para ello, los estudiantes en pequeños grupos hacen uso de sus conocimientos previos e intentan completar las categorías de la tabla con las palabras que conozcan. Para la corrección, reproduzca la tabla en la pizarra y, en una puesta en común, vayan completándola con las sugerencias de todos los grupos.

Posible respuesta. Según la ambientación: bélica, deportiva, de gánsteres, histórica, policiaca, del oeste, épica, futurista; Según el estilo o género: comedia, ciencia ficción, acción, aventuras, drama, fantasía, musical, suspense, catástrofe, terror. Según el formato: 3D, 2D, animada, muda, sonora; Según la audiencia: todos los públicos, infantil, juvenil, adulto, familiar.

**1.1.** Actividad de ampliación del léxico relacionado con los subgéneros cinematográficos a través de una comprensión lectora. Los estudiantes, individualmente, leen las definiciones y las relacionan con su subgénero correspondiente. Si lo considera oportuno, puede animarles a que comparen y comenten las respuestas en parejas o en pequeños grupos.

1. costumbrista; 2. negro; 3. de autor; 4. experimental; 5. independiente; 6. propagandístico.

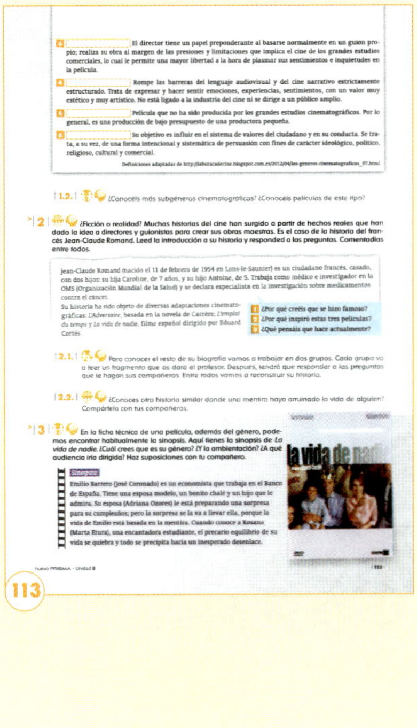

**1.2.** Actividad de interacción oral en parejas: deben ampliar la lista de subgéneros cinematográficos. Luego, pídales que comenten títulos de películas que puedan enmarcarse en varios de estos subgéneros. Si le parece oportuno, puede realizar esta actividad en plenario.

**i+ ELEteca**
**33. Lista de géneros y subgéneros cinematográficos.**

**> 2** Para comenzar esta secuencia de actividades e introducir el tema lance la siguiente pregunta: "¿qué tipo de películas os gustan más: las que están basadas en alguna historia real o las que son totalmente ficticias?" A continuación, explíqueles que van a trabajar con una película que está basada en una historia real y lleve a cabo la actividad propuesta. Los estudiantes leen el texto y hacen hipótesis para contestar a las preguntas que se plantean. No cuente nada de la historia real, pues van a reconstruirla en la actividad 2.1.

**2.1.** A través de esta actividad, los estudiantes van a conocer la biografía de Jean-Claude Romand, el personaje real que ha inspirado las tres películas. Para llevarla a cabo, trabaje con la ficha 26.

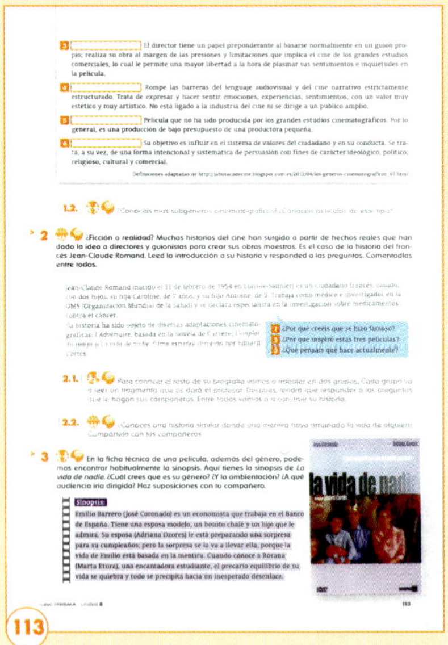

## Ficha 26. Biografía de Jean-Claude Romand.

**Dinámica.** Divida la clase en dos grupos o en pequeños grupos pares si lo considera más apropiado. Entregue a cada estudiante una ficha, pídales que lean con atención la información y que planteen a sus compañeros las preguntas propuestas. El objetivo es el intercambio de información entre los dos grupos para poder reconstruir la historia.

La historia completa es como sigue: **El 8 de enero de 1993 asesinó a su mujer con un rodillo de amasar, y más tarde a su hija Caroline, de 7 años, y a su hijo Antoine, de 5, empleando un rifle del calibre 22. Después de estos crímenes, limpió la casa, salió a pasear, y horas más tarde se dirigió a la casa de sus padres, donde, después de comer, los asesinó del mismo modo. Tras pasar la noche con su amante, en París, regresó a su domicilio y le prendió fuego consigo dentro, no sin antes haber tomado una buena dosis de barbitúricos. Fue rescatado por los bomberos de un incendio en su casa y, tras casi una semana en coma, consiguió salvar la vida. En 1996, fue condenado a cadena perpetua, con un cumplimiento de condena de al menos 22 años. Al parecer, en la época en que cometió los crímenes, su familia estaba a punto de descubrir la verdad sobre él: en realidad no era la persona que creían sus vecinos y conocidos. No tenía trabajo, y había estado engañando a toda su familia y amigos durante años. Ni siquiera había superado el segundo curso de Medicina; además, había agotado todos sus recursos económicos. Acorralado, atrapado en su propia trampa, no encontró otra solución que el asesinato, pues, según sus propias palabras, "su familia no aceptaría la verdad".**

**2.2.** A continuación, en clase abierta, anime a los estudiantes a comentar si conocen alguna historia donde una mentira haya influido negativamente en la vida alguien.

**>3** y **3.1.** Secuencia de actividades en las que se presenta el modelo textual de una ficha técnica. En plenario, pregúnteles si saben qué es una sinopsis (resumen muy breve y general de una novela, película u obra teatral). Una vez aclarado el término, explíqueles que la sinopsis forma parte esencial de la información que se da de una película y que van a leer la sinopsis de *La vida de nadie*. A continuación, en parejas, realizan la actividad haciendo hipótesis sobre las cuestiones que se plantean. No dé la solución. A continuación, pídales que se fijen en la plantilla de la actividad 3.1.: es el esquema habitual de una ficha técnica (es decir, un texto en el que se da la información técnica y artística de una película así como su sinopsis). Pídales que, en parejas (las mismas de la actividad anterior) investiguen en Internet y completen los datos que faltan en la ficha técnica de la película *La vida de nadie*. Después, haga que comparen sus suposiciones de la actividad 3 con los datos que han encontrado y que rectifiquen su respuesta, si es necesario.

Año: **2002;** Duración: **103 minutos;** País: **España;** Director: **Eduard Cortés;** Guion: **Eduard Cortés y Piti Español;** Música: **Xavier Capellas;** Reparto: **José**

Coronado, Adriana Ozores, Marta Etura, Roberto Álvarez, Adrián Portugal y Laura Conejero; Género: Drama urbano; Premios: 3 nominaciones al Goya (mejor actriz, mejor director novel y mejor actriz revelación); Críticas: "Un trabajo inspirado y notable en el que la narración sostiene el ritmo y la progresión hasta el conmovedor final", Manolo Marinero, Diario *El Mundo*; "Una muy buena película sobre la simulación permanente y el infierno al que normalmente está abocada", Carlos Boyero, Diario *El Mundo*; "Cine inteligente y bien hecho", Ángel Fernández Santos, Diario *El País*.

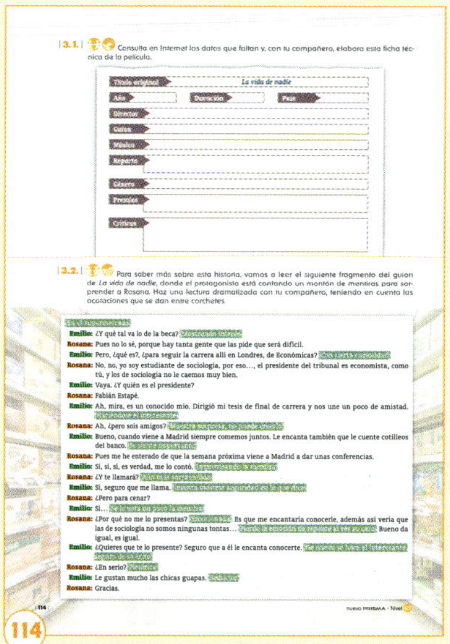

**3.2.** Actividad de comprensión lectora en la que se hace una lectura dramatizada en parejas de una escena de la película. Recuérdeles qué es una acotación (ver unidad 1) y dígales que tienen que interpretar el texto siguiendo las indicaciones que se dan en las acotaciones. Para guiar la lectura, adviértales de que todo lo que dice Emilio es mentira. Elija a algunas parejas para que interpreten el texto en voz alta. Luego, si tiene oportunidad, pueden visionar la escena en la película (minuto 26).

**3.3.** La siguiente secuencia de actividades supone una práctica de los contenidos gramaticales y funcionales vistos en el epígrafe anterior. Los estudiantes, en parejas, han de resumir el diálogo que han leído en estilo indirecto. Para ello, leen el comienzo del wasap de Alicia y continúan contando la conversación, resumiéndola, en estilo indirecto. Recuérdeles el uso de los diferentes verbos de habla para interpretar correctamente la intención comunicativa de los dos protagonistas de la historia.

**3.4.** y **3.5.** Actividad de reflexión gramatical que supone una tarea inversa a la anterior. Los estudiantes, en parejas, leen el resumen de otra escena de la película, el momento en que Emilio queda con Rosana en un restaurante para presentarle a Fabián Estapé, y reconstruyen el diálogo. Una vez que han terminado, escuchan el audio y comparan el diálogo de la película con el que ellos han elaborado. Lógicamente, no se trata de adivinar las palabras exactas sino de ver si estos son parecidos.

48

**Emilio:** Buenas noches, teníamos una mesa reservada a nombre de Fabián Estapé. ¿Ha llegado ya?

**Camarero:** No, todavía no. ¿Quieren esperarle? ¿Quieren pasar?

**Emilio:** Eh… pasamos, ¿no? […] Pues su último libro todavía no lo he leído, pero no se lo digas, que me mata.

**Rosana:** Oye, no le importará que le pida que me lo firme, ¿no?

**Emilio:** No, qué va, si le encanta que lo reconozcan. Bueno, en Barcelona lo paran por la calle, no te digo más. Tú estate tranquila, que es encantador. Puntual no, pero simpático y encantador… Voy a lavarme las manos.

**Rosana:** ¿Ahora?

**Emilio:** Es un momento. […] Hola, buenas noches, soy el secretario del señor Estapé. Verá, es que el señor Estapé no se encuentra muy bien y no va a poder acudir a la cena que tiene con el señor Barrero. Una indisposición, nada grave. ¿Le importaría pasarle una nota al señor Barrero?… Apunte. […] ¿No ha llegado? Tiene que estar al caer. El tráfico en Madrid es…

**Camarero:** Perdone, el secretario del señor Estapé acaba de llamar para comunicarle que el catedrático se encuentra indispuesto y no va a poder venir. Me ha rogado que le disculpen y me ha pedido que le entregue esta nota.

**>4** Actividad de interacción oral en pequeños grupos. Proponga a los estudiantes que intenten explicar las causas por las que las personas mentimos y si creen que es posible no mentir nunca o si algunas mentiras están justificadas. Antes de llevar a cabo la interacción oral, explique el significado de la lista de palabras y expresiones que aparecen. Deles la oportunidad de que las expliquen ellos en primer lugar. Luego, anímeles a usar esas palabras durante su conversación.

Mentira piadosa: es la mentira que se dice para no hacer sufrir a la otra

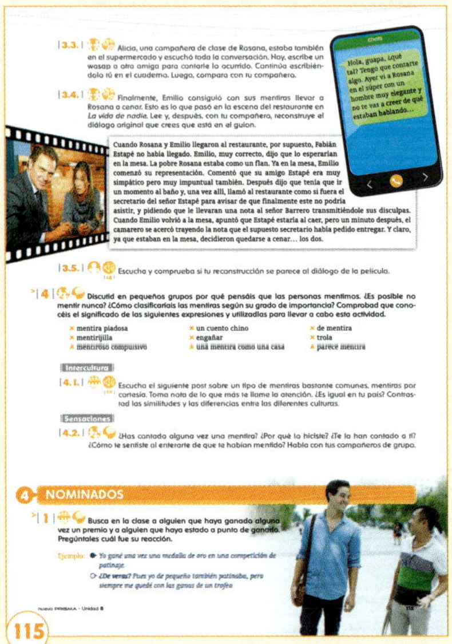
|3.3.| Alicia, una compañera de clase de Rosana, estaba también en el supermercado y escuchó toda la conversación. Hoy, escribe un wasap a otra amiga para contarle lo ocurrido. Continúa escribiéndolo tú en el cuaderno. Luego, compara con tu compañero.

Chats

Hola, guapa, ¿qué tal? Tengo que contarte algo. Ayer vi a Rosana en el súper con un hombre muy elegante y no te vas a creer de qué estaban hablando...

|3.4.| Finalmente, Emilio consiguió con sus mentiras llevar a Rosana a cenar. Esto es lo que pasó en la escena del restaurante en *La vida de nadie*. Lee y, después, con tu compañero, reconstruye el diálogo original que crees que está en el guion.

Cuando Rosana y Emilio llegaron al restaurante, por supuesto, Fabián Estapé no había llegado. Emilio, muy correcto, dijo que lo esperarían en la mesa. La pobre Rosana estaba como un flan. Ya en la mesa, Emilio comenzó su representación. Comentó que su amigo Estapé era muy simpático pero muy impuntual también. Después dijo que tenía que ir un momento al baño y, una vez allí, llamó al restaurante como si fuera el secretario del señor Estapé para avisar de que finalmente este no podría asistir, y pidiendo que le llevaran una nota al señor Barrero transmitiéndole sus disculpas. Cuando Emilio volvió a la mesa, apuntó que Estapé estaría al caer, pero un minuto después, el camarero se acercó trayendo la nota que el supuesto secretario había pedido entregar. Y claro, ya que estaban en la mesa, decidieron quedarse a cenar… los dos.

|3.5.| Escucha y comprueba si tu reconstrucción se parece al diálogo de la película.

|4| Discutid en pequeños grupos por qué pensáis que las personas mentimos. ¿Es posible no mentir nunca? ¿Cómo clasificaríais las mentiras según su grado de importancia? Comprobad que conocéis el significado de las siguientes expresiones y utilizadlas para llevar a cabo esta actividad.

- mentira piadosa
- mentirijilla
- mentiroso compulsivo
- un cuento chino
- engañar
- una mentira como una casa
- de mentira
- trola
- parece mentira

Intercultura

|4.1.| Escucha el siguiente post sobre un tipo de mentiras bastante comunes, mentiras por cortesía. Toma nota de lo que más te llame la atención. ¿Es igual en tu país? Contrastad las similitudes y las diferencias entre las diferentes culturas.

Sensaciones

|4.2.| ¿Has contado alguna vez una mentira? ¿Por qué lo hiciste? ¿Te la han contado a ti? ¿Cómo te sentiste al enterarte de que te habían mentido? Habla con tus compañeros de grupo.

4 NOMINADOS

|1| Busca en la clase a alguien que haya ganado alguna vez un premio y a alguien que haya estado a punto de ganarlo. Pregúntales cuál fue su reacción.

Ejemplo: *Yo gané una vez una medalla de oro en una competición de patinaje.*
*¿De veras? Pues yo de pequeño también patinaba, pero siempre me quedé con las ganas de un trofeo.*

nuevo PRISMA · Unidad 8

115

persona; Mentirijilla: es una pequeña mentira sin consecuencias; Mentiroso compulsivo: es la persona que miente siempre, sin poderlo evitar; Un cuento chino: expresión que se usa para indicar que nos están contando algo que es completamente falso; Engaño: acción o efecto de engañar: inducir a alguien a tener por cierto lo que no lo es, valiéndose de palabras o de obras aparentes y fingidas; Una mentira como una casa: expresión que se usa para indicar que una mentira es muy grande; De mentira: se dice de algo que es falso, no auténtico; Trola: sinónimo coloquial de *mentira*; Parece mentira: expresión que se utiliza para expresar incredulidad, sorpresa o asombro ante un hecho.

**4.1.** Para llevar a cabo esta actividad de carácter intercultural, proceda a la escucha de la siguiente audición en las que se hablan de las mentiras más comunes, las mentiras por cortesía. Antes de empezar, explique estas expresiones que aparecen en el audio para facilitar la comprensión del texto: *esquivar* (evitar), *ir de trapillo* (ir vestido de manera muy informal), *ir de punta en blanco* (ir muy elegantemente vestido), *sin vuelta de hoja* (sin otra opción). Una vez realizada la audición, comenten entre todos qué valor tienen estas mentiras en su país y pídales que establezcan las diferencias y similitudes entre las diferentes culturas.

|49|

Mentir, mentimos la mayoría en más de una ocasión, pero quizás lo hacemos por agradar, por no herir, por evitar dar explicaciones largas, por pudor o porque estemos cegados por un optimismo irracional. Veamos cómo nos facilitan la vida y las relaciones esas pequeñas mentiras blancas o piadosas. Seguro que estos ejemplos nos resultan familiares:

"Yo no he sido". ¿Quién no ha intentado alguna vez esquivar la regañina de los padres o del jefe?

"Estoy bien". Respuesta a quien te pregunta por cortesía cómo estás y no procede contarle nada.

"Muchas gracias. Me encanta". Respuesta complaciente a quien te da un regalo con la sonrisa en la boca, mientras piensas: "¿Y qué hago yo ahora con esto?".

"¡Qué guapo estás!". Alguien que suele ir "de trapillo" habitualmente y aparece de punta en blanco. Te sorprende y no sabes qué decir… Mejor algo que le anime, ¿no?

"Gracias por invitarme a comer. Estaba todo delicioso". Aunque, en realidad, te has tenido que forzar para poder acabar el plato… y no porque fuera demasiado.

"Sí, sí…, claro". Evasiva ante alguien que lleva un rato intentando hacerte ver que la razón está de su lado, sin vuelta de hoja, y a ti no te apetece discutir.

"¿Tu cumpleaños? ¡Lo había olvidado!". Qué va… Si llevas semanas preparándole una sorpresa al cumpleañero.

"Lo termino lo antes posible". El que te lo encargó se queda más conforme que si le das explicaciones de la montaña de cosas que tienes que hacer antes de ponerte con lo suyo.

"¡Oh! No importa". Tu jefe te ha tirado encima el café arruinando tu camisa nueva… pero te reprimes esta vez.

"Qué pena. Me pillas a punto de salir". Cuando no quieres hablar ni ver a esa persona.

Estas son mentirijillas que se lanzan sin la intención de herir; solo por salvar una situación social determinada. La honestidad es lo ideal y lo más valiente, pero en una sociedad tan acostumbrada a la mentira, ser transparente no es siempre lo más adecuado para la convivencia.

Incluso las propias normas de cortesía te llevan a mentir.

Adaptado de http://tusbuenosmomentos.com/2011/09/mentiras-blancas/

**4.2.** Tarea final de interacción oral bajo la etiqueta de *Sensaciones* en la que los estudiantes, en pequeños grupos, hablan sobre la mentira como experiencia personal y sus sentimientos en esas circunstancias.

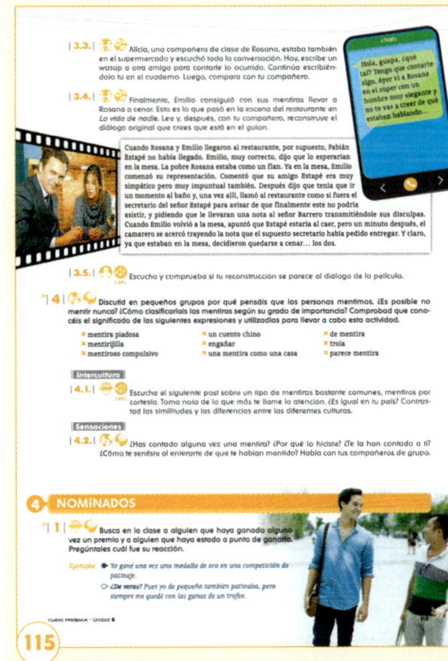

## 4 NOMINADOS 115

Dedicado a los premios y festivales de cine y a las revistas especializadas, se trabaja, desde el punto de vista funcional, la expresión de sorpresa, indiferencia e incredulidad.

Al final del epígrafe se lleva a cabo una actividad de carácter cooperativo en la que los estudiantes pondrán en funcionamiento todos los conocimientos adquiridos con la tarea de escribir una crítica de una película para una revista de cine.

**> 1** Actividad oral en plenario cuyo objetivo es motivar e introducir el tema del epígrafe: los premios cinematográficos. Haga que se levanten y vayan preguntado a diferentes compañeros si han ganado alguna vez un premio en su vida o conocen a alguien que lo haya hecho. Deben comentar de qué premio se trataba y cómo se sintieron los afortunados: reaccionaron con sorpresa, les resultó indiferente, no se lo creían... Con esto, introduce el contenido funcional del epígrafe de manera inductiva, activando todos los conocimientos previos que tengan sobre cómo expresar sorpresa, indiferencia e incredulidad en español.

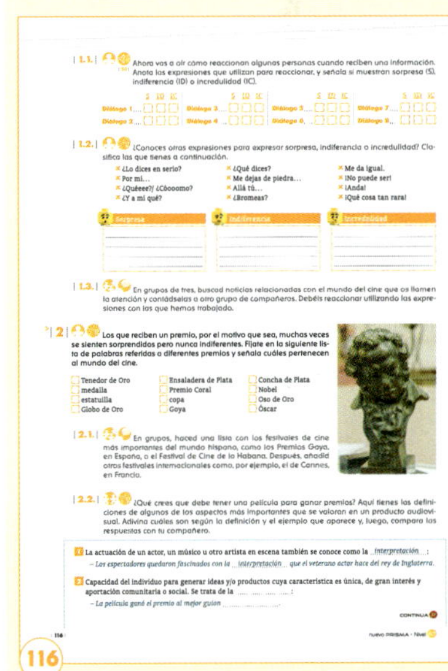

**1.1.** Actividad de comprensión auditiva de discriminación de información para introducir el contenido funcional del epígrafe. Explíqueles que van a escuchar una serie de breves diálogos en los que los interlocutores reaccionan expresando sorpresa, indiferencia o incredulidad. La tarea consiste en clasificar las reacciones de los interlocutores según lo que expresen. Puede parar la grabación entre diálogo y diálogo si lo considera necesario.

50

**Diálogo 1**

● ¿Sabías que *Ágora*, de Alejandro Amenábar, fue la película más cara del cine español?

○ ¡No me digas! Pues yo la he visto y no veo que sea para tanto...

**Diálogo 2**

● ¿Sabes que cada vez hay más cines con películas en versión original?

○ Sí, ya lo he visto. ¿Pero crees que tendrán éxito? ¿La gente irá? Yo creo que eso está por ver.

**Diálogo 3**

● ¿Sabías que el director de cine más joven del mundo fue un niño de la India que hizo su primera película a los 9 años?

○ ¡¿De veras?! Eso es vocación. Pero, ¡qué vida...! ¿Tendrá tiempo de estudiar y jugar?

**Diálogo 4**

● ¿Sabías que Penélope Cruz y Javier Bardem se conocieron haciendo la película *Jamón, jamón*?

○ La verdad es que me da lo mismo. No me interesa la vida privada de los famosos.

**Diálogo 5**

● Dicen que el verdadero beneficio del cine ya no está en las entradas, sino en todo lo demás; palomitas, refrescos, chucherías..., que producen el 45% de sus ingresos.

○ ¡Ya será menos!

**Diálogo 6**

● Parece ser que el 40% de las películas españolas no se llegan a estrenar

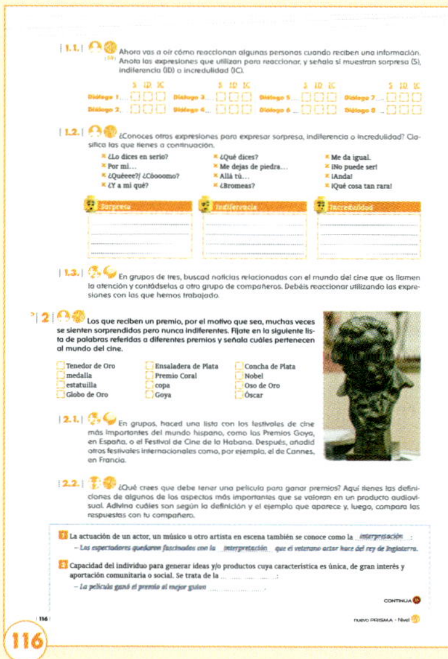

en cines o tienen menos de cien espectadores.

○ Sí, no me sorprende, tal y como está la industria...

**Diálogo 7**

● Me han dicho que ir al cine va a costar mucho menos, creo que solo tres euros, incluso los fines de semana.

○ ¡Eso no te lo crees ni tú!

**Diálogo 8**

● He leído que Fidel Castro, antes de convertirse en un líder revolucionario, participó en algunas películas como actor de reparto. ¿Qué te parece?

○ ¿Sí? ¡Es increíble!

Diálogo 1: ¡No me digas!, sorpresa; Diálogo 2: Eso está por ver, incredulidad; Diálogo 3: ¡¿De veras?!, incredulidad/sorpresa; Diálogo 4: Me da lo mismo, indiferencia; Diálogo 5: Ya será menos, incredulidad; Diálogo 6: No me sorprende, indiferencia; Diálogo 7: Eso no te lo crees ni tú, incredulidad; Diálogo 8: ¿Sí? ¡Es increíble!, sorpresa.

**1.2.** Actividad de léxico planteada con el objetivo de ampliar las expresiones de sorpresa, indiferencia e incredulidad. Pídales que, de manera individual, lean las expresiones y las clasifiquen teniendo en cuenta su función. Antes de corregir, pídales que comparen sus resultados con un compañero/a.

Sorpresa: ¿Quéeee?/¿Cóooomo?; ¿Qué dices?; Me dejas de piedra...; ¡Anda! (pronunciado con énfasis en la segunda ***a***); Indiferencia: Por mí...; ¿Y a mí qué?; Allá tú...; Me da igual; Incredulidad: ¿Lo dices en serio?; ¿Bromeas?; ¡No puede ser!; ¡Anda!(pronunciado con énfasis en la primera ***a***); ¡Qué cosa tan rara!

**1.3.** Un día antes de llevar a cabo la actividad, pida a los estudiantes que busquen en Internet noticias relacionadas con el mundo del cine. Aconséjeles que busquen noticias curiosas que causen un impacto en las personas que lo van a escuchar. Una vez que todos han conseguido sus noticias, organícelos en pequeños grupos para que se las cuenten y los demás reaccionen con algunas de las expresiones aprendidas.

**>2** Esta actividad y las siguientes presentan nuevo léxico sobre el cine, esta vez en relación con los premios y festivales. Dirija la atención de todos a la fotografía y pregúnteles si saben qué es. Se trata de la estatuilla que se da a los ganadores de las diferentes categorías en los Premios Goya. Pregúnteles si los conocen. A continuación, dígales que seleccionen, de la lista que aparece, el léxico relacionado con los premios de cine.

estatuilla, Globo de Oro, Premio Coral, Goya, Concha de Plata, Oso de Oro, Óscar.

**2.1** Pida a los estudiantes que formen pequeños grupos y elaboren un listado con los festivales de cine más importantes del mundo hispano. Anímeles a que busquen la información que necesiten en Internet. Para finalizar, haga una puesta en común con todos los miembros de la clase para que, entre todos, puedan ampliar el listado. Luego, pídales que añadan otros festivales internacionales.

**2.2.** Actividad de ampliación del léxico. Pida a los estudiantes que llevar a cabo la tarea, reflexionen sobre los requisitos que ellos creen que debe tener una película para ganar premios. A continuación, pídales que lean las definiciones y que adivinen a qué aspectos se refieren. Como estrategia para adivinar la palabra, sugiérales que lean también el ejemplo que deben completar. De este modo, se ayudarán del contexto para saber a qué palabra se refiere cada definición. Una vez que hayan corregido la actividad, puede ampliarla pidiéndoles que hagan una clasificación de los diferentes puntos por orden de importancia para ellos, y que la pongan en común con el resto de la clase para ver si coinciden.

2. originalidad, original; 3. Efectos especiales; 4. Novel; 5. reparto.

**2.3.** Tarea de interacción oral para intercambiar opiniones y puntos de vista sobre diferentes aspectos relacionados con los premios y las películas.

**>3** Actividad de comprensión lectora de una crítica cinematográfica. Los estudiantes leen las dos críticas cinematográficas sobre la película cubana *Conducta* para determinar cuál de ellas es positiva y cuál es negativa. Indíqueles que subrayen aquellas expresiones que justifiquen su elección.

1. Positiva: notable actuación, cuidada fotografía, un film que enorgullece, emociona y mantiene la tensión, su argumento convence, llega al corazón, excelente trabajo del elenco de actores; 2. Negativa: la hemos visto millones de veces, no es nada original, repite modelos ya vistos, no es demasiado valiente, arriesga poco, casi todos los tópicos están presentes.

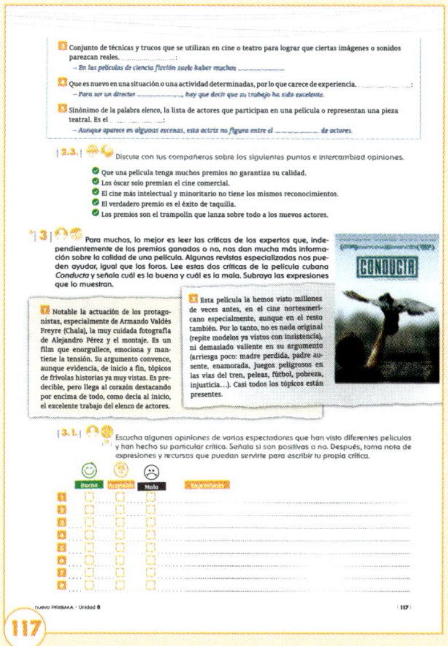
Conjunto de técnicas y trucos que se utilizan en cine o teatro para lograr que ciertas imágenes o sonidos parezcan reales. ...........:
– *En las películas de ciencia ficción suele haber muchos ...........*

Que es nuevo en una situación o una actividad determinadas, por lo que carece de experiencia. ...........:
– *Para ser un director ..........., hay que decir que su trabajo ha sido excelente.*

Sinónimo de la palabra *elenco*, la lista de actores que participan en una película o representan una pieza teatral. Es el ...........:
– *Aunque aparece en algunas escenas, esta actriz no figura entre el ........... de actores.*

2.3. Discute con tus compañeros sobre los siguientes puntos e intercambiad opiniones.

- Que una película tenga muchos premios no garantiza su calidad.
- Los óscar solo premian el cine comercial.
- El cine más intelectual y minoritario no tiene los mismos reconocimientos.
- El verdadero premio es el éxito de taquilla.
- Los premios son el trampolín que lanza sobre todo a los nuevos actores.

3. Para muchos, lo mejor es leer las críticas de los expertos que, independientemente de los premios ganados o no, nos dan mucha más información sobre la calidad de una película. Algunas revistas especializadas nos pueden ayudar, igual que los foros. Lee estas dos críticas de la película cubana *Conducta* y señala cuál es la buena y cuál es la mala. Subraya las expresiones que lo muestran.

Notable la actuación de los protagonistas, especialmente de Armando Valdés Freyre (Chala), la muy cuidada fotografía de Alejandro Pérez y el montaje. Es un film que enorgullece, emociona y mantiene la tensión. Su argumento convence, aunque evidencia, de inicio a fin, tópicos de frívolas historias ya muy vistas. Es predecible, pero llega al corazón destacando por encima de todo, como decía al inicio, el excelente trabajo del elenco de actores.

Esta película la hemos visto millones de veces antes, en el cine norteamericano especialmente, aunque en el resto también. Por lo tanto, no es nada original (repite modelos ya vistos con insistencia), ni demasiado valiente en su argumento (arriesga poco: madre perdida, padre ausente, enamorada, juegos peligrosos en las vías del tren, peleas, fútbol, pobreza, injusticia...). Casi todos los tópicos están presentes.

CONDUCTA

3.1. Escucha algunas opiniones de varios espectadores que han visto diferentes películas y han hecho su particular crítica. Señala si son positivas o no. Después, toma nota de expresiones y recursos que puedan servirte para escribir tu propia crítica.

Buena | Aceptable | Mala | Expresiones

nuevo PRISMA · Unidad 8 | 117

117

# i+ ELEteca

**34. La película *Conducta*.**

**3.1.** Actividad de ampliación de vocabulario sobre la crítica cinematográfica a través de una comprensión auditiva con ocho críticas sobre diferentes películas. En una primera escucha, deben marcar si la crítica que oyen es buena, aceptable o mala. En la segunda escucha, deben anotar los calificativos que utilizan los interlocutores para valorar la película de la que hablan.

| 51 |

**1.** Ha sido una gratísima sorpresa. Una de esas joyas que pasa desapercibida para el gran público y que cautivará a los que la vean. Su estreno ha sido un formidable éxito de público y muy bien acogida por la crítica.

**2.** Que nadie espere unos actores en estado de gracia, ni una fotografía magnífica, ni nada por el estilo. Es una película vulgar, como la inmensa mayoría de las películas de superhéroes de nuestro tiempo. Pero, aun en esa vulgaridad, logra hacer pasar un buen rato, no se hace pesada en absoluto, ni farragosa, ni demasiado pretenciosa.

**3.** No soy fanática de las películas de terror, es un género que no me atrae demasiado pero, para una vez que me decido por este género, por temblar y precipitarme al oscuro túnel del más allá, de lo desconocido y alucinante..., ¡qué fraude!, ¡qué desilusión! Pues ni he encontrado pánico, ni escalofrío, ni temor; donde los demás describen "¡maravilla!", yo he vivido desinterés y ausencia.

**4.** En el aspecto interpretativo no hay nada reseñable ni que merezca mención especial, el actor principal deja claro que no da la talla para el papel protagonista.

**5.** Hacía mucho tiempo que no veía una película tan pobre y mala en todos los aspectos. Supongo que no todo iba a ser aciertos y, en algún momento, tenía que dar con un hueso. Ese momento ha llegado. La cinta que nos ocupa es mala hasta decir basta, pero esto es algo que me tenía que haber olido cuando observé que apenas tenía una crítica en esta página, sin apenas votaciones y con una media bajísima.

**6.** Pese a sus defectos, me ha encantado, he disfrutado como hace mucho no lo hacía con una película. Sus defectos son superados por sus aciertos; el resultado es cine de ciencia ficción también del bueno, del que rara vez se ve, una gozada.

**7.** El problema más grave es su guion, que convierte a la película en algo intrascendente; empezando por unos diálogos en su mayor parte de parvulario, pasando por subtramas que no aportan nada a la historia, y acabando en las ya conocidas sobreexplicaciones. Esto último llega a ser cansino e irritante, porque no creo yo que sea necesario repetir los argumentos hasta cinco veces.

**8.** Al inicio parece un drama social del montón que apunta al típico mensaje de que se pueden dejar atrás los problemas y empezar desde cero, pero después va mucho más allá. La mejor cualidad de la película, aparte de su *in crescendo*, su buen gusto y buen hacer en su montaje y en sus actuaciones, es la forma de construir e hilar el relato. Desde pequeños detalles, obsesiones de la protagonista que van cobrando sentido, a cómo se van formando

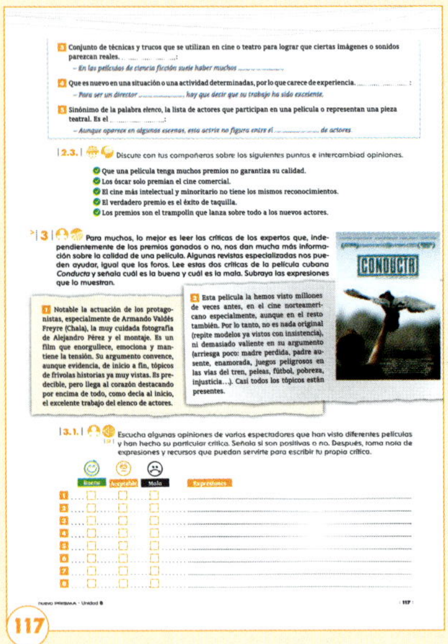

las nuevas relaciones y cómo se hila todo entre sí, incluyendo historias secundarias que no quedan de relleno, sino que van en consonancia con el mensaje y con la historia general.

1. Buena: gratísimas sorpresa, joya que cautivará, formidable éxito, bien acogida; 2. Aceptable: que nadie espere unos actores en estado de gracia, vulgar, no se hace pesada; 3. Mala: Qué fraude, qué desilusión, desinterés y ausencia; 4. Mala: nada reseñable, el actor no da la talla; 5. Mala: mala, pobre, un hueso, mala hasta decir basta; 6. Buena: he disfrutado, sus defectos son superados por sus aciertos, cine del bueno, del que rara vez se ve, una gozada; 7. Mala: guion intrascendente, diálogos de parvulario, no aporta nada, cansino e irritante; 8. Buena: su *in crescendo*, buen gusto, su buen hacer, la forma de construir e hilar el relato.

**Ampliación.** Reparta la ficha 27 que contiene una crítica sobre la película *El secreto de sus ojos*. Con ella, los estudiantes contarán con otra muestra del mismo tipo de texto que les permitirá profundizar y realizar con éxito la tarea de grupo cooperativo de final de epígrafe.

**Ficha 27. Crítica de la película *El secreto de sus ojos*.**

**Dinámica.** Pídales que, individualmente, lean la crítica y contesten a las preguntas.

1. el *thriller*, el drama y la comedia romántica; 2. Que es un cine digno pero no brillante: "Autor de dignas y esforzadas películas como *Luna de Avellaneda* o *El hijo de la novia*, su cine siempre me había parecido algo tramposo, tendente a la sensiblería fácil, deudor del peor Capra"; 3. La intriga del asesinato y violación, la época de la dictadura de Videla y la historia de amor truncada; 4. Los diálogos, la profundidad de los personajes, el trabajo de los actores, el manejo de la intriga, el reflejo de una época, la historia de amor…

**3.2.** Proponemos ahora una tarea de estrategias en la que aprenderán a ampliar su léxico a través de textos especializados. Dígales que *Fotogramas* y *Cinemanía* son las dos revistas de cine más leídas en España. Deben entrar en sus páginas web (http://www.fotogramas.es/ y http://www.cinemania.es/, respectivamente) y consultar la sección de críticas para ampliar el léxico relacionado. Con una puesta en común, intercambian las nuevas expresiones que hayan aprendido, ampliando la lista anterior. Además, con esta tarea, los estudiantes podrán comprobar si han conseguido los objetivos de esta unidad: ampliar los conocimientos sobre el cine hispano y los recursos lingüísticos sobre el tema. Si lo cree conveniente, puede pedirles que lean las críticas fuera del horario de clase, como tarea para casa.

**>4** Cerramos el epígrafe con una tarea de grupo cooperativo para poner en práctica los conocimientos aprendidos. La tarea consiste en crear una revista de cine con críticas de películas hispanas.

Divida la clase en grupos pequeños y pídales que elijan una película de origen hispano (puede ser alguna de las que han tratado a lo largo de la unidad).

Una vez que la han visionado, entre todos elaboran la ficha técnica de la misma buscando los datos en Internet o en los propios créditos de la película (los que aparecen al final de la misma).

Una vez reunidos todos los datos, cada uno, individualmente, elabora una crítica de la película argumentando su opinión. Pídales que traten diferentes aspectos de la misma y que, antes de presentar el trabajo a la clase, intercambien las críticas entre los miembros del grupo para que las corrijan y las mejoren.

Para la presentación, sería conveniente disponer de una pantalla en la que proyectar el tráiler de la película seleccionada. Una vez visto, pueden leer sus críticas al resto de la clase. Otra opción es que elaboren un cartel y lo cuelguen en la clase o que inicien un blog con sus diferentes escritos.

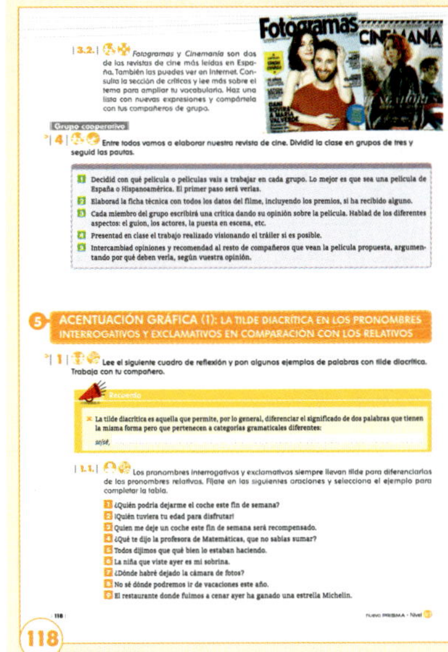

118

## 5 ACENTUACIÓN GRÁFICA (1): LA TILDE DIACRÍTICA EN LOS PRONOMBRES INTERROGATIVOS Y EXCLAMATIVOS EN COMPARACIÓN CON LOS RELATIVOS 118

En este epígrafe se pretende profundizar sobre un aspecto de la acentuación gráfica: el uso de la tilde diacrítica en los pronombres interrogativos y exclamativos.

**> 1** Actividad de reflexión sobre el significado de tilde diacrítica. Indíqueles que, una vez leída la definición, escriban varios ejemplos de palabras con tildes diacríticas.

**1.1.** Actividad de reflexión en la que los estudiantes, de manera individual, clasifican los ejemplos que se dan en su lugar correspondiente de la tabla.

A. 1, 4, 7; B. 8; C. 3, 4, 6, 9; D. 2; E. 5.

**> 2** Actividad de práctica para completar las frases con el pronombre adecuado y decidir, según la tabla anterior, si lleva o no tilde. Además, deberán identificar el tipo de pronombre que es: interrogativo, exclamativo o relativo.

1. Quiénes, interrogativo directo; 2. Cuántos, exclamativo directo; 3. qué, interrogativo indirecto; 4. donde, relativo; 5. qué, exclamativo directo; 6. que, relativo; 7. qué/cuántas, exclamativo directo; 8. cuál, interrogativo indirecto; 9. Quien, relativo.

Puede ampliar la práctica del uso de la tilde diacrítica en los pronombres con el ejercicio 8 de la unidad 8 del *Libro de Ejercicios*.

**ELEteca**
Léxico. El cine hispano.

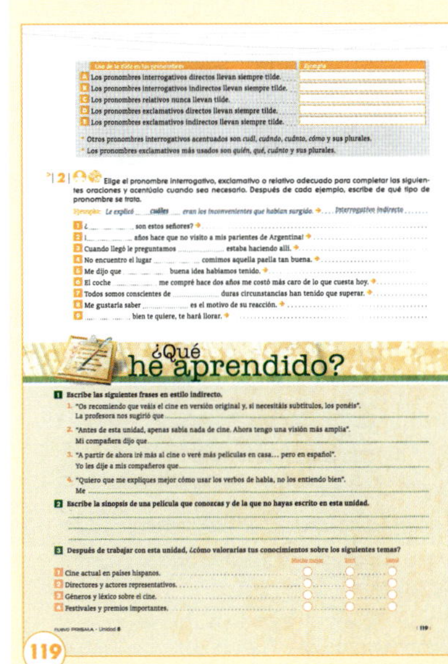

119

# 9 COLECCIÓN DE RECUERDOS

9 COLECCIÓN DE RECUERDOS

EN MI MEMORIA

120

A lo largo de esta unidad, centrada en los recuerdos y los hechos históricos, se presentan el pretérito pluscuamperfecto de subjuntivo, las oraciones condicionales reales e irreales y sus conectores, además del condicional compuesto. En relación a los contenidos funcionales, los estudiantes aprenderán, entre otras cosas, a expresar hipótesis, condiciones posibles o poco probables y a establecer semejanzas imaginarias, todo ello en torno al léxico relacionado con las vivencias personales y la historia.

## 1 EN MI MEMORIA 120

Tal y como su nombre indica, este primer epígrafe de la unidad centra su atención en la memoria y en los recuerdos para trabajar las estructuras que sirven expresar hipótesis en el pasado, y se introduce un nuevo tiempo verbal: el pretérito pluscuamperfecto de subjuntivo.

> 1 Actividad de interacción oral de introducción al tema en la que los estudiantes evocan algunos momentos importantes de su vida. Para romper el hielo, empiece usted primero evocando algún momento importante de su vida y cuénteselo brevemente. Después, pídales que sigan su ejemplo y que hablen del suyo.

1.1. Actividad de interacción oral en parejas. Para ponerles en situación, explíqueles que van a ver unas fotografías personales que evocan recuerdos especiales en la vida de algunas personas. La actividad consiste en que los estudiantes hagan hipótesis sobre el momento que evocan las fotos. Puede hacer una puesta en común con las suposiciones de todos. No les diga aún la respuesta. La oirán en la actividad 1.3.

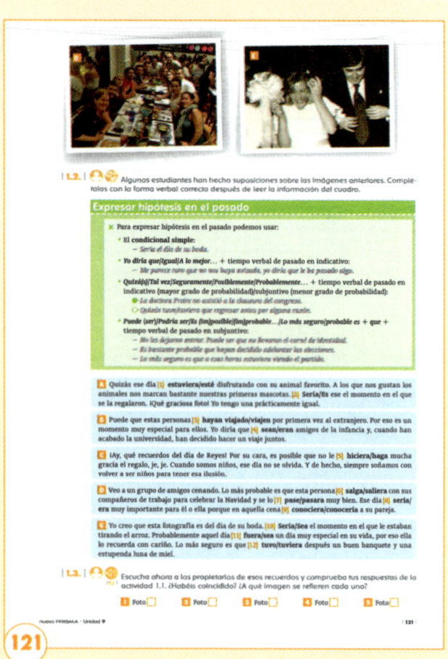
Expresar hipótesis en el pasado

121

1.2. Se plantea ahora una tarea de reflexión gramatical a través de las suposiciones que un grupo de estudiantes ha hecho sobre las fotografías. El cuadro presenta, como repaso, las estructuras que se usan más frecuentemente en español para hacer hipótesis sobre el pasado. Pídales que lo lean individualmente y resuelva las dudas si es necesario. Luego, los estudiantes, de manera individual, leen los textos y eligen la opción verbal correcta en cada caso. Sugiérales que consulten la información del cuadro si les surge alguna duda. Una vez corregida la actividad, pregúnteles si estas hipótesis se parecen a las que ellos han hecho en la actividad 1.1.

1. estuviera; 2. Sería; 3. hayan viajado; 4. eran; 5. hiciera; 6. saliera; 7. pasara; 8. sería; 9. conocería; 10. Sería; 11. fuera; 12. tuviera.

1.3. Tarea de comprensión auditiva para realizar de modo individual. El objetivo de la actividad es hacer una escucha global para comprobar si sus hipótesis eran correctas. Después, en una escucha más atenta, deben relacionar cada foto con su comentario.

[52] 1. Al cerrar los ojos, se me viene la imagen jugando con mi gata. Fue mi primera mascota. Recuerdo cuando la encontramos por casualidad en la calle, detrás de un seto en el parque, mientras jugaba con mis primos. Desbordaba alegría, emoción y una agradable sensación de saber que ya no estaría solo, que esa pequeña gata sería mi compañera por varios años. Se

acurrucaba entre mis pequeños brazos buscando el afecto y la amistad. La bauticé como Nube. Era tan grande mi emoción cuando la encontré, que no la quería dejar en brazos de nadie. Quizás yo tendría tres o cuatro años, pero lo recuerdo como si hubiera sido ayer.

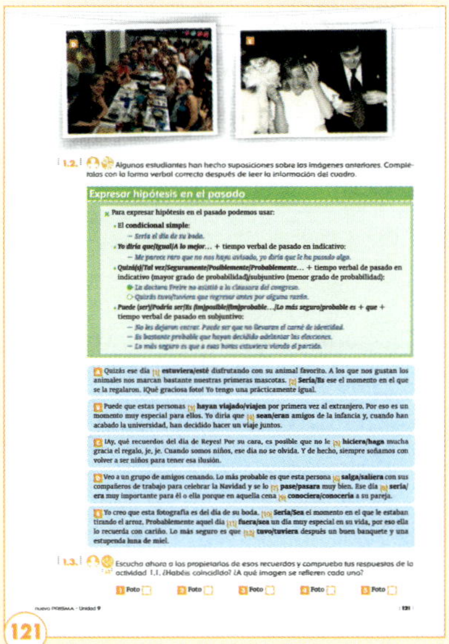

2. Lo más bello de mi boda fue tener conmigo ese día tan solo a mi familia y a mis verdaderos amigos. En sí fue una boda pequeña, pero repleta de muchos detalles: muchas flores, un vestido maravilloso que llevaba y los nervios tan grandes al entrar a la iglesia del brazo de mi padre. Todo precioso, aunque lo que más me estresó fue prepararla en tan solo dos meses, y prácticamente sola, porque mi esposo estaba trabajando en Francia, así que llegó dos días antes a España, justo para casarnos e irnos a vivir allí. ¡Me hubiera encantado tener una luna de miel, pero no pudo ser! Fue un día realmente inolvidable para todos. Fuimos muy felices durante los primeros años, pero nos divorciamos..., no nos llevábamos bien. Lo mejor, que tuvimos dos mellizos maravillosos, ¿qué más puedo pedir?

3. Hace cosa de diez años que terminó mi aventura Erasmus en Bruselas. Pero hoy, revisando el ordenador, he encontrado un montón de fotos que hizo mi hermana la primera vez que vino a visitarme, y no he podido evitar ponerme a recordar... Pues bueno, ¿qué decir de esta experiencia que no se haya dicho ya? Es una experiencia increíble que todo el mundo debería tener al menos una vez en la vida. Eso sí, es bien difícil meter en una caja los recuerdos de todo un año, o encerrar en un diario todas las aventuras vividas. Sobre todo me dio muchísima pena pensar en toda la gente a la que conocí. Ojalá hubiéramos seguido en contacto. Aquí estoy con Benja y Mateo, dos amigos que conocí durante mi estancia allí y con los que aún sigo en contacto por Facebook, porque teníamos muy buena relación.

4. Hoy os quería contar que mis compañeros del colegio son muy especiales para mí. Con ellos crecí y con ellos tengo la suerte de conservar una maravillosa amistad. Mis amigos de la infancia y yo tenemos un grupo de WhatsApp en el que seguimos contándonos nuestros proyectos y compartiendo nuestros recuerdos. Esta foto fue el último día que quedamos para celebrar la despedida de soltero de uno de mis amigos. Me pareció increíble que todos hubiéramos podido asistir. Lo pasamos genial y recordamos, como siempre, esos maravillosos momentos juntos en clase.

5. ¿Quién no recuerda el día de Reyes Magos, intentando dormir esa noche, con tantos nervios e incertidumbre? Recuerdo que mi padre a eso de las diez siempre decía: "¡Venga, a la cama!" y nos íbamos rápidamente sin rechistar. Posiblemente, no lo hubiéramos hecho en otro momento del año. Recuerdo que siempre me levantaba por la noche para comprobar que mis zapatos estaban bien limpios en el balcón, y para advertir a nuestros padres de que lo dejasen abierto para que entraran sus Majestades. Me acuerdo de entrar en el salón por la mañana y quedarme atónito al comprobar la cantidad de paquetes que habían dejado para toda la familia. Después, iba a la Asociación de Vecinos del barrio, donde los Reyes también nos dejaban un regalo. Aquí estoy con mi juguete en brazos de Melchor, al que rápidamente reconocí porque era un señor del barrio que conocía de vista. Recuerdo especialmente este regalo, que era un autobús con el que me gustaba mucho jugar. De hecho, en casi todas las fotos de la época salgo con este juguete a cuestas.

1. A; 2. E; 3. B; 4. D; 5. C.

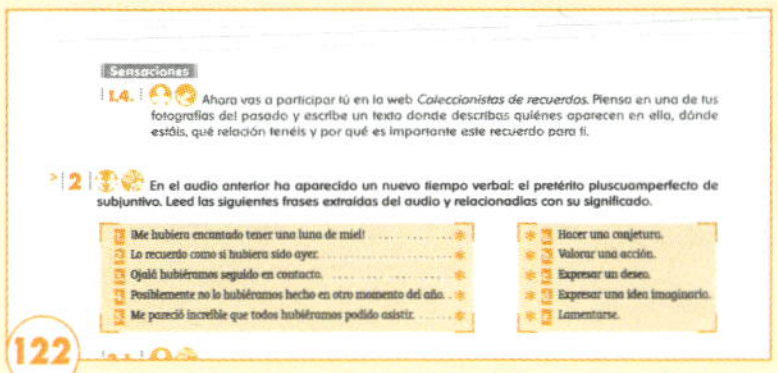

**1.4.** A continuación, proponga la siguiente tarea etiquetada como *Sensaciones* en la que los estudiantes, de manera individual, van a dejarse llevar por los recuerdos y los sentimientos, escogiendo una fotografía de su pasado y describiéndola por escrito: personas que aparecen en la foto, relación existente entre ellas, el lugar donde se hizo, etc., explicando el significado que esa foto tiene para ellos. Si lo cree conveniente, puede terminar esta actividad

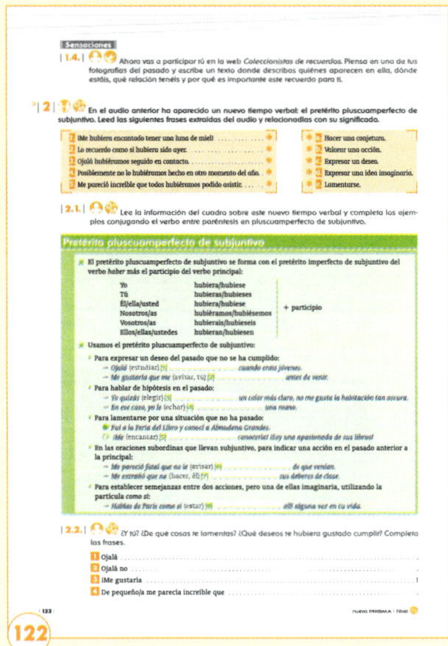

animando a los estudiantes a que comenten la fotografía con el resto de la clase y exterioricen los sentimientos que les provoca.

**> 2** Se inicia con esta tarea una secuencia de actividades de reflexión gramatical en la que el estudiante conocerá y trabajará con un nuevo tiempo verbal: el pretérito pluscuamperfecto de subjuntivo. Pídales que formen parejas y que lean las frases extraídas del audio anterior donde aparece el pretérito pluscuamperfecto de subjuntivo para que las relacionen con su significado.

1. e; 2. d; 3. c; 4. a; 5. b.

**2.1.** Actividad de reflexión gramatical en la que se explica la morfología del pretérito pluscuamperfecto de subjuntivo y sus usos. Los estudiantes, de manera individual, deben leer la información y completar los ejemplos con el verbo en pretérito pluscuamperfecto de subjuntivo. Para corregir la actividad y resolver dudas, utilice la proyección 29.

**Proyección 29. Pretérito pluscuamperfecto de subjuntivo.**

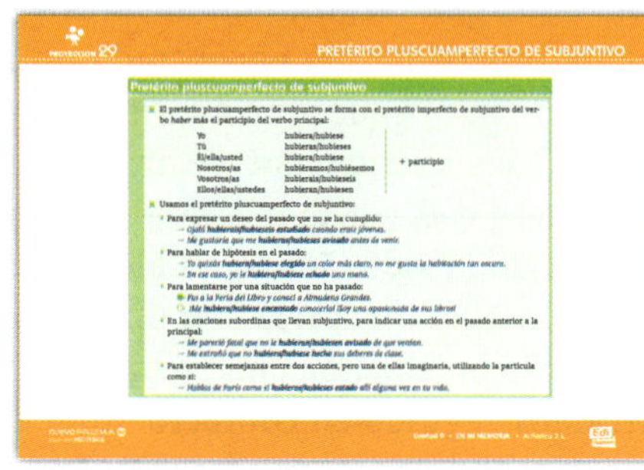

1. hubierais/hubieseis estudiado; 2. hubieras/hubieses avisado; 3. hubiera/hubiese elegido; 4. hubiera/hubiese echado; 5. hubiera/hubiese encantado; 6. hubieran/hubiesen avisado; 7. hubiera/hubiese hecho; 8. hubieras/hubieses estado.

**2.2.** Actividad de práctica y consolidación sobre los usos del pretérito pluscuamperfecto de subjuntivo. Pida a los estudiantes que, de manera individual, completen las frases explicando las cosas de las que se lamentan o las que hubieran querido realizar y no han podido, utilizando las estructuras que se dan. Luego, puede hacer una puesta es común, en la que algunos estudiantes lean alguna de sus frases.

Para seguir practicando los usos del pretérito pluscuamperfecto de subjuntivo, puede llevar a cabo los ejercicios 2 a 4 de la unidad 9 del *Libro de ejercicios*.

## 2 SI VENDIERAN SUEÑOS... 123

El trabajo en este epígrafe se centra en la presentación de las oraciones condicionales reales e irreales en presente y futuro, y en otros conectores condicionales. Se trabajan los cuestionarios personales en torno a las vivencias personales y, desde el punto de vista personal, conocerán a Victoria Subirana, autora del libro *Una maestra en Katmandú*.

**> 1** Actividad de precalentamiento en la que los estudiantes, en pequeños grupos, piensan detenidamente en algún aspecto de su vida, personal o profesional, y reflexionan sobre aquellos sueños que les hubiese gustado realizar y en aquellos que aún les gustaría llevar a cabo. Para romper el hielo, ponga un ejemplo sobre usted mismo. Si lo considera más interesante, puede hacer esta actividad en plenario.

**> 2** Actividad de comprensión lectora en la que los estudiantes, de manera individual, deben ponerle un título al texto. Para introducir el tema, pregúnteles lo que harían si la vida les ofreciese una segunda oportunidad. Dígales que este es el tema del que trata el artículo. Antes de comenzar, pídales que lean el cuadro de atención para que entiendan el objetivo de la tarea propuesta.

**2.1.** Motive a sus estudiantes para que compartan el título en pequeños grupos y, en consenso, decidan cuál es el más adecuado. Puede continuar la actividad en plenario: cada grupo lee el título seleccionado y entre todos escogen el que más se adecua al contenido del texto. El título original del artículo es *Adquiere prudencia*. Después, si ve que el tema les interesa, proponga un debate sobre este pensamiento de Heráclito: "Día a día, lo que eliges, lo que piensas y lo que haces es en quien te conviertes". (Lo que somos es el resultado de las distintas elecciones que hacemos a lo largo de nuestra vida).

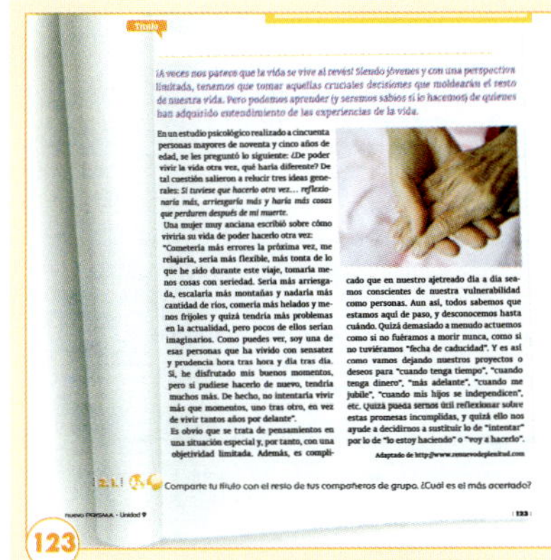

123

**2.2.** y **2.3.** Secuencia de actividades de reflexión gramatical para introducir la primera y segunda condicional. Las actividades están diseñadas para realizarse de modo individual, pero si cree que es un tema complejo para su grupo, puede distribuir a los estudiantes en parejas para que se ayuden mutuamente. De este modo, facilitará la tarea. En la actividad 2.2., analizan el significado de una frase condicional extraída del texto anterior eligiendo entre tres opciones. En la actividad 2.3. comprueban su respuesta al tiempo que obtienen información sobre el tipo de oraciones condicionales que se pueden encontrar en presente y futuro.

2. Se expresan hechos que se consideran de muy difícil o imposible realización.

Una vez corregida la actividad, y si lo considera conveniente, puede profundizar en el contenido del cuadro poniendo otros ejemplos. Para focalizar la atención de los estudiantes, utilice la proyección 30.

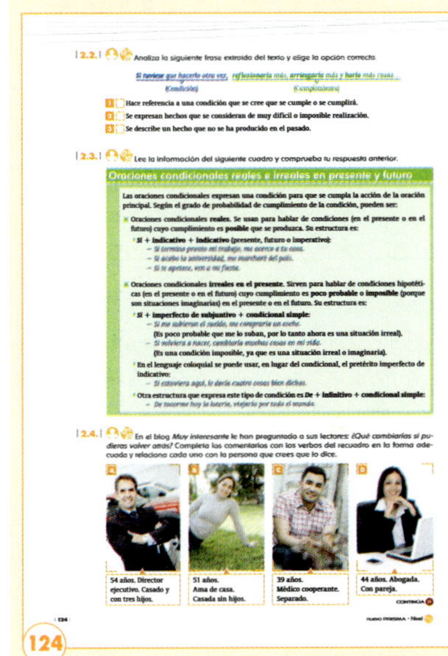

124

### Proyección 30. Oraciones condicionales reales e irreales en presente y futuro.

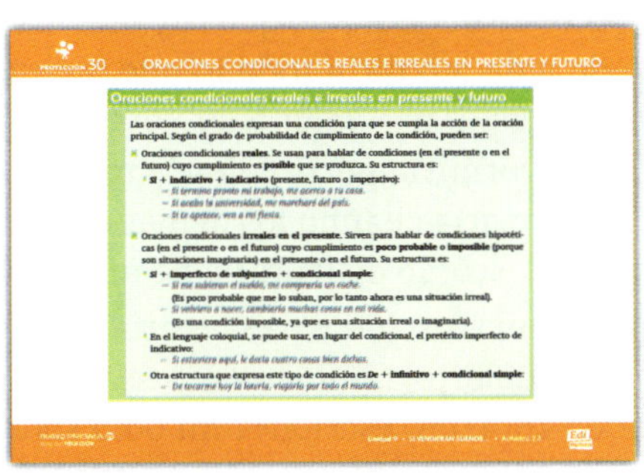


**2.4.** Actividad de práctica controlada para consolidar los contenidos del cuadro anterior. Explique la dinámica de la actividad (completar los textos con el verbo en la forma adecuada y, según su contenido, relacionarlos con las personas de las fotos). Si lo cree oportuno, antes de realizar una corrección en plenario, anime a los estudiantes a que formen parejas para comparar sus respuestas.

Texto 1: Fotografía C; 1. pudiera/pudiese; 2. empezara/empezase; 3. tener; 4. conociera/conociese; Texto 2: Fotografía B; 5. volviera/volviese; 6. fuera/fuese; Texto 3: Fotografía A; 7. existieran/existiesen; 8. poder; Texto 4: Fotografía D; 9. elegir; 10. diera/diese.

**2.5.** Actividad de práctica individual en la que los estudiantes, tomando como modelo los textos de la actividad anterior, escriben acerca de lo que harían si pudieran cambiar los aspectos de su vida que se proponen. Haga, después, una puesta en común sobre alguno de los temas para que los estudiantes hablen de sus experiencias y sentimientos.

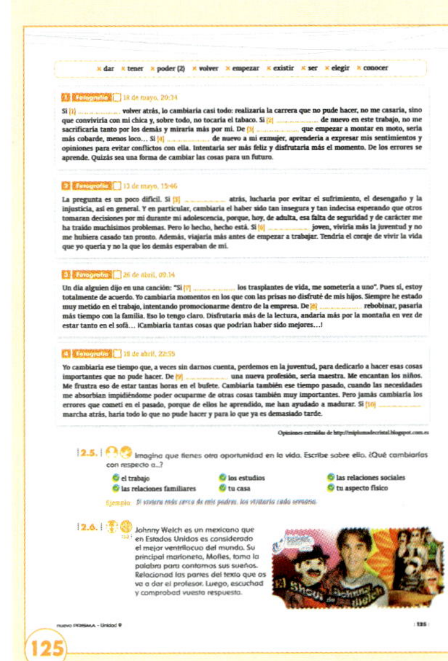

125

Para la práctica de estos contenidos, puede realizar los ejercicios 5 y 6 de la unidad 9 del *Libro de ejercicios*.

**2.6.** Reparta un ejemplar de la ficha 28 entre los estudiantes y, por parejas, pídales que relacionen las diferentes partes del texto. Para corregir, ponga la audición y pídales que comprueben sus respuestas.

**Ficha 28. Si por un instante...**

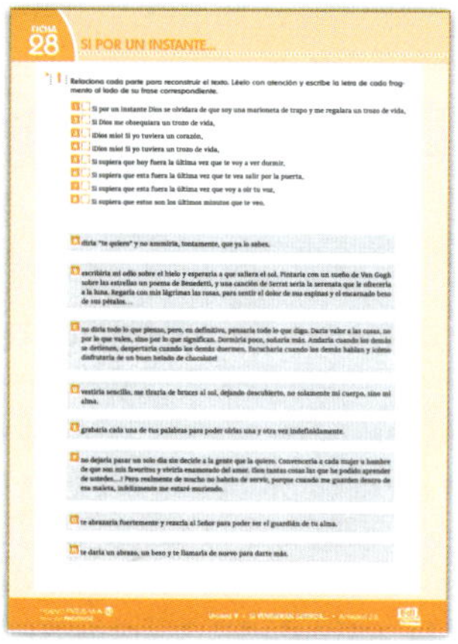

**Dinámica.** Entregue una copia de la ficha a los estudiantes y pídales que, en parejas, lean con atención cada parte del texto para relacionarlo con el fragmento correspondiente. Si lo cree conveniente, puede proponer que esta actividad se lleve a cabo en parejas. A continuación, proceda a la escucha del audio con el objetivo de que los estudiantes puedan comprobar sus respuestas y corregirlas en caso necesario.

1. c; 2. d; 3. b; 4. f; 5. g; 6. h; 7. e; 8. a.

| 53 |

Si por un instante Dios se olvidara de que soy una marioneta de trapo y me regalara un trozo de vida, no diría todo lo que pienso, pero, en definitiva, pensaría todo lo que digo. Daría valor a las cosas, no por lo que valen, sino por lo que significan. Dormiría poco, soñaría más. Andaría cuando los demás se detienen, despertaría cuando los demás duermen. Escucharía cuando los demás hablan y... ¡cómo disfrutaría de un buen helado de chocolate! Si Dios me obsequiara un trozo de vida, vestiría sencillo, me tiraría de bruces al sol, dejando descubierto, no solamente mi cuerpo, sino mi alma. ¡Dios mío! Si yo tuviera un corazón, escribiría mi odio sobre el hielo y esperaría a que saliera el sol. Pintaría con un sueño de Van Gogh sobre las estrellas un poema de Benedetti, y una canción de Serrat sería la serenata que le ofrecería a la luna. Regaría con mis lágrimas las rosas, para sentir el dolor de sus espinas y el encarnado beso de sus pétalos... Dios mío, si yo tuviera un trozo de vida, no dejaría pasar un solo día sin decirle a la gente que la quiero. Convencería a cada mujer u hombre de que son mis favoritos y viviría enamorado del amor. ¡Son tantas cosas las que he podido aprender de ustedes...! Pero realmente de mucho no habrán de servir, porque cuando me guarden dentro de esa maleta, infelizmente me estaré muriendo. Si supiera que hoy fuera la última vez que te voy a ver dormir, te abrazaría fuertemente y rezaría al Señor para poder ser el guardián de tu alma. Si supiera que esta fuera la última vez que te vea salir por la puerta, te daría un abrazo, un beso y te llamaría de nuevo para darte más. Si supiera que esta fuera la última vez que voy a oír tu voz, grabaría cada una de tus palabras para poder oírlas una y otra vez indefinidamente. Si supiera que estos son los últimos minutos que te veo, diría "te quiero" y no asumiría, tontamente, que ya lo sabes.

## ELEteca
### 35. Johnny Welch.

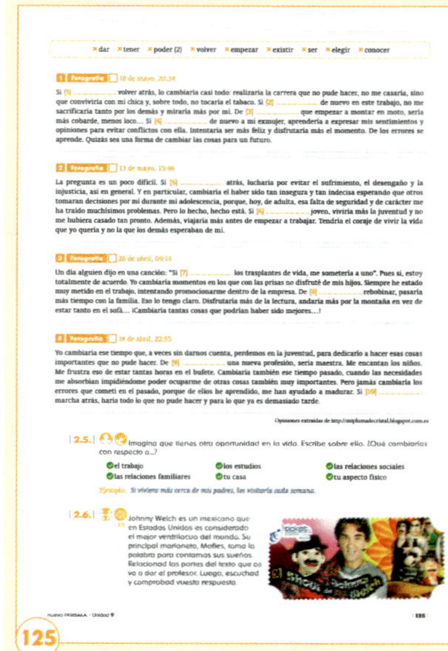

**Alternativa.** Como actividad alternativa o complementaria antes de seguir adelante, le proporcionamos la ficha 29 con una explotación didáctica de la canción *No dudaría*, del cantante español Antonio Flores.

### Ficha 29. *No dudaría*, de Antonio Flores

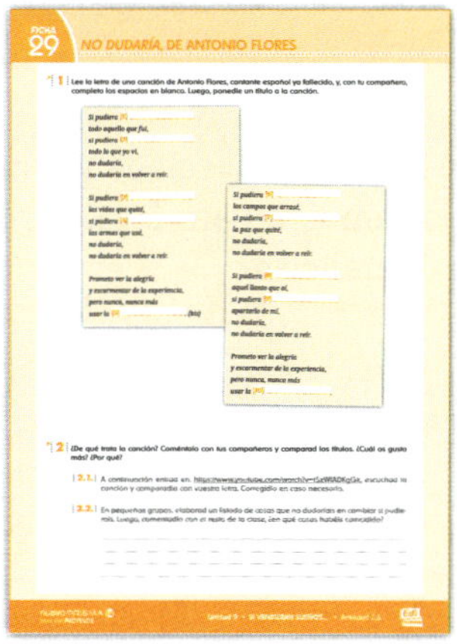

**Dinámica.** Reparta una copia de la ficha a cada estudiante. Lleve a cabo las actividades propuestas agrupando a los estudiantes según se indica en cada actividad.

1. olvidar; 2. borrar; 3. explicar; 4. quemar; 5. violencia; 6. sembrar; 7. devolver; 8. olvidar; 9. lograr; 10. violencia.

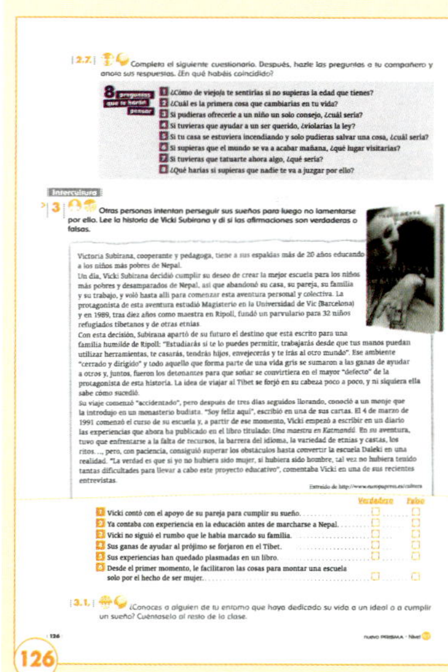

**2.7.** A través del cuestionario, se lleva a cabo una actividad final de práctica oral en parejas de los contenidos aprendidos hasta este momento.

**>3** La siguiente secuencia de actividades se inicia con un texto en el que se explica la trayectoria vital y profesional de la cooperante y pedagoga española Victoria Subirana. Pida a los estudiantes que, de manera individual, lean el texto para señalar si las afirmaciones que aparecen a continuación son verdaderas o falsas. Antes de comenzar a leer, aconséjeles que lean las frases para que el trabajo sea más productivo. Si lo cree oportuno, antes de realizar una corrección en común, pídales que comparen y justifiquen sus respuestas en parejas.

1. F; 2. V; 3. V; 4. F; 5. V; 6. F.

## ELEteca
### 36. Victoria Subirana.

**3.1.** Siga con esta tarea planteada para llevarse a cabo en plenario con el objetivo de fomentar el componente intercultural en el aula. Anime a sus estudiantes a que intercambien información sobre su entorno más cercano, comentando si hay alguien que haya dedicado su vida a cumplir un ideal.

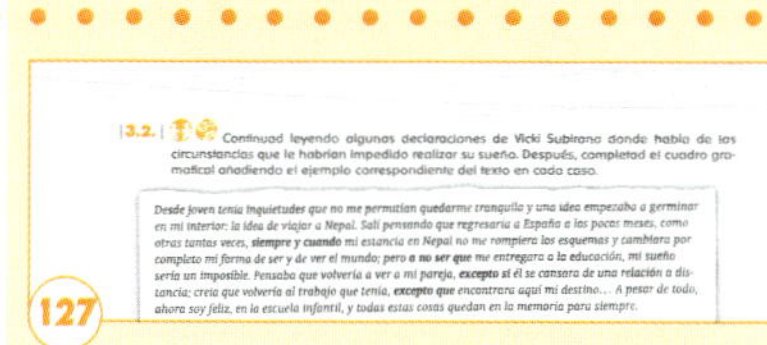

**3.2.** Se procede ahora a una propuesta de reflexión gramatical. Indique a los estudiantes que, en parejas, lean con atención el breve texto de Vicki Subirana prestando especial atención a los conectores condicionales señalados en negrita. A continuación, propóngales que lean el cuadro gramatical y que completen los espacios en blanco con los conectores del texto. Corrija la actividad con la proyección 31.

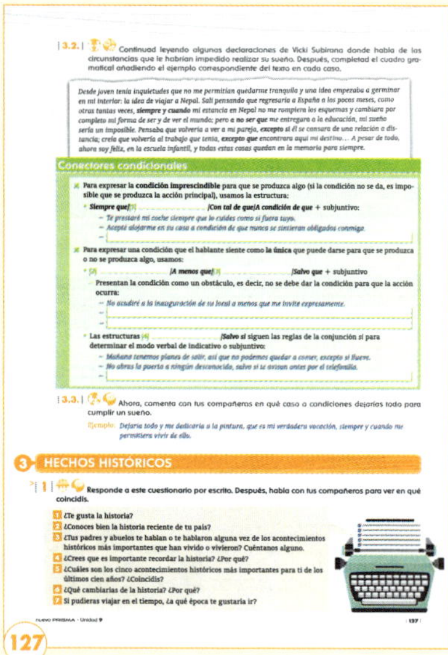

127

## Proyección 31. Conectores condicionales.

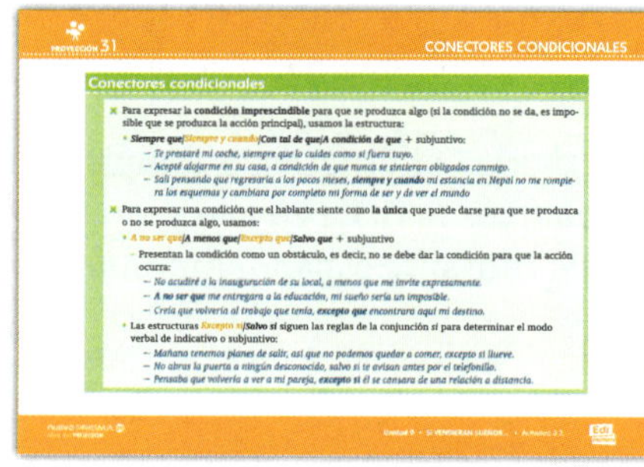


**Dinámica.** Mantenga la imagen proyectada mientras procede a la corrección de la actividad. Utilícela también para focalizar la atención sobre estos conectores y explicar sus diferencias.

1. Siempre y cuando; Salí pensando que regresaría a los pocos meses, siempre y cuando mi estancia en Nepal no me rompiera los esquemas y cambiara por completo mi forma de ser y de ver el mundo; 2. A no ser que; 3. Excepto que; A no ser que me entregara a la educación, mi sueño sería un imposible; Creía que volvería al trabajo que tenía, excepto que encontrara aquí mi destino; 4. Excepto si; Pensaba que volvería a ver a mi pareja, excepto si él se cansara de una relación a distancia.

Para practicar el uso de estos conectores condicionales, puede llevar a cabo los ejercicios 7 y 8 de la unidad 9 del *Libro de ejercicios*.

**3.3.** En este ejercicio que cierra el epígrafe se propone una práctica de interacción oral para practicar los conectores condicionales en contexto. Los estudiantes, en pequeños grupos, y tomando como punto de partida la trayectoria vital de Vicki Subirana, comentan en qué casos hipotéticos dejarían todo para cumplir un sueño. Si lo considera oportuno, finalice esta tarea con una puesta en común de todos los grupos.

## 3 HECHOS HISTÓRICOS 127

El título de este epígrafe hace alusión directa a su contenido. Los estudiantes descubrirán hechos históricos relevantes de Argentina, Panamá, España y América Central. Se trabaja, por tanto, léxico relacionado con la historia y se presenta un nuevo contenido gramatical: las oraciones condicionales irreales en pasado. Se plantea en este epígrafe una actividad de grupo cooperativo cuyo objetivo es la investigación por parte de los estudiantes de diferentes hechos históricos de países de Hispanoamérica.

**> 1** Con esta tarea inicial se introduce el contenido temático de esta unidad: la historia y sus acontecimientos más relevantes. Indique a los estudiantes que lean con atención las preguntas del cuestionario y que las contesten por escrito de manera individual. A continuación, en plenario, comentan sus respuestas para intercambiar impresiones y ver en qué puntos coinciden.

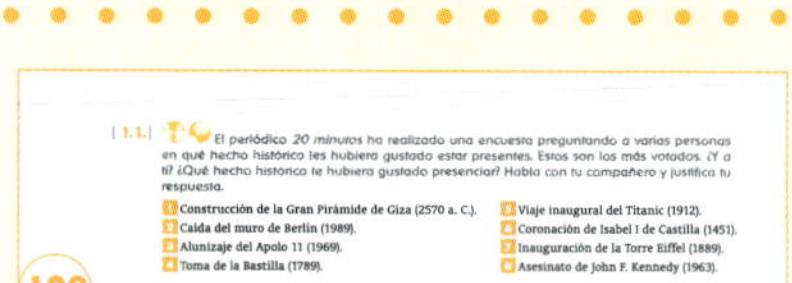

128

**1.1.** Actividad de interacción oral en parejas. Pida a los estudiantes que lean el listado de los diversos hechos históricos y que escojan uno que les hubiera gustado presenciar explicando el motivo. Propóngales que primero comenten entre ellos qué es lo que saben sobre ese hecho histórico y que busquen información en Internet si lo consideran necesario. Puede finalizar esta actividad proponiendo a los estudiantes que comenten el suceso que han escogido en clase abierta para ver cuál es el más popular.

**>2** Actividad de comprensión lectora y búsqueda de información individual sobre cuatro hechos históricos de algunos países de habla hispana. Puede proponer esta actividad como tarea de casa para que puedan ampliar la información sobre esos sucesos con más tiempo. Dígales que, de momento, no deben prestar atención a las preguntas que se hacen.

**Alternativa.** También puede dividir la clase en cuatro grupos asignándoles uno de los sucesos históricos que se tratan en la actividad. En este caso, cada grupo debe buscar información sobre el hecho histórico que le ha tocado para, posteriormente, informar al resto de la clase.

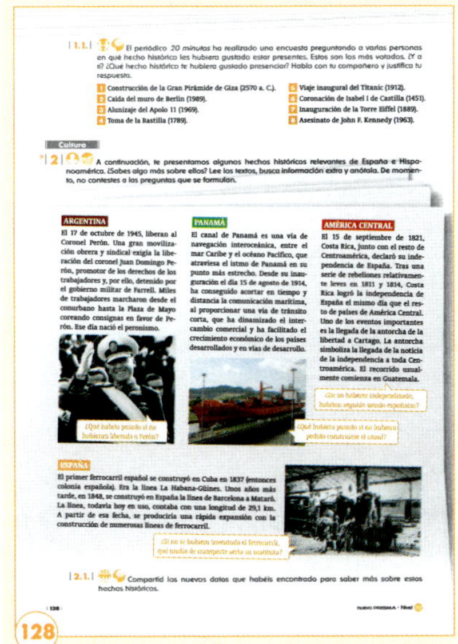

128

**ELEteca**

**37. Personajes y hechos históricos de España e Hispanoamérica.**

**2.1.** Puesta en común de los conocimientos adquiridos con la finalidad de que, entre todos, amplíen la información sobre estos hechos históricos.

**2.2.** Actividad de reflexión gramatical que introduce las oraciones condicionales irreales en pasado. Pida a los estudiantes que analicen los ejemplos del cuadro para completar las estructuras. Antes de llevar a cabo la actividad, focalice la atención del grupo sobre la morfología del condicional compuesto. La actividad está diseñada para hacerse de modo individual, pero puede hacerse también en parejas si se quiere facilitar la tarea. Puede llevar a cabo la corrección de la actividad y la explicación con la proyección 32.

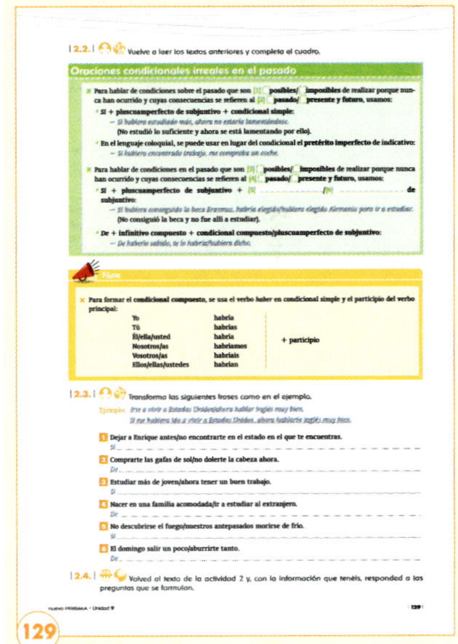

129

**Proyección 32. Oraciones condicionales irreales en el pasado.**

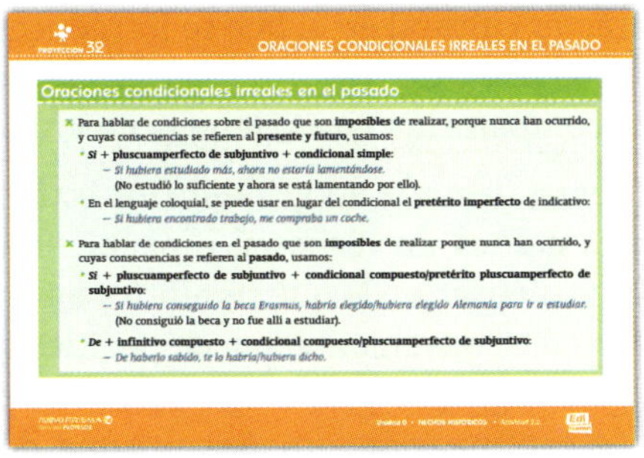


1. imposibles; 2. presente y futuro; 3. imposibles; 4. pasado; 5. condicional compuesto; 6. pretérito pluscuamperfecto.

**2.3.** Actividad de práctica controlada sobre este tipo de oraciones. Mantenga proyectado el cuadro mientras los estudiantes realizan la práctica de manera individual.

1. Si hubieras/hubieses dejado a Enrique antes, no te encontrarías en el estado en el que te encuentras; 2. De haberte comprado las gafas de sol, no te dolería la cabeza ahora; 3. Si hubiera/hubiese estudiado más de joven, ahora tendría un buen trabajo; 4. De haber nacido en una familia acomodada, habría/hubiera ido a estudiar al extranjero; 5. Si no se hubiera/hubiese descubierto el fuego, nuestros antepasados se habrían/hubieran muerto de frío; 6. De haber salido un poco el domingo, no te habrías/hubieras aburrido tanto.

Puede continuar con la práctica de estos contenidos con el ejercicio 9 de la unidad 9 del *Libro de ejercicios*.

**2.4.** Actividad de práctica libre para llevar a cabo en plenario. Vuelva de nuevo a los textos de la actividad 2 y pídales que contesten a las preguntas que se plantean usando su imaginación y toda la información que han recabado y compartido en la anterior secuencia de actividades.

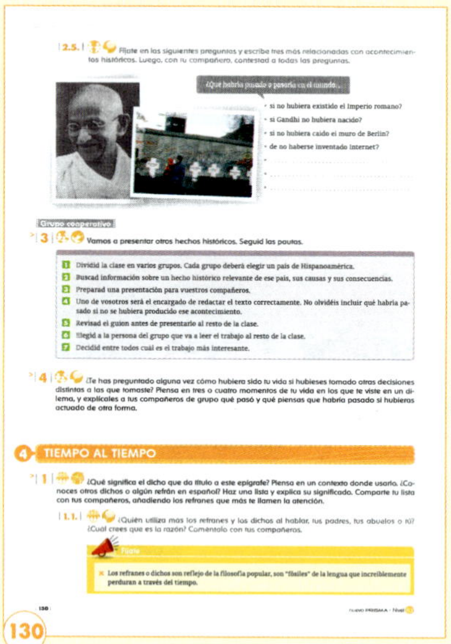

130

**2.5.** La primera parte de la actividad se lleva a cabo de manera individual. Los estudiantes deben escribir tres preguntas más relacionadas con acontecimientos históricos de su interés, siguiendo la dinámica de las que ya están escritas en la actividad. Luego, en parejas, pídales que contesten a las preguntas utilizando las estructuras aprendidas. Puede hacer una puesta en común posterior con toda la clase para ver si coinciden en sus respuestas.

**> 3** La actividad de grupo cooperativo ahonda en los acontecimientos históricos del mundo hispano. Los estudiantes, en grupos de tres o cuatro, eligen un país hispanoamericano, bucean en su historia y eligen un acontecimiento histórico de ese país que sea de importancia. A partir de ahí, se reparten las tareas para recoger datos sobre el mismo, estructurar y redactar una presentación que, finalmente, uno de ellos hará ante la clase. Dentro de la presentación deben hacer conjeturas sobre lo que hubiera pasado de no haberse producido dicho suceso. Al final y después de las presentaciones, se decide entre todos qué acontecimiento histórico de los presentados es el más interesante.

**> 4** Como actividad final se propone una interacción oral en pequeños grupos en la que los estudiantes reflexionan sobre su vida y algunas decisiones importantes que han tomado, compartiendo sus conjeturas sobre lo que habría pasado de haber tomado otras decisiones o caminos. Con la puesta en práctica de esta actividad, los estudiantes pueden consolidar las estructuras de las oraciones condicionales presentadas en este epígrafe.

## 4 TIEMPO AL TIEMPO 130

Epígrafe de marcado carácter cultural en el que se introducen los refranes, su historia y su origen, además de practicar algunos de ellos y de hacer una actividad de carácter intercultural de comparación con la lengua de los estudiantes.

**> 1** Para introducir el tema, llame la atención de los estudiantes sobre el título del epígrafe. Dígales que es un dicho en español, “Hay que dar tiempo al tiempo” y pídales que piensen en lo que significa y en una situación en la que pudiera usarse. Si lo cree conveniente, puede pedirles que reflexionen sobre el contexto en pequeños grupos para luego hacer una puesta en común con el resto de la clase. A continuación, propóngales que, de manera individual o en parejas, elaboren una lista con aquellos refranes que conocen en español para luego compartirla con sus compañeros y explicar su significado.

La expresión *tiempo al tiempo* significa “dejar actuar al tiempo para que algo ocurra” y se usa en dos contextos: cuando queremos decir que hay que dejar pasar un poco de tiempo para que algo suceda, en este caso se usa como sinónimo de “tener paciencia”: *No te preocupes por tu hijo, ya madurará, dale tiempo al tiempo*, o cuando estamos convencidos de que una opinión, presentimiento o predicción va a cumplirse en el futuro: *Yo te digo que Pepa y Luis se van a separar y si no, tiempo al tiempo.*

**1.1.** Actividad de interacción oral en la que los estudiantes reflexionan sobre el uso de los refranes en su entorno inmediato. Antes de comenzar, dirija su atención al cuadro en el que se explica brevemente qué es un refrán.

131

**> 2** y **2.1.** Actividad de comprensión lectora sobre el refranero español. Antes de la lectura, los estudiantes deben indicar si creen que las afirmaciones que se hacen son verdaderas o falsas. Pueden hacer la actividad en parejas. Esta sencilla actividad de prelectura promueve el interés por el texto con el fin de conocer la respuesta correcta a sus suposiciones. Pídales que procedan a la lectura silenciosa del texto para comprobar y corregir sus respuestas en caso necesario. Luego, resuelva las dudas de vocabulario que puedan tener.

1. V; 2. F; 3. F; 4. F; 5. V.

**i+ ELEteca**
**38. El refranero español.**

**> 3** y **3.1.** Secuencia de actividades de contenido léxico en el que los estudiantes aprenderán algunos de los refranes más populares. En la primera actividad, los estudiantes, en parejas, relacionan cada parte de los refranes teniendo en cuenta tanto su significado como su forma. Adviértales que tengan en cuenta la repetición de palabras, el uso de estructuras paralelas, las rimas, etc., para su resolución. Una vez corregida la actividad, deben relacionar los refranes con su significado.

1. h; 2. c; 3. f; 4. i; 5. j; 6. g; 7. b; 8. e; 9. d; 10. a.

A. 8; B. 1; C. 9; D. 3; E. 5; F. 10; G. 7; H. 6; I. 4; J. 2.

**3.2.** Para la práctica de los refranes presentados se propone una actividad de comprensión auditiva en la que dos personas hablan de diferentes temas. El objetivo es que los estudiantes escuchen la situación en cada caso y escriban un refrán que pueda aplicarse a la misma. Si lo cree oportuno, puede realizar dos escuchas.

54

**Diálogo 1**

- Fíjate, igualito que su padre… Siempre se levanta temprano para ir al huerto antes de ir a trabajar; luego, va a hacer la compra al supermercado; cocina, siesta y por la tarde va al bar a echar una partida de cartas con los amigos y a hablar un poco.
- Sí, ya lo dice el refrán…

**Diálogo 2**

- ¿Y qué tal la reunión de ayer con Ana?
- Pues nada, le dijimos todo lo que pensábamos del tema y lo que tenía que cambiar. Todos mostramos nuestra indignación con ella, pero Pedro no dijo nada en su contra, se quedó callado… Así que…
- Sí, ya lo dice el refrán…

**Diálogo 3**

- Míralo, hace dos días que lo dejó con su novia y ya lo ves, con otra. Ayer también los vi juntos, vi como ella llegaba a su casa, por lo visto salieron a cenar. Y hoy he hablado con una vecina que me ha dicho que también los ha visto juntos varias veces.
- Hace bien…

**Diálogo 4**

- Fíjate, hace una semana le pedí a María que si podía dejarme el libro de matemáticas, que era urgente y me lo ha traído hoy, ¡a buenas horas!
- Bueno, mujer, no te pongas así…

**Diálogo 5**

- Pobrecillo, no da ni una en el amor. Primero, tuvo aquella novia de Sicilia, que lo dejó y se volvió a su tierra; después, otra del trabajo, que se fue con otro; y ahora esta, que lo planta en el altar…
- Sí, es verdad, pero seguro que si juega a la lotería, le toca, porque ya lo dice el refrán…

**Diálogo 6**

- ¿Sabes cómo ha decorado la casa Juanita? Ha comprado todos los muebles de un diseñador italiano, de esos modernos y minimalistas. ¡Con lo bonitos que son los muebles antiguos, hechos a mano, trabajados!
- Bueno, mujer, déjala. Si le gusta… Ya se sabe…

131

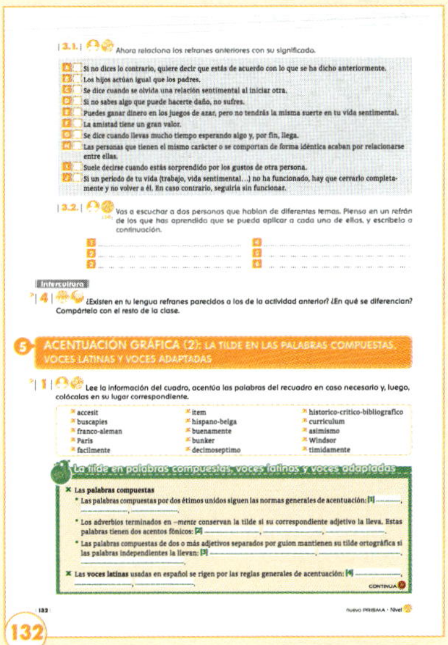

132

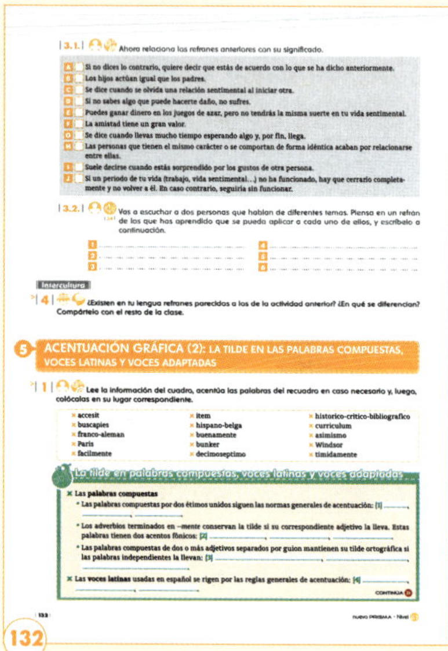

|3.1.| Ahora relaciona los refranes anteriores con su significado.

A Si no dices lo contrario, quiere decir que estás de acuerdo con lo que se ha dicho anteriormente.
B Los hijos actúan igual que los padres.
C Se dice cuando se olvida una relación sentimental al iniciar otra.
D Si no sabes algo que puede hacerte daño, no sufres.
E Puedes ganar dinero en los juegos de azar, pero no tendrás la misma suerte en tu vida sentimental.
F La amistad tiene un gran valor.
G Se dice cuando llevas mucho tiempo esperando algo y, por fin, llega.
H Las personas que tienen el mismo carácter o se comportan de forma idéntica acaban por relacionarse entre ellas.
I Suele decirse cuando estás sorprendido por los gustos de otra persona.
J Si un periodo de tu vida (trabajo, vida sentimental...) no ha funcionado, hay que cerrarlo completamente y no volver a él. En caso contrario, seguiría sin funcionar.

|3.2.| Vas a escuchar a dos personas que hablan de diferentes temas. Piensa en un refrán de los que has aprendido que se pueda aplicar a cada uno de ellos, y escríbelo a continuación.

1 ........ 4 ........
2 ........ 5 ........
3 ........ 6 ........

Intercultura

|4| ¿Existen en tu lengua refranes parecidos a los de la actividad anterior? ¿En qué se diferencian? Compártelo con el resto de la clase.

5 ACENTUACIÓN GRÁFICA (2): LA TILDE EN LAS PALABRAS COMPUESTAS, VOCES LATINAS Y VOCES ADAPTADAS

|1| Lee la información del cuadro, acentúa las palabras del recuadro en caso necesario y, luego, colócalas en su lugar correspondiente.

| | | |
|---|---|---|
| accesit | item | historico-critico-bibliografico |
| buscapies | hispano-belga | curriculum |
| franco-aleman | buenamente | asimismo |
| Paris | bunker | Windsor |
| facilmente | decimoseptimo | timidamente |

La tilde en palabras compuestas, voces latinas y voces adaptadas

- Las palabras compuestas
  - Las palabras compuestas por dos étimos unidos siguen las normas generales de acentuación: [1] ........
  - Los adverbios terminados en *-mente* conservan la tilde si su correspondiente adjetivo la lleva. Estas palabras tienen dos acentos fónicos: [2] ........
  - Las palabras compuestas de dos o más adjetivos separados por guion mantienen su tilde ortográfica si las palabras independientes la llevan: [3] ........
- Las voces latinas usadas en español se rigen por las reglas generales de acentuación: [4] ........

CONTINÚA

132

nuevo PRISMA · Nivel

132

1. De tal palo, tal astilla; 2. Quien calla, otorga; 3. A rey muerto, rey puesto; 4. Más vale tarde que nunca; 5. Afortunado en el juego, desgraciado en amores; 6. Sobre gustos no hay nada escrito.

**>4** Se concluye el epígrafe con una tarea que fomenta la reflexión intercultural. Pídales que comenten sobre los refranes que existen en su cultura, si se utilizan con mucha frecuencia y si conocen alguno parecido a los que acaban de aprender. Para finalizar, anime a los estudiantes a que elijan un refrán en su lengua, lo traduzcan y le pidan a sus compañeros que intenten explicar su significado.

## 5 ACENTUACIÓN GRÁFICA (2): LA TILDE EN LAS PALABRAS COMPUESTAS, VOCES LATINAS Y VOCES ADAPTADAS 132

Se continúa en este epígrafe explicando más aspectos de la acentuación gráfica con el uso de la tilde en las palabras compuestas, voces latinas y voces adaptadas.

**>1** Esta actividad inicial se centra en la explicación de las reglas de acentuación de las palabras compuestas, voces latinas y voces adaptadas. Pida a los estudiantes que de manera individual lean estas palabras en alto, las acentúen si es necesario, para a continuación leer y completar el cuadro explicativo con los ejemplos adecuados. Antes de llevar a cabo una corrección en común, indíqueles que comparen en parejas sus respuestas. Después de corregir, llama un momento su atención sobre el cuadro: en él se explica la obligatoriedad de acentuar las letras mayúsculas si las reglas así lo exigen.

1. buscapiés, decimoséptimo, asimismo; 2. fácilmente, buenamente, tímidamente; 3. franco-alemán, hispano-belga, histórico-crítico-bibliográfico; 4. accésit, ítem, currículum; 5. Windsor; 6. París, búnker.

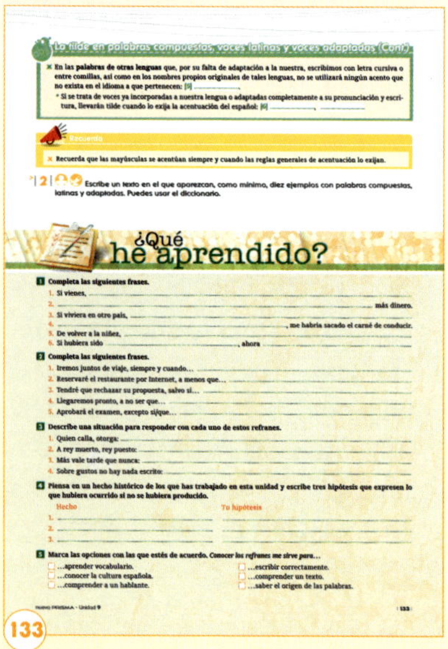

La tilde en palabras compuestas, voces latinas y voces adaptadas (Cont.)

- En las **palabras de otras lenguas** que, por su falta de adaptación a la nuestra, escribimos con letra cursiva o entre comillas, así como en los nombres propios originales de tales lenguas, no se utilizará ningún acento que no exista en el idioma a que pertenecen: [5] ........
  - Si se trata de voces ya incorporadas a nuestra lengua o adaptadas completamente a su pronunciación y escritura, llevarán tilde cuando lo exija la acentuación del español: [6] ........

Recuerda

- Recuerda que las mayúsculas se acentúan siempre y cuando las reglas generales de acentuación lo exijan.

|2| Escribe un texto en el que aparezcan, como mínimo, diez ejemplos con palabras compuestas, latinas y adaptadas. Puedes usar el diccionario.

¿Qué he aprendido?

1 Completa las siguientes frases.
1. Si vienes, ........
2. ........ más dinero.
3. Si viviera en otro país, ........
4. ........, me habría sacado el carné de conducir.
5. De volver a la niñez, ........
6. Si hubiera sido ........, ahora ........

2 Completa las siguientes frases.
1. Iremos juntos de viaje, siempre y cuando... ........
2. Reservaré el restaurante por Internet, a menos que... ........
3. Tendré que rechazar su propuesta, salvo si... ........
4. Llegaremos pronto, a no ser que... ........
5. Aprobaré el examen, excepto si/que... ........

3 Describe una situación para responder con cada uno de estos refranes.
1. Quien calla, otorga: ........
2. A rey muerto, rey puesto: ........
3. Más vale tarde que nunca: ........
4. Sobre gustos no hay nada escrito: ........

4 Piensa en un hecho histórico de los que has trabajado en esta unidad y escribe tres hipótesis que expresen lo que hubiera ocurrido si no se hubiera producido.

| Hecho | Tu hipótesis |
|---|---|
| 1. | |
| 2. | |
| 3. | |

5 Marca las opciones con las que estés de acuerdo. *Conocer los refranes me sirve para...*
- ...aprender vocabulario.
- ...conocer la cultura española.
- ...comprender a un hablante.
- ...escribir correctamente.
- ...comprender un texto.
- ...saber el origen de las palabras.

nuevo PRISMA · Unidad 9

133

133

**>2** Se procede a una actividad de producción escrita en la que los estudiantes, de manera individual, elaborarán un texto en el que aparezcan varios ejemplos de palabras compuestas, latinas y adaptadas. Otra alternativa sería la propuesta de elaboración del texto en parejas o pequeños grupos. Anímeles a que consulten el diccionario si lo necesitan.

**ELEteca**
LÉXICO. Sueños cumplidos.

# 10 DESPERTANDO LOS SENTIDOS

Los sentidos nos sirven para conocer y relacionarnos con nuestro entorno. En esta unidad se pretende despertar los sentidos de los estudiantes y que los conviertan en sensaciones. Para ello, se introducen las funciones y el léxico para expresar sentimientos, gustos y emociones, hablar de experiencias relacionadas con los viajes, hablar de olores y sabores así como expresar propósito y finalidad. Todo ello en torno a la temática de los viajes, los olores y los sabores, la cocina, y algunos fragmentos de textos literarios relacionados con la gastronomía.

## 1 SORPRESAS TE DA LA VIDA 134

Las actividades bajo este epígrafe introducen todas las expresiones y verbos para expresar sentimientos, gustos y emociones en torno al tema de los viajes.

**> 1** Actividad de corte estratégico en la que, a través de la imagen, se trata de provocar sensaciones y sentimientos a los estudiantes. Pídales que miren las imágenes y que expresen sensaciones y sentimientos que estas les provocan. La actividad está diseñada para hacer en parejas, pero puede hacerla con todo el grupo si lo cree conveniente. Luego, lea en voz alta el pequeño párrafo que aparece en la página web y pregúnteles si están de acuerdo con lo que dice y se ellos han experimentado esas sensaciones con algún lugar que hayan visitado.

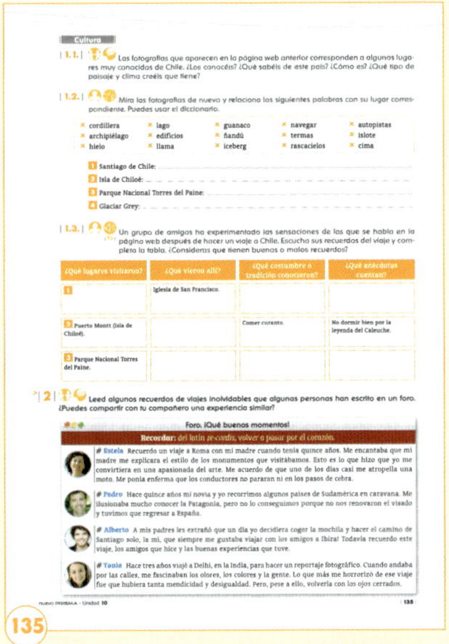


**1.1.** Actividad colaborativa en la que los estudiantes comparten sus conocimientos previos sobre los lugares y el país de las fotografías de la actividad 1. Una vez recabada toda la información que se tiene, puede ampliarla con la información extra 39 que está a su disposición en la ELEteca.

**i+ ELEteca**
**39. Santiago de Chile, isla de Chiloé, Parque Nacional Torres del Paine y el glaciar Grey.**

**1.2.** Actividad de léxico cuyo objetivo es preparar y facilitar la actividad de comprensión auditiva posterior. Los estudiantes, individualmente, asocian el léxico de accidentes geográficos que aparece en el recuadro con cada uno de los sitios de Chile que muestras las fotografías. Permítales usar un diccionario monolingüe. Antes de la corrección de la actividad, pídales que comparen sus resultados en parejas. Tenga en cuenta que no hay una única solución.

Posible respuesta. 1. Santiago de Chile: edificios, rascacielos, autopistas; 2. Isla de Chiloé: archipiélago, lago, navegar, islote; 3. Parque Nacional Torres del Paine: cordillera, lago, llama, guanaco, ñandú, navegar, termas, cima; 4. Glaciar Grey: hielo, iceberg, navegar.

**1.3.** Actividad de comprensión auditiva de selección de información en la que los estudiantes tendrán que escuchar para completar el cuadro de información. Además, podrán confirmar las respuestas a las preguntas que se han ido realizando en toda esta secuencia de actividades. Necesitará, probablemente, hacer dos escuchas.

55 **Isra:** ¡Ya era hora de que quedáramos! A ver, contadme qué tal el viaje y dadme un poco de envidia. Fuisteis a Santiago de Chile, ¿no?

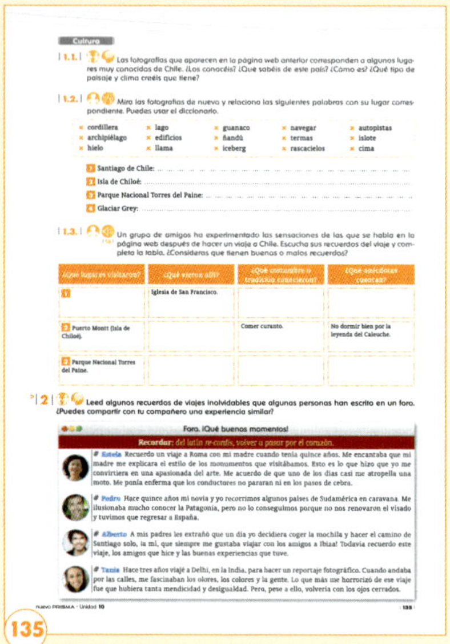

**Jaime:** Sí, estuvimos un par de días en la capital. Hicimos un recorrido por la ciudad. Vimos la iglesia de San Francisco; el Club Hípico –realmente increíble, nos dijeron que era uno de los más bonitos de Hispanoamérica–; el Palacio de la Moneda, que es la sede del gobierno...

**Ruth:** Y luego vimos también barrios muy bonitos: el de la Providencia, el de Vitacura...

**Isra:** ¡Guau, estoy impaciente por ver las fotos!

**Ana:** Yo, el mejor recuerdo que me llevé de Santiago es el rodeo que vimos, ¿os acordáis?

**Isra:** ¡Un rodeo! ¡Como en las películas!

**Isaac:** Sí, pero no tiene nada que ver. Estar allí viendo cómo el hombre lucha por domar al animal es otra cosa. Y luego el público, animando...

**Ana:** Me estoy acordando de otra cosa, ¿recordáis la cara que puso Ruth cuando oyó la palabra "polla"?

**Isra:** ¿Qué pasó?

**Jaime:** Pues que una le dijo si quería jugar a la polla o algo así y Ruth se pensó que le estaba tomando el pelo.

**Ruth:** Oye, que tú tampoco sabías lo que significaba...

**Jaime:** Sí, es verdad, pero, por cómo lo dijo, deduje que no podía significar lo mismo que en España. ¿Sabes, Isra? Lo dijo la mar de natural, era imposible que fuera "eso".

**Isra:** ¿Y qué era?

**Isaac:** ¡Pues la lotería nacional! La verdad es que nos encantó la ciudad.

**Isra:** Bueno, y luego, ¿adónde fuisteis?

**Ana:** Cogimos otro avión para Puerto Montt, que está a unos 1000 km al sur de Santiago y desde allí hicimos un crucero hasta la isla de Chiloé.

**Isaac:** Sí, ya me acuerdo. Fue allí donde me puse morado de curanto.

**Isra:** ¿Cu... qué?

**Isaac:** Curanto, es la comida típica de la isla de Chiloé. Es un cocido de carne, pescado, marisco y verdura. Llena un montón. Comí tanto que luego me dolía el estómago...

**Ruth:** Calla, no me lo recuerdes, que aún me acuerdo de la nochecita que nos diste...

**Isaac:** Vaaaale, lo siento... Oye, ¿y tú? ¡Quién fue a hablar! La que no podía dormir después de lo de la leyenda...

**Isra:** Ruth, ¿qué leyenda?, ¿qué pasó?

**Ruth:** No si... ya tenía que saltar con eso... Pues, nada, que una noche nos reunimos todos para hablar en uno de los salones del hotel y allí un hombre nos explicó la leyenda del Caleuche.

**Isra:** ¿Del Caleuche? Nunca la había oído. ¿Y qué dice?

**Ruth:** Claro, porque es típica de la zona. Por lo visto, hay varias versiones, pero el hombre nos contó una. El Caleuche era un ser mágico que estaba casado con una loba. Unos pescadores en la isla de Tenglo, que está frente a Puerto Montt, mataron a la loba. El Caleuche, muy enfadado por lo que habían hecho los pescadores, juró vengarse, mandando a Puerto Montt grandes males y llevándose a la niña más guapa del puerto. Algunos de los males fueron, por ejemplo, las erupciones del volcán Calbuco y unos incendios que destruyeron...

**Ana:** A mí lo que me gustó fue lo de ver bailar el costillar a los chicos...

**Jaime:** No, Ana, no cuentes eso... ¡Qué vergüenza!

**Isaac:** ¡Dios!

**Ana:** Te lo explico, Isra. Es un baile típico de la zona. Ponen una botella en el centro de la pista. Es un baile de parejas masculinas. Es una competición, tienen que bailar alrededor de la botella y quien tira la botella queda eliminado y gana el otro.

**Isaac:** A mí lo que más me impresionó fue el Parque Nacional Torres del Paine y toda esa zona del sur. A ti que te gusta tanto la montaña te encantaría, de verdad.

**Isra:** ¿Pero el paisaje de la isla de Chiloé no era bonito? Una amiga de mi hermana estuvo allí el año pasado y me dijo que hab...

**Ana:** Sí, Isaac, acuérdate del lago Todos los Santos, el que había cuando hicimos la excursión hacia Puerto Varas. Y luego, el volcán Osorno, con la cima nevada, era impresionante.

**Isaac:** Sí, pero nunca olvidaré las montañas del Parque... Y luego, ¿no os acordáis del guanaco o qué?

**Ruth:** Ah, sí, qué bonito... Tuvimos mucha suerte de verlo.

**Isra:** ¿Qué es el guanaco?

**Ruth:** Es un animal de montaña, típico de la zona, como una llama, pero un poco más grande. La llama es doméstica, mientras que el guanaco es salvaje.

**Isra:** ¡Chica, sí que estás puesta!

**Ruth:** No, no teníamos ni idea de lo que era, pero cuando vimos uno, le preguntamos al guía y él nos lo explicó.

**Isra:** Ah, vale.

**Ana:** Y también vimos un ñandú, que es el avestruz de América.

**Isra:** Tuvisteis mucha suerte. Es muy difícil ver animales en las montañas porque siempre se esconden cuando hay gente.

**Jaime:** Lo que fue una idea genial es ir a las Termas de Quitralco. Fue perfecto para relajarnos un poco y recargar las pilas.

**Ruth:** Sí, es verdad, era como estar en el paraíso...

**Ana:** ¡A mí me encantó beber un cóctel con hielo del iceberg!

**Isra:** ¿Con hielo del iceberg? ¿Y eso?

**Ana:** Pues los tripulantes de las barcas lo arrancan y te lo dan y...

**Isra:** Vaya, debe de ser toda una experiencia.

**Isaac:** Bueno, dadle el regalo ya, pobrecillo.

**Isra:** ¿Un regalo...? A ver... Es que no puedo abrirlo, está muy bien envuelto...

**Jaime:** Es una taba. ¿Ves que tiene cuatro caras? Estas se llaman: hoyo, tripa, carne y culo. Los jugadores apuestan y dicen la cara que va a salir. Luego, la tiran y gana el que ha acertado. ¿Sabes? Su origen es muy antiguo, por lo visto, ya la conocían los primitivos griegos. Nos dijeron que el juego se practica mucho entre gauchos argentinos y que de ahí pasó a Chile.

**Isra:** ¡Guau, qué interesante! Muchísimas gracias.

¿Qué lugares visitaron?: 1. Santiago de Chile; ¿Qué vieron allí?: 1. Club Hípico, Palacio de la Moneda, barrios de la Providencia y Vitacura. 2. lago Todos los Santos, Volcán Osorno; 3. Montañas. guanaco, Termas de Quitralco, ñandú. ¿Qué costumbre o tradición conocieron?: 1. El rodeo; 3. El juego de la taba. ¿Tuvieron alguna anécdota? 1. Malentendido con la palabra "polla"; 2. No dormir bien por la leyenda del Caleuche; baile del costillar; 3. Los tripulantes de las barcas arrancan el hielo de los icebergs y te lo dan para beber cócteles.

**>2** Los estudiantes leen las diferentes intervenciones en el foro de recuerdos de viajes inolvidables. Una vez leído, se pasa a una actividad de interacción en parejas en la que los estudiantes comparten una experiencia similar con respecto a un viaje similar. Esta tarea se puede realizar también por escrito, de manera que forme parte del mismo foro que se presenta.

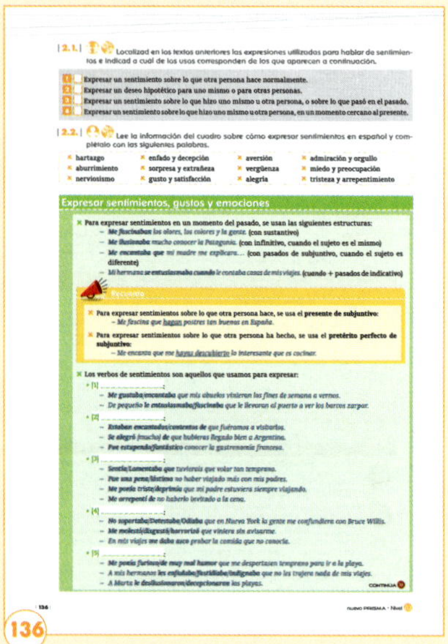

136

**2.1.** Actividad de reflexión gramatical de corte lingüístico inductivo. Pida a los estudiantes que vuelvan a leer los textos, reconociendo y subrayando las estructuras para expresar sentimientos y el uso concreto que tienen.

Expresiones: Me encantaba que mi madre me explicara…; Me ponía enferma que los conductores no pararan…; Me ilusionaba mucho conocer la Patagonia…; A mis padres les extrañó que un día yo decidiera…; me gustaba viajar…; me fascinaban los olores…; Lo que más me horrorizó de ese viaje fue… Uso 3.

**2.2.** Siguiendo con la actividad de reflexión gramatical, se ofrece en el cuadro una amplia muestra de expresiones de sentimientos que han de nombrar con su etiqueta correspondiente según el sentimiento que expresan. Antes de hacer la actividad, deténgase en la primera parte del cuadro para explicar los distintos tipos de estructuras que se pueden dar (con sustantivo, infinitivo, verbo en subjuntivo o *cuando* + verbo en indicativo). Para ello, puede utilizar la proyección 33. Después, déjeles un tiempo para que lean el cuadro completo y le pregunten las dudas que les puedan surgir, o bien usar el diccionario.

**Proyección 33. Estructuras para expresar sentimientos, gustos y emociones.**

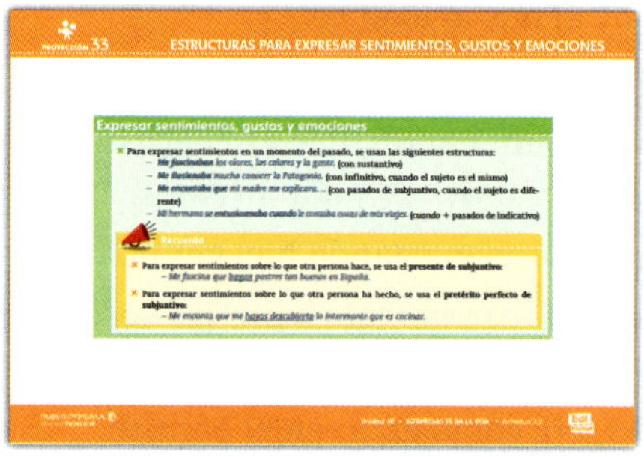

1. gusto y satisfacción; 2. alegría; 3. tristeza y arrepentimiento; 4. aversión; 5. enfado y decepción; 6. sorpresa y extrañeza; 7. aburrimiento; 8. miedo y preocupación; 9. vergüenza; 10. hartazgo; 11. nerviosismo; 12. admiración y orgullo.

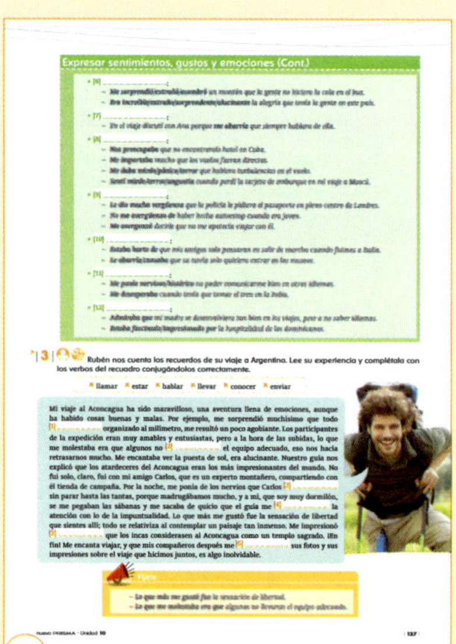

137

**>3** A través de los recuerdos del viaje a Argentina que hizo Rubén, se hace una práctica controlada de las expresiones lingüísticas estudiadas para hablar de sentimientos, gustos y emociones. Antes de comenzar, comente la nota que aparece en el cuadro de atención sobre la expresión *lo que*: relativo que se usa para referirse a ideas, acciones o conceptos. Nunca se refiere a sustantivos. Tiene aproximadamente el mismo significado que *la cosa que* o *la acción que*. Por ejemplo: *Lo que* necesitamos es más dinero. *Lo que* él me dijo no era verdad.

1. estuviera/estuviese; 2. llevaran/llevasen; 3. hablara/hablase; 4. llamara/llamase; 5. conocer; 6. envíen.

Antes de continuar, puede afianzar el uso de estas estructuras con los ejercicios 1 a 3 de la unidad 10 del *Libro de ejercicios*.

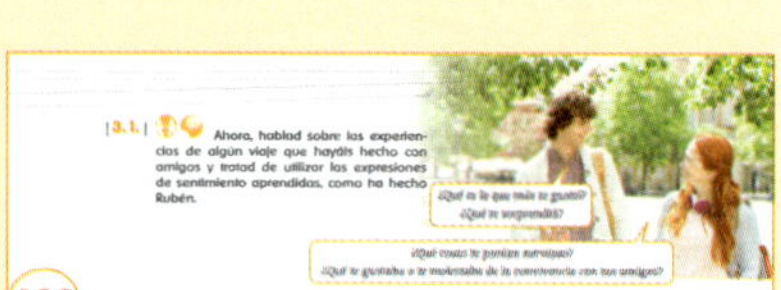

138

**3.1.** Actividad de interacción oral sobre la expresión de sentimientos. Se pide a los estudiantes que hagan un intercambio de experiencias de sus viajes. Deberán utilizar las expresiones de sentimiento que se han aprendido en este epígrafe. Dígales que pueden tener delante el cuadro con las expresiones para que la interacción sea más fluida.

## 2 RECUERDOS CON SENTIDO 138

En este epígrafe se trabajan los sentidos como evocadores de recuerdos. Para ello, los estudiantes usarán las expresiones lingüísticas aprendidas en el epígrafe anterior y aprenderán a hablar de olores y sabores (verbos *oler* y *saber*). La temática de los recuerdos, principalmente de la infancia, nos servirá de hilo conductor utilizando algunos fragmentos literarios para fomentar el elemento cultural.

**> 1** Actividad de compresión lectora y expresión escrita. Ponga a los estudiantes en situación comentándoles que se ha abierto un foro para hablar de sensaciones físicas (olores, sabores, tacto…) que evocan recuerdos de la infancia, a partir de la lectura de dos fragmentos literarios pertenecientes a las obras *Afrodita* de Isabel Allende y *En busca del tiempo perdido* de Proust. Pídales que lean los textos y resuelva rápidamente las dudas de vocabulario. Luego, lean entre todos las intervenciones del foro. Comenten si han tenido alguna vez sensaciones similares (puede poner un ejemplo usted mismo) y pídales que intervengan en el foro con una experiencia personal. Pueden utilizar los textos de los participantes del foro como modelo.

Si quiere dinamizar la actividad y darle mayor relevancia, divida la clase en dos grupos, reparta una copia de la ficha 30 y siga las instrucciones.

**Ficha 30. Foro. Recuerdos con sentido.**

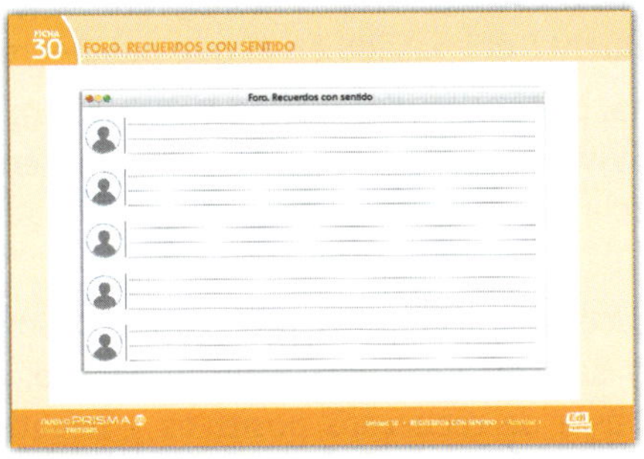

**Dinámica.** El primer estudiante de cada grupo escribe su texto y le pasa la ficha a su compañero/a para que intervenga. Así hasta que todos los integrantes del grupo hayan terminado. Cuelgue todos los comentarios en un lugar visible de la clase y pida a los estudiantes que se levanten y los lean: ¿cuál les sorprende más? ¿Cuál es el más divertido? ¿Y el más extraño?

**i+ ELEteca**

**40. *Afrodita*, de Isabel Allende y *En busca del tiempo perdido*, de Marcel Proust.**

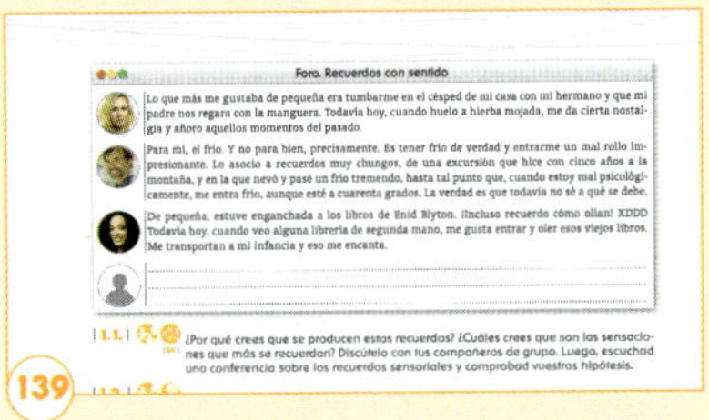

**1.1.** Los estudiantes, en pequeños grupos, discuten sobre las preguntas que se plantean en la actividad tomando nota de sus comentarios y conclusiones. Deje de 5 a 7 minutos de tiempo para la discusión. Después realice la escucha del audio. Dígales que se trata de una conferencia sobre el tema. Deben tomar notas sobre lo que se dice para después comparar estas notas con sus conclusiones anteriores.

| 56 | Sensaciones y sentidos evocan, de forma enérgica y emotiva, recuerdos de nuestro pasado. El sabor o el gusto de un dulce desencadena una respuesta muy intensa que nos devuelve a la infancia; una balada que creíamos olvidada nos transporta a la adolescencia. Los recuerdos sensoriales afectan a todos los sentidos. Un sonido, un paisaje o un suave rozamiento pueden evocarnos experiencias intensas de nuestra historia vivida.

¿Por qué los sonidos, sabores y olores evocan de forma tan intensa algunos momentos de nuestra vida?

Diremos que cuando recordamos momentos precisos, se produce en nuestro cerebro el movimiento idéntico que cuando sucedió o fue vivido. Entra

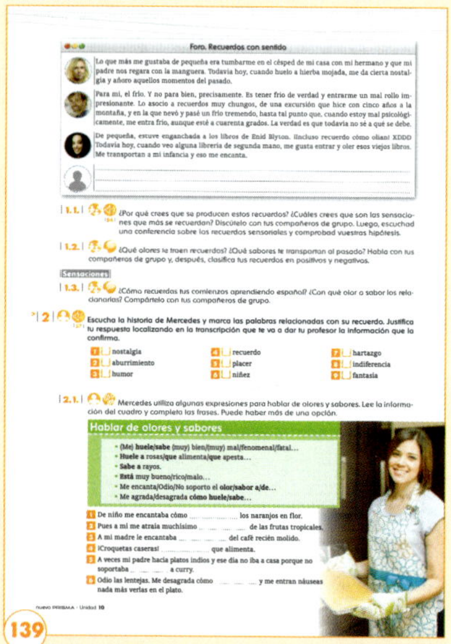

en juego lo que se denomina *la memoria sensorial*.

La memoria sensorial toma fotografías de todo lo que percibe por los sentidos; el cerebro absorbe todos los aspectos del lugar donde nos encontramos, hasta el detalle más insignificante, asociándolo con otros momentos ya vividos.

La memoria que procede de lo que vemos se llama *memoria icónica*. Aparentemente, las imágenes icónicas desaparecen más rápidamente que las que provienen de nuestros oídos (*memoria ecoica*). Las imágenes ecoicas duran más, como nos sucede cuando apagamos la radio y nos parece oír que aún está funcionando. Escuchar una vieja canción nos puede transportar a un momento puntual del pasado, incluso muy lejano. Otra memoria es la *olfativa*, como cuando olemos una cierta fragancia y nos recuerda detalles mínimos de nuestra infancia, o a personas, sabores y situaciones. El olfato es, por excelencia, el sentido que es capaz de evocar recuerdos más vívidos. La evolución nos ha privado de la capacidad olfativa de los animales porque, en nuestro mundo, distinguir los olores ya no es una cuestión de supervivencia, pero el cerebro de los seres humanos conserva aún algunos vestigios de lo que antes fue un potente sentido. También recordamos por la memoria *cinestésica*, que consiste en que, cuando estamos ejecutando una acción, recordamos algunos detalles que percibimos en el pasado cuando realizamos esa misma acción: la sensación de un abrazo, el tacto de una piel, el contacto de unos labios pueden conseguir que veamos nuevamente la cara del ser amado aunque ya no esté. Y, cómo no, el gusto: degustar un sabor puede evocarnos un momento del pasado en el que paladeamos otro igual.

Es nuestro cerebro, pues, el responsable de que un olor o sabor familiar pueda despertar tan vívidos recuerdos de lo ocurrido tiempo atrás, y producir con ellos esa mezcla de felicidad y tristeza bien llamada nostalgia.

**1.2.** Actividad de interacción oral en pequeños grupos. Después de comentar entre ellos qué olores y sabores les transportan al pasado, cada uno, individualmente, hace una lista de recuerdos positivos y negativos. Al final, se hace una puesta en común para conocer los recuerdos de todos los compañeros de grupo. Si le parece interesante, puede hacer esta puesta en común en plenario.

**1.3.** Se cierra la secuencia con una actividad de corte emocional en donde el estudiante deberá comentar los recuerdos sensoriales que le trae el aprendizaje del español.

**>2** Actividad de comprensión auditiva global en la que los estudiantes deben asociar el recuerdo que van a escuchar con alguna o algunas de las palabras de la lista que se ofrece. Antes de proceder a la escucha, haga que lean la lista de palabras y resuelva las dudas de vocabulario si las hubiera. Una vez que han resuelto la actividad, reparta una copia de la ficha 31 a cada estudiante con la transcripción del audio para que justifiquen su respuesta con frases extraídas del mismo.

**Ficha 31. La historia de Mercedes.**

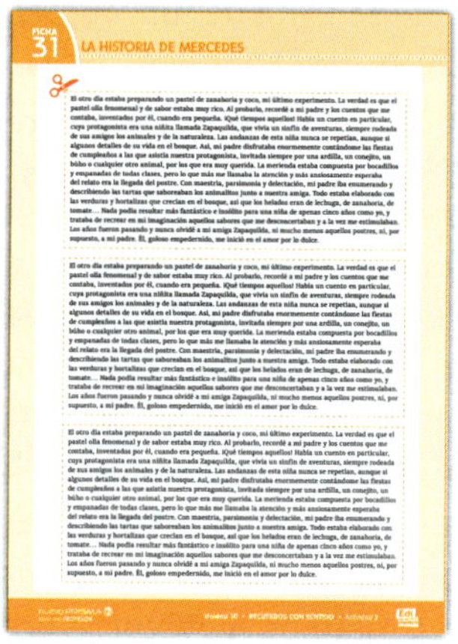

57 El otro día estaba preparando un pastel de zanahoria y coco, mi último experimento. La verdad es que el pastel olía fenomenal y de sabor estaba muy rico. Al probarlo, recordé a mi padre y los cuentos que me contaba, inventados por él, cuando era pequeña. ¡Qué tiempos aquellos! Había un cuento en particular, cuya protagonista era una niñita llamada Zapaquilda, que vivía un sinfín de aventuras, siempre rodeada de sus amigos los animales y de la naturaleza. Las andanzas de esta niña nunca se repetían, aunque sí algunos detalles de su vida en el bosque. Así, mi padre disfrutaba enormemente contándome las fiestas de cumpleaños a las que asistía nuestra protagonista, invitada siempre por una ardilla, un conejito, un búho o cualquier otro animal, por los que era muy querida. La merienda estaba compuesta por bocadillos y empanadas de todas clases, pero lo que más me llamaba la atención y más ansiosamente esperaba del relato era la llegada del postre. Con maestría, parsimonia y delectación, mi padre iba enumerando y describiendo las tartas que saboreaban los animalitos junto a nuestra amiga. Todo estaba elaborado con las verduras y hortalizas que crecían en el bosque, así que los helados eran de lechuga, de zanahoria, de tomate… Nada podía resultar más fantástico e insólito para una niña de apenas cinco años como yo, y trataba de recrear en mi imaginación aquellos sabores que me desconcertaban y a la vez me estimulaban. Los años fueron pasando y nunca olvidé a mi amiga Zapaquilda, ni mucho menos aquellos postres, ni, por supuesto, a mi padre. Él, goloso empedernido, me inició en el amor por lo dulce.

Posible respuesta. Recuerdo: Al probarlo, recordé a mi padre y los cuentos que me contaba, inventados por él, cuando era pequeña; Placer: Con maestría, parsimonia y delectación, mi padre iba enumerando y describiendo las tartas que saboreaban los animalitos junto a nuestra amiga; Niñez: Nada podía resultar más fantástico e insólito para una niña de apenas cinco años como yo, y trataba de recrear en mi imaginación aquellos sabores que me desconcertaban y a la vez me estimulaban; Fantasía: Había un cuento en particular, cuya protagonista era una niñita llamada Zapaquilda, que vivía un sinfín de aventuras, siempre rodeada de sus amigos los animales y de la naturaleza.

**2.1.** Actividad de reflexión lingüística en la que se presentan las estructuras más frecuentes para hablar de olores y sabores. Una vez que se han visto las expresiones, pídales que completen las frases para consolidar este contenido.

Posible respuesta. 1. olían; 2. el sabor/el olor; 3. el olor/el sabor; 4. Huelen; 5. el sabor/el olor; 6. saben/huelen.

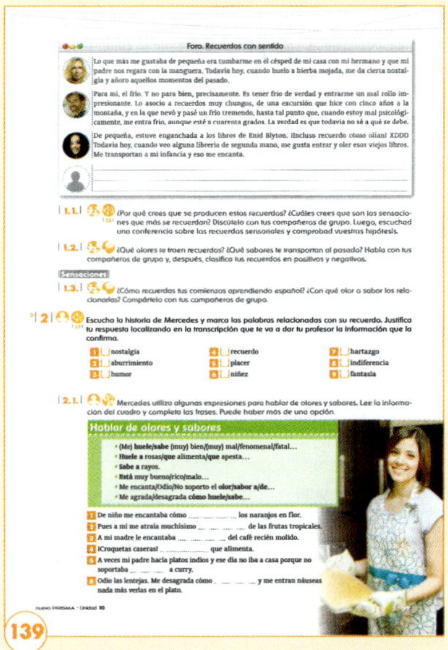

139

**2.2.** Actividad de léxico en la que se presentan expresiones idiomáticas referidas a la forma de comer. Los estudiantes, en parejas, tienen que leer las expresiones y relacionarlas con una de las dos fotografías que muestran dos actitudes ante la comida: el gusto por comer y la inapetencia.

Imagen A: 1, 2, 4, 6, 7, 8, 12. Todas estas expresiones significan: "comer mucho y con gusto"; Imagen B: 3, 5, 9, 10, 11. Todas estas expresiones significan: "comer poco, sin apetito y poniendo pegas a la comida"; *No me dice nada* y *Ni fu ni fa* indican indiferencia, en este caso, hacia una determinada comida.

**>3** y **3.1.** Como actividad final de epígrafe, se parte de un cuestionario para hacer en parejas sobre el tema de los olores y sabores y su relación con la comida en el que los estudiantes hablan de su experiencia personal. Después, en plenario, se hace una puesta en común y se comentan las respuestas que les hayan resultado más curiosas o divertidas.

140

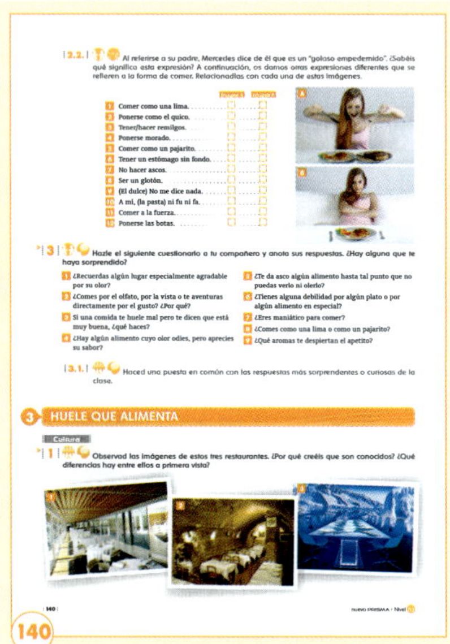

# 3 HUELE QUE ALIMENTA 140

Este apartado de la unidad dedica gran parte de su atención a los contenidos culturales haciendo un breve recorrido por tres restaurantes de renombre en España: Casa Botín, Celler de Can Roca y Sublimotion. Se presenta también las oraciones y los conectores finales y se propone una tarea de grupo cooperativo en la que se facilitarán las pautas para la elaboración de una crítica gastronómica.

**> 1** Actividad de interacción oral en plenario en la que se muestran imágenes de los tres restaurantes que van a conocer en este apartado como primer acercamiento. Pídales que los describan y que hagan hipótesis sobre el tipo de comida que ofrecen según su aspecto. Es una actividad de prelectura importante para llevar a cabo la tarea de la actividad 1.1. Puede utilizar la proyección 34 para realizar la actividad y tener las imágenes en grande.

1. El Celler de Can Roca (Gerona); 2. Casa Botín (Madrid); 3. Sublimotion (Ibiza).

**Proyección 34.** Tres restaurantes.

**1. 1.** Es esta una actividad de comprensión lectora, en la que los estudiantes deben leer con atención los textos sobre tres reconocidos restaurantes españoles para relacionarlos con cada una de las fotografías anteriores. Se trata de una lectura global para resolver la tarea, por lo que no es imprescindible conocer el significado de todas las palabras. En la ficha 31 le ofrecemos una explotación alternativa de los textos para profundizar en el vocabulario.

**Ficha 32.** Tres restaurantes españoles

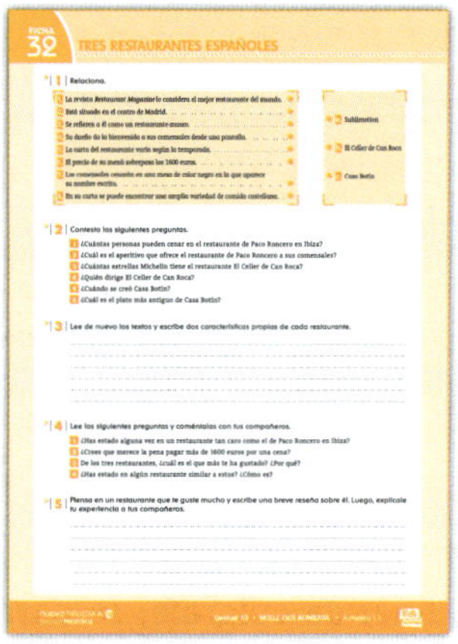


**Dinámica.** Una vez corregida la actividad del libro, reparta una copia de la ficha a cada estudiante y pídales que vayan resolviendo las actividades releyendo los textos si lo necesitan. Puede mantener las imágenes de los restaurantes proyectadas (proyección 34). La actividad 4 es para realizar en grupos pequeños. La actividad 5, de expresión escrita, se realiza primero individualmente y luego se hace una puesta en común con los compañeros.

**1.** Sublimotion: 4, 6, 7; El Celler de Can Roca: 1, 5; Casa Botín: 2, 3, 8. **2.** 1. Doce; 2. Sangría y crema de queso con membrillo; 3. Tres; 4. Los hermanos Roca; 5. En el siglo XVIII; 6. El cochinillo y el cordero asado en un horno de leña. **Actividades 3 a 5.** Respuesta abierta.

Texto 1: imagen 3; Texto 2: imagen 1; Texto 3: imagen 2.

i+ **ELEteca**

**41. Paco Roncero, los hermanos Roca y Sobrino de Botín.**

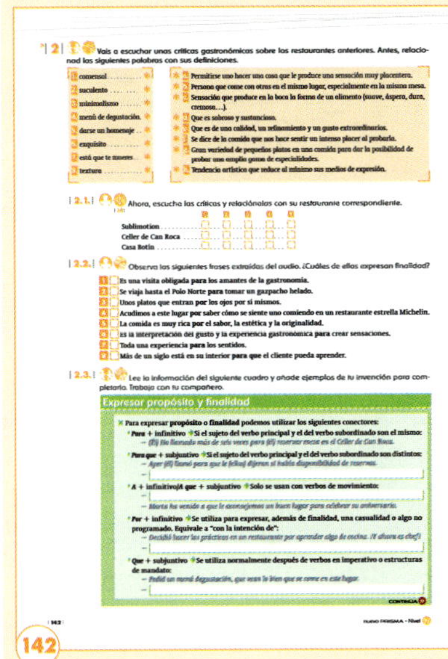

**>2** Empieza una secuencia de actividades con un doble objetivo: darle las herramientas necesarias al estudiante para familiarizarse con la crítica gastronómica, por un lado, y, desde el punto de vista gramatical, repasar y ampliar los exponentes para expresar finalidad. Esta primera actividad anticipa el léxico que facilita la comprensión auditiva de la actividad siguiente.

1. b; 2. d; 3. h; 4. g; 5. a; 6. e; 7. f; 8. c.

**2.1.** Actividad de comprensión auditiva en la que los estudiantes escucharán unas críticas gastronómicas. La tarea consiste en relacionar cada una con el restaurante al que se refieren, teniendo en cuenta lo que saben de ellos hasta el momento. Puede proceder a una segunda escucha si lo considera oportuno.

| 58 |

**1.** Es una visita obligada para los amantes de la gastronomía. Comenzando por el servicio, solo se pueden decir maravillas. Este tipo de restaurantes suelen tener profesionales que te ofrecen un gran servicio, pero donde este marca la diferencia es en el trato de los propios hermanos Roca. Sobre la oferta gastronómica… ¡Qué decir!…, el menú es espectacular. La presentación, sabores y texturas engañan al paladar… Un 10. Cuando te diriges al elegido mejor restaurante del mundo, las expectativas son muy altas pero, al salir de allí, sin duda, las habrás superado.

**2.** Un sitio al que siempre da gusto volver. Una comida sencilla, suculenta y con una excelente relación calidad/precio. A destacar el cordero, el cochinillo y esa tarta de crema y merengue que remata una excelente comida. Unos platos que entran por los ojos por sí mismos, que están de morirse, y que no necesitan nombres rimbombantes, florituras ni adornos inútiles. El trato y la amabilidad del personal son sobresalientes.

**3.** Nos encontramos con un tres estrellas donde la comida es muy rica por el sabor, la estética y la originalidad. Los comensales disfrutarán de uno de los platos más impresionantes: la gamba roja, un plato con un sabor exquisito. Evidentemente, el resto de platos no merecen más que excelentes adjetivos, la bodega es cuidada y mimada minuciosamente por Josep, y Jordi nos invita a jugar con sus sugerentes postres. Por lo demás, muy bueno el trato del personal. Pagás casi 300 euros, pero la experiencia es única. Acudimos a este lugar por saber cómo se siente uno comiendo en un restaurante estrella Michelin. Sin duda, es un lugar que merece la pena visitar más veces en la vida.

**4.** No es un restaurante al uso, no hay carta, no hay nombres, es la interpretación del gusto y la experiencia gastronómica para crear sensaciones. Sorprende al comensal desde el diseño de sus platos de su único menú degustación, que puede variar de una sesión a otra, hasta la manera de presentarlos sobre una mesa inteligente y proyectable. Es todo un espectáculo: se viaja hasta el Polo Norte para tomar un gazpacho helado, a un campo de trigo para probar un huerto de verduras con tierra comestible sobre una crema, o a Central Park a tomar un picnic, que consiste en una minihamburguesa, una latita de caviar Persé y foie. Toda una experiencia para los sentidos.

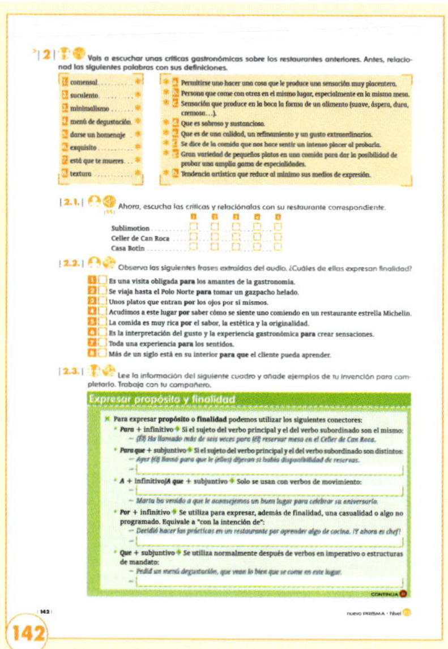

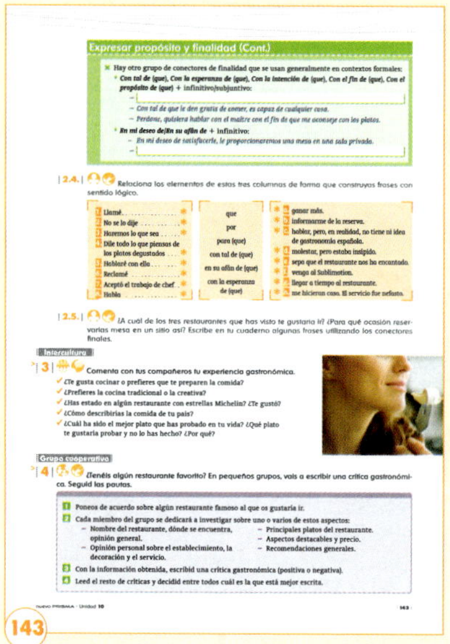

5. No solo es un clásico, sino un monumento vivo. Además de los platos destacados, hay una selección de platos del mercado interesantes, buscando recuperar recetas madrileñas evitando el minimalismo. Si solo se visita para darse un homenaje, es una pena. Más de cien años lo contemplan, y más de un siglo está en su interior para que el cliente pueda aprender tantas cosas como su interés y su curiosidad le permitan.

Sublimotion: 4; Celler de Can Roca: 1, 3; Casa Botín: 2, 5.

**2.2.** Actividad de reflexión gramatical a partir de frases extraídas del audio anterior. Pídales que lean las frases y que marquen aquellas que expresan finalidad. Luego, en parejas, comparan sus respuestas justificándolas si no coinciden.

Expresan finalidad las frases 2, 4, 6, 8.

**2.3.** Actividad de reflexión gramatical en parejas en la que los estudiantes leen la información del cuadro y la completan con ejemplos de su propia invención. Déjeles un tiempo para completarlo y paséese entre las parejas para ir corrigiendo su trabajo y aclarando las dudas que le planteen los estudiantes.

**2.4.** Actividad de práctica controlada sobre las oraciones finales. Pida a los estudiantes que formen frases uniendo elementos de las tres columnas. Puede haber varias combinaciones válidas. Una vez que hayan acabado, ponga la proyección 35 con una posible solución de la actividad y siga las instrucciones.

## Proyección 35. Oraciones finales.

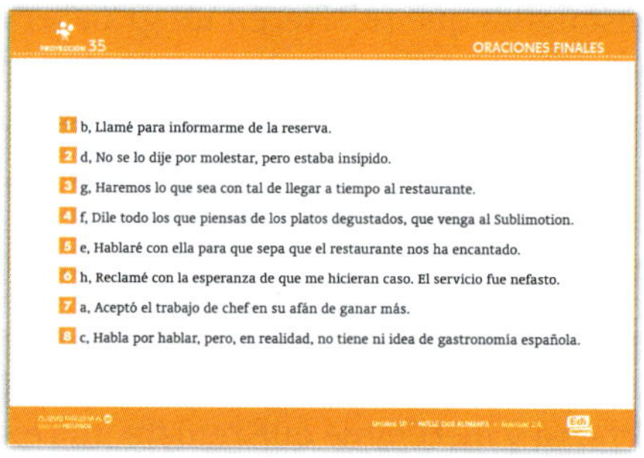


**Dinámica.** Proyecte la imagen con una propuesta de posibles respuestas con la finalidad de comentarlas en clase abierta y que los estudiantes aporten sus variantes.

Posible respuesta. 1. b, Llamé para informarme de la reserva; 2. d, No se lo dije por molestar, pero estaba insípido; 3. g, Haremos lo que sea con tal de llegar a tiempo al restaurante; 4. f, Dile todo lo que piensas de los platos degustados, que venga al Sublimotion; 5. e, Hablaré con ella para que sepa que el restaurante nos ha encantado; 6. h, Reclamé con la esperanza de que me hicieran caso. El servicio fue nefasto; 7. a, Aceptó el trabajo de chef en su afán de ganar más; 8. c, Habla por hablar, pero, en realidad, no tiene ni idea de gastronomía española.

**2.5.** Se concluye esta secuencia de actividades sobre las oraciones finales con una tarea de expresión escrita sobre los restaurantes que han conocido a través de los diferentes textos. Para realizar la tarea aconséjeles que tengan presente el cuadro de información sobre los diferentes conectores finales. Luego, cuando terminen, puede pedirles que lean algunas de sus frases en voz alta y corregirlas, si es necesario.

Para consolidar el uso de los conectores finales, puede realizar los ejercicios 4, 7 y 8 de la unidad 10 del *Libro de ejercicios*.

**>3** Esta actividad de interacción oral de carácter intercultural pretende un intercambio sobre los gustos y preferencias de los estudiantes a la hora de cocinar, y también la explicación al resto de sus compañeros de cómo es la comida en su país, comparando las diferentes culturas que conviven en la clase con España.

**>4** Cerramos el epígrafe con una propuesta de trabajo cooperativo con el objetivo de que los estudiantes, en grupos, elaboren una crítica gastronómica. Indíqueles con precisión las directrices para llevar a cabo la tarea, y finalice con una puesta en común de todas las críticas para que elijan la que piensan que está mejor escrita justificando su elección: valorando su redacción, la riqueza de vocabulario, la información que aportan, etc.

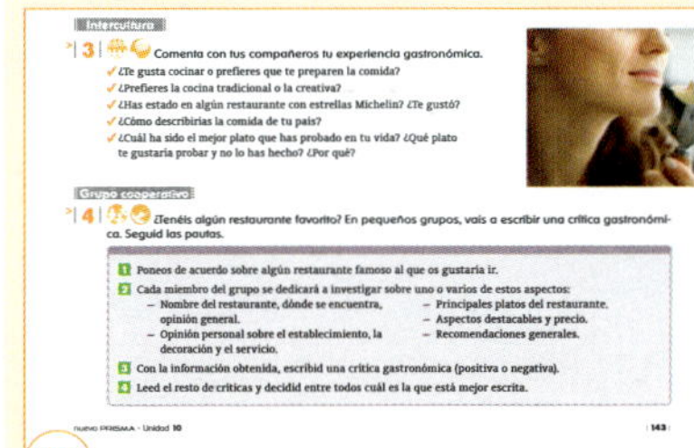

143

## 4 UN FESTÍN LITERARIO 144

Epígrafe de marcado carácter cultural en el que se ve la relación entre la gastronomía y la literatura a través de tres fragmentos literarios de tres autores renombrados en la literatura hispana: Manuel Vázquez-Montalbán, Laura Esquivel y Carmen Martín-Gaite.

**> 1** Primera toma de contacto con el tema a través de las portadas de los libros de los que se han extraído los fragmentos de la actividad 2. Pídales que miren las imágenes y que intenten encontrar un punto en común entre las tres obras. Para darles una pista, dirija su atención al título del epígrafe, diciéndoles que la palabra *festín* alude precisamente a ese punto de unión. Según la definición de la RAE, un *festín* es un "banquete espléndido".

**1.1.** Actividad de comprensión auditiva en la que van a escuchar los argumentos de los tres libros. La tarea consiste en resumir estos argumentos en un texto muy breve de tres líneas. Una vez realizada la tarea, puede pedir a varios estudiantes que lean sus resúmenes. Vuelva a la actividad 1 y pídales que comprueben si sus suposiciones eran correctas.

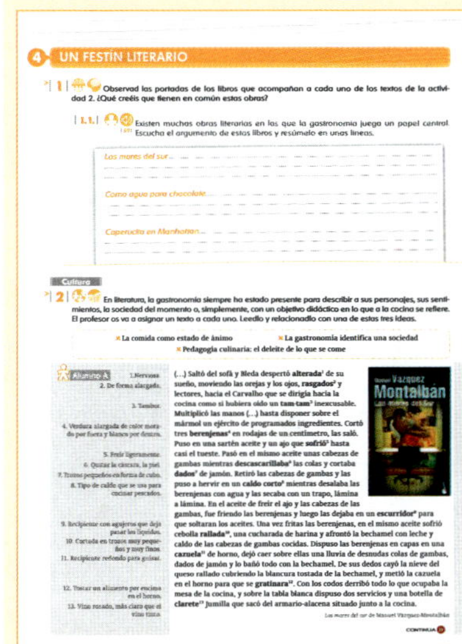

144

|59| *Los mares del sur* trata sobre un hombre llamado Carlos Stuart Pedrell, un influyente hombre de negocios al que se suponía de viaje por los mares del sur desde hacía ya un año y que aparece asesinado. Su amigo y abogado, el señor Viladecans, contrata a Pepe Carvalho para averiguar qué hizo la víctima durante el año entero que nunca llegó a pasar en la Polinesia. Vázquez Montalbán nos presenta una historia enmarcada en la Barcelona de la Transición, cuyos ingredientes serán la investigación de un crimen, unas cuantas referencias literarias y políticas, y mucha gastronomía. La afición de Pepe Carvalho por la buena comida y el buen vino son constantes en la historia que se narra.

La historia de *Como agua para chocolate* está ambientada en Piedras Negras, estado mexicano de Coahuila. Tita es la menor de tres hermanas. En su familia existe la costumbre de que la hija menor no se case y se haga cargo de sus padres en la vejez. Por este motivo, se le prohíbe a Tita relacionarse con cualquier hombre. Todo el relato utiliza la gastronomía mexicana como nexo y metáfora de los sentimientos de los personajes. Cada capítulo se inicia con una receta.

*Caperucita en Manhattan* cuenta la historia de Sara, una niña de diez años que vive en Brooklyn una vida solitaria en compañía de sus padres. Siente gran atracción por su abuela Rebeca, una extravagante mujer que ha luchado por su libertad frente a los convencionalismos de otros personajes. Por un obligado viaje de sus padres a Chicago, Sara emprende el camino deseado: llevarle a su abuela una tarta de manzana a través de un parque frondoso en el que se han cometido algunos asesinatos. En esa senda, conoce a dos personajes: la misteriosa Miss Lunatic, que vive desde hace muchos

145

años en el interior de la estatua de la Libertad, y a Mister Woolf, un acaudalado empresario que está triste porque no ha encontrado aún la verdadera receta de la tarta de fresas.

**ELEteca**

**42. Manuel Vázquez-Montalbán, Laura Esquivel y Carmen Martín-Gaite.**

**>2** Actividad de comprensión lectora. Divida a los estudiantes en grupos de tres y asígnele un texto a cada componente del grupo. Dígales que las anotaciones que aparecen en la columna de la izquierda son notas para explicar el léxico más difícil. Déjeles suficiente tiempo para leer los textos con tranquilidad y paséese por la clase aclarando todas las dudas que surjan. Una vez que hayan leído el texto que les corresponda, deben decir qué papel juega la comida en el mismo, eligiendo entre las tres ideas que se dan. No corrija la actividad aún.

La comida como estado de ánimo: B; La gastronomía identifica una sociedad: C; Pedagogía culinaria: el deleite de lo que se come: A.

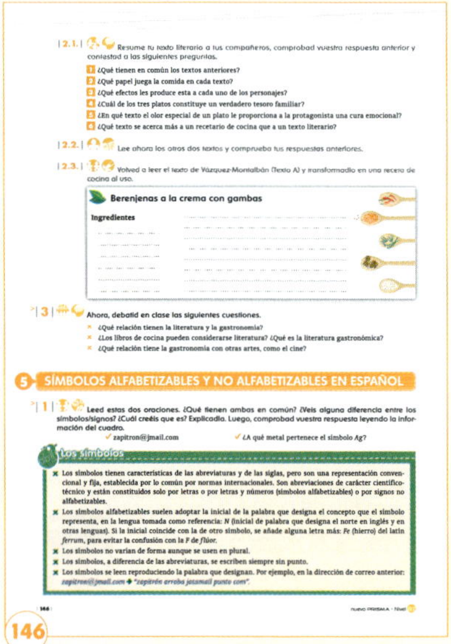
|2.1.| Resume tu texto literario a tus compañeros, comprobad vuestra respuesta anterior y contestad a las siguientes preguntas.

1 ¿Qué tienen en común los textos anteriores?
2 ¿Qué papel juega la comida en cada texto?
3 ¿Qué efectos les produce esta a cada uno de los personajes?
4 ¿Cuál de los tres platos constituye un verdadero tesoro familiar?
5 ¿En qué texto el olor especial de un plato le proporciona a la protagonista una cura emocional?
6 ¿Qué texto se acerca más a un recetario de cocina que a un texto literario?

|2.2.| Lee ahora los otros dos textos y comprueba tus respuestas anteriores.

|2.3.| Volved a leer el texto de Vázquez-Montalbán (Texto A) y transformadlo en una receta de cocina al uso.

Berenjenas a la crema con gambas

Ingredientes

>|3| Ahora, debatid en clase las siguientes cuestiones.

- ¿Qué relación tienen la literatura y la gastronomía?
- ¿Los libros de cocina pueden considerarse literatura? ¿Qué es la literatura gastronómica?
- ¿Qué relación tiene la gastronomía con otras artes, como el cine?

5 SÍMBOLOS ALFABETIZABLES Y NO ALFABETIZABLES EN ESPAÑOL

>|1| Leed estas dos oraciones. ¿Qué tienen ambas en común? ¿Veis alguna diferencia entre los símbolos/signos? ¿Cuál creéis que es? Explicadlo. Luego, comprobad vuestra respuesta leyendo la información del cuadro.

✓ zapitron@jmail.com ✓ ¿A qué metal pertenece el símbolo Ag?

Los símbolos

- Los símbolos tienen características de las abreviaturas y de las siglas, pero son una representación convencional y fija, establecida por lo común por normas internacionales. Son abreviaciones de carácter científico-técnico y están constituidos solo por letras o por letras y números (símbolos alfabetizables) o por signos no alfabetizables.
- Los símbolos alfabetizables suelen adoptar la inicial de la palabra que designa el concepto que el símbolo representa, en la lengua tomada como referencia: *N* (inicial de palabra que designa el norte en inglés y en otras lenguas). Si la inicial coincide con la de otro símbolo, se añade alguna letra más: *Fe* (hierro) del latín *ferrum*, para evitar la confusión con la *F* de *flúor*.
- Los símbolos no varían de forma aunque se usen en plural.
- Los símbolos, a diferencia de las abreviaturas, se escriben siempre sin punto.
- Los símbolos se leen reproduciendo la palabra que designan. Por ejemplo, en la dirección de correo anterior: *zapitron@jmail.com* → *"zapitrón arroba jotamail punto com"*.

146

**2.1.** Conservando los mismos grupos creados en la actividad anterior, cada miembro hace un resumen a sus compañeros del texto que ha leído, comprobando la respuesta que han dado a la actividad 2 y justificando su respuesta en caso de haber elegido la misma opción. Después, contestan a las preguntas que se plantean.

Posible respuesta. 1. Los tres hablan de comida; 2. En el texto A se habla de la comida como un deleite gastronómico; en el texto B, la comida desencadena emociones y tiene poder curativo; en el texto C, la comida forma parte de la tradición; 3. En el texto A, placer; en el texto B, es un elemento curativo; en el texto C, es un elemento social; 4. El caldo de colita de res en el texto B, por un lado, y la tarta de fresa, en el texto C, por otro; 5. En el texto B; 6. El texto A.

**2.2.** Una vez finalizado el trabajo de grupo, pida a los estudiantes que lean los dos textos que les faltan. Puede encargar este trabajo como tarea para realizar fuera de la clase.

**2.3.** Actividad de expresión escrita para realizar en parejas. Pídales que vuelvan a leer el fragmento del texto A (*Los mares del Sur*) y pídales que lo transformen en una típica receta de cocina. Puede hacer una puesta en común con todas las recetas de la clase.

Ingredientes: 3 berenjenas, gambas, jamón, un diente de ajo, cebolla, una cucharada de harina, leche, queso rallado, sal y aceite. Modo de preparación: Cortar las berenjenas en rodajas y salarlas. Poner en una sartén aceite y un ajo y sofreír hasta casi el tueste. Pasar en el mismo aceite unas cabezas de gambas mientras se pelan las colas, y cortar el jamón en dados. Retirar las cabezas de gambas y ponerlas a hervir en un caldo corto mientras se desalan las berenjenas con agua y se secan con un paño, lámina a lámina. En el aceite de freír el ajo y las cabezas de las gambas, freír las berenjenas y dejarlas en un escurridor para que suelten el exceso de aceite. Una vez fritas las berenjenas, en el mismo aceite, sofreír cebolla rallada, una cucharada de harina, añadir la leche y el caldo de las cabezas de gambas cocidas, y remover lentamente para hacer la bechamel. Disponer las berenjenas en capas en una cazuela de horno, añadir las colas de gambas y los dados de jamón, y bañarlo todo con la bechamel. Espolvorear de queso rallado y meter la cazuela en el horno para que se gratine.

**>3** Llegamos al final del epígrafe con una propuesta de debate en clase abierta sobre la relación de la literatura con la gastronomía y aspectos vinculados a ambas disciplinas.

La literatura gastronómica hace referencia a aquellos libros que hacen de la comida y su parafernalia el tema central de su argumento.

## 5 SÍMBOLOS ALFABETIZABLES Y NO ALFABETIZABLES EN ESPAÑOL 146

> 1 Tras una pequeña reflexión a partir de dos ejemplos, introducimos al estudiante en la lectura de los símbolos para que conozca y estudie esta parte de la ortografía española. Pídales que lean el cuadro y resuelva las dudas que tengan.

Ambas contienen símbolos. En la primera, la arroba (@), que es un símbolo no alfabetizable, y en la segunda, *Ag*, que es el símbolo químico de la plata, y que es alfabetizable porque está compuesto de letras y se puede leer.

1.1. Actividad de reflexión para consolidar los conocimientos adquiridos sobre este tema. Es importante que recuerde a los estudiantes que los símbolos que no conozcan pueden buscarlos en el diccionario.

Símbolos alfabetizables: 1, 4, 5, 9, 10, 13, 14, 15, 16, 17, 19, 20, 24, 26, 27;
Símbolos no alfabetizables: 2, 3, 6, 7, 8, 11, 12, 18, 21, 22, 23, 25, 28.

1.2. Esta actividad auditiva tiene como objetivo que los estudiantes reconozcan los nombres de algunos signos no alfabetizables comunes. Se puede ampliar la actividad haciendo que los estudiantes repitan los signos después de escuchar cada uno de ellos en la audición.

60 **Cuadro 1.** más, arroba, grado Celsius, marca registrada, igual a, verificación.
**Cuadro 2.** fallecido, menos, euro, grado Fahrenheith, y, derechos de autor.

Cuadro 1: +, @, °C, ®, =, ✓; Cuadro 2: †, –, €, °F, &; ©.

**ELEteca**
Léxico. Viajes gastronómicos.

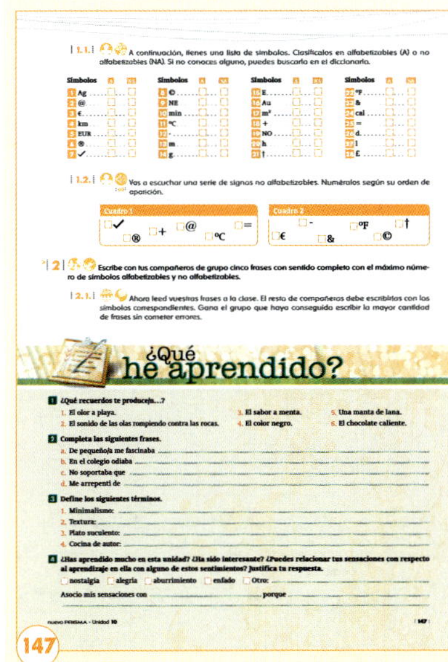

# 11 VIVIENDO DEPRISA

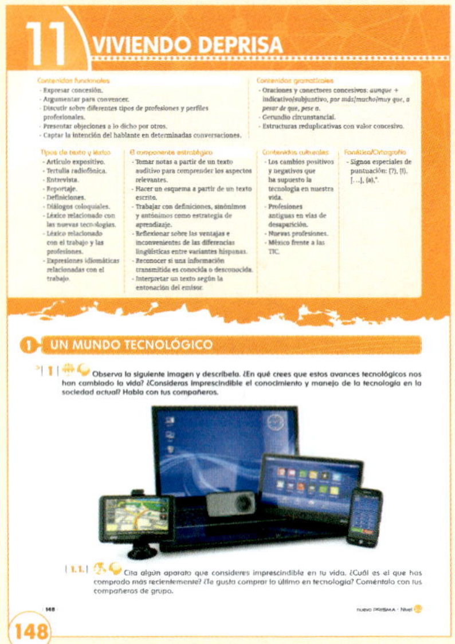
11 VIVIENDO DEPRISA

1 UN MUNDO TECNOLÓGICO

1 | Observa la siguiente imagen y descríbela. ¿En qué crees que estos avances tecnológicos nos han cambiado la vida? ¿Consideras imprescindible el conocimiento y manejo de la tecnología en la sociedad actual? Habla con tus compañeros.

1.1. | Cita algún aparato que consideres imprescindible en tu vida. ¿Cuál es el que has comprado más recientemente? ¿Te gusta comprar lo último en tecnología? Coméntalo con tus compañeros de grupo.

148

2 | En los últimos años ha entrado en nuestras vidas un aparato revolucionario. Observad la imagen del texto de la actividad 2.1. ¿Sabéis cómo se llama? ¿Qué utilidad creéis que tiene?

2.1. | Lee ahora el texto y compáralo con tus ideas anteriores. ¿Conocías todas estas utilidades del aparato?

**Uno de los últimos aparatos desarrollados por la tecnología que más destaca y llama la atención de todos son los llamados *drones*, pequeños aparatos voladores no tripulados y que pueden ser controlados de forma remota. Obviamente, un dispositivo de estas características sorprendería a cualquiera que levantase la cabeza y lo viera sobrevolando la ciudad a la entrega de un paquete o realizando tareas de vigilancia, todo un digno espectáculo de ciencia ficción que no es, para nada, ficción.**

149

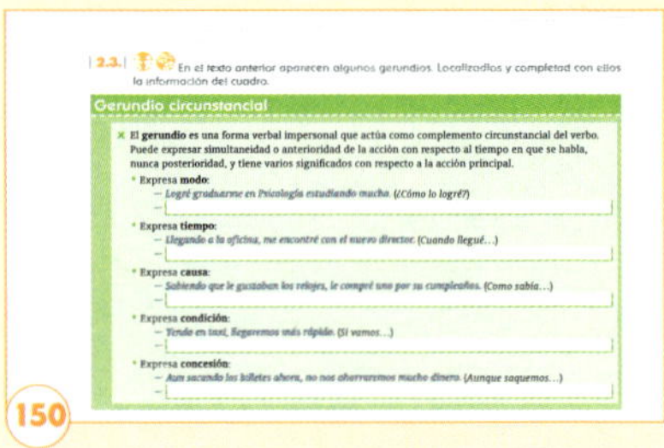
Gerundio circunstancial

150

El título de esta unidad ("Viviendo deprisa") hace referencia al estilo de vida rápido y estresado que llevamos en la actualidad. El estudiante tendrá la oportunidad de reflexionar sobre el uso de las nuevas tecnologías en la sociedad, y valorar los cambios positivos y negativos que se han producido. Se presentan las oraciones y conectores concesivos, el gerundio circunstancial y las estructuras reduplicativas con valor concesivo. También se hace referencia a las nuevas profesiones y las que están en vías de extinción, y sobre ese tema se lleva a cabo una amplia actividad de léxico de carácter estratégico en la que se hace consciente al estudiante de la utilidad de las definiciones y el uso de sinónimos y antónimos para el aprendizaje del vocabulario. La actividad de carácter cooperativo consiste en la elaboración de un artículo sobre la aplicación de las nuevas tecnologías en el mundo laboral.

## 1 UN MUNDO TECNOLÓGICO 148

El primer epígrafe de la unidad se centra en un invento que ha revolucionado muchas de las tareas que lleva al cabo el ser humano en la actualidad: el dron (según definición del DRAE, "Aeronave no tripulada"), pero que tiene también sus detractores. A través de un artículo sobre el tema, se introduce el gerundio circunstancial y algunas expresiones que se usan frecuentemente para argumentar y convencer.

**> 1** Se comienza con una propuesta de interacción oral en clase abierta. El objetivo es que, a partir de la descripción de la imagen, los estudiantes reflexionen sobre el cambio que han producido en nuestras vidas los avances tecnológicos, tema central de la unidad.

**1.1.** Proponga a los estudiantes que formen pequeños grupos, que piensen en un dispositivo tecnológico que consideran imprescindible en su vida y lo comenten con sus compañeros. Si lo considera oportuno, puede animar a los estudiantes a que comenten qué les gusta comprar en tecnología.

**>2** y **2.1.** Los estudiantes, en parejas, deben hablar sobre el dispositivo que aparece en el texto de la actividad 2.1. ¿Saben qué es? ¿Para qué se usa? Luego, leen el texto individualmente para comprobar su respuesta.

**2.2.** El objetivo de esta actividad es la adquisición de nuevo léxico a través de la búsqueda de sinónimos en el texto de las palabras que se proponen. Si lo considera oportuno, puede proponer la realización de este ejercicio en parejas ayudándose de un diccionario monolingüe. La reflexión sobre el uso de sinónimos para el aprendizaje de léxico se lleva a cabo en el epígrafe 3.

1. tripulado, controlado; 2. bélico; 3. tóxico, nocivo; 4. reticencia; 5. permiso; 6. artilugio.

**2.3.** Continuamos con una tarea de reflexión gramatical en parejas sobre el gerundio circunstancial. Pida a los estudiantes que primero lean el cuadro gramatical detenidamente y que a continuación localicen en el texto los gerundios para completar el cuadro con la información adecuada. Proceda a la corrección de esta actividad con la proyección 36.

## Proyección 36. Gerundio circunstancial.

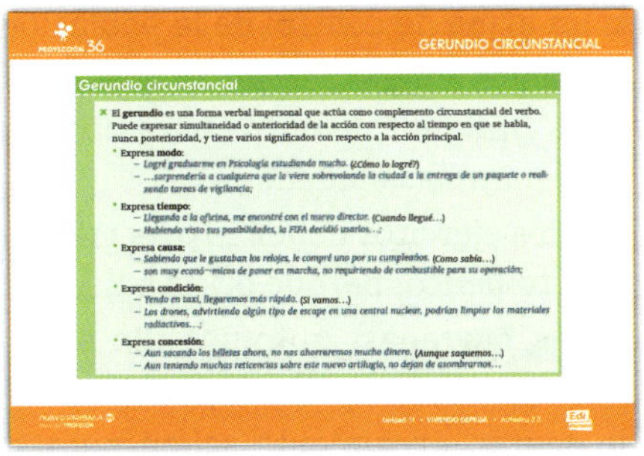
PROYECCIÓN 36 — GERUNDIO CIRCUNSTANCIAL

**Gerundio circunstancial**

El **gerundio** es una forma verbal impersonal que actúa como complemento circunstancial del verbo. Puede expresar simultaneidad o anterioridad de la acción con respecto al tiempo en que se habla, nunca posterioridad, y tiene varios significados con respecto a la acción principal.

- Expresa **modo**:
  - *Logré graduarme en Psicología estudiando mucho.* (¿Cómo lo logré?)
  - *...sorprendería a cualquiera que lo viera sobrevolando la ciudad a la entrega de un paquete o realizando tareas de vigilancia;*
- Expresa **tiempo**:
  - *Llegando a la oficina, me encontré con el nuevo director.* (Cuando llegué...)
  - *Habiendo visto sus posibilidades, la FIFA decidió usarlos...;*
- Expresa **causa**:
  - *Sabiendo que le gustaban los relojes, le compré uno por su cumpleaños.* (Como sabía...)
  - *son muy econó–micos de poner en marcha, no requiriendo de combustible para su operación;*
- Expresa **condición**:
  - *Yendo en taxi, llegaremos más rápido.* (Si vamos...)
  - *Los drones, advirtiendo algún tipo de escape en una central nuclear, podrían limpiar los materiales radiactivos...;*
- Expresa **concesión**:
  - *Aun sacando los billetes ahora, no nos ahorraremos mucho dinero.* (Aunque saquemos...)
  - *Aun teniendo muchas reticencias sobre este nuevo artilugio, no dejan de asombrarnos...*

**Dinámica.** Mantenga la imagen proyectada mientras corrige. Utilícela también para focalizar la atención de los estudiantes y resolver todas sus dudas.

Modo: ...sorprendería a cualquiera que lo viera sobrevolando la ciudad a la entrega de un paquete o realizando tareas de vigilancia; Tiempo: Habiendo visto sus posibilidades, la FIFA decidió usarlos...; Causa: son muy económicos de poner en marcha, no requiriendo de combustible para su funcionamiento; Condición: Los drones, advirtiendo algún tipo de escape en una central nuclear, podrían limpiar los materiales radiactivos...; Concesión: Aun teniendo muchas reticencias sobre este nuevo artilugio, no dejan de asombrarnos...

**2.4.** Actividad de práctica controlada sobre el gerundio circunstancial. Antes de realizar la corrección, anime a los estudiantes a que comparen y comenten sus respuestas con otro compañero/a.

1. modo; 2. tiempo; 3. concesión; 4. causa; 5. concesión; 6. condición.

Si quiere seguir practicando el gerundio circunstancial puede llevar a cabo los ejercicios 1 a 3 de la unidad 11 del *Libro de ejercicios*.

**>3** Actividad de comprensión auditiva en la que se introducen, contextualizadas en un debate, las expresiones relativas a la función de argumentar y convencer. Pida a los estudiantes que escuchen con atención la tertulia radiofónica para luego indicar a quién pertenece cada información. Antes de comenzar la escucha, lea con ellos las afirmaciones para facilitar la tarea. Si lo considera oportuno, proceda a una segunda escucha.

|61|

**Eduardo:** El otro día observé un vídeo increíble, sorprendente. Se filmó en Estados Unidos con una cámara muy especial. En él se veía un grupo de delfines y a tres ballenas grises emigrando hasta la bahía de San Clemente. Son imágenes grabadas por un dron, increíble, ¿no? Las imágenes eran maravillosas, y han dado la vuelta al mundo, posiblemente ya las habréis visto, pero son imágenes muy difíciles de conseguir, habría que coger a un helicóptero desde muy alto, con una cámara; es difícil.

**Valeria:** Sí, la cercanía que alcanza es espectacular.

**Eduardo:** Esto nos invita a reflexionar sobre la importancia del hecho de que podamos ser controlados, espiados constantemente por estos drones, por estos aviones, cámaras que vuelan por control remoto.

**Valeria:** Has dado en el quid. Este es el principal problema que veo en este tipo de aparatos. ¿No creéis que pueden invadir nuestra privacidad?

**Eduardo:** Efectivamente, Valeria.

**Antonio:** Bueno, ¿y si lo miramos desde otro ángulo? ¿No creéis que ayudan más que restan? Como sabéis, los drones tienen una aplicación importante en el control del tráfico, en la agricultura... Sirven para vigilar una determinada zona, en un cultivo pueden monitorizar el estado del riego, así como las condiciones climatológicas.

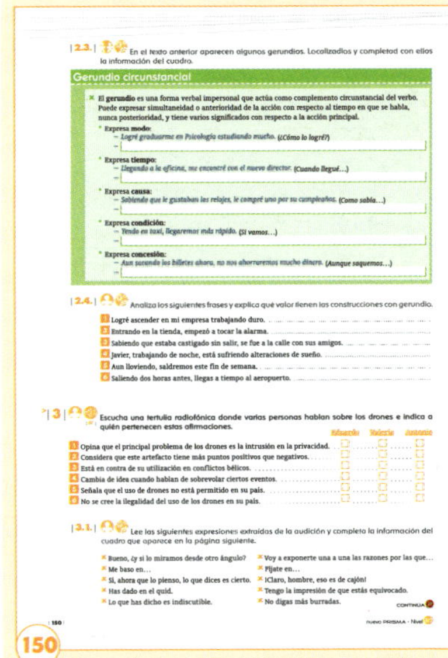

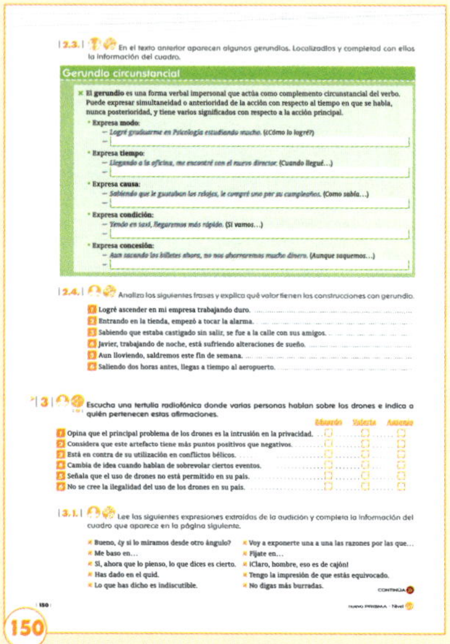

|2.3.| En el texto anterior aparecen algunos gerundios. Localizadlos y completad con ellos la información del cuadro.

**Gerundio circunstancial**

- El **gerundio** es una forma verbal impersonal que actúa como complemento circunstancial del verbo. Puede expresar simultaneidad o anterioridad de la acción con respecto al tiempo en que se habla, nunca posterioridad, y tiene varios significados con respecto a la acción principal.
  - Expresa **modo**:
    – *Logré graduarme en Psicología estudiando mucho.* (¿Cómo lo logré?)
    – 
  - Expresa **tiempo**:
    – *Llegando a la oficina, me encontré con el nuevo director.* (Cuando llegué…)
    – 
  - Expresa **causa**:
    – *Sabiendo que le gustaban los relojes, le compré uno por su cumpleaños.* (Como sabía…)
    – 
  - Expresa **condición**:
    – *Yendo en taxi, llegaremos más rápido.* (Si vamos…)
    – 
  - Expresa **concesión**:
    – *Aun sacando los billetes ahora, no nos ahorraremos mucho dinero.* (Aunque saquemos…)
    – 

|2.4.| Analiza las siguientes frases y explica qué valor tienen las construcciones con gerundio.

1. Logré ascender en mi empresa trabajando duro.
2. Entrando en la tienda, empezó a tocar la alarma.
3. Sabiendo que estaba castigado sin salir, se fue a la calle con sus amigos.
4. Javier, trabajando de noche, está sufriendo alteraciones de sueño.
5. Aun lloviendo, saldremos este fin de semana.
6. Saliendo dos horas antes, llegas a tiempo al aeropuerto.

|3| Escucha una tertulia radiofónica donde varias personas hablan sobre los drones e indica a quién pertenecen estas afirmaciones.

| | Eduardo | Valeria | Antonio |
|---|---|---|---|
| 1. Opina que el principal problema de los drones es la intrusión en la privacidad. | ☐ | ☐ | ☐ |
| 2. Considera que este artefacto tiene más puntos positivos que negativos. | ☐ | ☐ | ☐ |
| 3. Está en contra de su utilización en conflictos bélicos. | ☐ | ☐ | ☐ |
| 4. Cambia de idea cuando hablan de sobrevolar ciertos eventos. | ☐ | ☐ | ☐ |
| 5. Señala que el uso de drones no está permitido en su país. | ☐ | ☐ | ☐ |
| 6. No se cree la ilegalidad del uso de los drones en su país. | ☐ | ☐ | ☐ |

|3.1.| Lee las siguientes expresiones extraídas de la audición y completa la información del cuadro que aparece en la página siguiente.

- Bueno, ¿y si lo miramos desde otro ángulo?
- Me baso en…
- Sí, ahora que lo pienso, lo que dices es cierto.
- Has dado en el quid.
- Lo que has dicho es indiscutible.
- Voy a exponerte una a una las razones por las que…
- Fíjate en…
- ¡Claro, hombre, eso es de cajón!
- Tengo la impresión de que estás equivocado.
- No digas más burradas.

CONTINÚA

|150|

nuevo PRISMA · Nivel

150

**Valeria:** Antonio, lo que has dicho es indiscutible. Pero deberíamos controlar bien el uso que les damos. Es verdaderamente importante esto…, se puede convertir en un arma de control de la población.

**Eduardo:** De hecho, vamos a hablar sobre 20 drones que ha comprado nuestro ejército por varios millones de euros para observar de cerca los movimientos sociales y las marchas ciudadanas.

**Antonio:** Yo creo que los ejércitos deben proveerse de cualquier innovación ante cualquier conflicto bélico, porque otros países ya lo están haciendo.

**Valeria:** No digas más burradas, Antonio. ¿En serio que se han gastado tanto en eso? No creo que estemos ahora para este tipo de derroches.

**Eduardo:** Antes de seguir, ¿realmente saben nuestros oyentes lo que es un dron? Especifiquémoslo para que la gente lo entienda en sus casas. Por favor, Antonio.

**Antonio:** Son aeronaves no tripuladas, como muy bien dijo Eduardo, que cumplen con labores de vigilancia.

**Valeria:** Hasta ahora.

**Eduardo:** Claro, hasta ahora.

**Antonio:** Bueno, me baso en informaciones oficiales… Y son controlados por ordenadores o por control remoto y principalmente son usados para operaciones militares, pero, ATENCIÓN, cada vez son más usados en actividades civiles. Pesan entre 9 y 16 kilos, y miden desde los 5 centímetros hasta los 3 metros de largo.

**Eduardo:** Yo creo que los más grandes son los que se utilizan para llevar o transportar cosas, ¿no?

**Antonio:** ¡Claro, hombre, eso es de cajón! Ya Amazon los está utilizando para el envío de mensajería.

**Eduardo:** ¿Valeria?

**Valeria:** Pues otro uso que recuerdo es que se están utilizando mucho últimamente en las fiestas. Están grabando muchos vídeos de los recitales, en los conciertos.

**Eduardo:** Salió publicado cómo un dron militar grabó en Brasil a dos kilómetros de distancia un gol de Neymar. Era un dron militar que estaba haciendo un reconocimiento en Brasil, pasó por el estadio.

**Valeria:** Pero bueno, qué miedo, ¡podría haber tirado algo o haber caído!

**Eduardo:** También recuerdo una polémica que hubo en la foto oficial de los ministros cuando un dron estaba sobrevolando el momento, captando imágenes… Pero, atención, os recuerdo que esto es ilegal en nuestro país.

**Antonio:** Sí, ahora que lo pienso, lo que dices es cierto. Debería controlarse su uso en ciertas ocasiones. Es peligroso.

**Valeria:** Pero yo insisto en la importancia de la privacidad. Voy a exponeros una a una las razones por las que ya los gobiernos están tomando medidas en sus leyes para controlar sus usos. No todo es positivo, Antonio. Fíjate que en EE. UU. se llamó al jefe del FBI al Congreso y se le interrogó para saber si los drones estaban espiando a la población norteamericana… Y su respuesta fue que sí estaban vigilando a la población, pero en una fase inicial.

**Eduardo:** Esto es una gran falacia. Lo más probable es que no estén en esa etapa de vigilar, sino en la de atacar. Como sabéis, en nuestro país es ilegal que este tipo de aparatos sobrevuelen.

**Antonio:** Tengo la impresión de que estás equivocado. Es muy normal verlos en partidos de fútbol, en conciertos…

**Eduardo:** Sí, claro, y la televisión también los utiliza, pero la Dirección General de Aeronáutica Civil no autoriza vuelos sobre sectores poblados.

**Valeria:** Mirad, en Europa se estima que el negocio involucra 15 mil millones de euros al año. Ojo con los drones, porque pueden ser un sistema donde a todos nos tengan bajo la lupa.

Eduardo: 5; Valeria: 1, 3; Antonio: 2, 4, 6.

**3.1.** Las expresiones extraídas de la audición están relacionadas con la función de argumentar para convencer. La actividad de reflexión gramatical consiste en ver los modelos que se ofrecen y clasificar los que se dan en su lugar correspondiente. La actividad está diseñada para realizar individualmente, pero también se puede llevar a cabo en parejas si quiere facilitarla. Para corregir, le sugerimos que utilice la proyección 37.

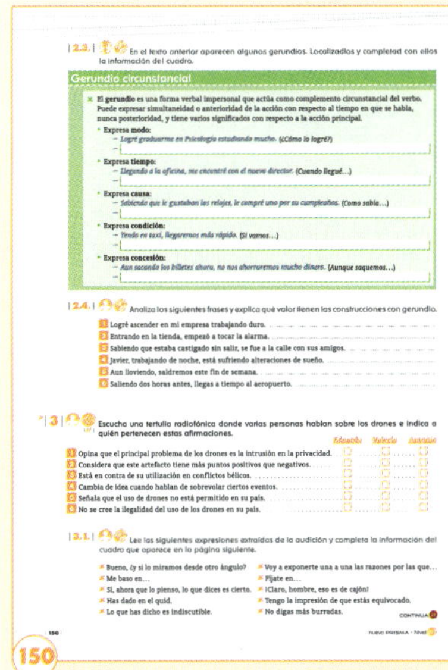

**Proyección 37. Argumentar para convencer.**

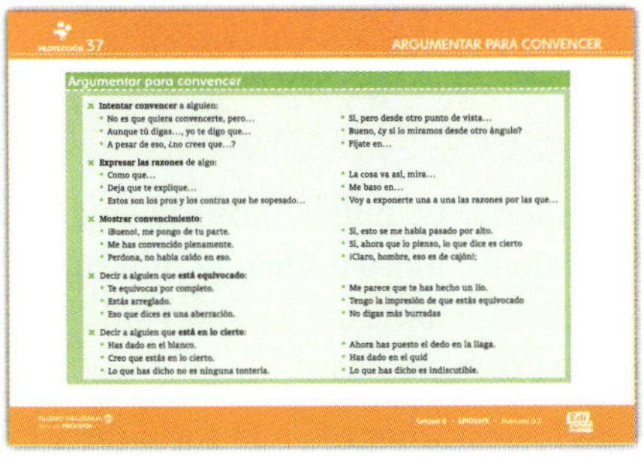

1. Bueno, ¿y si lo miramos desde otro ángulo?; 2. Fíjate en...; 3. Me baso en...; 4. Voy a exponerte una a una las razones por las que...; 5. Sí, ahora que lo pienso, lo que dices es cierto; 6. ¡Claro, hombre, eso es de cajón!; 7. Tengo la impresión de que estás equivocado; 8. No digas más burradas; 9. Has dado en el quid; 10. Lo que has dicho es indiscutible.

Puede seguir practicando las expresiones argumentativas con el ejercicio 4 de la unidad 11 del *Libro de ejercicios*.

**>4** Actividad de interacción oral cuyo objetivo es poner en práctica los exponentes funcionales presentados anteriormente. Divida la clase en grupos de tres estudiantes y pídales que elijan un texto y lo lean. Una vez que lo han leído, han de iniciar un debate en el que cada uno trate de convencer al resto de que el avance presentado en su texto es el mejor, argumentando sus razones.

**4.1.** A modo de conclusión del epígrafe, cerramos con una tarea de interacción oral en clase abierta en la que los estudiantes debatirán sobre los avances tecnológicos que tendremos dentro de diez años. Puede utilizar la ficha 33, en la que se habla de algunos avances que se prevén ocurrirán alrededor de 2025, bien para motivar el debate o bien como final del mismo, a modo de conclusión sobre el tema.

**Ficha 33. Algunos avances tecnológicos que cambiarán el mundo.**

**Dinámica.** Reparta una copia de la ficha a cada estudiante. Deje que la lean y resuelva las posibles dudas de vocabulario que surjan. Después, hágales las siguientes preguntas: ¿creéis que se cumplirán estas previsiones? ¿Qué avance os parece más importante? ¿Qué otros avances pensáis que están previstos? ¿Qué otros avances opináis que están lejos de producirse? ¿Por qué?

## 2 DESCONECTA 152

En torno al tema del surgimiento de nueva filosofía de vida en oposición a la vida moderna y rápida, el movimiento lento o *slow*, se presentan las oraciones y conectores concesivos. Los estudiantes tendrán la oportunidad de reflexionar sobre el uso que hacen de las nuevas tecnologías.

> 1 Dirija la atención de los estudiantes a la fotografía que ilustra la actividad y pídales que la describan: ¿qué pasa? ¿Qué les sugiere esta imagen? (un grupo de jóvenes están juntos pero sin comunicarse. Cada uno está atento a su dispositivo móvil). Una vez que han expresado sus opiniones, hágales la pregunta que se sugiere en la instrucción y permita el debate entre ellos.

1.1. A través de esta actividad para hacer en parejas, los estudiantes aprenderán léxico relacionado con las adicciones causadas por el uso indiscriminado de las nuevas tecnologías. Antes de corregir, pueden comparar sus resultados con la pareja de al lado.

1. d; 2. e; 3. f; 4. c; 5. b; 6. a.

1.2. En esta actividad de carácter emocional se plantea una reflexión sobre el uso que hacen los propios estudiantes de las nuevas tecnologías. Se trata de expresar qué grado de vinculación emocional sienten hacia determinados dispositivos y aplicaciones. Pídales que formen parejas y reparta una copia de la ficha 34. Siga las indicaciones.

### Ficha 34. ¿Adicción a la tecnología?

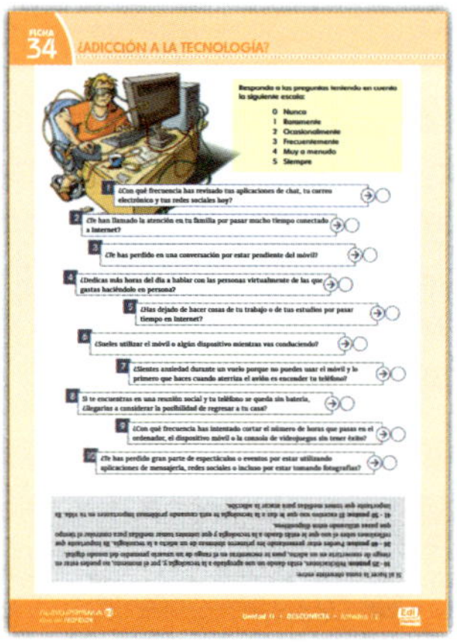

**Dinámica.** Distribuya a los estudiantes en parejas y pídales que se hagan el cuestionario entre ellos. Cada uno anota el resultado de su compañero/a. Una vez que han terminado, leen el resultado (que aparece al final de la ficha) y expresan su acuerdo o desacuerdo con el diagnóstico. Puede terminar la actividad haciendo una puesta en común con los resultados de toda la clase, comentando entre todos su grado de vinculación a las nuevas tecnologías.

> 2 Los estudiantes, en pequeños grupos, observan a las personas de las fotos, su edad y su profesión. Deben establecer la relación de estas personas con las nuevas tecnologías razonando sus respuestas. No dé la solución todavía.

**2.1.** Para comprobar su respuesta, pídales que, en parejas escuchen con atención el audio. Primero, deben resolver la tarea: relacionar cada historia con las personas de las fotografías. Luego, en una segunda escucha, comprueban si sus suposiciones de la actividad 2 son correctas. Seguramente les sorprenderá lo que oyen: estas tres personas, con profesiones liberales (publicista, periodista y comerciante) han renunciado al uso de las nuevas tecnologías y las usan mínimamente. Las tres historias son reales. Dígales que pertenecen a un grupo cada vez más numeroso de personas que no quiere depender de las nuevas tecnologías en su vida y a las que, simplemente, no les interesan ni los nuevos dispositivos ni las redes sociales. Si quiere ampliar el tema, puede leer con ellos el ejemplo de Joaquín Sabina (ficha 35), cantautor español muy famoso en España y Latinoamérica, que puede ser incluido, sin duda, en este movimiento.

## 2 DESCONECTA

1 La tecnología ha avanzado tan rápido en los últimos veinte años que los adolescentes de hoy no logran imaginarse que alguna vez no tuvimos Internet o no existían los teléfonos móviles. ¿Crees que podrías vivir ahora sin móvil, sin Internet o sin tecnología? Habla con tus compañeros.

1.1. El uso excesivo de las nuevas tecnologías es considerado una adicción que puede provocar graves consecuencias para las personas. ¿Conoces estos males causados por las nuevas tecnologías? Con tu compañero, relaciónalos con sus definiciones.

- tecnoadicción
- nomofobia
- síndrome de la vibración fantasma
- portatilitis
- ciberadicto
- ciberacoso

- Asedio entre jóvenes en la red hacia otros de su misma edad.
- Persona que depende excesivamente del uso de Internet en su vida diaria.
- Molestias y dolores musculares por usar y cargar ordenadores portátiles en exceso.
- Enfermedad causada por la falta de habilidad para tratar con las nuevas tecnologías de manera saludable.
- Uso abusivo del teléfono móvil, sintiendo miedo irracional a salir de casa sin él.
- Sensación que sienten muchas personas cuando creen que su móvil ha vibrado, y se apresuran a mirar quién les ha llamado o enviado un mensaje.

Sensaciones

1.2. ¿Haces un uso adecuado de las nuevas tecnologías? ¿Estarías dispuesto a despegarte de estas al menos unas horas? Realiza el test que te va a repartir el profesor, y compara y comenta el resultado con tu compañero.

2 Observa a estas tres personas y decide qué importancia crees que tienen para ellas las nuevas tecnologías. Discútelo con tus compañeros de grupo razonando tu respuesta.

A Sergio, 45 años. Publicista y director creativo.

B Silvina, 39 años. Licenciada en Ciencias de la Comunicación.

C Diego, 33 años. Comerciante.

2.1. Sergio, Silvina y Diego han decidido que sus vidas no dependan de las nuevas tecnologías y solo recurren a ellas cuando es estrictamente necesario. Escucha sus historias y relaciónalas con las imágenes anteriores. ¿Te han sorprendido? ¿Por qué? Habla con tu compañero.

152

152

---

62

**1.** Solo tiene un viejo Motorola que utiliza para trabajar. Lo usa como despertador y, en ocasiones, envía mensajes de texto. No chatea ni tiene correo electrónico. Cree que no tener email a veces complica su trabajo, porque sus clientes le piden su dirección de correo electrónico y se sorprenden cuando les dice que no tiene. Aunque esto algunos lo vean como un problema, él lo soluciona diciéndoles que le manden un SMS. Sobre las redes sociales, no tiene tiempo para utilizarlas. Trabaja desde las 8 de la mañana hasta las 8 de la tarde. Cuando llega a casa, quiere estar con su hijo. Le parece que a los que usan Facebook y Twitter les sobra el tiempo. No es su caso. Es verdad que a veces se siente molesto por quedar excluido de muchos comentarios que hacen sus amigos en las reuniones. Conversan sobre fotos o contenidos que compartieron en Facebook, y él no tiene idea de sobre qué están hablando. Ahí empieza a pensar si es él el que se equivoca.

**2.** Hace unos años fue a una experiencia creativa en una agencia publicitaria de Nueva York. En el avión empezó a escribir conceptos, ideas, titulares y guiones en una libretita. Esa misma tarde se reunió con los directores del área. Recuerda que cada uno tenía su portátil sobre la mesa. Todos hacían presentaciones que leían en las pantallas. Cuando llegó su turno, sacó del bolsillo su libreta y realizó su presentación leyendo sus papelitos. Todavía se acuerda de la cara de asombro de los directivos. Pero no solo utiliza muy poco el ordenador, tampoco le interesa tener el último *smartphone* disponible. Tiene un móvil del 2008. Aunque sea tan antiguo, no necesita más, porque solo lo utiliza para hablar y enviar mensajes de texto. Solo utiliza el email para trabajar y no usa redes sociales. Reconoce que la tecnología facilitaría su tarea, pero de momento no está entre sus prioridades.

**3.** Tiene un móvil, pero solo lo utiliza para hablar. No envía mensajes de texto ni usa ninguna otra función del equipo. Además, usa el correo electrónico, pero solo por cuestiones laborales; rara vez por motivos personales. La verdad es que la tecnología no le interesa, y eso que trabaja en uno de los periódicos más famosos de Argentina. Aunque comprenda los nuevos equipos y las redes sociales, simplemente elige no utilizarlos. Disfruta más de otras cosas que le da la vida. Sus amigos se sorprenden cuando les dice que no tiene Facebook ni Twitter. Tiene muchas anécdotas que evidencian su falta de interés por la tecnología. En el trabajo tiene un teléfono ultramoderno de Cisco, pero solo sabe transferir llamadas y ponerlo en silencio.

Adaptado de http://www.lanacion.com.ar/1615424-como-es-vivir-sin-tecnologia-en-el-siglo-xxi

---

A. 2; B. 3; C. 1.

## Ficha 35. Joaquín Sabina vive aislado en un mundo de otro siglo.

**Dinámica.** Cada vez son más las celebridades que se suman a la idea de no tener móvil. Proponga a los estudiantes que de manera individual lean el texto del cantante español Joaquín Sabina en la que da su opinión en relación al uso que se hace hoy en día de las nuevas tecnologías. También cuenta algo similar sobre el famoso actor Antonio Banderas. A continuación, pídales que formen pequeños grupos y den su opinión comentando si están o no de acuerdo con ellos.

## ELEteca
## 43. Joaquín Sabina.

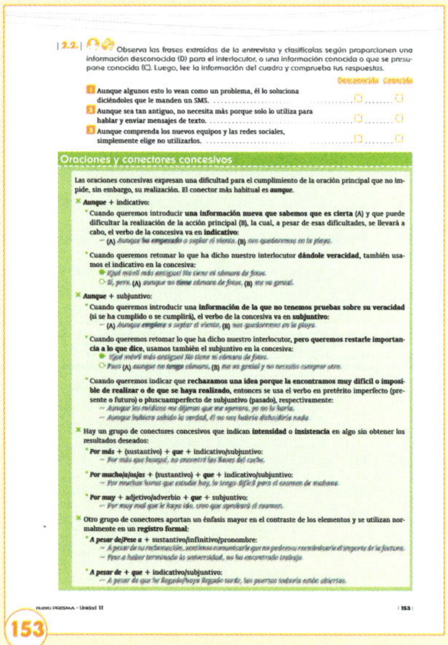

**2.2.** Para llevar a cabo esta actividad de reflexión gramatical, pídales que de manera individual lean con atención las frases extraídas de la audición anterior y las clasifiquen según el tipo de información que se da: desconocida o conocida para el interlocutor. Lo importante es que en estas frases se pone en entredicho lo que se afirma, bien porque no se sabe si es una información cierta o no (información desconocida) o porque no es importante para el hablante (conocida).

Explíqueles el cuadro con la proyección 38 para poder focalizar la atención de los estudiantes en un único punto. Puede ir pidiéndoles ejemplos alternativos a los propuestos para comprobar si van comprendiendo.

1. Desconocida; 2. Conocida; 3. Desconocida.

## Proyección 38. Oraciones y conectores concesivos.

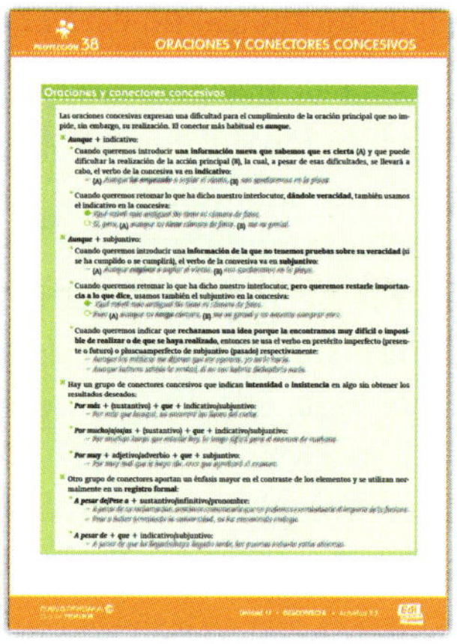

**2.3.** Actividad de práctica controlada en la que el estudiante interpreta una situación, decide qué tipo de información se da y escribe una frase transmitiendo dicha información a través de una frase concesiva. Por ello, es importante que mantenga el cuadro "Oraciones y conectores concesivos" proyectado. Si sus estudiantes tienen dificultades para realizar la actividad, distribúyalos por parejas. Antes de corregir, permita que sus estudiantes comparen sus resultados con otros compañeros.

Posible respuesta. 1. Por más que lo he pensado, sigo sin entender que mucha gente decida vivir alejada de todo lo que la tecnología les puede proporcionar; 2. Aunque se encuentren en la misma habitación con su familia, muchas personas se comunican todo el tiempo por WhatsApp; 3. Por mucho que protestes, no podemos cambiar de compañía en estos momentos; 4. Por muy malo que sea llevar móvil, no tendrás más remedio que usarlo; 5. Aunque no lo creas, en Bélgica sí que hay carriles para escribir con el móvil mientras caminas; 6. Aunque no te parece perjudicial, deberías usar menos las nuevas tecnologías y disfrutar más de la familia y amigos.

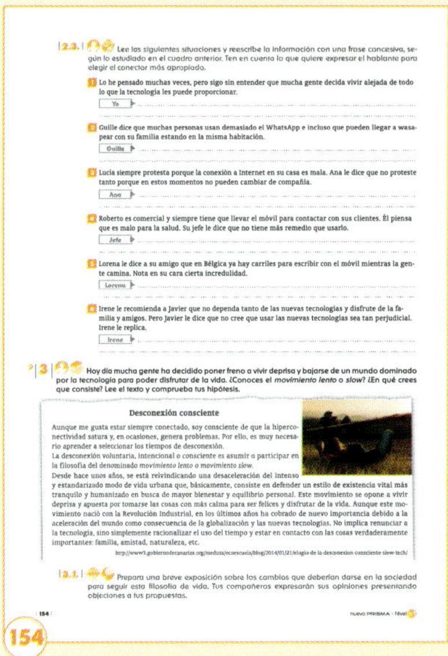

154

Para practicar el uso de las oraciones y conectores concesivos, realice los ejercicios 5 y 7 de la unidad 11 del *Libro de ejercicios*.

**>3** Antes de proceder a la lectura del texto *Desconexión consciente*, pregúnteles si conocen el *movimiento lento* o *slow* explicando lo que significa. La lectura del texto servirá para comprobar si sus comentarios y explicaciones son correctos.

**i+ ELEteca**
**44. Movimiento lento o *slow*.**

**3.1.** Para cerrar el epígrafe, se propone una actividad de interacción oral en la que entre todos comentarán los cambios que deben producirse en la sociedad para que pueda ser factible la filosofía de vida que se plantea en el movimiento lento. Antes de realizar la exposición, sugiérales que reflexionen unos minutos sobre estos cambios y tomen notas. Luego, por turnos, van exponiendo sus reflexiones. Los demás deben poner objeciones a sus propuestas. Si su clase es demasiado numerosa, puede organizar a los estudiantes en pequeños grupos.

## 3 OFICIOS PERDIDOS Y OFICIOS NUEVOS 155

A lo largo de este epígrafe los estudiantes conocerán profesiones antiguas en vías de desaparición en España e Hispanoamérica y trabajarán el componente intercultural hablando de las profesiones perdidas en sus países. Se presentan las estructuras reduplicativas con valor concesivo, además de facilitar estrategias de aprendizaje para la adquisición de léxico mediante el trabajo con definiciones, sinónimos y antónimos.

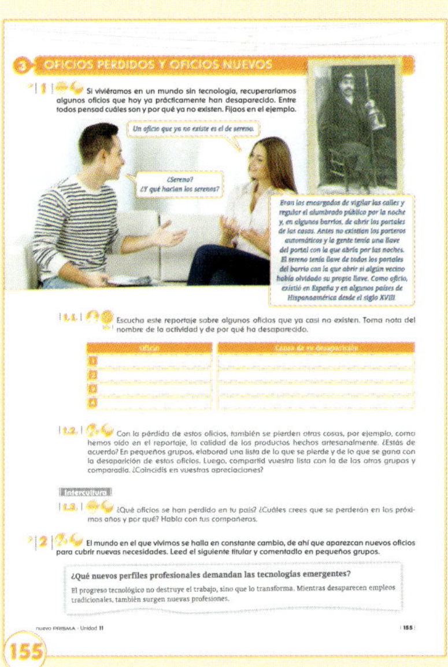

155

**>1** Póngales en situación diciéndoles que imaginen un mundo sin ordenadores ni móviles. ¿Qué profesiones imaginan que se recuperarían? Todas esas profesiones que imaginen han desaparecido o están en vías de desaparición. Anímeles a que hagan un listado y den una explicación de cada oficio tomando el ejemplo como modelo.

**Alternativa.** Otra opción es pedirles que piensen a qué se dedicaban sus abuelos y que digan si su oficio o profesión sigue existiendo y, si es así, cómo es esa profesión en la actualidad.

**1.1.** El objetivo de esta actividad de comprensión auditiva es que el estudiante conozca profesiones que ya no existen en la actualidad. Como tarea debe escribir en la tabla el nombre del oficio desaparecido y la causa de su desaparición. Si lo cree conveniente, escuchen la audición dos veces. Antes de llevar a cabo una corrección común, anime a los estudiantes a que comenten sus respuestas en parejas.

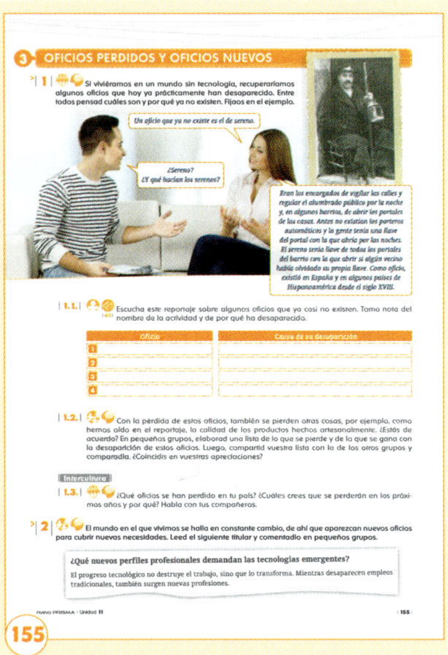

## 3 OFICIOS PERDIDOS Y OFICIOS NUEVOS

1 Si viviéramos en un mundo sin tecnología, recuperaríamos algunos oficios que hoy ya prácticamente han desaparecido. Entre todos pensad cuáles son y por qué ya no existen. Fijaos en el ejemplo.



1.1. Escucha este reportaje sobre algunos oficios que ya casi no existen. Toma nota del nombre de la actividad y de por qué ha desaparecido.

| Oficio | Causa de su desaparición |
|---|---|
| 1 | |
| 2 | |
| 3 | |
| 4 | |

1.2. Con la pérdida de estos oficios, también se pierden otras cosas, por ejemplo, como hemos oído en el reportaje, la calidad de los productos hechos artesanalmente. ¿Estás de acuerdo? En pequeños grupos, elaborad una lista de lo que se pierde y de lo que se gana con la desaparición de estos oficios. Luego, compartid vuestra lista con la de los otros grupos y comparadla. ¿Coincidís en vuestras apreciaciones?

Intercultura

1.3. ¿Qué oficios se han perdido en tu país? ¿Cuáles crees que se perderán en los próximos años y por qué? Habla con tus compañeros.

2 El mundo en el que vivimos se halla en constante cambio, de ahí que aparezcan nuevos oficios para cubrir nuevas necesidades. Leed el siguiente titular y comentadlo en pequeños grupos.

**¿Qué nuevos perfiles profesionales demandan las tecnologías emergentes?**

El progreso tecnológico no destruye el trabajo, sino que lo transforma. Mientras desaparecen empleos tradicionales, también surgen nuevas profesiones.

nuevo PRISMA · Unidad 11 | 155

155

63

Los rápidos avances tecnológicos y los cambios en nuestro estilo de vida han puesto en peligro de extinción y olvido trabajos y oficios que fueron esencia de la vida cotidiana durante siglos y siglos. Se abandonan los oficios y trabajos, y con ellos se pierde un saber y un conocimiento ancestral, una cultura que parecía imperecedera y que solo algunos viejos artesanos conservan en sus manos. ¿Valdrá la pena? ¿No perderemos calidad? ¿De verdad será mejor el trabajo de las máquinas que el de los hombres?

Una de estas profesiones es la de farero que, aunque de momento no ha desaparecido, ya le han cambiado el nombre. Ahora se les llama *técnicos de sistemas de ayuda a la navegación*, y aunque parece que nadie imagina la costa sin faros, puede que sí sin fareros, debido a la llegada de las nuevas tecnologías a las linternas de los faros, en concreto, a la aparición de los modernos sistemas de localización vía satélite o GPS, y de los radares.

Otro oficio en vías de desaparición es el de pastor. Las generaciones jóvenes no encuentran ninguna motivación para seguir viviendo del campo, por lo que muchas profesiones relacionadas con la agricultura o la ganadería están desapareciendo a marchas forzadas por puro abandono. La desaparición del pastoreo, en concreto, puede ocasionar, además, graves consecuencias, ya que, según los expertos, la ganadería ayuda a limpiar el monte, a prevenir incendios y a mantener las estructuras rurales. Con la desaparición de esta actividad, los pueblos llegarán a estar totalmente abandonados.

Todos los puestos de trabajo que consisten en cobrar dinero en metálico están en vías de extinción, como los taquilleros. La generalización de nuevos medios de pago y el avance en todo tipo de máquinas de cobro automático hacen que los taquilleros de todo tipo sean ya prescindibles. En lugares como el metro ya han desaparecido por completo, y en otros lugares como peajes de autopista o garajes cada vez hay menos. Incluso en los supermercados, donde las cajas siguen siendo imprescindibles, cada vez hay más facilidades para pagar nuestras compras ya sea por Internet o a través de sistemas de cobro automático.

Otros oficios se adaptan a los nuevos tiempos, como los carpinteros. El trabajo de la madera es una de las actividades profesionales más antiguas que existen. Con la aparición de nuevos materiales, las puertas y ventanas de madera se han ido sustituyendo por las de aluminio o PVC, lo que se llama *carpintería de aluminio* y *carpintería de PVC*, en la que muchos de los antiguos carpinteros de madera han encontrado una salida profesional y que ha supuesto la supervivencia de este antiguo oficio.

Adaptado de http://www.20minutos.es/noticia/1893990/0/farero-empleo/profesion/peligro-extincion-trabajo/#xtor=AD-15&xts=467263
http://www.elconfidencial.com/alma-corazon-vida/2012-05-22/las-profesiones-que-dejaran-de-existir-dentro-de-diez-anos_502376/

1. Farero, por la aparición de radares y sistemas GPS; 2. Pastor, los jóvenes no encuentran motivación para trabajar en el campo; 3. Taquillero, por las máquinas de cobro automático y el pago *online*; 4. Carpintero, por la aparición de nuevos materiales como el aluminio o el PVC.

i+ ELEteca
**45. Oficios perdidos.**

1.2. Para llevar a cabo esta actividad, proponga la formación de pequeños grupos. Pídales que reflexionen sobre el planteamiento escuchado en el reportaje de que con la pérdida de oficios antiguos se pierden también la calidad de los productos hechos artesanalmente. A continuación, indíqueles que elaboren una lista con lo que se pierde y gana con la desaparición de estos oficios, para compartirla luego con otros grupos y debatir si están o no de acuerdo.

**1.3.** Se concluye esta secuencia de actividades de reflexión sobre los oficios perdidos con una propuesta intercultural en la que los estudiantes comentarán oficios que ya no existen en su país y hablarán de aquellos que creen que desparecerán también en los próximos años.

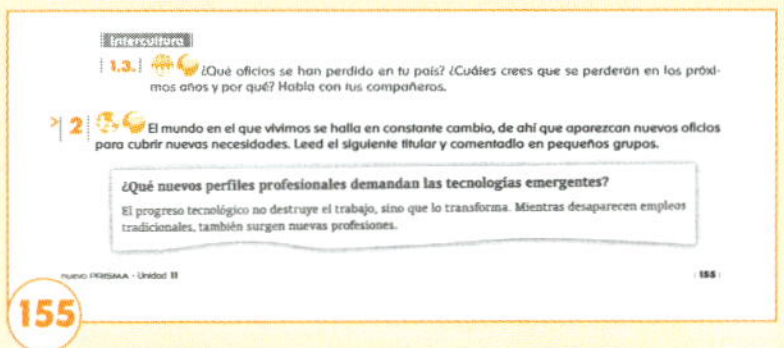

**> 2** Siguiendo con el tema de oficios y profesiones, se plantea una actividad de interacción oral en pequeños grupos en la que los estudiantes deben hablar sobre las nuevas profesiones que han surgido con las nuevas tecnologías. De esta manera, antes de escuchar el audio sobre este tema de la actividad 2.1., comparten los conocimientos previos que tengan sobre el tema. Pregúnteles si están de acuerdo con la entradilla de la noticia: "el progreso tecnológico no destruye el trabajo, sino que lo transforma", argumentando su opinión.

**2.1.** Los estudiantes van a escuchar una entrevista hecha a un experto en nuevas tecnologías hablando sobre las nuevas profesiones asociadas a ellas. Pídales que señalen en orden de aparición las profesiones que menciona. Después, en parejas y por turnos, se explican entre ellos en qué consisten esas profesiones. También puede hacer esta última parte de la actividad en plenario.

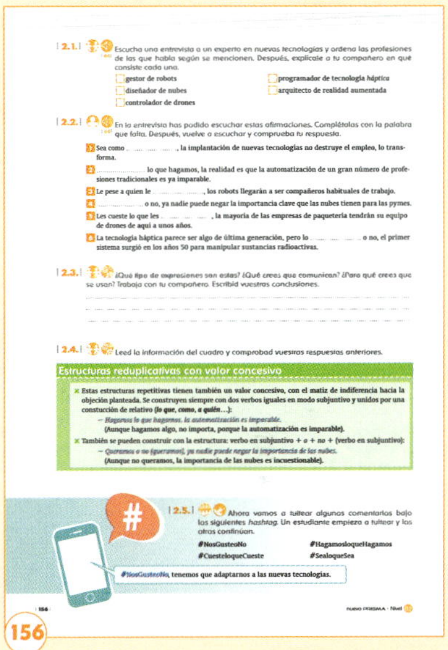

64

**Entrevistadora:** ¿Es cierto que la llegada de los imparables avances tecnológicos está destruyendo el paradigma de trabajo conocido hasta ahora?

**Experto:** Bueno, sea como sea, la implantación de nuevas tecnologías no destruye empleo, lo transforma, aunque a corto plazo parezca lo contrario. Ya vimos como, en el pasado, la mano de obra emigró masivamente desde el campo a las fábricas. No fue una destrucción, sino un cambio de paradigma. Hagamos lo que hagamos, la realidad es que la automatización de un gran número de profesiones tradicionales es ya imparable.

**Entrevistadora:** ¿Y cree usted que ya hay profesionales preparados para afrontar esta transformación?

**Experto:** Claro, los radicales avances tecnológicos están haciendo surgir perfiles profesionales que las empresas demandan. En la mayoría de los casos, aún no existen programas educativos enfocados al cambio en la nueva concepción de empleo que se avecina, pero sin duda alguna, asistimos al comienzo de una nueva era y unos nuevos profesionales.

**Entrevistadora:** ¿Y qué profesiones serán las más demandadas en el futuro?

**Experto:** Pues podemos comentar algunas, por ejemplo, arquitecto de realidad aumentada. Según un estudio, la producción de gafas inteligentes alcanzará los 10 millones por año en 2020, en comparación con las 87 000 unidades estimadas para este año. Las empresas de *software* echan humo tratando de desarrollar nuevas aplicaciones –tanto para trabajar como para jugar–, cuya materia prima es la realidad aumentada, que tiene mucho que ver con el diseño gráfico.

**Entrevistadora:** ¿Y qué me puede comentar de los gestores de robots? ¿Es una profesión con futuro?

**Experto:** Por supuesto. Existen tecnólogos muy críticos con el desembarco de los androides en las empresas, pero ya es un fenómeno imparable. Los robots crearán empleo, y los seres humanos encontrarán nuevos puestos de trabajo haciéndose cargo de su gestión. En lugar de empaquetar personalmente las mercancías, un operario estará a cargo de varios robots capaces de hacer su trabajo más rápido. Le pese a quien le pese, los robots llegarán a ser compañeros habituales de trabajo.

**Entrevistadora:** Increíble. ¿Alguna más?

**Experto:** Pues una muy interesante es también la profesión de diseñador de nubes.

**Entrevistadora:** ¿De nubes?

**Experto:** Claro. Teniendo en cuenta la inmensa cantidad de centros de datos que se construyen en el mundo, tanto a pequeña como a gran escala,

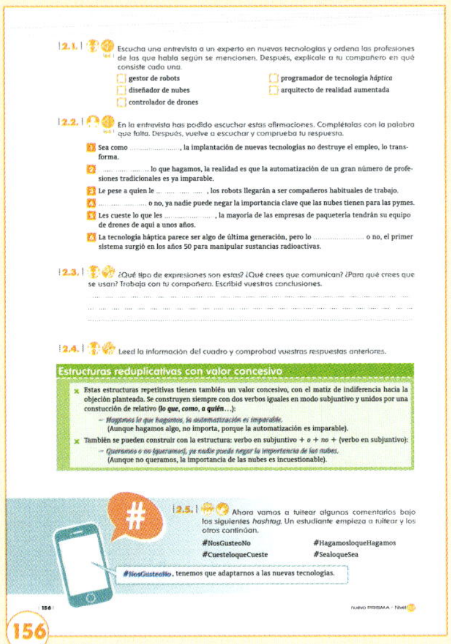

|2.1.| Escucha una entrevista a un experto en nuevas tecnologías y ordena las profesiones de las que habla según se mencionen. Después, explícale a tu compañero en qué consiste cada una.

- [ ] gestor de robots
- [ ] diseñador de nubes
- [ ] controlador de drones
- [ ] programador de tecnología *háptica*
- [ ] arquitecto de realidad aumentada

|2.2.| En la entrevista has podido escuchar estas afirmaciones. Complétalas con la palabra que falta. Después, vuelve a escuchar y comprueba tu respuesta.

1. Sea como ............, la implantación de nuevas tecnologías no destruye el empleo, lo transforma.
2. ............ lo que hagamos, la realidad es que la automatización de un gran número de profesiones tradicionales es ya imparable.
3. Le pese a quien le ............, los robots llegarán a ser compañeros habituales de trabajo.
4. ............ o no, ya nadie puede negar la importancia clave que las nubes tienen para las pymes.
5. Les cueste lo que les ............, la mayoría de las empresas de paquetería tendrán su equipo de drones de aquí a unos años.
6. La tecnología háptica parece ser algo de última generación, pero lo ............ o no, el primer sistema surgió en los años 50 para manipular sustancias radioactivas.

|2.3.| ¿Qué tipo de expresiones son estas? ¿Qué crees que comunican? ¿Para qué crees que se usan? Trabaja con tu compañero. Escribid vuestras conclusiones.

|2.4.| Leed la información del cuadro y comprobad vuestras respuestas anteriores.

**Estructuras reduplicativas con valor concesivo**

- Estas estructuras repetitivas tienen también un valor concesivo, con el matiz de indiferencia hacia la objeción planteada. Se construyen siempre con dos verbos iguales en modo subjuntivo y unidos por una constucción de relativo (***lo que, como, a quién***...):
  - *Hagamos lo que hagamos, la automatización es imparable.* (Aunque hagamos algo, no importa, porque la automatización es imparable).
- También se pueden construir con la estructura: verbo en subjuntivo + *o* + *no* + (verbo en subjuntivo):
  - *Queramos o no (queramos), ya nadie puede negar la importancia de las nubes.* (Aunque no queramos, la importancia de las nubes es incuestionable).

|2.5.| Ahora vamos a tuitear algunos comentarios bajo los siguientes *hashtag*. Un estudiante empieza a tuitear y los otros continúan.

#NosGusteoNo #HagamosloqueHagamos
#CuesteloqueCueste #SealoqueSea

#NosGusteoNo, tenemos que adaptarnos a las nuevas tecnologías.

| 156 | nuevo PRISMA · Nivel

156

no es de extrañar que se trate de una de las profesiones más demandadas del momento. Diseñar la estructura de estos grandes bancos de información en la nube y crear un sistema sostenible para su desarrollo y control a largo plazo es clave para las empresas, para las multinacionales como Google, pero cada vez más también para las pymes y los usuarios individuales. Queramos o no, ya nadie puede negar la importancia clave que las nubes tienen para las pymes.

**Entrevistadora:** ¿Y qué hay de los drones? ¿También tendrán una aplicación en el futuro profesional de las empresas grandes y pequeñas?

**Experto:** Pues sí, también los drones. Desde los medios de comunicación suele tratarse a los *drones* exclusivamente desde el punto de vista de su utilidad como herramienta de guerra, pero se trata de una tecnología emergente con muchas aplicaciones civiles. El futuro de los servicios de paquetería, tanto a larga distancia como en la misma ciudad, pasa por la implantación de tecnologías basadas en *drones*. El personal de oficina, que, en la actualidad, gestiona flotas de camiones, en el futuro administrará este tipo de aparatos. Les cueste lo que les cueste, la mayoría de las empresas de paquetería tendrán su equipo de drones de aquí a unos años.

**Entrevistadora:** Muy interesante. Creo que tendremos que ponernos todos las pilas para no quedarnos obsoletos.

**Experto:** Sin duda. Me gustaría comentar una más que también me parece fundamental. La programación de tecnología *háptica*, que describe aquellos entornos tecnológicos que interaccionan con el ser humano mediante el sentido del tacto. En la actualidad, la aplicación más extendida de esta tecnología se encuentra en los *smartphones* y tabletas, pero lo creamos o no, su origen es anterior: el primer sistema háptico surgió en los años 50 para manipular a distancia sustancias radioactivas.

**Entrevistadora:** Apasionante el ritmo al que todo cambia a nuestro alrededor. Muchas gracias por sus respuestas.

Adaptado de http://www.elconfidencial.com/tecnologia/2013-11-14/los-nuevos-perfiles-profesionales-que-demandan-las-tecnologias-emergentes_54185/

2, 3, 4, 5, 1.

**2.2.** Las frases que han sido extraídas del texto son las muestras de lengua que contienen las estructuras reduplicativas que van a ver en las actividades posteriores. Para trabajar la gramática de modo inductivo, pida a los estudiantes que intenten completar las frases: de este modo, aprenderán a formar este tipo de estructuras. Una vez que han llevado a cabo la actividad de manera individual, ponga de nuevo el audio para que puedan comprobar sus respuestas.

1. sea; 2. Hagamos; 3. pese; 4. Queramos; 5. cueste; 6. creamos.

**2.3.** Siguiendo con la reflexión inductiva, pida a los estudiantes que en parejas analicen las frases de la actividad 2.2., respondiendo a las preguntas que se plantean. Puede proponerles que parafraseen con sus propias palabras las frases para hacerles conscientes de su valor concesivo. Comente en clase abierta las conclusiones de todos.

**2.4.** Para concluir esta secuencia de reflexión gramatical, se ofrece un cuadro explicativo en el que pueden comprobar sus respuestas y sustematizar estos contenidos.

**2.5.** Para consolidar estas expresiones reduplicativas, se ofrece una actividad de expresión escrita en la que los estudiantes deben escribir tuits bajo los *hashtag* que se sugieren. Divida la clase en cuatro grupos, cada uno de ellos con uno de los *hashtag*. Un estudiante comienza escribiendo el primer tuit, se lo pasa al segundo estudiante que escribe el segundo tuit, etc., hasta llegar al último estudiante. Puede colgar los tuits en la clase para que todo el mundo pueda leerlos.

Para la práctica y consolidación de las estructuras reduplicativas con valor concesivo, realice el ejercicio 8 de la unidad 11 del *Libro de ejercicios*.

**>3** Comienza una secuencia de actividades que trabajan el componente estratégico en relación al léxico del carácter en el ámbito profesional. Para entrar en materia, se propone un debate en pequeños grupos donde los estudiantes reflexionan sobre su perfil profesional respondiendo a las afirmaciones que se plantean en la actividad.

**3.1.** Pídales que piensen en dos profesiones diferentes y que elijan las características que deben tener los trabajadores que se dediquen a ellas. Pasee entre las parejas para prestar su ayuda en caso necesario. El objetivo de la actividad es conocer el significado de estos adjetivos, así que puede pedirles que, antes de comenzar, tachen los que ya conocen y busquen en el diccionario los que no saben.

**3.2.** Con esta actividad de carácter estratégico se pretende hacer conscientes a los estudiantes de la utilidad de formar conexiones entre las palabras de modo que su aprendizaje resulte más fácil y efectivo. Uno de los mecanismos más usuales para relacionar palabras es buscar antónimos y sinónimos de un vocablo. En eso consiste la tarea de esta actividad. Pida a las parejas que ya estaban formadas que vuelvan a la lista de vocabulario anterior para buscar los antónimos y sinónimos de las palabras que se presentan. Una vez finalizada y corregida la actividad, haga una reflexión en clase abierta sobre esta estrategia de aprendizaje: ¿les ha resultado útil? ¿La han usado alguna vez para recordar o deducir vocabulario? ¿Qué otras formas conocen/utilizan para establecer relaciones entre las palabras?, etc.

Irresponsable: imprudente/responsable; Conformista: acomodaticio/rebelde, inconformista; Humilde: sencillo, modesto/ambicioso, creído, arrogante, soberbio; Experimentado: entendido, ducho, con experiencia, con soltura/novato; Luchador: infatigable/remolón; Brillante: inteligente, sobresaliente/torpe; Diplomático: negociador, político/torpe, rudo; Elocuente: expresivo/callado, seco; Honesto: honrado/deshonesto, tramposo, sinvergüenza; Con buena disposición: eficiente, predispuesto/holgazán, gandul; Idealista: utópico, soñador/conformista, pragmático, práctico, realista.

**>4** Los estudiantes conocerán en esta actividad una serie de expresiones idiomáticas relacionadas con el trabajo. Indíqueles que, en parejas, lean las expresiones y las relacionen con su significando. Pídales que se fijen en la imagen y la relacionen con una de las expresiones argumentando su elección.

1. b; 2. c; 3. d; 4. a; 5. f; 6. e.
La imagen puede referirse a las expresiones 2 y 6.

**4.1.** Actividad de comprensión auditiva para practicar el vocabulario aprendido hasta el momento. Se trata de pequeños microdiálogos que los estudiantes tienen que interpretar correctamente para elegir la opción correcta. No corrija la actividad. Pase directamente a la actividad 4.2.

65

1. ● Teresa, ¿me ayudas con este informe? Estoy perdido…
   ○ Ni hablar. Para que luego te pases el día sin dar ni golpe…
2. ● ¿Javi? Pues ya no trabaja aquí. Estaba harto de este horario y decidió montar su propio negocio.
   ○ Ah, ¿sí? Pues espero que le vaya bien, porque la verdad es que yo creo que para ser su propio jefe le falta un poquito de rodaje, ¿no crees?
3. ● Carlos, ¿has visto al nuevo? Está ya como pez en el agua. Se ha adaptado muy bien a la oficina.
   ○ ¿En serio? Ya será menos… Ese seguro que tiene enchufe.

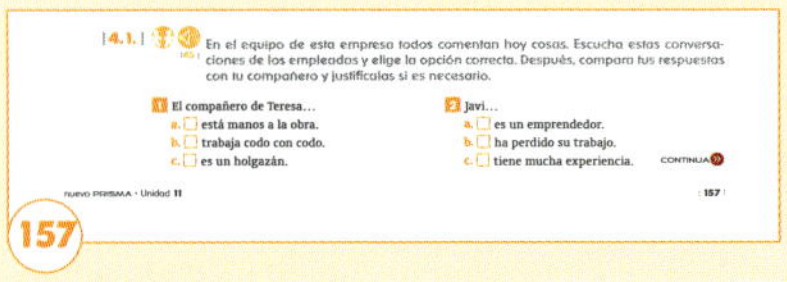

4. ● ¿Y Pedro? ¿Ya se ha ido? Pero si dijo que me iba a ayudar con los presupuestos...
   ○ Menudo remolón es Pedro, ¿y tú le creíste...? Ese se escapa a la primera oportunidad. Con él, trabajar en equipo es imposible, ¡qué hombre...!
5. ● Oye, Patricia, los del departamento de calidad nos tendrán que ayudar un poquito esta semana, ¿no?
   ○ Sí, sí, van a ser los primeros en arrimar el hombro...

1. c; 2. a; 3. b; 4. a; 5. c.

**4.2.** Pregúnteles si han notado algo especial en los diálogos. Deje que expresen sus opiniones. Luego, lea con ellos el cuadro de atención sobre la entonación y vuelva a poner el audio. En este caso la tarea consiste en interpretar la intención de los hablantes a través de la entonación. Una vez realizada la actividad, permítales revisar sus respuestas a 4.1. y corrija ambas actividades.

Diálogo 1: Directa; Diálogo 2: Despectiva; Diálogo 3: Incrédula; Diálogo 4: Molesta; Diálogo 5: Irónica.

**4.3.** Se concluye el epígrafe con una actividad de reflexión estratégica sobre el papel de la entonación a la hora de interpretar la intención de un hablante. Pídales a los estudiantes que comenten si después de realizar la actividad 4.2 han tenido que corregir alguna respuesta del ejercicio 4.1, y que expliquen y discutan entre ellos sobre los errores cometidos.

## 4 MÉXICO FRENTE A LAS TIC 158

Es este un epígrafe de marcado carácter cultural que gira en torno a la introducción y uso de las nuevas tecnologías en México. Como estrategia de aprendizaje, se facilitarán las herramientas para elaborar un esquema a partir de un texto escrito. Se presenta la actividad de grupo cooperativo de la unidad en la que de manera colaborativa los estudiantes escribirán un artículo que hable sobre la aplicación de las nuevas tecnologías en el mundo.

**> 1** Se inicia el epígrafe con una actividad de estrategias en la que a partir de la lectura del texto propuesto, los estudiantes realizarán en parejas un esquema apoyándose en las pautas que se facilitan en el cuadro.

**1.1.** Actividad de reflexión estratégica en la que se les pide a los estudiantes que relean el texto para encontrar tres términos que se usan de diferente modo en el español de España y en el de México, con el objetivo de que tomen conciencia de las diferencias lingüísticas entre variantes hispanas reflexionando sobre sus ventajas e inconvenientes. De la misma manera que se intenta preservar la diversidad biológica, la diversidad lingüística merece ser respetada y defendida junto a los derechos humanos. Las distintas formas de comunicarse permiten distintas formas de entender la realidad, y esto enriquece el conocimiento humano. Por otro lado, estas diferencias no impiden la plena comunicación entre los hablantes de las diferentes variantes.

Puede preguntarles si en su lengua existen variantes lingüísticas entre los hablantes y de qué modo afectan a su comunicación.

Los tres términos que no se usan en el español de España son: *teléfono celular, computadora* y *el Internet*. En España, se dice *teléfono móvil, ordenador* e *Internet*, sin artículo.

**>2** Tarea de grupo cooperativo cuyo objetivo es la elaboración de un artículo por parte de los estudiantes sobre la aplicación de las nuevas tecnologías en el mundo laboral. Para ello, indíqueles con precisión las pautas a seguir focalizando la atención del estudiante en los conceptos de coherencia y cohesión expresados en el cuadro. Puede realizar la actividad en dos partes: la primera parte consistirá en la búsqueda de información sobre el tema elegido de manera individual y la redacción de la parte que le ha tocado a cada miembro del grupo, y la segunda, la redacción del artículo poniendo en común el trabajo de cada uno y la posterior redacción y corrección en conjunto. Puede hacer copias de los trabajos para todos los miembros del grupo, publicar los artículos en un blog de clase o colgarlos en el aula para que todos puedan leerlos.

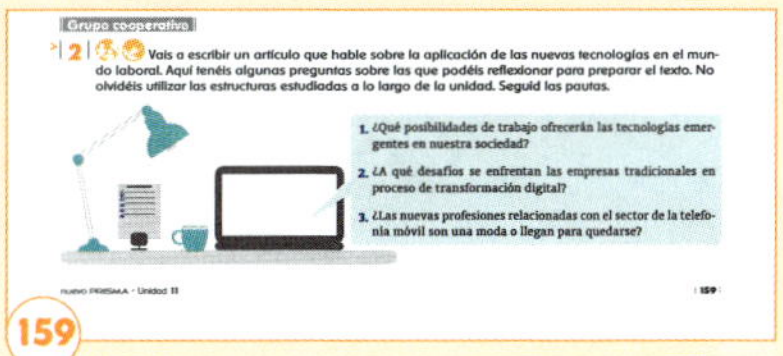

159

## 5 SIGNOS ESPECIALES DE PUNTUACIÓN: (¿) (¡), [...], (A), * 160

El objetivo de este epígrafe es focalizar la atención de los estudiantes en la presentación y uso de los signos especiales de puntuación que son aquellos que se usan para expresar ciertas intencionalidades del hablante.

**>1** y **1.1.** Actividad de reflexión en parejas en la que los estudiantes analizan los signos que aparecen en las frases proponiendo hipótesis sobre su significado y su posterior comprobación en el cuadro explicativo (actividad 1.1.).

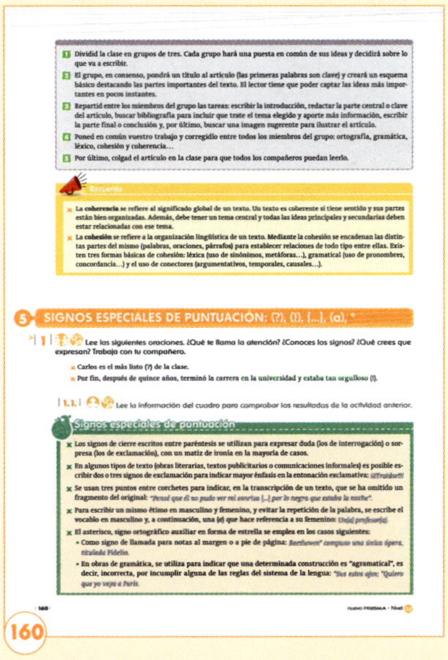

160

**>2** Actividad de práctica de los signos explicados en el cuadro anterior. Pida que, individualmente, resuelvan la actividad escribiendo los signos necesarios y que, luego, en pequeños grupos, comparen sus respuestas.

1. ¡¡¡ !!!; 2. (!); 3. (a); 4. (?); 5. [...]; 6. *.

## ¿QUÉ HE APRENDIDO? 161

**>2** 1. Información conocida que el interlocutor no comparte; 2. Información conocida, matiz de indiferencia; 3. Información conocida; 4. Información desconocida, matiz de indiferencia.

**ELEteca**
Léxico. Avances tecnológicos.

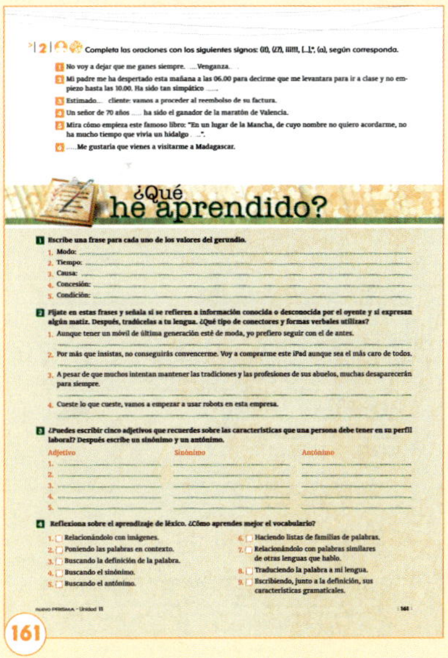

161

# 12 ASÍ SOMOS

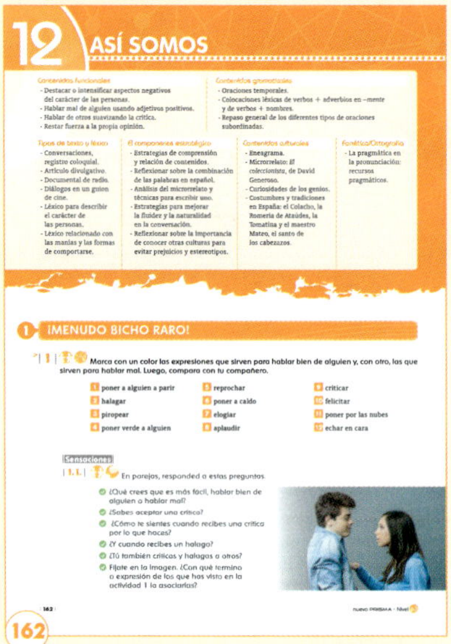

La unidad se dedica al estudio de las personalidades en diferentes ámbitos de la vida. Desde el punto de vista gramatical, se abordan las oraciones temporales, las colocaciones léxicas y una revisión general de las diferentes oraciones subordinadas estudiadas a lo largo del curso. El componente estratégico se centra en el desarrollo de estrategias para mejorar la fluidez y la naturalidad en la conversación. Se finaliza la unidad con un epígrafe dedicado a la pragmática en la pronunciación.

## 1 ¡MENUDO BICHO RARO! 162

Este primer epígrafe se centra en el léxico y en los mecanismos lingüísticos para hablar negativamente del carácter de una persona.

**> 1** Actividad de carácter léxico que introduce el tema del epígrafe. Los estudiantes, individualmente, leen las expresiones y las clasifican en positivas o negativas. Después comparan su respuesta con su compañero.

Para hablar bien de alguien: 2, 3, 7, 8, 10, 11; Para hablar mal de alguien: 1, 4, 5, 6, 9, 12.

**1.1.** Esta actividad tiene la finalidad de trabajar el componente emocional. Mantenga las parejas anteriores y propóngales a los estudiantes que lean las preguntas, las respondan y comenten las respuestas. Si lo cree conveniente, puede hacer la actividad en plenario, de esta manera propiciará una mayor comunicación y conocimiento en el grupo. Puede hacer también otras preguntas: ¿qué es una crítica positiva?, ¿son útiles las críticas?, ¿se puede aprender de ellas?...

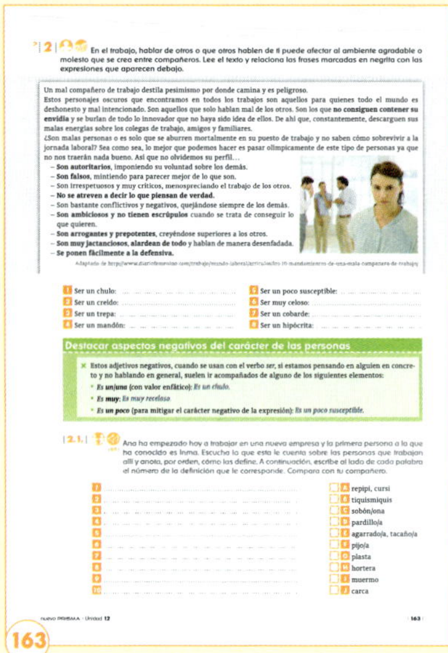

**> 2** Avance a los estudiantes el contenido del texto que alude a la influencia negativa que puede tener en el trabajo un mal compañero y adviértales de que además de la comprensión del texto, el objetivo de esta tarea radica en la adquisición de expresiones coloquiales relacionadas con aspectos negativos del carácter de las personas. Anímeles a que realicen una lectura del texto prestando especial atención a las frases señaladas en negrita para relacionarlas con las expresiones correspondientes. Al finalizar, focalice su atención en el cuadro funcional "Destacar aspectos negativos del carácter de las personas" en el que se explican algunos mecanismos lingüísticos que permiten matizar estas expresiones.

1. Son muy jactanciosos, alardean de todo; 2. Son arrogantes y prepotentes; 3. Son ambiciosos y no tienen escrúpulos; 4. Son autoritarios; 5. Se ponen fácilmente a la defensiva; 6. No consiguen contener su envidia; 7. No se atreven a decir lo que piensan de verdad; 8. Son falsos.

**2.1.** Seguimos con una tarea de comprensión auditiva cuya finalidad es la aportación de léxico coloquial relacionado con aspectos negativos del carácter de una persona. Pídales que escuchen con atención cómo Inma describe a sus compañeros de trabajo y que anoten por orden cómo las define. Si lo cree conveniente, proceda a una segunda escucha. Corrija esta primera parte de la actividad y, a continuación, pídales que relacionen esas definiciones con las palabras de la columna de la derecha, echando mano de sus conocimientos previos. Antes de corregir, permita que, en parejas, comparen sus resultados.

Una vez corregida la actividad asegurándose de que entienden bien todas las palabras, focalice la atención de los estudiantes en los dos cuadros que aparecen a continuación. El cuadro de atención advierte del carácter marcadamente coloquial de estas expresiones y de algunas peculiaridades morfológicas de las mismas. El cuadro funcional describe algunos mecanismos lingüísticos para intensificar el carácter negativo de estas expresiones.

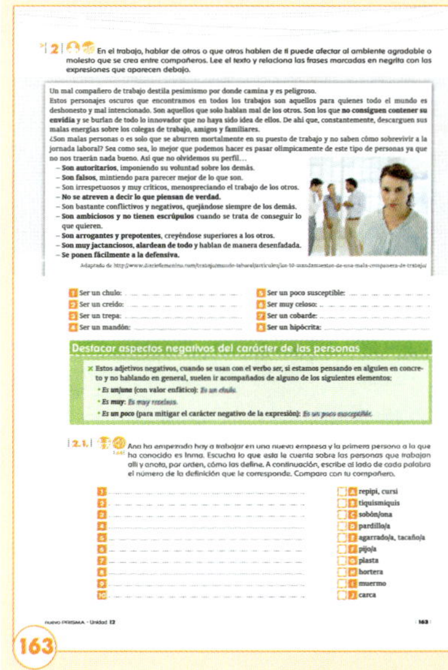

166 Bueno, en esta oficina hay de todo, la verdad, te vas a encontrar a cada personaje... pero en el fondo somos todos muy majos, ya verás. Los hay que no quieren gastar su dinero, con estos mejor no salir a tomar un café porque te harán pagar; luego están los que visten fatal, con ropa pasada de moda, y con colores que no combinan, en fin, dan colorido a la oficina; aunque otros intentan todo lo contrario, quieren ser muy sofisticados llevando ropa muy cara para ir siempre a la última... Solo unos pocos lo consiguen; algo que nos pasa un poco a todos es que a veces nos obsesionamos con detalles tontos e insignificantes. ¡Ah! Y luego están los que repiten todo cuarenta veces y te consultan hasta el más mínimo detalle, pesadísimos, oye... Te irás acostumbrando, no te queda otra, así es en todos los trabajos. Luego, en el departamento de facturación hay gente muy tradicional, muy chapada a la antigua, con ideas que ya nadie comparte; estos son, encima, los más aburridos de la empresa, no participan en casi ningún evento social, ni fiestas, ni regalos a compañeros ni nada. ¿Qué más...? ¡Ah! También están los que se acercan demasiado, un poco pegajosos. Y los que a mí me dan más risa son esos que pretenden ser finos y elegantes y acaban siendo ridículos y de mal gusto, la verdad es que no los aguanto, de esos hay algún jefe. Y bueno, con esto yo creo que te haces una idea, ¿no? Lo importante es que te pongas las pilas para estar al día de todo, de quién es quién y todo eso. Y no te comportes como una novata. Sí, mujer, que no te dejes engañar por nadie, que no piensen que eres tonta...

1. Los hay que no quieren gastar su dinero, E; 2. están los que visten fatal, H; 3. otros quieren ser muy sofisticados llevando ropa muy cara, F; 4. nos obsesionamos con detalles tontos e insignificantes, B; 5. Y luego están los que repiten todo cuarenta veces y te consultan hasta el más mínimo detalle, pesadísimos, oye, G; 6. hay gente muy tradicional, muy chapada a la antigua, con ideas que ya nadie comparte, J; 7. los más aburridos, I; 8. los que se acercan demasiado, un poco pegajosos, C; 9. esos que pretenden ser finos y elegantes, y acaban siendo ridículos y de mal gusto, A; 10. Y no te comportes como una novata. Sí, mujer, que no te dejes engañar por nadie, que no piensen que eres tonta..., D.

**2.2.** A través de esta tarea de comprensión auditiva, los estudiantes van a poner en práctica las estructuras aprendidas en el cuadro anterior. Pídales que escuchen con atención los comentarios de los compañeros de Ana para, a continuación, en parejas, ponerse en el lugar de Ana y reaccionar utilizando las expresiones aprendidas. Si lo considera necesario, proceda a una segunda escucha de la audición. Antes de realizar una corrección final, proponga que comparen sus respuestas con otra pareja de la clase.

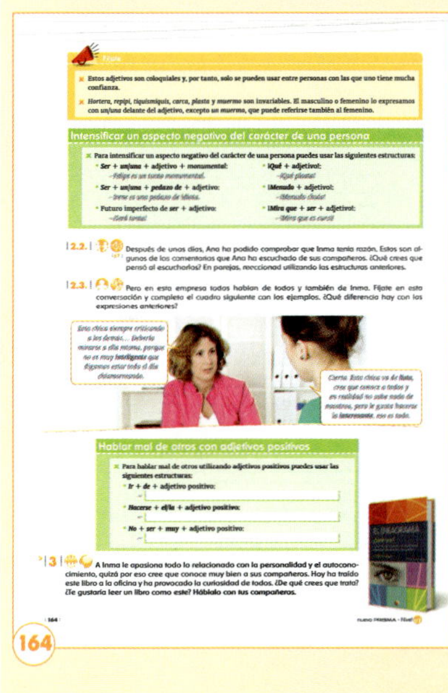

167 **1.** No me gusta que mi hija salga por ahí hasta tan tarde. Aunque tenga 22 años, vive todavía con nosotros y la norma es que tiene que estar en casa a las once. Y, por supuesto, nada de traer chicos, ni hacer fiestas en casa, qué locura. Cómo está hoy en día la juventud, de verdad... Lo que tiene que hacer es terminar sus estudios y encontrar un trabajo serio.

**2.** ¿Mi ropa preferida? Me encanta llevar vestidos de colores chillones (fucsia, naranja, amarillo...), combinados con medias de rayas y zapatillas de deporte. Es que yo soy muy moderna, pero sobre todo divertida, me encanta dar la nota. Si necesitas asesor de imagen, me dices.

**3.** La mejor forma de ahorrar es no gastar. Por ejemplo, si salgo con mis ami-

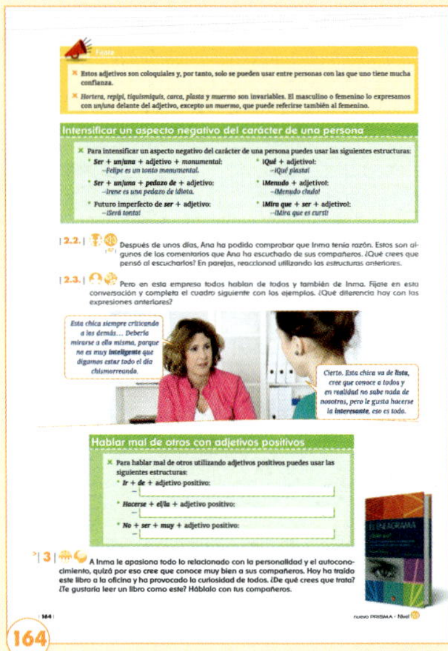

gos, siempre pago lo mío. A veces, no llevo dinero, me invitan y digo que pago yo la próxima vez, pero nunca lo hago... Algunos lo ven como un defecto, sobre todo en mi familia, pero es que eso de estar todo el día con el monedero abierto... Luego pasa lo que pasa, que muchos no llegan a fin de mes.

**4.** Si quieres hacer bien tu trabajo, hazlo como lo hago yo. Mi método siempre funciona y no vas a equivocarte nunca. Tienes mucho que aprender, es normal, llevas poco tiempo y todos hemos empezado alguna vez. Pero tú tranquila, si tienes alguna duda sobre algo, me dices y yo te ayudo, que yo controlo. Lo dicen también los jefes, ¿eh? Soy un profesional.

Posible respuesta. 1. ¡Será carca!; 2. ¡Mira que es hortera!; 3. ¡Menudo tacaño!; 4. Es un creído.

**2.3.** Siguiendo con los mecanismos lingüísticos para hablar negativamente del carácter de una persona, se presenta un nuevo recurso: el uso de adjetivos positivos para hablar mal de otros. Pida a los estudiantes que, de manera individual, lean las conversaciones y que completen el cuadro. Luego, permita que comparen sus resultados en parejas.

Se utilizan adjetivos positivos para hablar mal de otra persona. Va de lista; Le gusta hacerse la interesante; No es muy inteligente que digamos.

**>3** Comienza una nueva secuencia de actividades centradas en el léxico, en concreto, en las colocaciones léxicas referidas a la descripción de la personalidad. Las actividades se articulan en torno al eneagrama, un sistema que describe nueve tipos de personalidad y que permite el autoconocimiento. Para introducir el tema, dirija la atención de los estudiantes a la portada del libro. Para ello, utilice la proyección 39. Pídales que comenten entre ellos de qué creen que trata el libro observando la portada y los textos que aparecen en ella, y pregunte si alguno de ellos sabe lo que es un eneagrama. Si es así, pida que se lo cuente a los demás. De esta manera, sondeará los conocimientos previos que los estudiantes tengan sobre el tema.

**Proyección 39.** Portada de *El eneagrama*, de Andrea Vargas.

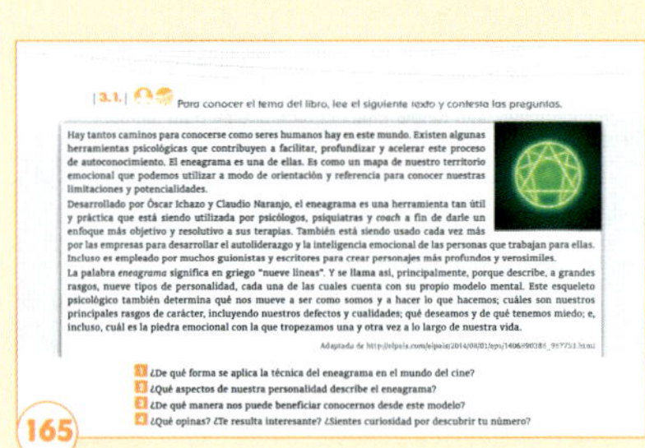

**3.1.** Actividad de compresión lectora a través de un texto donde se explica a grandes rasgos que es este nuevo sistema de análisis de la personalidad. Pida a los estudiantes que lean el texto individualmente y que contesten a las preguntas de comprensión que aparecen debajo. Para que la tarea sea más productiva, aconséjeles que lean las preguntas que deben contestar antes de llevar a cabo la lectura del texto.

1. Se está utilizando para crear personajes más profundos y verosímiles; 2. Describe lo que nos mueve a ser como somos y a hacer los que hacemos, los principales rasgos del carácter, los deseos y miedos de las personas, etc.; 3. Nos puede facilitar y acelerar el proceso de autoconocimiento para saber cuáles son nuestras limitaciones y potencialidades; 4. Respuesta abierta.

**i+ ELEteca**
**46. El eneagrama.**

**3.2.** A continuación, se va a realizar una tarea de estrategias que proporcionará a los estudiantes las herramientas para comprender y relacionar contenidos. Pídales que formen pequeños grupos y entrégueles una copia de la ficha 36.

**Ficha 36. El eneagrama.**

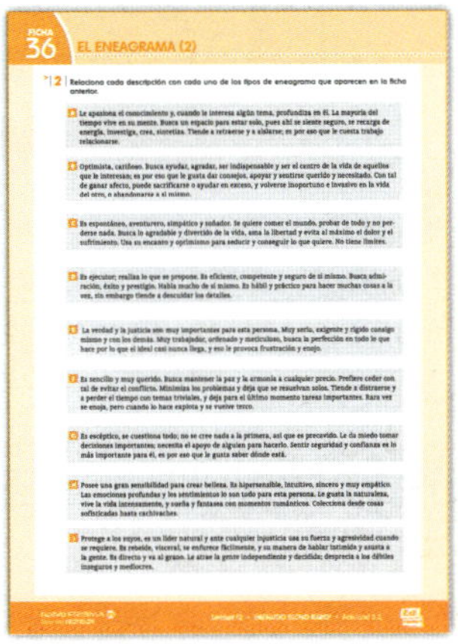

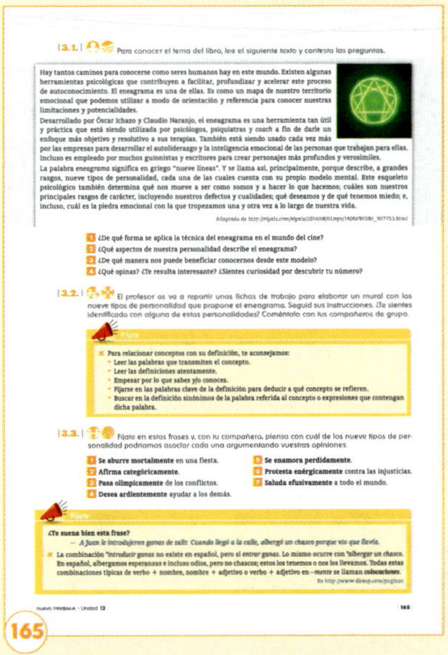

**Dinámica.** Reparta las fichas a cada grupo. La tarea consiste en relacionar cada tipo de eneagrama de la ficha 1 con su definición (ficha 2). Antes de comenzar, lea con ellos las recomendaciones que aparecen en el cuadro de atención para que la realización de la tarea sea más efectiva. Una vez terminada y corregida la actividad, haga que recorten cada eneagrama y cada definición y que, con ellas, confeccionen un póster entre todos para colgar en la clase. Por último, pídales que analicen los nueve tipos de personalidad y que digan cuál creen que es la suya, justificando su elección.

1. E; 2. B; 3. D; 4. H; 5. A; 6. G; 7. C; 8. I; 9. F.

**3.3.** Los estudiantes, en parejas, leen las frases y las asocian con uno de los nueve tipos de personalidad, argumentando su elección. Deje que se acerquen al póster que han confeccionado para guiarse. Haga una puesta en común para que vean si coinciden y si no, pida que justifiquen sus respuestas.

1. Tipo 5; 2. Tipo 8; 3. Tipo 6, 9; 4. Tipo 2; 5. Tipo 4; 6. Tipo 1; 7. Tipo 7.

Una vez terminada la actividad, pídales que se fijen de nuevo en la primera expresión: "se aburre mortalmente". Pídales que den una definición ('se aburre mucho') y pregúnteles si la han oído en alguna ocasión. A continuación, escriba en la pizarra "perecedero" y dígales que es un sinónimo de "mortal". Seguidamente escriba "se aburre perecederamente", y pregúnteles si han oído alguna vez esa expresión. Obviamente, no lo habrán hecho, pues es una combinación de palabras que nunca se da. Pase a la lectura del cuadro de atención donde se explica qué es una colocación léxica y dígales que todas las expresiones en negrita son colocaciones, es decir, combinaciones de palabras que aparecen frecuentemente en la lengua. En las colocaciones, a diferencia de lo que ocurre en las locuciones, las palabras conservan su sentido original y por el hecho de que aparezcan combinadas no cambia su significado.

**3.4.** Actividad de reflexión gramatical sobre las colocaciones. Los estudiantes van a conocer otras colocaciones léxicas comunes. Para ello, de manera individual, deben asociar cada verbo con el adverbio o nombre con el que normalmente se combina. Si considera que esta actividad reviste cierta dificultad para sus estudiantes, agrúpelos en parejas. Corrija la actividad con la proyección 40.

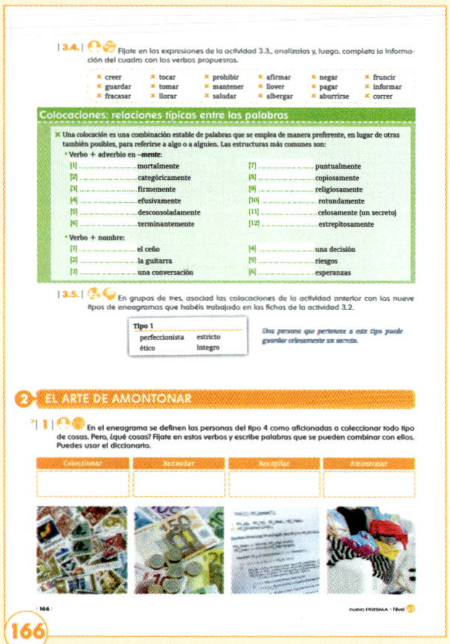

## Proyección 40. Colocaciones: relaciones típicas entre las palabras.

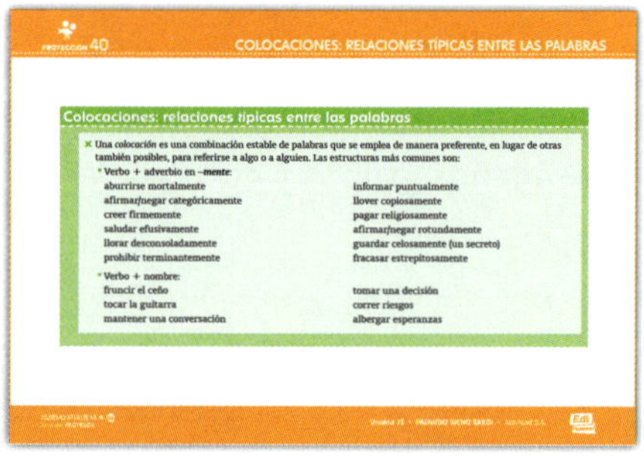


Verbo + adverbio en *–mente*: 1. aburrirse; 2. afirmar/negar; 3. creer; 4. saludar; 5. llorar; 6. prohibir; 7. informar; 8. llover; 9. pagar; 10. afirmar/negar; 11. guardar; 12. fracasar; Verbo + nombre: 1. fruncir; 2. tocar; 3. mantener; 4. tomar; 5. correr; 6. albergar.

Si sus estudiantes necesitan una práctica extra, lleve a cabo los ejercicios 1 y 2 de la unidad 12 del *Libro de ejercicios*.

**3.5.** Como fin de epígrafe, se propone una actividad de interacción oral que integra los contenidos presentados en las últimas actividades: las colocaciones y los eneagramas. Los estudiantes, en pequeños grupos, asocian las colocaciones anteriores a los nueve tipos de eneagramas que han trabajado en las fichas, justificando sus elecciones. Puede hacer una puesta en común con todos los grupos.

## 2 EL ARTE DE AMONTONAR 166

El epígrafe se centra en el componente lingüístico, por un lado, con la presentación de las oraciones temporales, usos y estructuras, y el repaso de las oraciones subordinadas que han ido presentándose a lo largo del curso y, por otro lado, el análisis textual del microrrelato, todo ello articulado a través del tema del coleccionismo.

**> 1** Con esta actividad de léxico se introduce el tema del epígrafe: el coleccionismo, enlazando con la actividad del epígrafe anterior: las colocaciones. Los estudiantes, de manera individual, deben asociar los verbos que aparecen en la tabla con palabras combinables con ellos. Para empezar, haga la primera combinación de cada verbo en plenario, apoyándose en las imágenes: *coleccionar sellos*, *recaudar dinero*, *recopilar información*, *amontonar ropa*. La actividad también puede llevarse a cabo en parejas y apoyarse en el diccionario, si así lo cree necesario.

Posible respuesta. Coleccionar: tesoros, llaveros, sellos, cromos, historias…; Recaudar: fondos, impuestos, dinero…; Recopilar: textos, datos, archivos, poemas, escritos…; Amontonar: libros, trastos, cosas, riquezas, polvo…

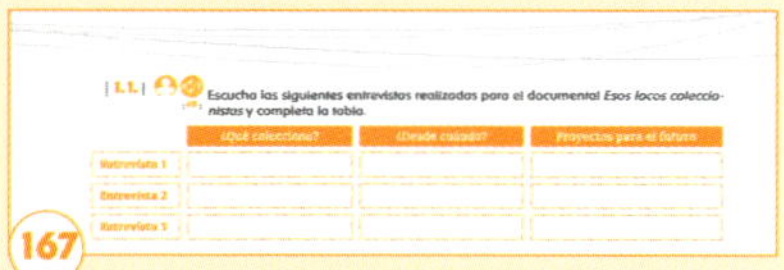

**1.1.** Actividad de comprensión auditiva que sirve para introducir el núcleo de la unidad: las oraciones temporales. Explique a los estudiantes que van a escuchar unas entrevistas que se han hecho a algunos coleccionistas. La tarea de la actividad es que, mediante una escucha global, completen la tabla especificando qué colecciona cada uno, desde cuándo y qué proyectos tienen para el futuro.

Si lo considera oportuno, puede proceder a una segunda escucha del audio.

68 **1.**

**Entrevistadora:** Buenas tardes, José Manuel, estás hoy en nuestro programa para hablarnos de una colección bastante curiosa, ¿no? Porque tú coleccionas meteoritos. ¿Cómo decide uno de repente empezar a reunir algo tan difícil de conseguir, imagino...?

**José Manuel:** Pues sí. Al principio empezó como un hobby en mi adolescencia... porque yo soy muy aficionado a la astronomía y me encantaba mirar por el telescopio, pero da mucha rabia cuando todo lo que te interesa está tan lejos, no lo puedes tocar, no lo puedes tener... La única forma que tiene alguien que se dedica a eso de tocar algo de Marte o la Luna es esta, a través de los meteoritos. Eso era lo que yo quería, tocar algo del espacio, tener en mis manos un fragmento de otro mundo, que es al fin y al cabo lo que es un meteorito, y aquí estamos. La verdad es que, al principio, pensé que lo dejaría cuando tuviera unas cuantas piezas que habrían sido suficientes para satisfacer mi deseo de tocar el espacio. Sin embargo, pasó todo lo contrario. Cuantas más me llegaban, más quería.

**Entrevistadora:** ¿Y cuántos has conseguido reunir?

**José Manuel:** Tengo más de 700 en mi colección, y todo tipo de meteoritos conocidos. Es la colección privada más grande del país, y también se utiliza para la investigación. Algunos vienen de Marte o de la Luna, pero la inmensa mayoría no se sabe de dónde vienen. Yo seguiré buscando por todo el mundo en busca de más y, quién sabe, igual en unos años llegamos a saber de qué otros planetas son.

**Entrevistadora:** ¿Recuerdas cuando llegó ese primer trocito del espacio a tus manos?

**José Manuel:** No lo recuerdo, pero sí recuerdo la emoción de estar tocando algo que la mayoría de la gente no puede tocar ni ver. La sensación de saber que tienes algo muy especial en tus manos que normalmente está a millones de kilómetros. Sí es verdad que, cuando tuve el primer meteorito en mis manos, sentí una emoción muy fuerte. Algo indescriptible. Mira, esta es una de las piezas más especiales de mi colección, es un meteorito que me enviaron de Australia. Yo estoy en contacto con personas de todo el mundo, eso es algo muy bonito también.

**2.**

**Entrevistadora:** También tenemos con nosotros a Mercedes Mejías, cubana de 34 años, que vive en Miami y que es una gran coleccionista de cervezas. Mercedes, ¿desde cuándo llenas tus estanterías con botellas de todo el mundo?

**Mercedes:** Yo empecé en 1993 pidiendo cervezas a la gente que viajaba; también comencé a comprar más aquí... Yo no las bebo, no creo que la colección se vea bonita con las botellas vacías, yo colecciono cervezas, no botellas. Así que es importante para mí conservar la cerveza.

**Entrevistadora:** ¿Y cuáles son las más curiosas?

**Mercedes:** Por ejemplo, aquí tenemos una peruana de coca, otra de Alemania que es de marihuana, hay con sabores, con frutas... A veces algunos piensan que una está loca, pero esto ayuda a conocer gente de otros lugares que comparten esta afición... Muchos dicen que es como una esclavitud, pero no, todo lo contrario. Mira, una que me gusta mucho es esta que tiene un corcho con este tipo de alambre y con el tapón de cerámica. En el vidrio podemos ver el año de envasado..., mira, esta es del 77 por ejemplo, que es el año en el que yo nací.

**Entrevistadora:** Y en el futuro, ¿cuál es tu sueño?

**Mercedes:** Espero seguir coleccionando y me gustaría en el futuro tener un bar-museo donde la gente pueda venir a apreciar la colección, tomar algo,

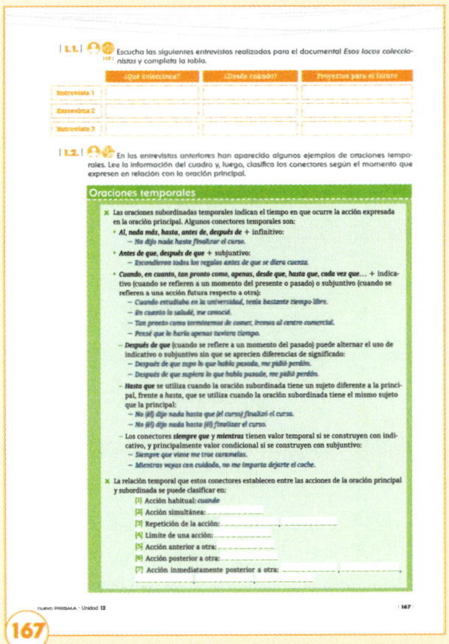

167

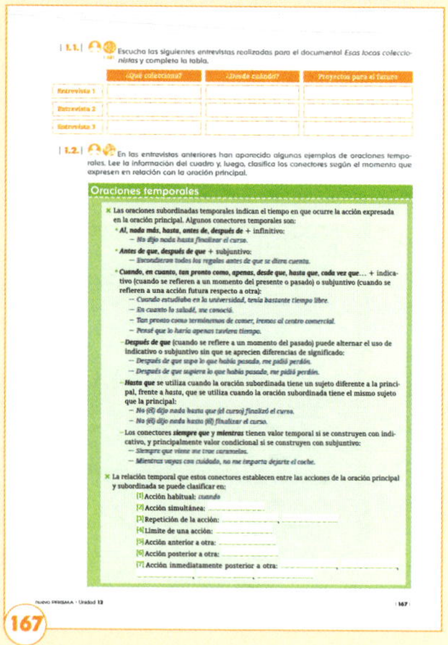

comer... Sobre todo, que puedan encontrar la mayor variedad de cervezas que puedan imaginar en un solo lugar.

**3.**

**Entrevistadora:** Bueno, y nuestro último invitado del día sí que tiene una colección curiosa... Juan Carlos, ¿qué coleccionas?

**Juan Carlos:** Pues yo, junto con mi equipo de compañeros, colecciono sonidos.

**Entrevistadora:** ¿¡Sonidos!? A ver, explícanos un poquito más cómo es eso de coleccionar sonidos.

**Juan Carlos:** Yo llevo muchos años componiendo música electrónica y se me ocurrió empezar a incorporar algunas grabaciones que yo hice de sonidos del campo. Mi idea era encontrar nuevas sonoridades, pero la verdad es que la colección de sonidos fue creciendo y más colegas comenzaron también a colaborar en el proceso de grabación y, al final, acabamos más metidos en esto de recopilar sonidos que en lo de la música.

**Entrevistadora:** ¿Y a dónde os ha llevado exactamente esta recopilación de sonidos?

**Juan Carlos:** Pues desde hace cuatro años formamos un colectivo aquí en Galicia, con el objetivo de crear un mapa sonoro de la región, con grabaciones propias y aportes de otros fonografistas. Nuestro gran objetivo es mostrar la verdadera imagen de Galicia, pero no desde un punto de vista visual, que viene siendo el habitual y el único, sino más bien desde la percepción auditiva. Y en ello estamos... Ahora tenemos una web y, gracias a la tecnología de Google Maps, los coleccionistas de sonidos pueden subir sus grabaciones sobre un mapa de Galicia. El próximo mapa sonoro será de Madrid, seguramente. Así que también es un trabajo y una colección muy compartida entre mucha gente. Eso le da un valor especial.

**Entrevistadora:** ¿Y qué tipo de sonidos podemos encontrar en vuestra web?

**Juan Carlos:** Como no podía ser de otra manera, predominan las sonoridades marinas, pero también es verdad que hay una fuerte presencia de sonidos urbanos. Una de las últimas grabaciones que yo hice, espectacular, por cierto, fue el canto de los pájaros al amanecer. Fue algo impresionante, mezclado con el sonido del viento... Bueno, una joya para nuestro archivo de sonidos.

Adaptado de: http://elpais.com/diario/2010/12/27/radiotv/1293404403_850215.html

Entrevista 1. José Manuel colecciona meteoritos; Desde que era adolescente; Seguir coleccionando meteoritos y quizás saber más sobre su procedencia; Entrevista 2. Mercedes colecciona cervezas; Desde 1993; Tener un bar-museo en el que la gente pueda apreciar su colección y tomar algo; Entrevista 3. Juan Carlos colecciona sonidos de Galicia; Desde hace unos años. Desde hace cuatro, lo hace dentro de un colectivo con su equipo; Dar una visión más sonora de Galicia, menos visual, y hacer también un mapa sonoro de Madrid.

**1.2.** En esta actividad de reflexión gramatical el estudiante va a tener su primera toma de contacto con las oraciones temporales. Pídales que, individualmente, lean muy atentamente el cuadro y realicen una clasificación de los conectores según el momento que expresen en relación con la oración principal. Para la explicación detallada de las oraciones y conectores temporales, y su posterior corrección, utilice la proyección 41.

## Proyección 41. Oraciones temporales.

**Dinámica.** Proyecte la imagen para focalizar la atención de los estudiantes y así facilitar la explicación de este tipo de oraciones. Además, con ella podrá corregir la segunda parte de la actividad. Antes de corregir, permita que comparen sus respuestas con su compañero/a.

2. mientras; 3. siempre que, cada vez que; 4. hasta (que); 5. antes de (que); 6. después de (que); 7. al, nada más, en cuanto, tan pronto como, apenas.

Para practicar las relaciones temporales que establecen estos conectores, puede realizar el ejercicio 3 de la unidad 12 del *Libro de ejercicios*.

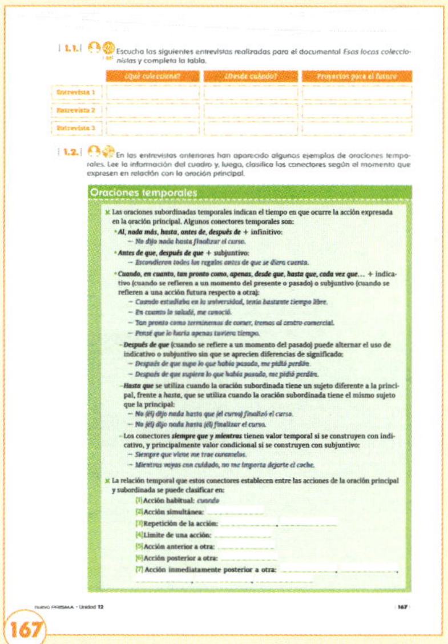


**1.3.** Ejercicio de práctica controlada de las oraciones temporales. Indique al estudiante que lea con atención las frases y las complete con el verbo adecuado en la forma correcta. Para finalizar puede proponer que en parejas determinen qué frases se refieren a las entrevistas que han escuchado antes y que especifiquen a qué entrevista.

1. me entero, pongo, supe, decidí; Entrevista 1; 2. se desarrolle, conozca, habrá; Entrevista 3; 3. dejaría, tuviera, entrevista 1; 4. encontraran, decidió; No corresponde a ninguna entrevista.

Para consolidar estos contenidos, proponga la realización de los ejercicios 4 a 6 de la unidad 12 del *Libro de ejercicios*.

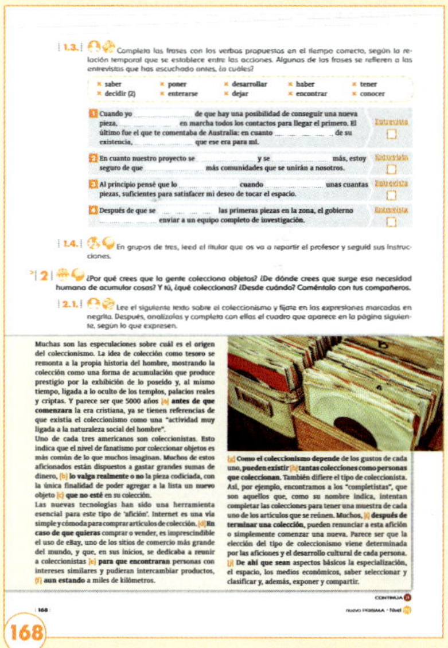


**1.4.** Actividad de práctica de las oraciones temporales a través de la elaboración de noticias a partir de unas estructuras dadas. La realización de esta actividad se llevará a cabo siguiendo las instrucciones de la ficha 37.

## Ficha 37. Titulares.

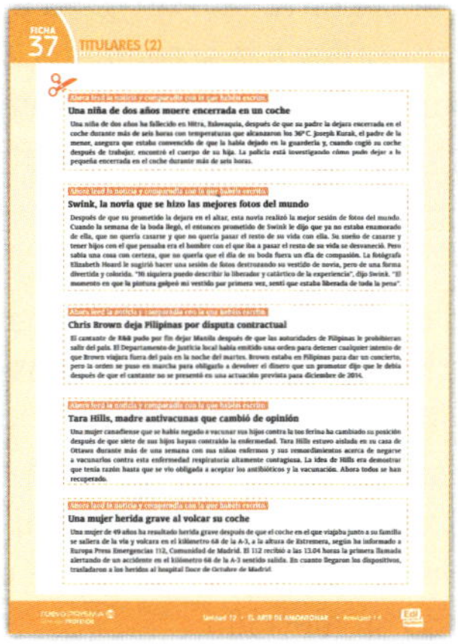

**Dinámica.** Distribuya a los estudiantes en pequeños grupos, haga una copia de la ficha 37 (1), recorte los titulares y reparta uno de ellos a cada grupo. La tarea consiste en redactar la noticia a partir del titular y las frases que aparecen debajo y que deben incluirse obligatoriamente en su texto. Una vez que hayan terminado, haga que cada grupo lea su noticia en voz alta. Luego, reparta copias de la ficha 37 (2) donde aparecen las noticias originales de los titulares que han trabajado para que las comparen con las que ellos han hecho.

**>2** Actividad de interacción oral propuesta para llevarse a cabo en clase abierta, sobre el tema del coleccionismo. Los estudiantes intercambiarán su opinión sobre el motivo por el que creen que la gente acumula objetos y hablarán de su propia experiencia a este aspecto.

**2.1.** A través de la lectura de este texto sobre el coleccionismo, los estudiantes van a hacer una revisión de los diferentes tipos de oraciones subordinadas que han visto a lo largo del curso. Pídales que lean el texto una primera vez y comente con ellos lo que les haya llamado la atención. En una segunda lectura, deben fijarse en las expresiones señaladas en negrita que deben clasificar en el cuadro resumen sobre las oraciones subordinadas.

1. e; 2. j; 3. a; 4. c; 5. g; 6. f, k; 7. d; 8. i; 9. b; 10. h.

Para repasar los conocimientos presentados en esta actividad, puede llevar a cabo el ejercicio 7 de la unidad 12 del *Libro de ejercicios*.

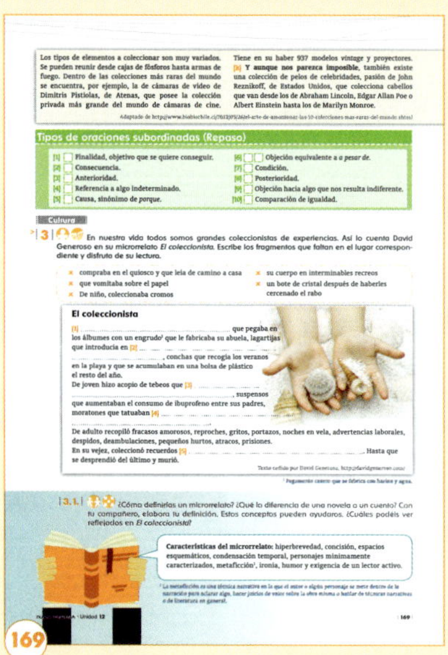

**>3** Se propone ahora una serie de actividades de corte cultural en la que se estudia y analiza el género del microrrelato. En esta actividad se presenta un microrrelato de David Generoso, "El coleccionista" que deben leer y completar con los fragmentos del recuadro. Antes de llevar a cabo la actividad, recuérdeles la figura de David Generoso, escritor español que ya conocen de la unidad 1. Permítales el uso del diccionario para una mejor comprensión del texto. Una vez terminada la actividad, deje un tiempo para que lean el relato por el simple placer de la lectura, activando, de este modo, un estado emocional muy positivo en los estudiantes.

1. De niño, coleccionaba cromos; 2. un bote de cristal después de haberles cercenado el rabo; 3. compraba en el quiosco y que leía de camino a casa; 4. su cuerpo en interminables recreos; 5. que vomitaba sobre el papel.

**i+ ELEteca**
**47. Microrrelato.**

**3.1.** Actividad de estrategias en la que los estudiantes, en parejas, hacen una definición de microrrelato a partir de las características que se ofrecen y a partir de la muestra real ofrecida en la actividad anterior.
Antes de proceder a la actividad 3.2, puede proponer al estudiante la lectura de más microrrelatos en el siguiente enlace: http://www.abc.es/20121003/cultura-libros/abci-diez-microrrelatos-linea-201210021505.html

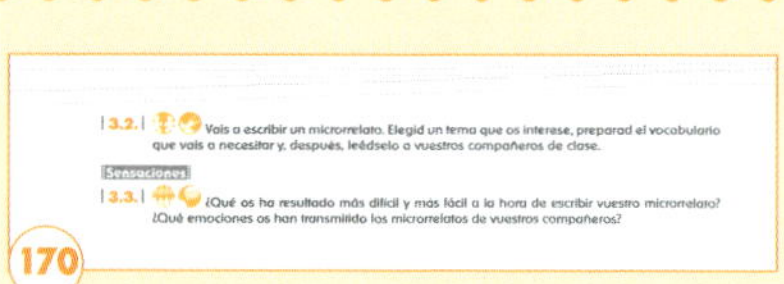

**3.2.** Actividad de expresión escrita en la que, en parejas, los estudiantes escriben un microrrelato. Anímeles a que escojan un tema que les parezca interesante, que elijan cuidadosamente el vocabulario que van a utilizar y que elaboren el microrrelato teniendo en cuenta la definición que han hecho en la actividad anterior. A continuación, proponga que lo lean al resto de lo clase. Una vez leídos todos, pídales que escojan aquel que les haya gustado más, justificando su elección.

**3.3.** Para concluir el epígrafe se plantea una actividad de corte emocional en la que los estudiantes, en clase abierta, hablan de cómo se han sentido al elaborar la tarea anterior y qué emociones les han despertado los textos de sus compañeros, expresando de este modo sus sensaciones, positivas o negativas, ante una tarea creativa.

## 3 LA GENTE Y SUS MANÍAS 170

Este epígrafe, dedicado a hablar sobre las manías de las personas, se centra en los mecanismos lingüísticos para restar fuerza a una opinión, desdibujando la primera persona, usando algunos elementos atenuadores o utilizando los conectores de probabilidad, entre otros recursos. Un fragmento del cortometraje *Expreso nocturno* ilustrará el tema del epígrafe.

**> 1** Para introducir el tema y conseguir que los estudiantes tengan información previa, les pedimos que interactúen con sus compañeros sobre las manías que puedan tener cada uno de ellos o sobre otras personas que conozcan. Antes de empezar, pregúnteles qué significa "tener una manía". La definición del DRAE es la siguiente:

Manía: 1. f. Preocupación fija y obsesiva por algo determinado. *En ti la puntualidad es una verdadera manía.*

**1.1.** Actividad de interacción oral en la que los estudiantes, en parejas, interpretan las fotografías que se ofrecen y que aluden a algunas manías comunes de las personas. Es una actividad previa a la lectura que se propone en la actividad 2. No hay una única solución. Así que si no coinciden, puede pedirles que justifiquen su respuesta.

1. Orden/desorden; 2. Lavarse continuamente las manos; 3. Miedo a la oscuridad; 4. La limpieza.

**> 2** Actividad de comprensión lectora global. Después de la lectura del foro en donde intervienen varias personas, los estudiantes deberán identificar los comentarios con cada una de las fotografías de la actividad anterior, teniendo en cuenta que hay una a la que no se hace referencia en ninguna de las intervenciones. Pídales a los estudiantes que las justifiquen.

No se refieren en ningún momento a la manía de lavarse las manos continuamente.

**2.1.** Actividad de reflexión gramatical sobre los recursos lingüísticos del español para restar fuerza a la propia opinión. Pida a los estudiantes que se fijen en las frases que aparecen en negrita en el foro anterior. Con estas frases, los estudiantes, de manera individual, completan los ejemplos del cuadro. Una vez que hayan terminado, pídales que comparen sus respuestas en parejas. Para la corrección y explicación del cuadro, utilice la proyección 42.

**Proyección 42. Restar fuerza a la propia opinión.**

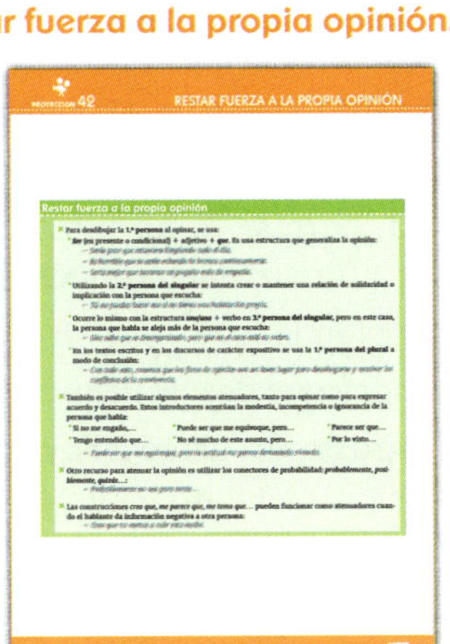


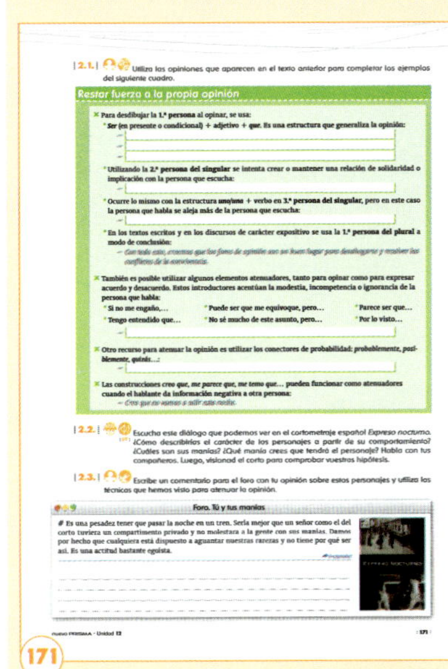

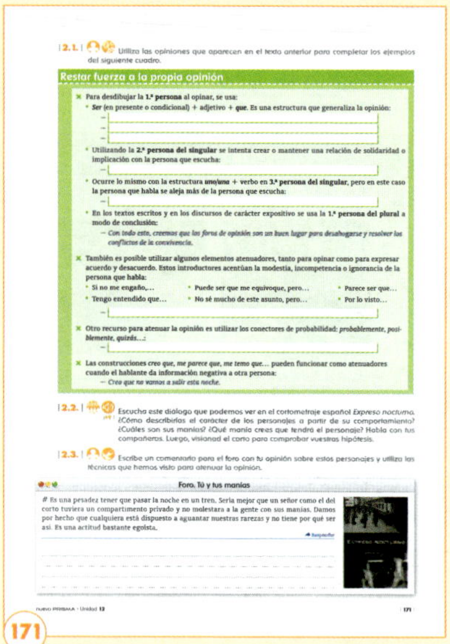

|2.1.| Utiliza las opiniones que aparecen en el texto anterior para completar los ejemplos del siguiente cuadro.

**Restar fuerza a la propia opinión**

- **Para desdibujar la 1.ª persona al opinar, se usa:**
  - ***Ser*** **(en presente o condicional) + adjetivo + *que*. Es una estructura que generaliza la opinión:**
    - –
    - –
    - –
  - **Utilizando la 2.ª persona del singular se intenta crear o mantener una relación de solidaridad o implicación con la persona que escucha:**
    - –
  - **Ocurre lo mismo con la estructura *uno/una* + verbo en 3.ª persona del singular, pero en este caso la persona que habla se aleja más de la persona que escucha:**
    - –
  - **En los textos escritos y en los discursos de carácter expositivo se usa la 1.ª persona del plural a modo de conclusión:**
    - – *Con todo esto, creemos que los foros de opinión son un buen lugar para desahogarse y resolver los conflictos de la convivencia.*
- **También es posible utilizar algunos elementos atenuadores, tanto para opinar como para expresar acuerdo y desacuerdo. Estos introductores acentúan la modestia, incompetencia o ignorancia de la persona que habla:**
  - Si no me engaño,...
  - Puede ser que me equivoque, pero...
  - Parece ser que...
  - Tengo entendido que...
  - No sé mucho de este asunto, pero...
  - Por lo visto...
  - –
- **Otro recurso para atenuar la opinión es utilizar los conectores de probabilidad: *probablemente, posiblemente, quizás...*:**
  - –
- **Las construcciones *creo que, me parece que, me temo que...* pueden funcionar como atenuadores cuando el hablante da información negativa a otra persona:**
  - – *Creo que no vamos a salir esta noche.*

|2.2.| Escucha este diálogo que podemos ver en el cortometraje español *Expreso nocturno*. ¿Cómo describirías el carácter de los personajes a partir de su comportamiento? ¿Cuáles son sus manías? ¿Qué manía crees que tendrá el personaje? Habla con tus compañeros. Luego, visionad el corto para comprobar vuestras hipótesis.

|2.3.| Escribe un comentario para el foro con tu opinión sobre estos personajes y utiliza las técnicas que hemos visto para atenuar la opinión.

**Foro. Tú y tus manías**

# Es una pesadez tener que pasar la noche en un tren. Sería mejor que un señor como el del corto tuviera un compartimento privado y no molestara a la gente con sus manías. Damos por hecho que cualquiera está dispuesto a aguantar nuestras rarezas y no tiene por qué ser así. Es una actitud bastante egoísta.

nuevo PRISMA · Unidad 12 | 171

171

**Dinámica.** Proyecte el cuadro y, a medida que va explicando los diferentes mecanismos que sirven en español para restar fuerza a la propia opinión, vaya corrigiendo sus respuestas. Pídales otros ejemplos similares de su propia invención para asegurarse de que han comprendido bien.

*Ser* + adjetivo + *que*: Sería peor que estuviera limpiando todo el día; Es horrible que te estén echando la bronca continuamente; Sería mejor que tuvieras un poquito más de empatía; 2ª persona del singular: Tú no puedes hacer eso si no tienes una habitación propia; *Uno/una* + 3.ª persona del singular: Uno sabe que es desorganizado, pero que en el caos está su orden; Introductores que acentúan la modestia: Puede ser que me equivoque, pero tu actitud me parece demasiado cómoda; Conectores de probabilidad: Probablemente no sea para tanto...

**2.2.** En esta audición los estudiantes escucharán un diálogo del cortometraje español *Expreso nocturno*. Explíqueles antes de escuchar que van a ver un cortometraje de ficción que transcurre en el compartimento de un tren en el que aparecen dos personajes, pero que, antes, van a escuchar un fragmento del corto. La tarea de la actividad consiste en describir el carácter de los personajes que aparecen, imaginando su personalidad y sus manías. Una vez realizada la escucha, abra un debate en clase sobre el tema en el que los estudiantes lancen sus hipótesis. Puede realizar una segunda escucha si así lo cree necesario. Una vez que hayan terminado el debate, visualice en corto con ellos para que comprueben sus hipótesis. Puede encontrarlo en la siguiente dirección web: https://www.youtube.com/watch?v=lhKP6fl8-gg

|69|

**Personaje 1:** Buenas noches.

**Personaje 2:** ¿Fuma usted?

**Personaje 1:** No, gracias.

**Personaje 2:** Que... yo no soporto el humo.

**Personaje 1:** Puede estar tranquilo, que no fumo.

**Personaje 2:** Si... si fumara usted, no podría soportarlo. Tengo los pulmones muy... muy sensibles.

**Personaje 1:** No se preocupe.

**Personaje 2:** Tal vez lo está usted dejando... y no podrá aguantarse a media noche y... y se levantará y...

**Personaje 1:** No. No he fumado nunca.

**Personaje 2:** ¿Y si empieza ahora?

**Personaje 1:** ¿El qué?

**Personaje 2:** A fumar.

**Personaje 1:** Ni me lo he planteado. Además, no llevo tabaco.

**Personaje 2:** Se lo puede pedir usted al revisor.

**Personaje 1:** No sé si fuma.

**Personaje 2:** ¿Y si fuma?

**Personaje 1:** Entonces saldría al pasillo. No fumaría en el compartimento.

**Personaje 2:** ¿Y si se le atasca la puerta?

**Personaje 1:** No importa, porque yo no fumo, no he fumado nunca y no tengo ganas de empezar a fumar. Buenas noches.

**Personaje 2:** ¿No apaga usted la luz?

**Personaje 1:** Primero tendré que desvestirme.

**Personaje 2:** Claro y... le gustará a usted leer y yo no podré dormir... Es que soy muy sensible a la luz.

**Personaje 1:** Soy analfabeto.

**Personaje 2:** Bueno, pero tendrá una foto de su familia y querrá mirarla antes de dormir.

**Personaje 1:** Estoy divorciado.

**Personaje 2:** ¿Y los hijos?

**Personaje 1:** No tengo hijos.

**Personaje 2:** Todos tenemos a alguien próximo…

**Personaje 1:** No llevo ninguna foto. ¿Quiere registrarme?

**Personaje 2:** Se mirará usted los granos en el espejo… ¡Yo, yo, yo qué sé! ¡Es que no lo soporto! Oiga y… usted… ¿ronca?

**Personaje 1:** No…

**Personaje 2:** Todo el mundo ronca, pero no se dan cuenta. Y a mí me molesta, tengo un oído hipersensible.

**Personaje 1:** No le sirvo.

**Personaje 2:** ¿Está usted seguro?

**Personaje 1:** Del todo. Y ahora, déjeme dormir, estoy muy cansado.

**Personaje 2:** ¡Oiga! ¡Oiga! Oiga, si usted no fuma, no ronca y no deja la luz encendida, ¿qué es lo que hace?

**Personaje 1:** ¿Quiere saberlo?

**Personaje 2:** ¡Sí, dígamelo, por Dios, que no puedo dormir!

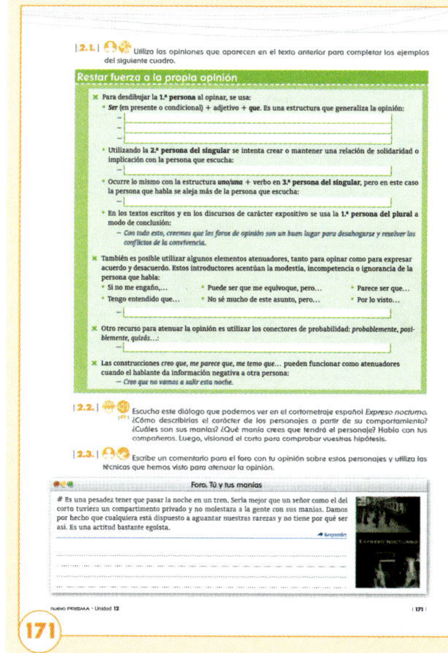

i+ **ELEteca**

**48.** ***Expreso nocturno*, de Imanol Ortiz López.**

**2.3.** Propuesta de expresión escrita en la que los estudiantes, de manera individual, darán su opinión sobre los personajes del cortometraje con el objetivo de que utilicen las técnicas de atenuación de la opinión aprendidas.

Si cree oportuno seguir practicando la atenuación de la opinión, proponga la realización del ejercicio 10 de la unidad 12 del *Libro de ejercicios*.

**2.4.** La siguiente actividad de estrategias se plantea con la finalidad de que el estudiante pueda trabajar y practicar la fluidez y naturalidad cuando habla español. Pídales que formen parejas, que imaginen que son compañeros de piso y que preparen un diálogo sobre las manías del otro teniendo en cuenta la información que se aporta. Antes de ponerlo en escena, dirija su atención al cuadro explicativo en la que se dan consejos para logar una mayor naturalidad y fluidez en la expresión.

**>3** Actividad de interacción oral planteada para llevar a cabo en pequeños grupos. Pídales que reflexionen sobre la posibilidad de que las manías que tengamos puedan estar vinculadas a nuestra profesión. Pídales que lean los dos testimonios de dos jóvenes que hablan de manías relacionadas con la profesión, para que luego en grupos piensen en profesiones y posibles manías. Puede cerrar esta actividad haciendo una puesta en común para ver si los diferentes grupos coinciden en sus opiniones.

**3.1.** En la siguiente audición, los estudiantes van a conocer las manías de diferentes artistas a través de una conferencia en un programa de radio. Indíqueles que escuchen con atención un fragmento de este programa y que respondan las preguntas. Antes de empezar la escucha, permítales que las lean para que la resolución de la tarea sea más efectiva.

|70| Los escritores tienen manías que arrastran a lo largo de la vida. El mismo acto de la escritura es, por antonomasia, una manía de solitarios, en cuyo trance nadie puede echarles una mano ni soplarles al oído lo que deben o tienen que escribir.

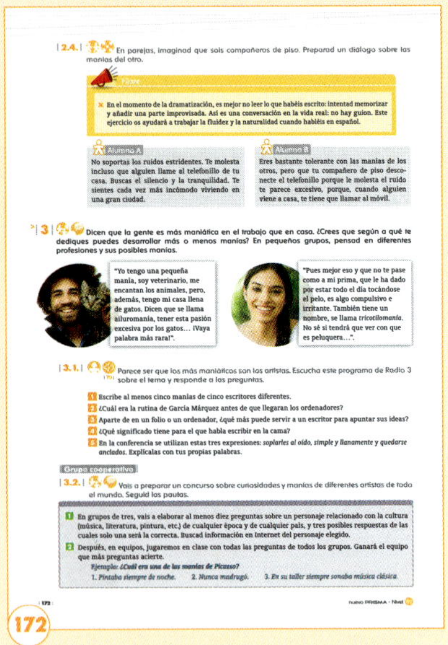

|2.4.| En parejas, imaginad que sois compañeros de piso. Preparad un diálogo sobre las manías del otro.

- En el momento de la dramatización, es mejor no leer lo que habéis escrito: intentad memorizar y añadir una parte improvisada. Así es una conversación en la vida real: no hay guion. Este ejercicio os ayudará a trabajar la fluidez y la naturalidad cuando habléis en español.

Alumno A

No soportas los ruidos estridentes. Te molesta incluso que alguien llame al telefonillo de tu casa. Buscas el silencio y la tranquilidad. Te sientes cada vez más incómodo viviendo en una gran ciudad.

Alumno B

Eres bastante tolerante con las manías de los otros, pero que tu compañero de piso desconecte el telefonillo porque le molesta el ruido te parece excesivo, porque, cuando alguien viene a casa, te tiene que llamar al móvil.

|3| Dicen que la gente es más maniática en el trabajo que en casa. ¿Crees que según a qué te dediques puedes desarrollar más o menos manías? En pequeños grupos, pensad en diferentes profesiones y sus posibles manías.

"Yo tengo una pequeña manía, soy veterinario, me encantan los animales, pero, además, tengo mi casa llena de gatos. Dicen que se llama ailuromanía, tener esta pasión excesiva por los gatos... ¡Vaya palabra más rara!".

"Pues mejor eso y que no te pase como a mi prima, que le ha dado por estar todo el día tocándose el pelo, es algo compulsivo e irritante. También tiene un nombre, se llama *tricotilomanía*. No sé si tendrá que ver con que es peluquera...".

|3.1.| Parece ser que los más maniáticos son los artistas. Escucha este programa de Radio 3 sobre el tema y responde a las preguntas.

1. Escribe al menos cinco manías de cinco escritores diferentes.
2. ¿Cuál era la rutina de García Márquez antes de que llegaran los ordenadores?
3. Aparte de en un folio o un ordenador, ¿qué más puede servir a un escritor para apuntar sus ideas?
4. ¿Qué significado tiene para el que habla escribir en la cama?
5. En la conferencia se utilizan estas tres expresiones: *soplarles al oído*, *simple y llanamente* y *quedarse anclados*. Explícalas con tus propias palabras.

Grupo cooperativo

|3.2.| Vais a preparar un concurso sobre curiosidades y manías de diferentes artistas de todo el mundo. Seguid las pautas.

1. En grupos de tres, vais a elaborar al menos diez preguntas sobre un personaje relacionado con la cultura (música, literatura, pintura, etc.) de cualquier época y de cualquier país, y tres posibles respuestas de las cuales solo una será la correcta. Buscad información en Internet del personaje elegido.
2. Después, en equipos, jugaremos en clase con todas las preguntas de todos los grupos. Ganará el equipo que más preguntas acierte.

   *Ejemplo: ¿Cuál era una de las manías de Picasso?*
   *1. Pintaba siempre de noche. 2. Nunca madrugó. 3. En su taller siempre sonaba música clásica.*

|172| nuevo PRISMA · Nivel

172

Las manías de los escritores son tan diversas como las de todos los mortales. Algunos, por ejemplo, no soportan cambiar el bolígrafo o color de tinta, como José Miguel Ullán y Tom Sharpe, quienes, además de usar estilográficas baratas, escriben primero a mano y luego a máquina. Faulkner escribía siempre sobre papel azul, Goethe lo hacía sentado en un caballito de madera, Dostoievski caminando por la habitación, Günter Grass con una estilográfica Montblanc y en un rincón de su estudio de pintura. Ernest Hemingway escribía de pie, Graham Greene escribía con lápiz, en tanto que Anthony Burgess escribía aproximadamente 300 palabras diarias y, como la mayoría de los escritores contemporáneos, usaba un miniordenador para producir y reproducir sus textos, aunque estaba convencido de que el ordenador solo servía para escribir cartas a los amigos y no para crear textos literarios.

Algunos tienen la misma manía que García Márquez, quien, antes de que en su oficio irrumpiera el ordenador, utilizaba una máquina eléctrica de la misma marca y con el mismo tipo de letra, un papel blanco de 36 gramos y tamaño carta. Alguna vez confesó también que no escribía mientras no tenía en el cuarto una temperatura de 30 grados y un ramillete de rosas amarillas en el florero, por esa vieja superstición de que las flores amarillas le traían suerte en el instante de describir a personajes encerrados en sí mismos, conversando con su propia soledad.

No se deben olvidar las manías de los autores que escriben en medio de un desorden organizado, a cualquier hora del día y en cualquier lugar; en el bar, la calle, el comedor y hasta en el baño, y no necesariamente en un cuadernillo sino sobre una tira de papel higiénico, la factura del restaurante, una cajetilla de cigarrillos o, simple y llanamente, en el borde de un periódico o revista.

Así pues, las manías de los escritores, como todo lo demás en la vida, son tan variadas como las obras literarias y las manías de los mismos lectores.

Entre la variada gama de escritores que ostentan diversas obsesiones, yo me identifico con quienes tienen la manía de escribir en la cama, pues es el único espacio de dos metros por dos que el individuo habita por completo y donde saca a traslucir su estado más natural, aparte de que es un mueble indispensable donde comienza y termina el ciclo de la vida. No en vano don Quijote –como su creador– inventó sus aventuras en la cama, Miguel de Unamuno y Valle-Inclán recibían a sus amigos en la cama, y Oscar Wilde escribió sus mejores obras en posición horizontal.

Así que escribir en la cama es también una manía que forma parte de la conducta personal de algunos escritores, quizás un vicio secreto sobre el cual todos prefieren callar, por temor a perder el pudor y la amistad, o quedarse definitivamente anclados en el aislamiento y la soledad que, al fin y al cabo, es la única y mejor compañera de quienes tienen la manía de escribir.

Adaptado de http://www.letralia.com/276/articulo04.htm

1. Respuesta abierta; 2. Utilizaba una máquina eléctrica de la misma marca y con el mismo tipo de letra, un papel blanco de 36 gramos y tamaño carta. No escribía mientras no tenía en el cuarto una temperatura de 30 grados y un ramillete de rosas amarillas en el florero; 3. Una tira de papel higiénico, la factura del restaurante, una cajetilla de cigarrillos o el borde de un periódico o revista; 4. Piensa que es el único espacio que el individuo habita por completo debido a sus reducidas dimensiones y donde saca a traslucir su estado más natural, además de ser el mueble donde comienza y termina el ciclo de la vida. Además, cree que fomenta el aislamiento y la soledad, indispensables, según su opinión, para escribir; 5. *Soplar al oído* significa decir algo en voz muy baja, cerca del oído; inspirar o sugerir ideas; *Simple y llanamente* es decir algo de manera sencilla y sin rodeos; *Quedarse anclado* es quedarse parado, sin moverse, en una idea, actitud o estado.

**3.2.** Se finaliza el epígrafe con una propuesta de grupo cooperativo cuyo objetivo es la preparación por parte de los estudiantes de un concurso sobre curiosidades y manías de diferentes artistas de todo el mundo. Pida a los estudiantes que formen grupos de tres e indíqueles con precisión las pautas a seguir. Picasso nunca madrugó.

## 4 LA GENTE Y SUS COSTUMBRES 173

En este breve epígrafe de marcado carácter intercultural y estratégico se presentan algunas fiestas tradicionales de España.

**> 1** Propuesta de interacción oral para llevarse a cabo en clase abierta con el objetivo de acercar a los estudiantes al tema de las costumbres típicas de un determinado país, región, pueblo... Pídales que reflexionen sobre los estereotipos que se crean a partir de costumbres, tradiciones o ritos y que se conviertan en un prejuicio, y que pongan ejemplos referidos a su país.

**1.1.** En parejas, deben leer las definiciones y relacionarlas con la palabra adecuada. Al finalizar, dígales que observen la foto y que comenten si saben a qué tradición se refiere.
1. c; 2. b; 3. a. La foto se refiere al Día de Muertos, una fiesta mexicana.

**1.2.** Trabajo de carácter intercultural en plenario para hablar de una costumbre, un rito y una tradición típica de su país, ciudad o pueblo. Al finalizar, propóngales que comenten cuál es la que más les ha sorprendido.

**> 2** Actividad de prelectura para hacen hipótesis sobre cuatro fiestas o celebraciones españolas. Pregúnteles, antes de constituir los grupos, si conocen alguna de esas fiestas, y si es así, pídales que expliquen lo que saben.

**2.1.** Mediante la lectura de los textos, los estudiantes podrán comprobar si sus hipótesis anteriores eran ciertas y conocer estas celebraciones. Pueden utilizar el diccionario si lo necesitan. Si lo cree conveniente, puede finalizar esta actividad sugiriendo a los estudiantes que comenten en clase abierta qué fiesta o tradición les ha sorprendido más.

**i+ ELEteca**
**49. El Colacho, la Romería de Ataúdes, la Tomatina, los cabezazos a la estatua del maestro Mateo.**

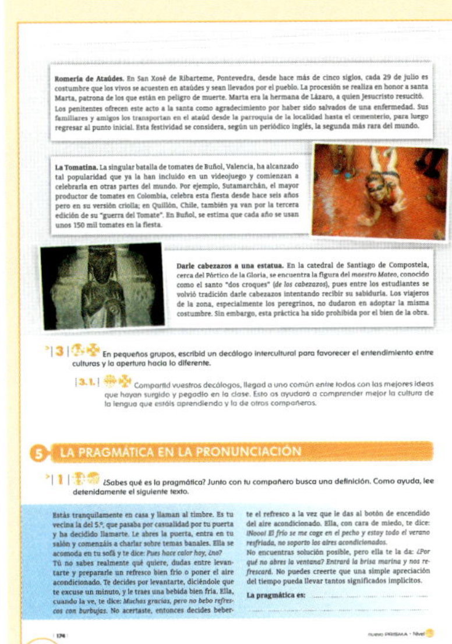


**> 3** y **3.1.** Concluimos el epígrafe con dos actividades de carácter estratégico que promueven una reflexión sobre la importancia de conocer otras culturas para evitar prejuicios y estereotipos. Proponga a los estudiantes que formen pequeños grupos con la finalidad de elaborar un decálogo intercultural que fomente el entendimiento entre culturas diferentes. Anímeles a que hagan una reflexión detenida de aquellos factores que se deben tener en cuenta y respetar para una convivencia armónica. Para finalizar, sugiérales que compartan los decálogos para elaborar uno común con todas aquellas ideas que consideren que son las mejores.

## 5 LA PRAGMÁTICA EN LA PRONUNCIACIÓN 174

El objetivo de este último epígrafe de la unidad es plantear una reflexión sobre la pragmática en la comunicación y los recursos existentes.

**> 1** En parejas reflexionan sobre lo que es la pragmática y para qué sirve. Anímeles a que lean el texto como portador de pistas para la elaboración de una definición con sus propias palabras. Pídales que comenten su definición con el resto de los compañeros y si lo cree conveniente puede aportar la siguiente definición:

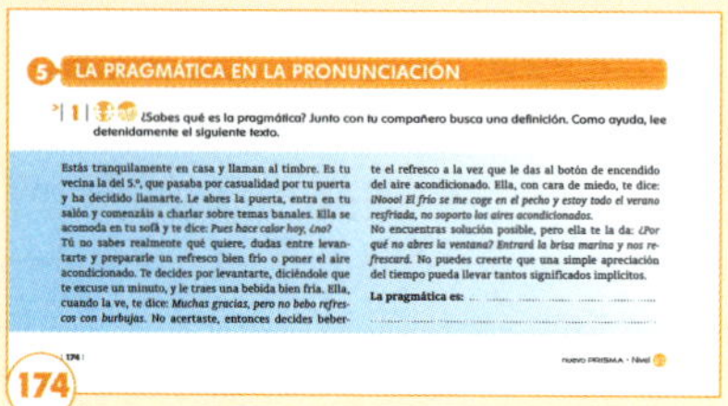


Según la definición de Diccionario de términos clave de ELE "Se entiende por Pragmática la disciplina cuyo objeto de estudio es el uso del lenguaje en función de la relación que se establece entre enunciado-contexto-interlocutores. Dicho de otro modo, la pragmática se interesa por analizar cómo los hablantes producen e interpretan enunciados en contexto; de ahí que tome en consideración los factores extralingüísticos que determinan el uso del lenguaje, a los que no puede hacer referencia un estudio puramente gramatical, tales como los interlocutores, la intención comunicativa, el contexto o el conocimiento del mundo".

Se puede ampliar la definición en la página web del Centro Virtual Cervantes, *Diccionario de términos clave de ELE*, http://cvc.cervantes.es/ensenanza/biblioteca_ele/diccio_ele/indice.htm

**>2** Se propone ahora un ejercicio planteado para llevarse a cabo de manera individual en la que se aportará la definición de cuatro recursos pragmáticos para relacionar con el ejemplo adecuado. Antes de realizar la corrección, anímeles a que comparen sus respuestas con otros compañeros.

1. d; 2. c; 3. a; 4. b.

**2.1.** Para ampliar la lista de recursos pragmáticos, se ofrece la ficha 38. Haga copias de la ficha, entregue un ejemplar a cada estudiante y siga las instrucciones.

**Ficha 38. Recursos que favorecen la pragmática.**

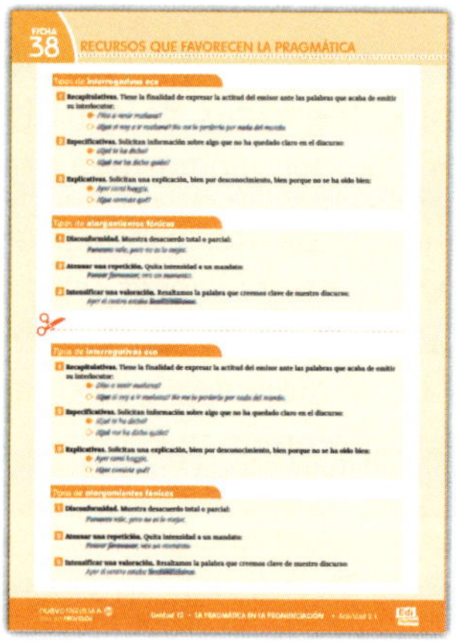


**Dinámica.** Pida a los estudiantes que se agrupen en parejas y que lean los recursos pragmáticos prestando especial atención a los ejemplos. Lea usted los ejemplos que aparecen en la ficha para fijar bien la entonación que debe darse. Una vez claros los ejemplos y la entonación, deben elaborar un diálogo en el que incluyan la mayor cantidad de recursos pragmáticos que puedan. Después, anímeles a que lo representen en voz alta para que sus compañeros puedan identificar los recursos que han utilizado.

## ¿QUÉ HE APRENDIDO? 175

**>1** 1. Vulgar y de mal gusto; 2. Persona a la que no le gusta gastar el dinero; 3. Persona que tiene una costumbre o comportamiento raro, o una preocupación injustificada por algo; 4. Conjunto de reglas establecidas para el culto y ceremonias religiosas.

**>2** Afirmar/negar rotundamente; Fracasar estrepitosamente; Correr riesgos; Tomar una decisión; Saludar/abrazar efusivamente; Prohibir terminantemente.

**ELEteca**
Léxico. El autoconocimiento.

# B2 PRUEBA DE EXAMEN DEL NIVEL B2

En este apartado le ofrecemos una prueba del nivel B2 que el estudiante puede realizar como test final de curso y para comprobar si puede abordar el nivel C1. La prueba, además, sigue el modelo del examen DELE B2 para el caso de aquellos estudiantes que deseen presentarse a esta prueba. En este sentido, a continuación usted va a encontrar:

- información sobre el contenido y funcionamiento de los exámenes.
- una descripción e información relevante sobre cada una de las tareas que lo integran;
- sugerencias sobre cómo usar el material del que se dispone (en el *Libro del alumno* y en el *Libro del ejercicios*);
- indicaciones o sugerencias para la resolución de las tareas del examen.

Para que el estudiante afronte con mayores garantías de éxito el examen es importante que esté familiarizado con su formato y contenido. Asimismo, es importante que los estudiantes sepan qué se evalúa en cada prueba. El hecho de conocer qué aspectos de su actuación se valorarán y con qué criterios, les proporcionará más opciones de cumplir con los requisitos de la tarea.

## Pruebas

El examen del nivel B2 consta de cuatro partes, clasificadas en dos grupos.

Grupo 1: Pruebas 1 y 3

Grupo 2: Pruebas 2 y 4

- **Prueba 1: Comprensión de lectura.** La prueba consta de cuatro tareas y dura 70 minutos.
- **Prueba 2: Comprensión auditiva.** La prueba consta de cinco tareas y dura 40 minutos.
- **Prueba 3: Expresión e interacción escritas.** La prueba consta de dos tareas y dura 80 minutos.
- **Prueba 4: Expresión e interacción orales.** La prueba consta de tres tareas y dura 20 minutos (más 20 minutos de preparación).

## Puntuación

Las cuatro pruebas del examen están distribuidas en dos grupos: grupo 1 y grupo 2. Para obtener el diploma, el candidato tiene que superar ambos grupos de tareas, obteniendo una calificación mínima de 60 puntos sobre 100 en el total del examen, siempre y cuando se obtenga al menos 30 puntos sobre 50 en cada grupo de pruebas. La calificación final será "apto" o "no apto".

En la prueba de expresión escrita, se han de seguir rigurosamente las instrucciones facilitadas en el enunciado de la prueba sobre el número de palabras y formato del texto.

Se recomienda que los estudiantes lleven a cabo la prueba del examen respetando los tiempos indicados en cada apartado y en condiciones similares a aquellas en las que realizarán el examen real. Esto les ayudará a darse cuenta de cuáles son aquellos aspectos que pueden trabajar para obtener un mejor resultado.

Por otro lado, se sugiere que ponga en práctica las distintas tareas del examen a lo largo del curso, para que el estudiante se habitúe al formato del ejercicio y al modo de resolverlo. Puede acceder a modelos de examen en versión facsímil

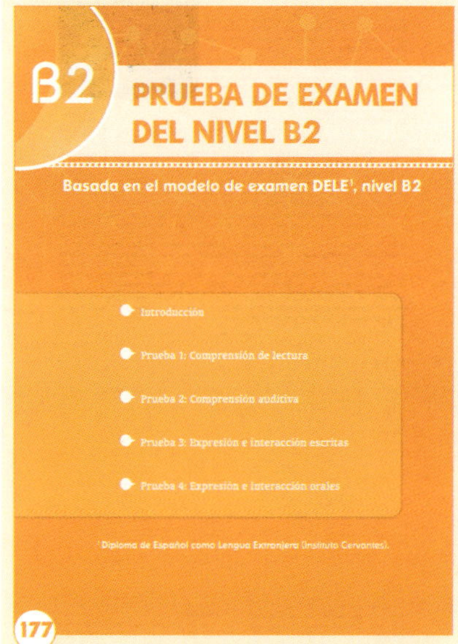

B2 PRUEBA DE EXAMEN DEL NIVEL B2

Basada en el modelo de examen DELE[1], nivel B2

- Introducción
- Prueba 1: Comprensión de lectura
- Prueba 2: Comprensión auditiva
- Prueba 3: Expresión e interacción escritas
- Prueba 4: Expresión e interacción orales

[1]Diploma de Español como Lengua Extranjera (Instituto Cervantes).

177

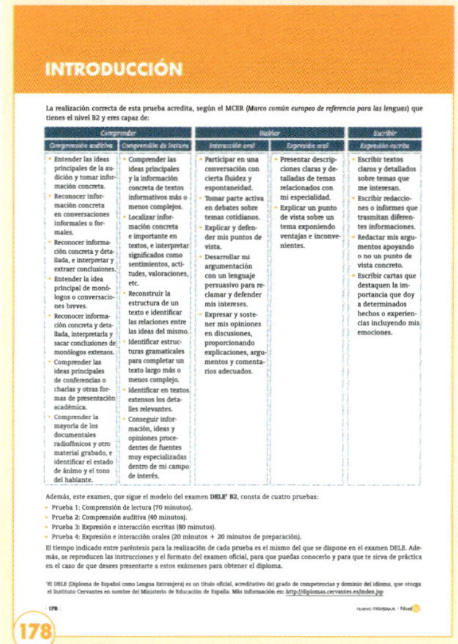

INTRODUCCIÓN

La realización correcta de esta prueba acredita, según el MCER (*Marco común europeo de referencia para las lenguas*) que tienes el nivel B2 y eres capaz de:

| Comprender | | Hablar | | Escribir |
|---|---|---|---|---|
| *Comprensión auditiva* | *Comprensión de lectura* | *Interacción oral* | *Expresión oral* | *Expresión escrita* |
| • Entender las ideas principales de la audición y tomar información concreta.<br>• Reconocer información concreta en conversaciones informales o formales.<br>• Reconocer información concreta y detallada, e interpretar y extraer conclusiones.<br>• Entender la idea principal de monólogos o conversaciones breves.<br>• Reconocer información concreta y detallada, interpretarla y sacar conclusiones de monólogos extensos.<br>• Comprender las ideas principales de conferencias o charlas y otras formas de presentación académica.<br>• Comprender la mayoría de los documentales radiofónicos y otro material grabado, e identificar el estado de ánimo y el tono del hablante. | • Comprender las ideas principales y la información concreta de textos informativos más o menos complejos.<br>• Localizar información concreta e importante en textos, e interpretar significados como sentimientos, actitudes, valoraciones, etc.<br>• Reconstruir la estructura de un texto e identificar las relaciones entre las ideas del mismo.<br>• Identificar estructuras gramaticales para completar un texto largo más o menos complejo.<br>• Identificar en textos extensos los detalles relevantes.<br>• Conseguir información, ideas y opiniones procedentes de fuentes muy especializadas dentro de mi campo de interés. | • Participar en una conversación con cierta fluidez y espontaneidad.<br>• Tomar parte activa en debates sobre temas cotidianos.<br>• Explicar y defender mis puntos de vista.<br>• Desarrollar mi argumentación con un lenguaje persuasivo para reclamar y defender mis intereses.<br>• Expresar y sostener mis opiniones en discusiones, proporcionando explicaciones, argumentos y comentarios adecuados. | • Presentar descripciones claras y detalladas de temas relacionados con mi especialidad.<br>• Explicar un punto de vista sobre un tema exponiendo ventajas e inconvenientes. | • Escribir textos claros y detallados sobre temas que me interesan.<br>• Escribir redacciones o informes que trasmitan diferentes informaciones.<br>• Redactar mis argumentos apoyando o no un punto de vista concreto.<br>• Escribir cartas que destaquen la importancia que doy a determinados hechos o experiencias incluyendo mis emociones. |

Además, este examen, que sigue el modelo del examen **DELE[1] B2**, consta de cuatro pruebas:

- Prueba 1: Comprensión de lectura (70 minutos).
- Prueba 2: Comprensión auditiva (40 minutos).
- Prueba 3: Expresión e interacción escritas (80 minutos).
- Prueba 4: Expresión e interacción orales (20 minutos + 20 minutos de preparación).

El tiempo indicado entre paréntesis para la realización de cada prueba es el mismo del que se dispone en el examen DELE. Además, se reproducen las instrucciones y el formato del examen oficial, para que puedas conocerlo y para que te sirva de práctica en el caso de que desees presentarte a estos exámenes para obtener el diploma.

[1]El DELE (Diploma de Español como Lengua Extranjera) es un título oficial, acreditativo del grado de competencias y dominio del idioma, que otorga el Instituto Cervantes en nombre del Ministerio de Educación de España. Más información en: http://diplomas.cervantes.es/index.jsp

178 nuevo PRISMA · Nivel

178

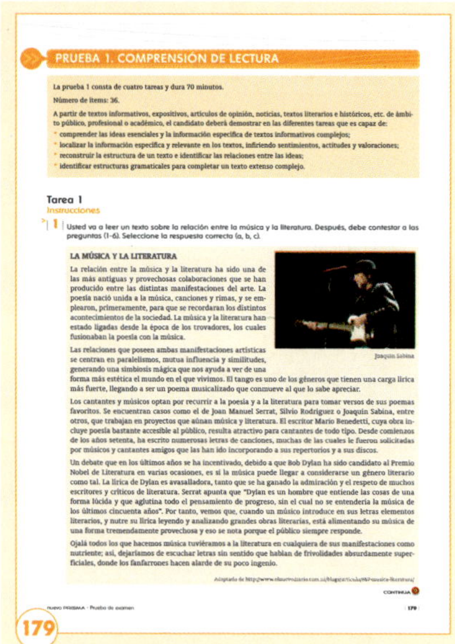

179

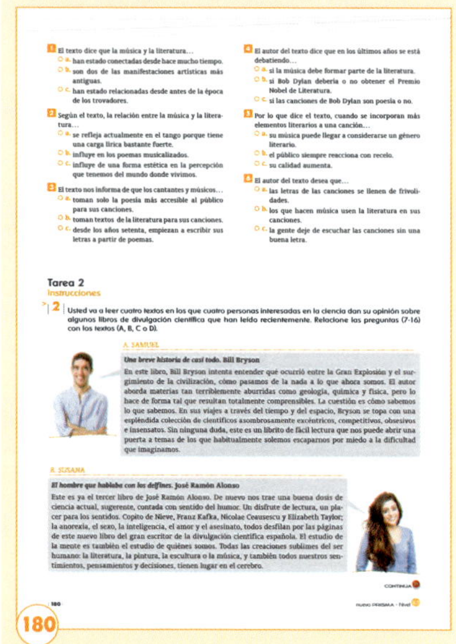

180

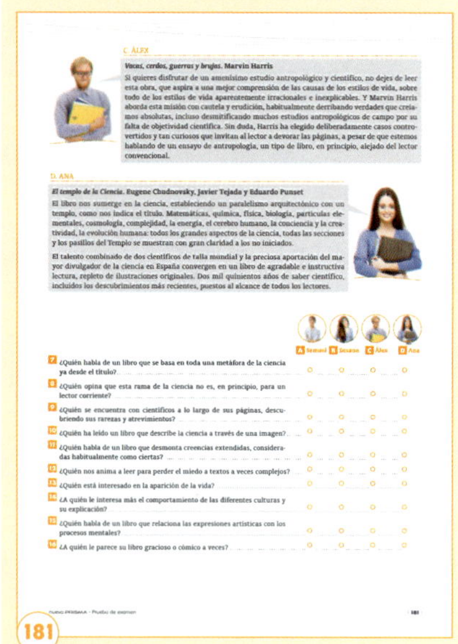

181

electrónico (formato PDF), pulsando en el siguiente enlace: http://dele.cervantes.es/informacion-general/nivel-b2.html, y dispone también de ejemplos en el apartado *Actividades por destrezas* en cada unidad del *Libro de ejercicios*.

A continuación, se ofrecen las claves de las actividades correspondientes a cada prueba junto a sugerencias y comentarios relevantes al respecto. Se incluyen también referencias a las actividades del *Libro de ejercicios* que se corresponden con cada tarea.

## PRUEBA 1. COMPRENSIÓN DE LECTURA 155

La prueba consta de cuatro tareas con ítems discretos de respuesta preseleccionada y una serie de textos que acompañan a la tarea de comprensión. Alguna tarea puede incluir, en vez de un solo texto, varios fragmentos o textos más breves.

Los formatos de las tareas son: ítems de respuesta preseleccionada: selección múltiple (con tres opciones de respuesta), correspondencias (relacionar textos con enunciados sencillos), completar y *cloze* cerrado (con tres opciones de respuesta).

### Tarea 1

La tarea consiste en leer un texto y contestar seis preguntas de selección múltiple con tres opciones de respuesta. Se trata de textos informativos complejos de los ámbitos público o profesional.

En este caso, el texto trata sobre la relación entre la música y literatura.

En esta tarea se evalúa la capacidad del candidato para comprender las ideas esenciales y la información específica en textos informativos complejos.

1. a; 2. c; 3. b; 4. a; 5. c; 6. b.

En el *Libro de ejercicios* corresponden a la tarea 1: ejercicio 10, unidad 3; ejercicio 8, unidad 4; ejercicio 10, unidad 7; ejercicio 11, unidad 12.

### Tarea 2

La tarea consiste en relacionar cuatro textos de entrada con diez enunciados o preguntas. Se trata de textos expositivos personales que contienen puntos de vista, comentarios, opiniones o anécdotas de los ámbitos público y profesional.

En este caso, los textos son opiniones que personas interesadas en la ciencia dan sobre diferentes libros de divulgación científica.

En esta tarea se evalúa la capacidad del candidato para localizar información específica y relevante en textos e inferir sentimientos, actitudes, valoraciones…

7. D; 8. C; 9. A; 10. D; 11. C; 12. A; 13. A; 14. C; 15. B; 16. B.

En el *Libro de ejercicios* corresponden a la tarea 2: ejercicio 10, unidad 1; ejercicio 7, unidad 5; ejercicio 12, unidad 9.

## Tarea 3

La tarea consiste en completar párrafos en un texto con seis enunciados breves (entre 15 y 20 palabras) seleccionados de entre ocho opciones. Se trata de textos como artículos de opinión, noticias, cartas al director, guías de viaje... extraídos de los ámbitos público, profesional y académico.

Este texto en concreto trata sobre la situación del cine mexicano.

En esta tarea se evalúa la capacidad del candidato para reconstruir la estructura de un texto e identificar las relaciones entre las ideas.

17. E; 18. H; 19. A; 20. D; 21. F; 22. C. Sobran los textos: B y G.

En el *Libro de ejercicios* corresponden a la tarea 3: ejercicio 10, unidad 2; ejercicio 12, unidad 6; ejercicio 11, unidad 10.

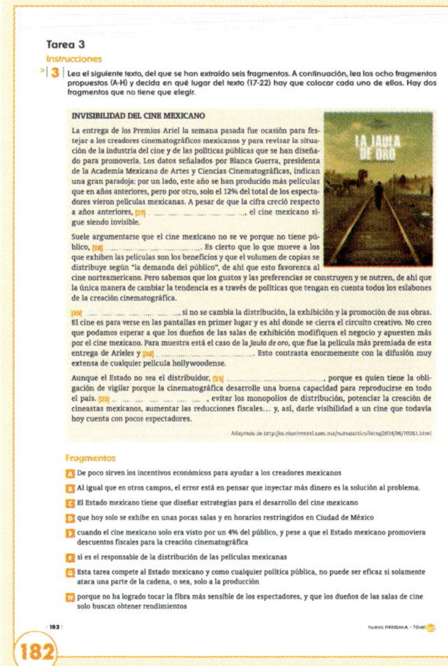
182

## Tarea 4

La tarea consiste en leer un texto y completar los huecos seleccionando una de las tres opciones de respuesta para cada uno de ellos. Se trata de textos literarios e históricos, biografías... extraídos de los ámbitos público, profesional y académico.

Este texto en concreto es una adaptación de *Lo que me queda por vivir* de Elvira Lindo.

En esta tarea se evalúa la capacidad del candidato para identificar estructuras gramaticales para completar un texto extenso complejo.

23. b; 24. c; 25. a; 26. b; 27. c; 28. c; 29. a; 30. b; 31. a; 32. c; 33. b; 34. a; 35. c; 36. b.

En el *Libro de ejercicios* corresponden a la tarea 4: ejercicio 11, unidad 3; ejercicio 8, unidad 5; ejercicio 9, unidad 8; ejercicio 10, unidad 11.

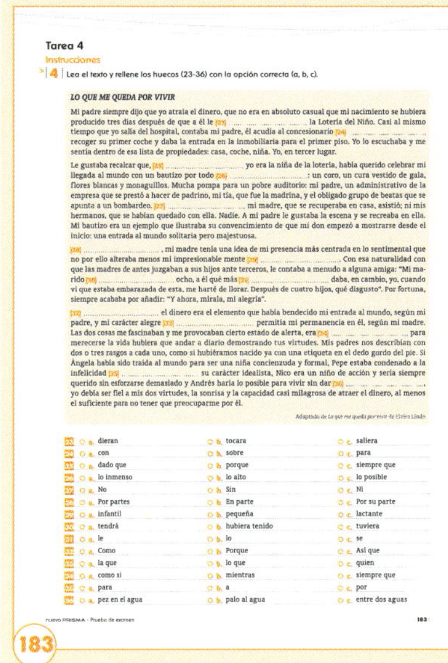
183

# PRUEBA 2. COMPRENSIÓN AUDITIVA 184

La prueba consta de cinco tareas con ítems discretos de respuesta preseleccionada y una serie de textos que acompañan a la tarea de comprensión. Alguna tarea puede incluir, en vez de un solo texto, varios fragmentos o microdiálogos.

Los formatos de las tareas son ítems de respuesta preseleccionada: selección múltiple (con tres opciones de respuesta), correspondencias (relacionar textos o imágenes con enunciados sencillos) y reconocimiento de ideas.

Los textos están grabados en un estudio para simular el lenguaje hablado real.

Los textos orales son auténticos, adaptados cuando es necesario para que la mayoría de las estructuras gramaticales y vocabulario sean accesibles a los candidatos de este nivel.

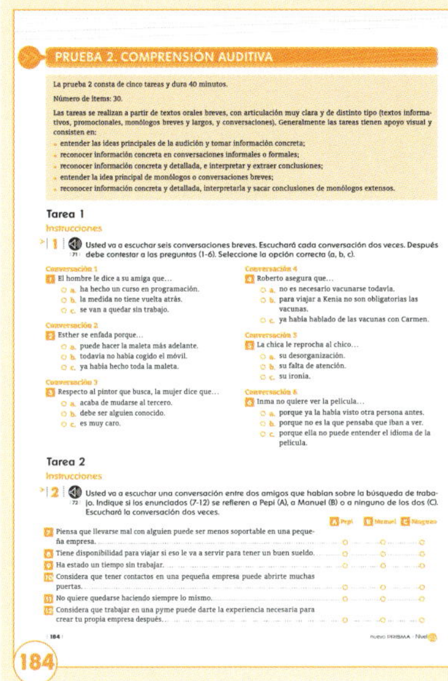
184

## Tarea 1

La tarea consiste en escuchar seis conversaciones y responder a las preguntas de selección múltiple eligiendo una de las tres opciones de respuesta sobre cada una de ellas. Se trata de conversaciones entre dos personas de los ámbitos personal y público.

En esta tarea se evalúa la capacidad del candidato para captar las ideas principales y extraer información concreta en conversaciones informales y formales.

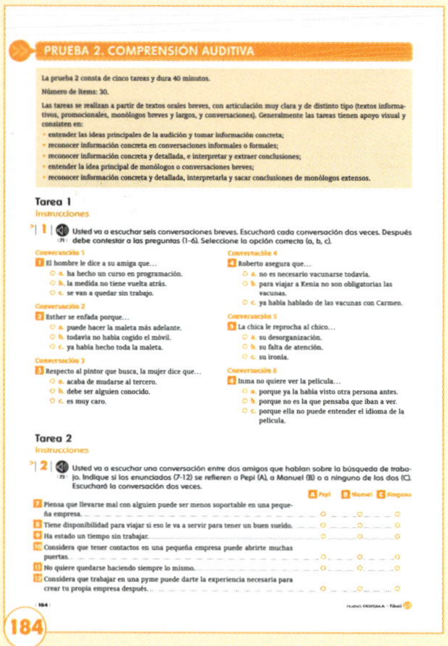

## PRUEBA 2. COMPRENSIÓN AUDITIVA

La prueba 2 consta de cinco tareas y dura 40 minutos.

Número de ítems: 30.

Las tareas se realizan a partir de textos orales breves, con articulación muy clara y de distinto tipo (textos informativos, promocionales, monólogos breves y largos, y conversaciones). Generalmente las tareas tienen apoyo visual y consisten en:

- entender las ideas principales de la audición y tomar información concreta;
- reconocer información concreta en conversaciones informales o formales;
- reconocer información concreta y detallada, e interpretar y extraer conclusiones;
- entender la idea principal de monólogos o conversaciones breves;
- reconocer información concreta y detallada, interpretarla y sacar conclusiones de monólogos extensos.

### Tarea 1

Instrucciones

1 | 71 | Usted va a escuchar seis conversaciones breves. Escuchará cada conversación dos veces. Después debe contestar a las preguntas (1-6). Seleccione la opción correcta (a, b, c).

Conversación 1

1 El hombre le dice a su amiga que…
- a. ha hecho un curso en programación.
- b. la medida no tiene vuelta atrás.
- c. se van a quedar sin trabajo.

Conversación 2

2 Esther se enfada porque…
- a. puede hacer la maleta más adelante.
- b. todavía no había cogido el móvil.
- c. ya había hecho toda la maleta.

Conversación 3

3 Respecto al pintor que busca, la mujer dice que…
- a. acaba de mudarse al tercero.
- b. debe ser alguien conocido.
- c. es muy caro.

Conversación 4

4 Roberto asegura que…
- a. no es necesario vacunarse todavía.
- b. para viajar a Kenia no son obligatorias las vacunas.
- c. ya había hablado de las vacunas con Carmen.

Conversación 5

5 La chica le reprocha al chico…
- a. su desorganización.
- b. su falta de atención.
- c. su ironía.

Conversación 6

6 Inma no quiere ver la película…
- a. porque ya la había visto otra persona antes.
- b. porque no es la que pensaba que iban a ver.
- c. porque ella no puede entender el idioma de la película.

### Tarea 2

Instrucciones

2 | 72 | Usted va a escuchar una conversación entre dos amigos que hablan sobre la búsqueda de trabajo. Indique si los enunciados (7-12) se refieren a Pepi (A), a Manuel (B) o a ninguno de los dos (C). Escuchará la conversación dos veces.

| | A Pepi | B Manuel | C Ninguno |
|---|---|---|---|
| 7 Piensa que llevarse mal con alguien puede ser menos soportable en una pequeña empresa. | ○ | ○ | ○ |
| 8 Tiene disponibilidad para viajar si eso le va a servir para tener un buen sueldo. | ○ | ○ | ○ |
| 9 Ha estado un tiempo sin trabajar. | ○ | ○ | ○ |
| 10 Considera que tener contactos en una pequeña empresa puede abrirte muchas puertas. | ○ | ○ | ○ |
| 11 No quiere quedarse haciendo siempre lo mismo. | ○ | ○ | ○ |
| 12 Considera que trabajar en una pyme puede darte la experiencia necesaria para crear tu propia empresa después. | ○ | ○ | ○ |

184 nuevo PRISMA · Nivel B2

184

| 71 |

**Conversación número 1. Va a escuchar una conversación entre dos amigos que hablan sobre trabajo.**

- ¡Ana! Creo que te habrás enterado ya, ¿no? Pues la nueva dirección de la empresa nos ha comunicado que tenemos que hacer un curso de reciclaje en programación antes de dos meses, con una serie de exámenes, si no, perderemos nuestro trabajo.
- ¿Cómo? No me había enterado…
- Sí, ayer nos reunieron a todos, la decisión ya está firmada, tenemos que hacer este curso. Me parece muy injusto que no tengan en cuenta todos nuestros años en esta empresa y nos evalúen ahora con un examen.

**Conversación número 2. Va a escuchar a una madre que está hablando con su hija.**

- Esther, ¿has preparado ya la maleta para el viaje?
- Casi…, solo me falta meter el neceser, los pantalones y las camisetas.
- ¡Que nos vamos mañana! ¿Quieres hacer el favor de terminar ahora mismo y dejar de hablar por el WhatsApp?
- ¡Pero si acabo de coger el móvil ahora! Además, la ropa la tengo preparada en la cama y solo es meterla en la maleta.

**Conversación número 3. Va a escuchar una conversación entre dos vecinos hablando sobre un problema.**

- Pedro, ¿sabes de algún pintor bueno por acá cerca que sea de confianza? Es que el que siempre me pintaba la casa se acaba de ir a vivir fuera y no conozco a otro.
- ¿Vas a pintar de nuevo la casa?
- No, es para mi hermana, que se acaba de mudar.
- El marido de Ana, la del tercero, es pintor. Es muy bueno, cuesta un ojo de la cara, pero va a acabar contenta con el resultado.
- Pues sí, mejor que sea de confianza…

**Conversación número 4. Va a escuchar a unos amigos hablando sobre sus vacaciones.**

- Roberto, ¿ya has averiguado el tema de las vacunas? Mira que son obligatorias para viajar a Kenia y falta poco más de un mes para el viaje.
- Carlos, ya te dije que fui al centro de salud y me dijeron que era obligatoria la vacuna para la fiebre amarilla nada más, y basta con ir quince días antes del viaje.
- ¿Sí? Pues a mí Carmen me dijo que a ella le pusieron también la del paludismo.
- No, esa te la recomiendan, pero no es de las exigidas.

**Conversación número 5. Va a escuchar a dos compañeros de universidad hablando sobre el viaje al Ecuador.**

- David, ¿te has enterado ya del precio del viaje a Riviera Maya que vamos a hacer en junio? Es lo último que queda por aclarar, porque la fecha y lo que tenemos que llevar ya nos lo dijeron el otro día. Es para ir ahorrando con vistas al viaje.
- ¡Mira, Ángela, que eres despistada! Ayer os dieron una nota informativa y encima la pusieron en el tablón de anuncios. ¿Es que no tienes ojos en la cara?
- A ver, no empecemos con tus sarcasmos, ¿vale? Ya sabes que por la mañana llego a la universidad medio dormida y no me entero de nada.
- Vaaaale, pues otra vez te enviaré un wasap…

**Conversación número 6. Va a escuchar a una pareja hablando de la película que van a ver.**

- Inma, mira, he comprado las entradas para ver la película *Learning to drive*. Me la ha recomendado mi compañera de trabajo y dice que está genial.
- A ver, Javier, pero si es una película en versión original. ¿Es que no sabes que yo no sé inglés y no me apetece estar dos horas leyendo? La verdad es que no entiendo que siempre estés con lo mismo. Claro, como te la ha recomendado esa chica…

1. b; 2. a; 3. b; 4. a; 5. c; 6. c.

En el *Libro de ejercicios* corresponden a la tarea 1: ejercicio 11, unidad 2; ejercicio 13, unidad 9; ejercicio 12, unidad 12.

## Tarea 2

La tarea consiste en reconocer las ideas que se escuchan en una conversación y relacionarlas con unas determinadas personas. Se trata de conversaciones entre dos personas de los ámbitos personal y público. En esta conversación dos amigos hablan sobre la búsqueda de trabajo.

En esta tarea se evalúa la capacidad del candidato para reconocer información específica en conversaciones informales o formales.

|72|

**Pepi:** Manuel, después de algunos meses en casa, vuelvo a ponerme manos a la obra, currículum en mano y a buscar trabajo. Me planteo tantas posibilidades que me siento algo perdida después de esta pausa maternal. La cuestión es si resulta preferible trabajar en una pequeña empresa (de entre 10 y 20 personas, por ejemplo, una consultoría local) o, por el contrario, en una gran empresa tipo Mapfre, Repsol, Santander…

**Manuel:** Pues depende de cómo te lo quieras plantear… Suele decirse que en una gran empresa eres solo un número de tantos y que el calor humano es menor, mientras que en una pequeña o mediana empresa tienes un nombre y un apellido y formas parte de una familia.

**Pepi:** Claro, pero eso es una teoría.

**Manuel:** Sí, claro, porque, por contra, en las grandes empresas parece existir una mejor formación interna y opciones de ascenso, a la vez que mayores posibilidades de movilidad geográfica, aunque, claro, a ti lo de ponerte a viajar ahora con el peque no te interesa. Y otra cosa, Pepi, es que quizás las antipatías personales cuentan menos al ser una megafamilia, donde los personalismos son menos importantes que en una pyme. También suele haber mejores incentivos sociales (seguros de salud, de accidentes…).

**Pepi:** Para mí lo importante son las posibilidades de promoción y, sobre todo, de ubicación en un puesto acorde con mi perfil y mis posibilidades. Para eso, pienso yo, si sabes mover tus fichas y jugar la partida, es posiblemente mejor una empresa grande, salvo que en una empresa pequeña partas con ventaja (por ejemplo, ser parte de la sociedad, tener relaciones familiares, vinculaciones, etc.).

**Manuel:** Mira, Pepi, yo creo que en una empresa pequeña se aprende más porque se tiene una visión del negocio más global. Y, además, sería la escuela ideal para montar un negocio después.

**Pepi:** Sí, Manuel, pero en una empresa grande se vive mejor a nivel horarios, familia, vacaciones…, y ahora eso es prioritario para mí. Y sobre lo de que la empresa pequeña es más como una familia… Piensa también que, si te llevas mal con alguien, lo ves todos los días y no lo puedes esquivar ni irte a otro departamento. O te marchas o te aguantas.

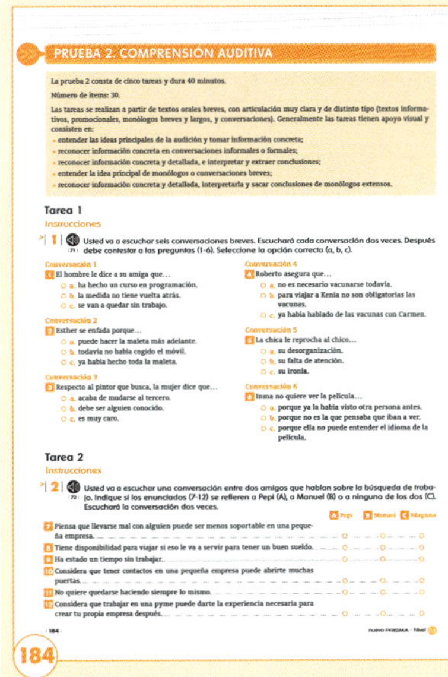
PRUEBA 2. COMPRENSIÓN AUDITIVA

La prueba 2 consta de cinco tareas y dura 40 minutos.

Número de ítems: 30.

Las tareas se realizan a partir de textos orales breves, con articulación muy clara y de distinto tipo (textos informativos, promocionales, monólogos breves y largos, y conversaciones). Generalmente las tareas tienen apoyo visual y consisten en:
- entender las ideas principales de la audición y tomar información concreta;
- reconocer información concreta en conversaciones informales o formales;
- reconocer información concreta y detallada, e interpretar y extraer conclusiones;
- entender la idea principal de monólogos o conversaciones breves;
- reconocer información concreta y detallada, interpretarla y sacar conclusiones de monólogos extensos.

Tarea 1

Instrucciones

1 |71| Usted va a escuchar seis conversaciones breves. Escuchará cada conversación dos veces. Después debe contestar a las preguntas (1-6). Seleccione la opción correcta (a, b, c).

Conversación 1
1 El hombre le dice a su amiga que…
a. ha hecho un curso en programación.
b. la medida no tiene vuelta atrás.
c. se van a quedar sin trabajo.

Conversación 2
2 Esther se enfada porque…
a. puede hacer la maleta más adelante.
b. todavía no había cogido el móvil.
c. ya había hecho toda la maleta.

Conversación 3
3 Respecto al pintor que busca, la mujer dice que…
a. acaba de mudarse al tercero.
b. debe ser alguien conocido.
c. es muy caro.

Conversación 4
4 Roberto asegura que…
a. no es necesario vacunarse todavía.
b. para viajar a Kenia no son obligatorias las vacunas.
c. ya había hablado de las vacunas con Carmen.

Conversación 5
5 La chica le reprocha al chico…
a. su desorganización.
b. su falta de atención.
c. su ironía.

Conversación 6
6 Inma no quiere ver la película…
a. porque ya la había visto otra persona antes.
b. porque no es la que pensaba que iban a ver.
c. porque ella no puede entender el idioma de la película.

Tarea 2

Instrucciones

2 |72| Usted va a escuchar una conversación entre dos amigos que hablan sobre la búsqueda de trabajo. Indique si los enunciados (7-12) se refieren a Pepi (A), a Manuel (B) o a ninguno de los dos (C). Escuchará la conversación dos veces.

| | A Pepi | B Manuel | C Ninguno |
|---|---|---|---|
| 7 Piensa que llevarse mal con alguien puede ser menos soportable en una pequeña empresa. | ○ | ○ | ○ |
| 8 Tiene disponibilidad para viajar si eso le va a servir para tener un buen sueldo. | ○ | ○ | ○ |
| 9 Ha estado un tiempo sin trabajar. | ○ | ○ | ○ |
| 10 Considera que tener contactos en una pequeña empresa puede abrirte muchas puertas. | ○ | ○ | ○ |
| 11 No quiere quedarse haciendo siempre lo mismo. | ○ | ○ | ○ |
| 12 Considera que trabajar en una pyme puede darte la experiencia necesaria para crear tu propia empresa después. | ○ | ○ | ○ |

184

184

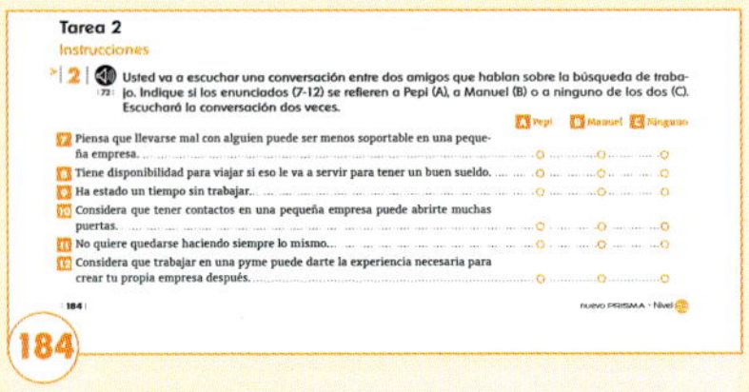

Tarea 2

Instrucciones

2 | 72 | Usted va a escuchar una conversación entre dos amigos que hablan sobre la búsqueda de trabajo. Indique si los enunciados (7-12) se refieren a Pepi (A), a Manuel (B) o a ninguno de los dos (C). Escuchará la conversación dos veces.

| | A Pepi | B Manuel | C Ninguno |
|---|---|---|---|
| 7 Piensa que llevarse mal con alguien puede ser menos soportable en una pequeña empresa. | O | O | O |
| 8 Tiene disponibilidad para viajar si eso le va a servir para tener un buen sueldo. | O | O | O |
| 9 Ha estado un tiempo sin trabajar. | O | O | O |
| 10 Considera que tener contactos en una pequeña empresa puede abrirte muchas puertas. | O | O | O |
| 11 No quiere quedarse haciendo siempre lo mismo. | O | O | O |
| 12 Considera que trabajar en una pyme puede darte la experiencia necesaria para crear tu propia empresa después. | O | O | O |

184 | nuevo PRISMA · Nivel

184

**Manuel:** Por supuesto. Todo depende de lo que busques: estabilidad, formación, sueldo, promoción, autorrealización, reconocimiento… Y depende de lo que quieras evitar: agravios, pasotismo, *moobing*, estancamiento… Y, sobre todo, no te olvides de que, en realidad, hay de todo en todas partes, pequeñas empresas familiares que funcionan como multinacionales, y grandes empresas de renombre que están en el siglo XIX en su gestión.

**Pepi:** Me parece una buena reflexión. Yo busco sueldo, conciliación familiar, autorrealización y reconocimiento y, ante todo, huyo del estancamiento.

7. B; 8. C; 9. A; 10. A; 11. A; 12. B.

En el *Libro de ejercicios* corresponden a la tarea 2: ejercicio 12, unidad 3; ejercicio 11, unidad 7.

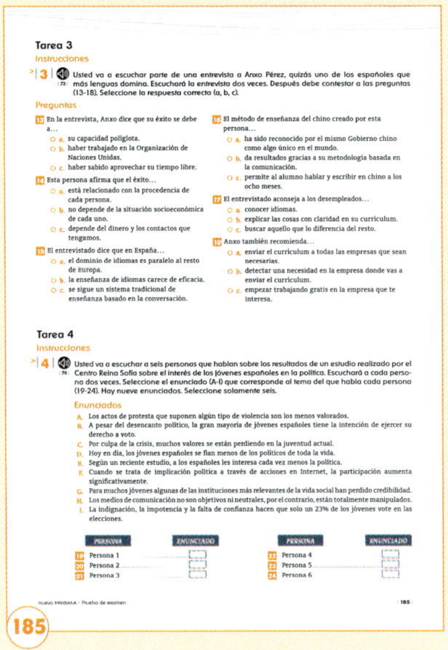

Tarea 3

Instrucciones

3 | 73 | Usted va a escuchar parte de una entrevista a Anxo Pérez, quizás uno de los españoles que más lenguas domina. Escuchará la entrevista dos veces. Después debe contestar a las preguntas (13-18). Seleccione la respuesta correcta (a, b, c).

Preguntas

13 En la entrevista, Anxo dice que su éxito se debe a…
- a. su capacidad políglota.
- b. haber trabajado en la Organización de Naciones Unidas.
- c. haber sabido aprovechar su tiempo libre.

14 Esta persona afirma que el éxito…
- a. está relacionado con la procedencia de cada persona.
- b. no depende de la situación socioeconómica de cada uno.
- c. depende del dinero y los contactos que tengamos.

15 El entrevistado dice que en España…
- a. el dominio de idiomas es paralelo al resto de Europa.
- b. la enseñanza de idiomas carece de eficacia.
- c. se sigue un sistema tradicional de enseñanza basado en la conversación.

16 El método de enseñanza del chino creado por esta persona…
- a. ha sido reconocido por el mismo Gobierno chino como algo único en el mundo.
- b. da resultados gracias a su metodología basada en la comunicación.
- c. permite al alumno hablar y escribir en chino a los ocho meses.

17 El entrevistado aconseja a los desempleados…
- a. conocer idiomas.
- b. explicar las cosas con claridad en su currículum.
- c. buscar aquello que lo diferencia del resto.

18 Anxo también recomienda…
- a. enviar el currículum a todas las empresas que sean necesarias.
- b. detectar una necesidad en la empresa donde vas a enviar el currículum.
- c. empezar trabajando gratis en la empresa que te interesa.

Tarea 4

Instrucciones

4 | 74 | Usted va a escuchar a seis personas que hablan sobre los resultados de un estudio realizado por el Centro Reina Sofía sobre el interés de los jóvenes españoles en la política. Escuchará a cada persona dos veces. Seleccione el enunciado (A-I) que corresponde al tema del que habla cada persona (19-24). Hay nueve enunciados. Seleccione solamente seis.

Enunciados

- A. Los actos de protesta que suponen algún tipo de violencia son los menos valorados.
- B. A pesar del desencanto político, la gran mayoría de jóvenes españoles tiene la intención de ejercer su derecho a voto.
- C. Por culpa de la crisis, muchos valores se están perdiendo en la juventud actual.
- D. Hoy en día, los jóvenes españoles se fían menos de los políticos de toda la vida.
- E. Según un reciente estudio, a los españoles les interesa cada vez menos la política.
- F. Cuando se trata de implicación política a través de acciones en Internet, la participación aumenta significativamente.
- G. Para muchos jóvenes algunas de las instituciones más relevantes de la vida social han perdido credibilidad.
- H. Los medios de comunicación no son objetivos ni neutrales, por el contrario, están totalmente manipulados.
- I. La indignación, la impotencia y la falta de confianza hacen que solo un 23% de los jóvenes vote en las elecciones.

| PERSONA | ENUNCIADO | PERSONA | ENUNCIADO |
|---|---|---|---|
| 19 Persona 1 | | 22 Persona 4 | |
| 20 Persona 2 | | 23 Persona 5 | |
| 21 Persona 3 | | 24 Persona 6 | |

nuevo PRISMA · Prueba de examen | 185

185

## Tarea 3

La tarea consiste en escuchar un texto y responder a las preguntas de selección múltiple, eligiendo una de las tres opciones de respuesta. Se trata de entrevistas radiofónicas o televisivas en las que se expone, describe o argumenta. En este caso, se trata de una entrevista a una persona que domina muchas lenguas.

En esta tarea se evalúa la capacidad del candidato para extraer información concreta y detallada e inferir posibles implicaciones en una conversación.

| 73 |

**Entrevistador:** ¿Qué idiomas habla?

**Anxo:** Español, gallego, inglés, francés, italiano, alemán, portugués de Brasil, chino mandarín y ruso.

**Entrevistador:** Es usted superdotado…

**Anxo:** Soy un humilde aprendiz al que le queda mucho que aprender.

**Entrevistador:** Entonces, ¿cómo lo ha conseguido?

**Anxo:** Considero que el enemigo de la vida no es la muerte, sino el desaprovechamiento. Cuando aprovechamos nuestro tiempo tan solo un poco, los resultados son enormes.

**Entrevistador:** ¿Qué puertas le ha abierto su capacidad políglota?

**Anxo:** Para mí, los idiomas son como llaves de un candado para acceder a un país. Saber tantas lenguas me ha permitido conocer a gente increíble, y los mayores paraísos de la vida son las personas.

**Entrevistador:** Lo que se ha traducido también en ofertas de trabajo…

**Anxo:** He trabajado en la Organización de Naciones Unidas, fui intérprete del presidente de Estados Unidos, Barack Obama, también he trabajado para el FBI, además de dar conferencias en diversos países. Estas experiencias me han servido para crecer y superarme.

**Entrevistador:** Desde luego, usted ha sabido rentabilizar su conocimiento de lenguas…

**Anxo:** Cuando el conocimiento no sirve como medio, es un fin en sí mismo. Por esta razón, la inversión en conocimiento siempre sale rentable. Durante mucho tiempo mi único patrimonio era solamente todo lo que había aprendido y estudiado, y valió la pena.

**Entrevistador:** Usted afirma que todos podemos alcanzar el éxito a pesar de formar parte de una familia modesta.

**Anxo:** Sí, exacto, yo procedo de una familia trabajadora de un pueblo gallego de pescadores de 3000 habitantes, Fisterra. Pero, efectivamente, el éxito es democrático: no hace falta ser "hijo de" para salir adelante ni tener mucho dinero ni contactos para emprender un proyecto. En mi caso empecé sin financiación y, a día de hoy, me han hecho propuestas incluso para comprar mi empresa por mucho dinero, y he dicho que no porque mi trabajo es mi pasión.

**Entrevistador:** ¿Qué idioma extranjero aconseja aprender en primer lugar?

**Anxo:** Obviamente, recomendaría el chino, que tiene una ventaja por encima de los demás, y es el que te diferencia. El chino no es el futuro, sino el presente. El año pasado China superó a Estados Unidos como máxima potencia del comercio mundial. Aprender chino hoy es como empezar una maratón antes que el resto: te abre puertas.

**Entrevistador:** ¿Qué otros datos corroboran que aprender chino es una buena inversión?

**Anxo:** Una de cada seis personas en el mundo habla chino y hay cuatro veces más nativos de chino que de inglés. Cada vez tenemos que aprender más idiomas porque no será suficiente en el futuro hablar tan solo una lengua extranjera.

**Entrevistador:** ¿Por qué España está a la cola de Europa en cuanto al dominio de idiomas?

**Anxo:** Porque no se enseñan adecuadamente. Nadie ha aprendido a hablar un idioma aprendiéndose todas las frutas, las verduras, los medios de transporte, las prendas de vestir, los colores y las partes del cuerpo. El método que he creado para aprender chino no pretende enseñar campos enteros, sino lo mejor de cada uno. Eliminamos todo lo que es superfluo para aprender un idioma.

**Entrevistador:** Vaya...

**Anxo:** Y la mayor parte de lo que se enseña en el sistema tradicional es superfluo y no es eficaz porque no da resultados. Con mi método, vas directamente al grano, y es lo que permite que el alumno ya pueda mantener una conversación con un nativo en chino a través de Internet a las dos semanas de haber empezado a estudiar la lengua.

**Entrevistador:** Así pues, ¿si estudio con este método, en ocho meses sabré hablar, entender, escribir y leer chino mandarín?

**Anxo:** Podrás desenvolverte con fluidez y soltura de forma correcta, pero no enseñamos los caracteres chinos en primera instancia porque, si intentáramos hacer muchas cosas en tan poco tiempo, no conseguiríamos nada.

**Entrevistador:** Su método llegó incluso a oídos de las autoridades chinas.

**Anxo:** Sí, exacto. El Gobierno chino nos llamó un día para decirnos que se había enterado de que existía un método a nivel mundial que enseñaba chino en ocho meses y que estaba en España. Envió a dos periodistas de la televisión pública y nos hicieron un documental que se emitió en hora punta en China. El propio Ejecutivo chino estaba reconociendo que lo que estábamos haciendo era único.

**Entrevistador:** Conocer idiomas es uno de los requisitos para optar a la mayoría de puestos de trabajo, ¿qué le recomendaría a un parado?

**Anxo:** Uno de los mayores problemas para conseguir trabajo es la falta de claridad a la hora de explicar aquello que haces. No me sirve de nada que me digan: "sé hacer de todo", porque esto significa que no sabes hacer de nada. También debes ser muy claro con aquello que te diferencia. Es muy importante conocer qué tienes de especial y qué te diferencia profesionalmente.

**Entrevistador:** Como saber chino.

**Anxo:** Aunque en tu trabajo no necesites hablarlo, el hecho de que lleves "chino" en el currículum automáticamente hace que la gente se fije en ti. Una de mis máximas es: "No puedes conseguir más que nadie haciendo lo mismo que todos".

**Entrevistador:** ¿Algún otro consejo?

**Anxo:** No lances un currículum a un océano de currículums porque lo más

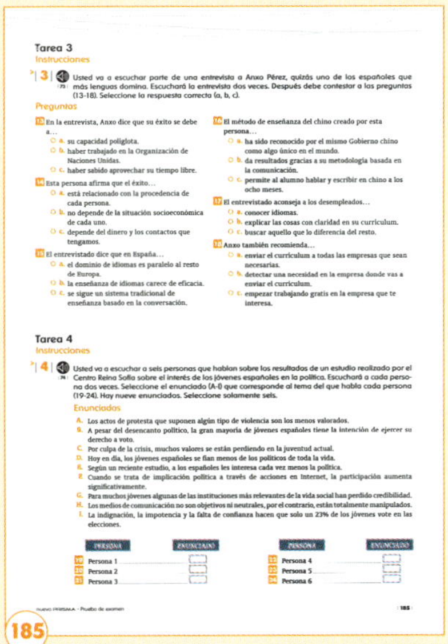
**Tarea 3**

Instrucciones

3 | Usted va a escuchar parte de una entrevista a Anxo Pérez, quizás uno de los españoles que más lenguas domina. Escuchará la entrevista dos veces. Después debe contestar a las preguntas (13-18). Seleccione la respuesta correcta (a, b, c).

Preguntas

13 En la entrevista, Anxo dice que su éxito se debe a...
- a. su capacidad políglota.
- b. haber trabajado en la Organización de Naciones Unidas.
- c. haber sabido aprovechar su tiempo libre.

14 Esta persona afirma que el éxito...
- a. está relacionado con la procedencia de cada persona.
- b. no depende de la situación socioeconómica de cada uno.
- c. depende del dinero y los contactos que tengamos.

15 El entrevistado dice que en España...
- a. el dominio de idiomas es paralelo al resto de Europa.
- b. la enseñanza de idiomas carece de eficacia.
- c. se sigue un sistema tradicional de enseñanza basado en la conversación.

16 El método de enseñanza del chino creado por esta persona...
- a. ha sido reconocido por el mismo Gobierno chino como algo único en el mundo.
- b. da resultados gracias a su metodología basada en la comunicación.
- c. permite al alumno hablar y escribir en chino a los ocho meses.

17 El entrevistado aconseja a los desempleados...
- a. conocer idiomas.
- b. explicar las cosas con claridad en su currículum.
- c. buscar aquello que lo diferencia del resto.

18 Anxo también recomienda...
- a. enviar el currículum a todas las empresas que sean necesarias.
- b. detectar una necesidad en la empresa donde vas a enviar el currículum.
- c. empezar trabajando gratis en la empresa que te interesa.

**Tarea 4**

Instrucciones

4 | Usted va a escuchar a seis personas que hablan sobre los resultados de un estudio realizado por el Centro Reina Sofía sobre el interés de los jóvenes españoles en la política. Escuchará a cada persona dos veces. Seleccione el enunciado (A-I) que corresponde al tema del que habla cada persona (19-24). Hay nueve enunciados. Seleccione solamente seis.

Enunciados

- A. Los actos de protesta que suponen algún tipo de violencia son los menos valorados.
- B. A pesar del desencanto político, la gran mayoría de jóvenes españoles tiene la intención de ejercer su derecho a voto.
- C. Por culpa de la crisis, muchos valores se están perdiendo en la juventud actual.
- D. Hoy en día, los jóvenes españoles se fían menos de los políticos de toda la vida.
- E. Según un reciente estudio, a los españoles les interesa cada vez menos la política.
- F. Cuando se trata de implicación política a través de acciones en Internet, la participación aumenta significativamente.
- G. Para muchos jóvenes algunas de las instituciones más relevantes de la vida social han perdido credibilidad.
- H. Los medios de comunicación no son objetivos ni neutrales, por el contrario, están totalmente manipulados.
- I. La indignación, la impotencia y la falta de confianza hacen que solo un 23% de los jóvenes vote en las elecciones.

| | PERSONA | ENUNCIADO | | PERSONA | ENUNCIADO |
|---|---|---|---|---|---|
| 19 | Persona 1 | | 22 | Persona 4 | |
| 20 | Persona 2 | | 23 | Persona 5 | |
| 21 | Persona 3 | | 24 | Persona 6 | |

nuevo PRISMA · Prueba de examen | 185 |

185

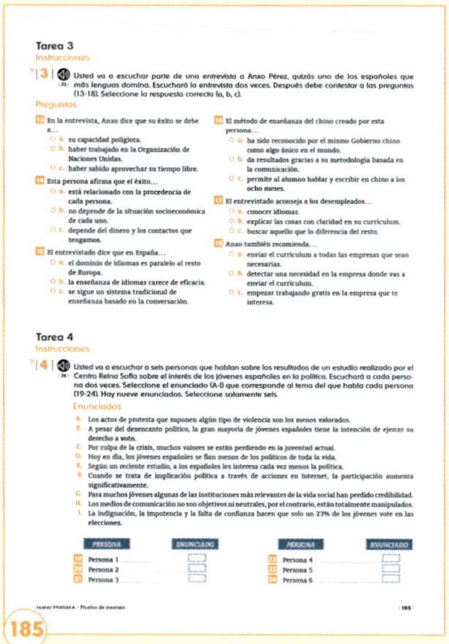

## Tarea 3

Instrucciones

|3| Usted va a escuchar parte de una entrevista a Anxo Pérez, quizás uno de los españoles que más lenguas domina. Escuchará la entrevista dos veces. Después debe contestar a las preguntas (13-18). Seleccione la respuesta correcta (a, b, c).

Preguntas

13 En la entrevista, Anxo dice que su éxito se debe a…
- a. su capacidad políglota.
- b. haber trabajado en la Organización de Naciones Unidas.
- c. haber sabido aprovechar su tiempo libre.

14 Esta persona afirma que el éxito…
- a. está relacionado con la procedencia de cada persona.
- b. no depende de la situación socioeconómica de cada uno.
- c. depende del dinero y los contactos que tengamos.

15 El entrevistado dice que en España…
- a. el dominio de idiomas es paralelo al resto de Europa.
- b. la enseñanza de idiomas carece de eficacia.
- c. se sigue un sistema tradicional de enseñanza basado en la conversación.

16 El método de enseñanza del chino creado por esta persona…
- a. ha sido reconocido por el mismo Gobierno chino como algo único en el mundo.
- b. da resultados gracias a su metodología basada en la comunicación.
- c. permite al alumno hablar y escribir en chino a los ocho meses.

17 El entrevistado aconseja a los desempleados…
- a. conocer idiomas.
- b. explicar las cosas con claridad en su currículum.
- c. buscar aquello que lo diferencia del resto.

18 Anxo también recomienda…
- a. enviar el currículum a todas las empresas que sean necesarias.
- b. detectar una necesidad en la empresa donde vas a enviar el currículum.
- c. empezar trabajando gratis en la empresa que te interesa.

## Tarea 4

Instrucciones

|4| Usted va a escuchar a seis personas que hablan sobre los resultados de un estudio realizado por el Centro Reina Sofía sobre el interés de los jóvenes españoles en la política. Escuchará a cada persona dos veces. Seleccione el enunciado (A-I) que corresponde al tema del que habla cada persona (19-24). Hay nueve enunciados. Seleccione solamente seis.

Enunciados

- A. Los actos de protesta que suponen algún tipo de violencia son los menos valorados.
- B. A pesar del desencanto político, la gran mayoría de jóvenes españoles tiene la intención de ejercer su derecho a voto.
- C. Por culpa de la crisis, muchos valores se están perdiendo en la juventud actual.
- D. Hoy en día, los jóvenes españoles se fían menos de los políticos de toda la vida.
- E. Según un reciente estudio, a los españoles les interesa cada vez menos la política.
- F. Cuando se trata de implicación política a través de acciones en Internet, la participación aumenta significativamente.
- G. Para muchos jóvenes algunas de las instituciones más relevantes de la vida social han perdido credibilidad.
- H. Los medios de comunicación no son objetivos ni neutrales, por el contrario, están totalmente manipulados.
- I. La indignación, la impotencia y la falta de confianza hacen que solo un 23% de los jóvenes vote en las elecciones.

| | PERSONA | ENUNCIADO | | PERSONA | ENUNCIADO |
|---|---|---|---|---|---|
| 19 | Persona 1 | | 22 | Persona 4 | |
| 20 | Persona 2 | | 23 | Persona 5 | |
| 21 | Persona 3 | | 24 | Persona 6 | |

nuevo PRISMA · Prueba de examen | 185

185

probable es que se vaya a diluir. Busca una necesidad que tenga la empresa y súplesela. Si es preciso, llama al presidente de la compañía para decirle: "Ustedes tienen una necesidad que yo puedo suplir". Si hace falta, trabaja gratis. En una o dos semanas, si eres bueno, ya se encargarán de retenerte y de pagarte lo que te merezcas.

**Entrevistador:** En el libro afirma que es muy importante marcarse objetivos en la vida, ¿cuál es el próximo que se ha fijado usted?

**Anxo:** Me gustaría llegar al idioma diez y saber tocar un séptimo instrumento, la batería, ya estoy en ello.

Adaptado de http://www.lavanguardia.com/vida/20150303/54428667071/anxo-perez-creador-8belts-idioma-chino.html

13. c; 14. b; 15. b; 16. a; 17. c; 18. b.

En el *Libro de ejercicios* corresponden a la tarea 3: ejercicio 11, unidad 1; ejercicio 9, unidad 4; ejercicio 13, unidad 6; ejercicio 11, unidad 11.

## Tarea 4

La tarea consiste en relacionar enunciados con las personas que expresan esas ideas. Se trata de monólogos cortos o conversaciones de los ámbitos profesional y académico que narran o describen experiencias, o expresan valoraciones, opiniones o consejos del hablante. En este caso, seis personas hablan sobre los resultados de un estudio realizado por el Centro Reina Sofía sobre el interés de los jóvenes españoles en la política.

En esta tarea se evalúa la capacidad del candidato para captar la idea esencial de monólogos o conversaciones breves formales o informales.

### Persona 1

|74| Yo he leído mucho últimamente sobre este tema porque la verdad es que la pregunta está ahora en todas partes: periódicos, televisión, radio…, y parece ser que sí…, hay un claro incremento del interés de los jóvenes por la política. Creo que ahora muchos jóvenes se identifican con el perfil de "activista politizado", es decir, una persona muy interesada en la política y en los temas políticos, de forma práctica, pero sin grandes posicionamientos formales. La crisis y la corrupción han hecho que hoy muchas personas desconfíen de la política convencional. Y por eso ahora hay muchos que defienden fórmulas alternativas de participación ciudadana. Veremos cómo se desarrolla en el futuro.

### Persona 2

Por supuesto que es evidente el impacto de la crisis en los valores de los jóvenes actuales. Hay una vuelta a valorar el esfuerzo, el ahorro, la honestidad o la prudencia. Me alegra mucho ver como los jóvenes de hoy se están implicando más en política, en la vida social, y están mucho más preocupados por el orden y la seguridad. Los jóvenes creen que, si los ciudadanos se organizan, es posible cambiar las cosas. Y en eso están… Pero no solo los jóvenes, muchas personas de diferentes edades están defendiendo una causa común y eso es muy bueno para nuestra sociedad. Algo que yo veo que los une es que no creen tanto en las supuestas verdades absolutas de la Iglesia, el sistema financiero, el parlamento, los sindicatos o las fuerzas armadas. Sin duda, algo está cambiando.

### Persona 3

Otra preocupación que yo veo muy clara entre los jóvenes es la idea, cada vez más extendida, de que los medios de comunicación manejan la información al servicio de los poderosos y que el Gobierno de España está sometido a decisiones de poderes internacionales. Muchos desconfían de la prensa, por ejemplo, o de lo que cuentan en las noticias. A mí esto me parece terrible... Si ni siquiera podemos estar seguros de lo que leemos o de lo que escuchamos, entonces es normal que se extienda la inseguridad y la falta de credibilidad. Todo esto nos ha llevado a una crisis del modelo social actual y a una apuesta por el poder de la ciudadanía para transformar el estado actual de las cosas.

### Persona 4

Hablan mucho, pero al fin y al cabo, son muy pocos los que participan activamente en política. Muy pocos se afilian a un partido. Yo creo que los jóvenes se meten más en grupos deportivos, ONG, voluntariados..., pero en política... Aunque haya crecido la conciencia política, no llega a plasmarse todavía en un activismo real. Y, desde mi punto de vista, la culpa de esta poca participación son la desconfianza y la impotencia: muchos creen que no les dejarán cambiar las cosas. Hay muy poca ilusión. Sin embargo, en los últimos sondeos de cara a las próximas elecciones, me pareció muy interesante comprobar que un 80% de los consultados asegura que votará, y solo un 9% lo descarta. A ver si es verdad, que por algo se empieza.

### Persona 5

¿En qué actividades políticas participan los jóvenes? Pues yo creo que en muy pocas, en realidad. Aparte de ir a votar cuando toca, estar en alguna asociación de vecinos, o ecologistas, o algo similar... Bueno, ahora gracias a Internet, creo que se firman muchas denuncias o textos de apoyo y estoy segura de que ahí los jóvenes tienen un papel muy significativo. También asistir a manifestaciones y ocupar edificios para personas que han sido desahuciadas. Lo que no creo que tenga mucho seguimiento, afortunadamente para todos, son las pintadas, la rotura de cristales y todo este tipo de protesta no muy pacífica, digamos. He visto a muchos jóvenes y no tan jóvenes mostrarse en contra de este tipo de acciones y eso me anima mucho a involucrarme más.

### Persona 6

Sin duda alguna, la participación y el comportamiento cambian muchísimo cuando se trata de una actividad propuesta por Internet. Yo creo que se debe a que son prácticas de menor esfuerzo y menor implicación personal, como firmar peticiones, o retuitear mensajes. Sin embargo, todo aquello que implique mayor compromiso personal es mucho más minoritario. Por ejemplo, quejarse ante alguna administración o contactar con algún político o partido. Así que, al final, siempre llegamos a la misma conclusión: las nuevas tecnologías están definiendo claramente un nuevo paradigma de comportamiento ciudadano y una nueva forma de pensamiento.

Adaptado de http://www.20minutos.es/noticia/2426212/0/jovenes/politica/estudio-reina-sofia/#xtor=AD-15&xts=467263.

| | PERSONA | ENUNCIADO |
|---|---|---|
| 19. | Persona 1 | D |
| 20. | Persona 2 | G |
| 21. | Persona 3 | H |
| 22. | Persona 4 | B |
| 23. | Persona 5 | A |
| 24. | Persona 6 | F |

En el *Libro de ejercicios* corresponden a la tarea 4: ejercicio 9, unidad 5; ejercicio 12, unidad 10.

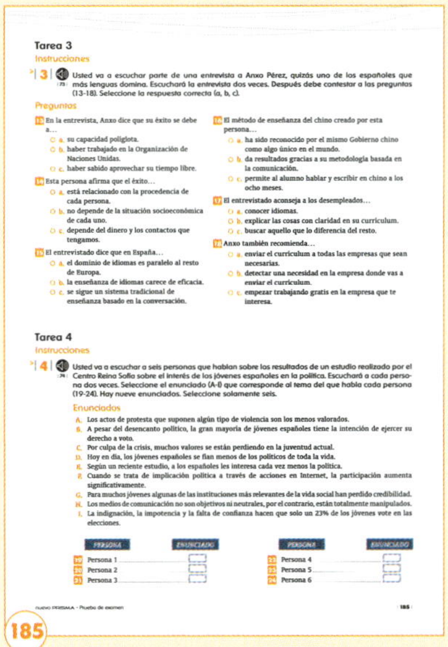
**Tarea 3**

Instrucciones

3 Usted va a escuchar parte de una entrevista a Anxo Pérez, quizás uno de los españoles que más lenguas domina. Escuchará la entrevista dos veces. Después debe contestar a las preguntas (13-18). Seleccione la respuesta correcta (a, b, c).

Preguntas

13 En la entrevista, Anxo dice que su éxito se debe a...
- a. su capacidad políglota.
- b. haber trabajado en la Organización de Naciones Unidas.
- c. haber sabido aprovechar su tiempo libre.

14 Esta persona afirma que el éxito...
- a. está relacionado con la procedencia de cada persona.
- b. no depende de la situación socioeconómica de cada uno.
- c. depende del dinero y los contactos que tengamos.

15 El entrevistado dice que en España...
- a. el dominio de idiomas es paralelo al resto de Europa.
- b. la enseñanza de idiomas carece de eficacia.
- c. se sigue un sistema tradicional de enseñanza basado en la conversación.

16 El método de enseñanza del chino creado por esta persona...
- a. ha sido reconocido por el mismo Gobierno chino como algo único en el mundo.
- b. da resultados gracias a su metodología basada en la comunicación.
- c. permite al alumno hablar y escribir en chino a los ocho meses.

17 El entrevistado aconseja a los desempleados...
- a. conocer idiomas.
- b. explicar las cosas con claridad en su currículum.
- c. buscar aquello que lo diferencia del resto.

18 Anxo también recomienda...
- a. enviar el currículum a todas las empresas que sean necesarias.
- b. detectar una necesidad en la empresa donde vas a enviar el currículum.
- c. empezar trabajando gratis en la empresa que te interesa.

**Tarea 4**

Instrucciones

4 Usted va a escuchar a seis personas que hablan sobre los resultados de un estudio realizado por el Centro Reina Sofía sobre el interés de los jóvenes españoles en la política. Escuchará a cada persona dos veces. Seleccione el enunciado (A-I) que corresponde al tema del que habla cada persona (19-24). Hay nueve enunciados. Seleccione solamente seis.

Enunciados
- A. Los actos de protesta que suponen algún tipo de violencia son los menos valorados.
- B. A pesar del desencanto político, la gran mayoría de jóvenes españoles tiene la intención de ejercer su derecho a voto.
- C. Por culpa de la crisis, muchos valores se están perdiendo en la juventud actual.
- D. Hoy en día, los jóvenes españoles se fían menos de los políticos de toda la vida.
- E. Según un reciente estudio, a los españoles les interesa cada vez menos la política.
- F. Cuando se trata de implicación política a través de acciones en Internet, la participación aumenta significativamente.
- G. Para muchos jóvenes algunas de las instituciones más relevantes de la vida social han perdido credibilidad.
- H. Los medios de comunicación no son objetivos ni neutrales, por el contrario, están totalmente manipulados.
- I. La indignación, la impotencia y la falta de confianza hacen que solo un 23% de los jóvenes vote en las elecciones.

| PERSONA | ENUNCIADO | PERSONA | ENUNCIADO |
|---|---|---|---|
| 19 Persona 1 | | 22 Persona 4 | |
| 20 Persona 2 | | 23 Persona 5 | |
| 21 Persona 3 | | 24 Persona 6 | |

nuevo PRISMA · Prueba de examen 185

185

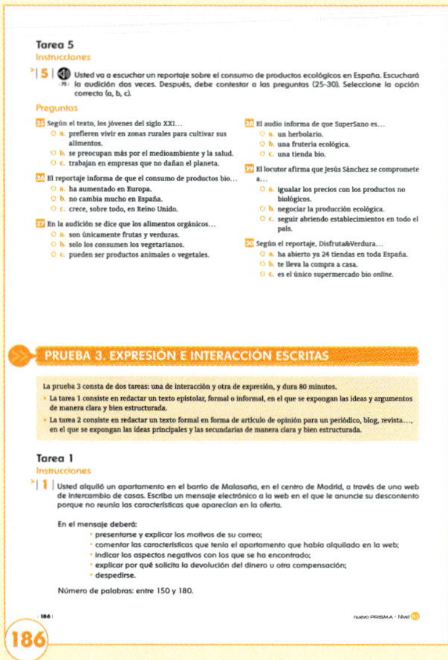

Tarea 5

Instrucciones

5 | Usted va a escuchar un reportaje sobre el consumo de productos ecológicos en España. Escuchará la audición dos veces. Después, debe contestar a las preguntas (25-30). Seleccione la opción correcta (a, b, c).

Preguntas

25. Según el texto, los jóvenes del siglo XXI…
   - a. prefieren vivir en zonas rurales para cultivar sus alimentos.
   - b. se preocupan más por el medioambiente y la salud.
   - c. trabajan en empresas que no dañan el planeta.

26. El reportaje informa de que el consumo de productos bio…
   - a. ha aumentado en Europa.
   - b. no cambia mucho en España.
   - c. crece, sobre todo, en Reino Unido.

27. En la audición se dice que los alimentos orgánicos…
   - a. son únicamente frutas y verduras.
   - b. solo los consumen los vegetarianos.
   - c. pueden ser productos animales o vegetales.

28. El audio informa de que SuperSano es…
   - a. un herbolario.
   - b. una frutería ecológica.
   - c. una tienda bio.

29. El locutor afirma que Jesús Sánchez se compromete a…
   - a. igualar los precios con los productos no biológicos.
   - b. negociar la producción ecológica.
   - c. seguir abriendo establecimientos en todo el país.

30. Según el reportaje, Disfruta&Verdura…
   - a. ha abierto ya 24 tiendas en toda España.
   - b. te lleva la compra a casa.
   - c. es el único supermercado bio *online*.

PRUEBA 3. EXPRESIÓN E INTERACCIÓN ESCRITAS

La prueba 3 consta de dos tareas: una de interacción y otra de expresión, y dura 80 minutos.

- La tarea 1 consiste en redactar un texto epistolar, formal o informal, en el que se expongan las ideas y argumentos de manera clara y bien estructurada.
- La tarea 2 consiste en redactar un texto formal en forma de artículo de opinión para un periódico, blog, revista…, en el que se expongan las ideas principales y las secundarias de manera clara y bien estructurada.

Tarea 1

Instrucciones

1 | Usted alquiló un apartamento en el barrio de Malasaña, en el centro de Madrid, a través de una web de intercambio de casas. Escriba un mensaje electrónico a la web en el que le anuncie su descontento porque no reunía las características que aparecían en la oferta.

En el mensaje deberá:
- presentarse y explicar los motivos de su correo;
- comentar las características que tenía el apartamento que había alquilado en la web;
- indicar los aspectos negativos con los que se ha encontrado;
- explicar por qué solicita la devolución del dinero u otra compensación;
- despedirse.

Número de palabras: entre 150 y 180.

| 186 | nuevo PRISMA · Nivel B2

186

## Tarea 5

La tarea consiste en escuchar un texto y responder a las preguntas de selección múltiple, eligiendo una de las tres opciones de respuesta. Se trata de conferencias, discursos o monólogos en los que se describen o narran proyectos o experiencias de los ámbitos público, profesional y académico. En este caso, se trata de un reportaje sobre el consumo de productos ecológicos en España.

En esta tarea se evalúa la capacidad del candidato para extraer información concreta y detallada e inferir posibles implicaciones en monólogos o conversaciones extensas.

| 75 |

Entre la segunda mitad del siglo XX y la primera del presente, nacerá la generación que destruirá el planeta… y la que lo salvará. Una profunda conciencia medioambiental está arraigando en todo Occidente, especialmente entre los más jóvenes. No se trata solo de cuidar el entorno, también a nosotros mismos, y esto tiene que ver con el deporte y con la alimentación saludable. Un estudio del Centro de Investigaciones Pew, en Washington, afirma que cada vez son más los jóvenes que están dispuestos a pagar un poco más por productos que han sido elaborados o procesados de forma cuidadosa con el medioambiente. El mismo informe concluye que al 80% de los jóvenes le gustaría trabajar en empresas que se preocupen por el impacto de su actividad en el planeta. En países como Reino Unido, esta cultura "eco-friendly" ha dado lugar a un movimiento por el que cada vez más gente se anima a crear su propio huerto, incluso en los centros urbanos.

De ahí que cada vez sean más los que se hacen esta pregunta: ¿sabemos verdaderamente lo que comemos? Lo que ha llevado a un aumento significativo del consumo de productos bio en muchos países de Europa y, como novedad, en España, que siempre ha estado a la cola de número de consumidores de productos ecológicos y donde ahora cada vez son más los que se suman a la moda eco.

Los alimentos ecológicos, orgánicos o bio, según el apellido que le quiera poner cada marca, tienen que ver con una voluntad de consumir productos más naturales, que no hayan sido tratados con pesticidas, plaguicidas o abonos químicos –en el caso de las frutas y verduras–, ni con hormonas o antibióticos –si hablamos de la carne–.

Su precio, fundamentalmente por una cuestión de escala, es superior al de un alimento no ecológico. A pesar de ello, la mejora general del consumo nacional está animando la demanda de este tipo de productos y, con ella, la aparición de nuevos negocios.

Un ejemplo es SuperSano, la primera cadena española de supermercados que vende exclusivamente productos ecológicos. Nació "como un *hobby*" de su fundador, el periodista Jesús Sánchez, que se confiesa "un consumidor habitual" de este tipo de artículos. Cinco años y medio después, SuperSano cuenta ya con ocho establecimientos abiertos que podrían llegar a ser muchos más si su éxito continúa.

SuperSano comercializa ya más de 3200 referencias. Sánchez comenta que su objetivo es alcanzar un tamaño que les permita ganar en poder de negociación, hasta el punto de prometer que los productos ecológicos acabarán costando lo mismo que los demás.

Otro caso es el de Smileat, la primera marca de alimentación infantil ecológica en España. Sus productos van dirigidos a bebés de entre 4 y 18 meses.

Como ya ocurre con otras tendencias, la alimentación ecológica se encuentra significativamente más arraigada en países como Reino Unido, Alemania y Dinamarca que en España. Aun así, para este año está previsto un crecimiento del sector del 7%. Las perspectivas son muy positivas y cada vez son más los emprendedores que se animan a invertir en el sector.

Disfruta&Verdura, Ilovefood.es, Frescum.es o Biolanda.es son solo algunos de los portales *online* a través de los que se pueden encargar alimentos naturales a domicilio. Según afirma Jordi Padrós, director comercial de Disfruta&Verdura, lo que hace que un cliente repita no es la denominación eco, sino el sabor, ya que un producto que viene directo del huerto, que ha madurado en la parra, tendrá siempre más sabor y propiedades. Lo que plantean es un modelo local, ofreciendo solo productos de temporada y de proximidad que el cliente recibe en su casa en menos de 24 horas.

Adaptado de http://www.expansion.com/emprendedores-empleo/emprendedores/2015/04/02/551c25daca474101328b457f.html

25. b; 26. a; 27. c; 28. c; 29. a; 30. b.

En el *Libro de ejercicios* corresponden a la tarea 5: ejercicio 10, unidad 8.

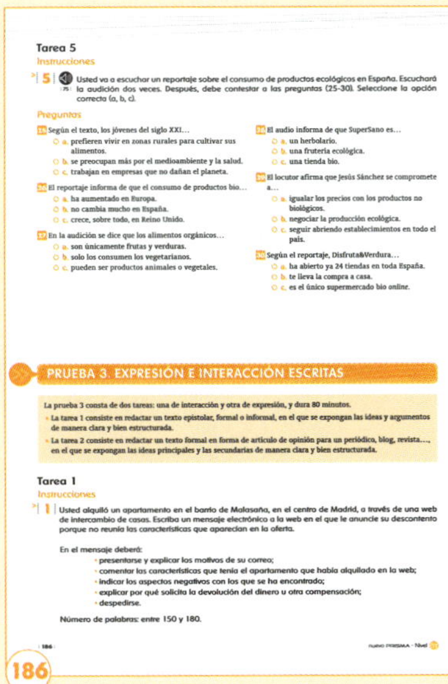

## PRUEBA 3. EXPRESIÓN E INTERACCIÓN ESCRITAS 186

La prueba consta de dos tareas: una de interacción y una de expresión.

### Tarea 1

La tarea consiste en redactar un texto epistolar, formal o informal, en el que se expongan las ideas y argumentos de manera clara, detallada y bien estructurada, respetando las convenciones y rasgos del género. En este caso concreto, se trata de escribir una reclamación formal.

En esta tarea se evalúa la capacidad del candidato para, a partir de las notas tomadas sobre un texto oral informativo, redactar una carta o correo electrónico que recoja los contenidos relevantes y que exprese una opinión sobre los mismos.

En el *Libro de ejercicios* corresponden a la tarea 1: ejercicio 10, unidad 4; ejercicio 14, unidad 6; ejercicio 14, unidad 9 ejercicio 12, unidad 11.

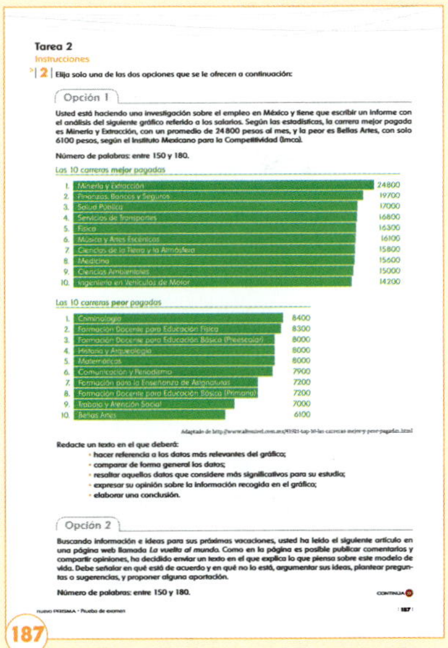

### Tarea 2

La tarea consiste en redactar un texto formal en forma de artículo de opinión para un periódico, blog, revista..., en el que se expongan las ideas principales y las secundarias de manera clara, detallada y bien estructurada.

Se ofrecen dos opciones, de las que hay que elegir una:

- Opción A: un artículo en el que debe comentar un gráfico.
- Opción B: un artículo en un blog o una reseña.

En este caso se trata de escribir un texto sobre el empleo en México a partir de una estadística referida a los salarios para la opción 1, y una opinión a partir de un texto sobre viajes para la opción 2.

En esta tarea se evalúa la capacidad del candidato para, a partir de un texto, de un gráfico o de una tabla con datos estadísticos, redactar un texto en el que se argumente, valore u opine.

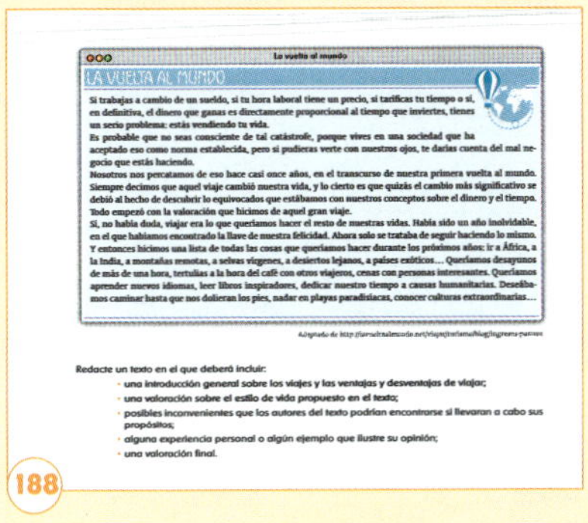

En el *Libro de ejercicios* corresponden a la tarea 2: ejercicio 12, unidad 1; ejercicio 12, unidad 2; ejercicio 12, unidad 7; ejercicio 11, unidad 8; ejercicio 13, unidad 10; ejercicio 13, unidad 12.

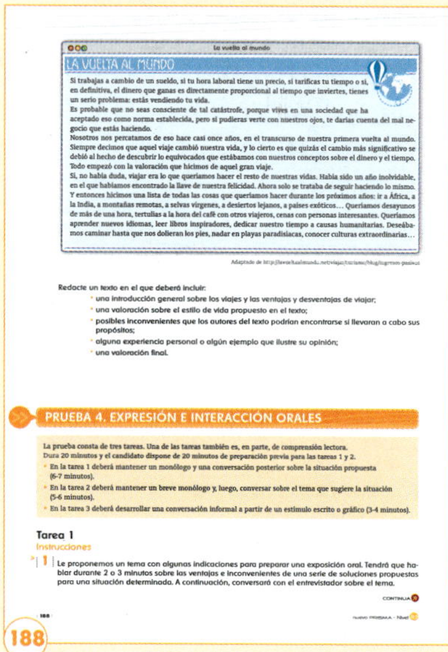


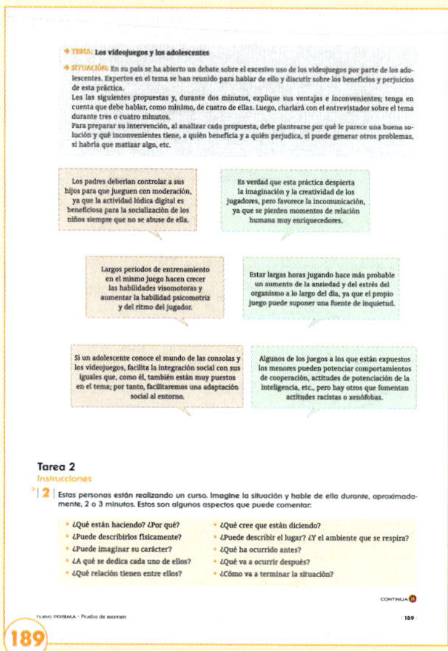


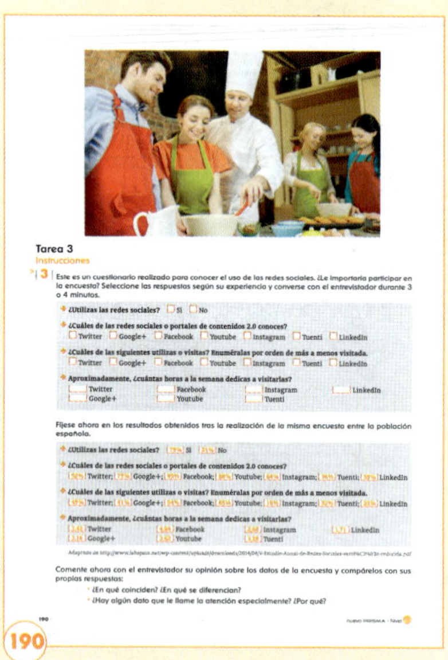


## PRUEBA 4. EXPRESIÓN E INTERACCIÓN ORALES 188

La prueba consta de cuatro tareas: dos de expresión y una de interacción.

### Tarea 1

La tarea consiste en mantener un breve monólogo sostenido y conversar sobre una serie de propuestas para resolver un problema. Se ofrecen dos opciones, de las que hay que elegir una para preparar. En este caso el tema es: Los videojuegos y los adolescentes.

En esta tarea se evalúa la capacidad del candidato para valorar las ventajas y desventajas de una serie de propuestas dadas para resolver una situación problemática e intercambiar opiniones acerca de ese tema.

En el *Libro de ejercicios* corresponden a la tarea 1: ejercicio 11, unidad 4; ejercicio 12, unidad 8; ejercicio 13, unidad 11.

### Tarea 2

La tarea consiste en mantener un breve monólogo sostenido sobre una situación y conversar sobre la misma. Se ofrecen dos opciones, de las que hay que elegir una para preparar. En este caso se propone ponerse en la situación de varias personas que realizan un curso y hablar sobre diferentes aspectos del mismo.

En esta tarea se evalúa la capacidad del candidato para describir una situación a partir de un enunciado, una foto y unas pautas dadas, y conversar brevemente sobre experiencias y opiniones respecto a ese tema.

En el *Libro de ejercicios* corresponden a la tarea 2: ejercicio 13, unidad 2; ejercicio 15, unidad 6; ejercicio 14, unidad 10; ejercicio 14, unidad 12.

### Tarea 3

La tarea consiste en mantener una breve conversación informal a partir de un estímulo escrito o gráfico. Se ofrecen dos opciones, de las que hay que elegir una, que no se prepara. En este caso, se trata de un cuestionario realizado para conocer el uso de las redes sociales.

En esta tarea se evalúa la capacidad del candidato para conversar a partir de un estímulo escrito o gráfico.

En el *Libro de ejercicios* corresponden a la tarea 3: ejercicio 13, unidad 7; ejercicio 15, unidad 9.

(Información extraída de: http://diplomas.cervantes.es/)